U0479046

【东方文化集成】

《东方文化集成》为季羡林教授所倡导，由北京大学东方学研究院《东方文化集成》编委会组织撰写出版。

这是一项迎接二十一世纪东方文化复兴和再创辉煌的世界性文化工程。

佛学概论（修订版）

姚卫群 著

东方文化集成

东方文化综合编

佛学概论（修订版）

姚卫群 著

线装书局

图书在版编目（CIP）数据

佛学概论 / 姚卫群著 . -- 修订本 . -- 北京 : 线装书局 , 2021.6（2022.10）
（东方文化集成 . 东方文化综合编）
ISBN 978-7-5120-4334-3
Ⅰ . ①佛… Ⅱ . ①姚… Ⅲ . ①佛学—概论 Ⅳ .
① B948
中国版本图书馆 CIP 数据核字（2020）第 245031 号

东方文化集成

东方文化综合编

佛学概论（修订版）

姚卫群　著

出 品 人：王利明
项目主持：李　媛
责任编辑：李　媛
出版发行：线装书局
　　地　址：北京市丰台区方庄日月天地大厦 B 座 17 层（100078）
　　电　话：010-58077126（发行部）010-58076938（总编室）
　　网　址：www.zgxzsj.com
经　　销：新华书店
印　　制：河北清静堂印刷有限公司
开　　本：850mm × 1168mm　1/32
印　　张：17.25
字　　数：410 千字
版　　次：2022 年 10 月第 1 版第 2 次印刷

线装书局官方微信

定　　价：69.00 元

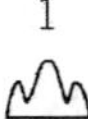

编委会声明

为铭记季羡林等多位已故前辈对《东方文化集成》的历史贡献，为表达对他们的怀念，编委会特决定，在编委和顾问名单中保留他们的名字，不做变动。

《东方文化集成》总序

季 羡 林

我们正处在一个新的“世纪末”中。所谓“世纪”和“世纪末”，本来是人为地创造出来的。非若大自然中的春、夏、秋、冬，秩序井然，不可更易，而且每岁皆然，决不失信。“世纪”则不同，没有耶稣，何来“世纪”？没有“世纪”，何来“世纪末”？道理极明白易懂。然而一旦创造了出来，它就产生了影响，就有了威力。上一个“世纪末”，19世纪的“世纪末”，在西方文学艺术等意识形态领域中就出现过许多怪异现象，甚至有了“世纪末病”这样的名词，这是众所周知的事实，无待辩论与争论。

当前这一个“世纪末”怎样呢？

我看也不例外。世界上许多国家和地区都出现了政治方面天翻地覆的变化，不能不令人感到吃惊。就是在意识形态领域内，也不平静。文化或文明的辩论或争论就很突出。平常时候，人们非不关心文化问题，只是时机似乎没到，争论不算激烈。而今一到世纪之末，人们非常敏感起来，似乎是憬然醒悟，于是东西各国的文人学士讨论文化的兴趣突然浓烈起来，写的文章和开的会议突然多了起来。许多不同的意见，如悬河泄水，滔滔不绝，五光十色，纷然杂陈。这样就形成了所谓“文化热”。

在这一股难以抗御的“文化热”中，我以孤陋寡闻的“野狐”之身，虽无意随喜，却实已被卷入其中。我是一个有话不说辄如骨鲠在喉的人，在许多会议上，在许多文章中，大放厥词，多次谈到我对文化，特别是东方文化与西方文化的联系，以及东方文化在未来的新世纪中所起的作用和所占的地位等等的看法，颇引起了一些不同的反响。

为说明问题计，现无妨把我个人对文化和与文化有关的一些问题的看法简要加以阐述。我认为，在过去若干千年的人类历史上，民族和国家，不论大小久暂，几乎都在广义的文化方面做出了自己的贡献。这些贡献大小不同，性质不同，内容不同，影响不同，深浅不同，长短不同：但其为贡献则一也。人类的文化宝库是众多的民族或国家共同建造成的。使用一个文绉绉的术语，就是“文化多元主义”。主张世界上只有一个民族创造了文化，是法西斯分子的话，为我们所不能取。

文化有一个很突出的特点，就是，文化一旦产生，立即向外扩散，也就是我们常说的“文化交流”。文化决不独占山头，进行割据，从而称王称霸，自以为“老子天下第一”，世袭珍藏，把自己孤立起来。文化是“天下为公”的。不管肤色，不择远近，传播扩散。人类到了今天，之所以能随时进步，对大自然，对社会，对自己内心认识得越来越深入细致，为自己谋的福利越来越大，重要原因之一就是文化交流。

文化虽然千差万殊，各有各的特点，但却又能形成体系。特点相同、相似或相近的文化，组成了一个体系。据我个人的分法，纷纭复杂的文化，根据其共同之点，共可分为四个体系：中国文化体系，印度文化体系，阿拉伯伊斯兰文化体系，自古希腊、罗马一直到今天欧美的文化体系。再扩而大之，全人类文化又可以分为两大文化体系：前三者共同组成东方文化体系，后一者为西方文化体系。人类并没有创造出第三个大文化体系。

东西两大文化体系有其共同点，也有不同之处。既然同为文化，当然有其共同点，兹不具论。其不同之处则亦颇显著。其最基本的差异的根源，我认为就在于思维方式之不同。东方主综合，西方主分析，倘若仔细推究，这种差异在在有所表现，不论是在人文社会科学中，还是在理工学科中。我这个观点曾招致不少的争论。赞成者有之，否定者有之，想同我商榷者有之，持保留意见者亦有之。我总觉得，许多人（包括我自己在内）对东西方文化了解研究得都还不够深透，有的人连我的想法了解得也还不够全面，不够实事求是，却唯争论是尚，所以我一概置之不答。

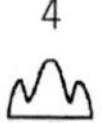

有人也许认为，我和我们这种对文化和东西文化差异的看法，是当代或近代的产物。我自己过去就有过这种看法。实则不然。法国伊朗学者阿里·玛扎海里所著《丝绸之路》这一部巨著中有许多关于中国古代发明创造的论述，大多数为我们所不知。我在这里不详细介绍。我只引几段古代波斯人和阿拉伯人论述中国文化和希腊文化的话：

由扎希兹转载的一种萨珊王朝（226—Ca. 640 年）的说法是："希腊人除了理论之外从未创造过任何东西。他们未传授过任何艺术。中国人则相反。他们确实传授了所有的工艺，但他们确实没有任何科学理论。"（329 页）

羡林按：最后一句话不符合事实，中国也是有理论的。这就等于黑格尔说：中国没有哲学。完全是隔膜的外行话。

书中还说：在萨珊王朝之后，费尔多西、赛利比和比鲁尼等人都把丝绸织物、钢、砂浆、泥浆的发现一股脑儿地归于耶摩和耶摩赛德。但我们对于丝织物和钢刀的中国起源论坚信不疑。对于诸如泥浆——水泥等其余问题，它们有 99%的可能性也是起源于中国。我们这样一来就可以理解安息——萨珊——阿拉伯——土库曼语中一句话的重大意义："希腊人只有一只眼睛，唯有中国人才有两只眼睛。"约萨法·巴尔巴罗于 1471 年和 1474 年在波斯就曾听到过这样的说法。他同时还听说过这样一句学问深奥的表达形式："希腊人仅懂得理论，唯有中国人才拥有技术。"（376 页）

关于一只眼睛和两只眼睛的说法，我还要补充一点：其他人同样也介绍了另外一种说法，它无疑是起源于摩尼教：

"除了以他们的两只眼睛观察一切的中国人和仅以一只眼睛观察的希腊人之外，其他的所有民族都是瞎子。"（329 页）

我之所以这样不厌其烦地引这许多话，绝不是因为外国人夸中国人有两只眼睛而沾沾自喜，睥睨一切。令我感兴趣的是，在这样漫长的时间以前，在波斯和阿拉伯地区就有了这样的说法。我们今天不能不佩服他们观察的细致与深刻，一下子就说到点子上。除了说中国没有理论我不能同意之外，别的意见我是完全同意的。在当时的世界上，确实只是中国和希腊有显著、突出、辉煌的文化。现在中国那一小撮言必称希腊的学者们或什么“者们”，可以憬然醒悟了。

但是这也还不是令我最感兴趣的问题。我最浓烈的兴奋点在于，正如我在上面所说的那样，畅谈东西文化之分，极富于近现代的摩登色彩。波斯和阿拉伯传说都证明：东西文化之分的说法，古已有之，于今为烈而已。其次，令我感到欣慰的是，文化的东西二分法，我并非始作俑者，古代的“老外”已先我言之矣。令我更感到欣慰的是我讲的东西方思维方式是东西文化的基础。波斯和阿拉伯古代的说法，我认为完全证实了我的看法。分析出理论，综合出技术，难道不是这样子吗？

时至今日，古希腊连那一只眼睛也早已闭上，欧洲国家继承并发扬了古希腊辉煌的文化，使欧洲文化光照寰宇。工业革命以后，技术也跟了上来，普天之下，莫非欧风。欧美人昏昏然陶醉于自己的胜利之中，以“天之骄子”自命，好像有了两三只眼睛。但他们完全忘记了历史，忽视了当前的危机。而中国呢，则在长时期内，由于内因和外因的缘故，似乎把两只眼睛都已闭上。古代灿烂文化不绝如缕。初则骄横自大，如清初诸帝那样，继则震于西方的船坚炮利，同样昏昏然拜倒在西方的什么裙下，一直到了今天，微有苏醒之意，正在奋发图强中。

从上面谈到的历史事实中，我得出了一个结论：上下五千年，纵横十万里，东西文化的变迁是“三十年河东，三十年河西”。这本来是两句老生常谈，是老百姓的话，并不是我的发明创造。我提出来说明东西文化的关系，国内外都有赞成者，国内外也有反对者，甚至激烈反对者。我窃以为这两句话只说明了一个事实。中国古代哲学讲变易，佛家讲无常，连辩证法也讲事物时时都在变化中。大自然、人类社会和人类内心，无不证明这两句话的正确。我不过捡来利用而已。《三国演义》开宗明义就说：“话说天下大势，分久必合，合久必分。”说的不也就是这个浅显的道理吗？

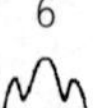

可是东西方都有人昧于这个浅显的道理。特别是在西方，颇有人在有意

识或无意识中，觉得自己的辉煌文化会万岁千秋地辉煌下去的。中国追随者也大有人在。他们根本没有意识到，文化也像世间的万事万物一样，不会永驻的，也是有一个诞生、发展、成长、衰竭、消逝的过程的。

但是，中国有一句俗话：是非自在人心。人是能够辨是非，明事理的。以自己的文化自傲的西方人也不例外。在第一次世界大战以前，西方这种人简直如凤毛麟角。一战爆发，惊醒了某一些有识之士。事实上在一战爆发前，就有人有了预感。德国学者奥斯瓦尔德·斯宾格尔（Oswald Spengler）在1911年就预感到世界大战迫在眉睫。后来大战果然爆发。从1917年起，斯宾格尔就开始写《西方的没落》。书一出版，立即洛阳纸贵。他的基本想法是：文化都可以分为四个阶段：一，青春；二，生长；三，成熟；四，衰败。尽管他的推论方法，收集资料，还难免有主观唯心的色彩。但是，他毕竟有这一份勇气，有这一份睿智，敢预言当时如日中天的，他认为在世界历史上八个文化中唯一还有活力的文化也会“没落”。我们不能不对他表示敬意。美中不足的是，他还没有认识到东方文化和西方文化的存在和交流关系。(参阅齐世荣等译《西方的没落》上下册，商务印书馆，1995年)

在西方，继斯宾格尔而起的是英国历史学家汤因比（Arnold J. Toynbee，1889—1975年）。他自称是受到了前者的影响。二人同样反对“欧洲中心主义”，是他们有先见卓识之处。汤因比继承了斯宾格尔的意见，认为文化——他称之为“文明”——都有生长一直到灭亡的过程。他把人类历史上的文明分为21种，有时又分为26种。这些意见都表述在他的巨著《历史研究》中（1934—1961年），共12卷。他比斯宾格尔高明之处，是引入东方文化的讨论。到了70年代，他同日本社会活动家池田大作对话时，更进一步加以发挥，寄希望于东方文化。(参阅《展望二十一世纪》，国际文化出版公司，1985年)

我并不认为，斯宾格尔和汤因比——继他们之后欧美一些国家还有一批哲学家和历史学家、社会学家，赞成他们的意见，我在这里不具引——等的看法都百分之百正确。但在举世昏昏，特别是欧美人昏昏的情况下，唯独他

们闪耀出一点灵光，是十分难能可贵的。他们的看法从大体上来看，我认为是正确的。如果借用上面提到的古代波斯和阿拉伯人的说法，我就想说：希腊人及其后代的那一只眼睛，后来逐渐变成了两只眼睛；可物极必反，现在快要闭上了。中国人的两只眼睛，闭上了一阵，现在又要睁开了。

闭上眼睛的欧美人士，绝大多数一点也不了解东方，而且压根儿也没有了解的愿望。我最近多次听人说到，西方至今还有人认为中国人还缠小脚，拖辫子，抽大烟，养小老婆。甚至连文人学士还有不知道鲁迅为何许人者。在这样地球越变越小，信息爆炸的时代，西方之“文明人”竟还如此昏聩，真不能不令人大为惊异。反观我们中国，情况恰恰相反。欧美的一切，我们几乎都加以崇拜。汉堡包、肯德基、比萨饼，甚至莫须有的加州牛肉面，只要加一个洋字，立即产生大魅力，群众趋之若鹜。连起名字，有的都带有点洋味。个人名字与店铺名字，莫不皆然。至于化妆品，外国进口的本来就多。中国自造的也多冠以洋名，以广招徕。爱国之士，无不痛心疾首，谴责这种崇洋媚外的风气和行为。然而，从一分为二的观点上来看，也有其有利的一面。孙子说：“知己知彼，百战不殆。”专就东西而论，现在的情况是，我们对西方几乎是了若指掌，而西方对东方则如上面所说的那样，是一团漆黑。将来一旦有事，哪一方面占有利条件和地位，昭如日月矣。

对西方的文化，鲁迅先生曾主张“拿来主义”。这个主义至今也没有过时。过去我们拿来，今天我们仍然拿来，只要拿得不过头，不把西方文化的糟粕和垃圾一并拿来，就是好事，就会对我们国家的建设有利。但是，根据我上面讲的情况，我觉得，今天，在拿来主义的同时，我们应该提倡“送去主义”，而且应该定为重点。为了全体人类的福利，为了全体人类的未来，我们有义务要送去的，但我们决不会把糟粕和垃圾送给西方。不管他们接受，还是不接受，我们总是要送的。《诗经·大雅》说：“投我以桃，报之以李。”西方文化给人类带来了一些好处。我们中国人，我们东方人，是懂得感恩图报的民族。我们决不会白吃白拿。

那么，报些什么东西呢？送去些什么东西呢？送去的一定是我们东方文

化中的精华。送去要有针对性，针对的就是我在上面提到的那一个西方文化产生的“危机”。光说“危机”，过于抽象。具体地说，应该说是“弊端”。近几百年以来，西方文化产生的弊端颇多，举其大者，如环境污染、大气污染、臭氧层破坏、生态平衡破坏、物种灭绝、人口爆炸、新疾病丛生、淡水资源匮乏，等等。此等弊端，如不纠正，则人类前途岌岌可危。弊端产生的根源，与西方文化的分析的思维方式有紧密联系。西方对为人类提供生存所需的大自然分析不息，穷追不息，提出了“征服自然”的口号。“天何言哉!”然而“天”——大自然却是能惩罚的，惩罚的结果就产生了上述诸种弊端。

拯救之方，我认为是有的，这就是“改弦更张”、“改恶向善”，而这一点只有东方文化能做到。东方文化的基本思维方式是综合，表现在哲学上就是“天人合一”，张载的《西铭》是一篇表现“天人合一”思想最精辟的文章：“乾称父，坤称母，予兹藐焉，乃混然中处。故天地之塞吾其体，天地之帅吾其性。民吾同胞，物吾与也。”（下略）印度哲学中的“梵我一如”，也表达了同样的思想。总之，东方文化主张人与大自然是朋友，不是敌人，不能讲什么“征服”。只有在了解大自然，热爱大自然的条件下，才能伸手向大自然索取人类衣、食、住、行所需要的一切。也只有这样，人类的前途才有保障。

我们要送给西方的就是这种我们文化中的精华。这就是我们“送去主义”的重要内容。

我们的“李”送了出去，接受不接受呢？实际上，我们还没有正式地送，大规模地送。连我们东方人自己，其中当然包括中国人，还不知道，还不承认自己的这种宝贝，我们盲目追随西方，也同样向自然界开过战，我们也同样有那一些弊端，立即要求西方接受，不也太过分了吗？不过，倘若稍稍留意，人们就会发现，现在世界各国，不管出于什么动机，也不管是根据什么哲学，注意到上述弊端而又力求改变的人越来越多了。今年《日本经济新闻》刊载了高木韧生的文章，说 21 世纪科研重点将是“人类生存战略”。

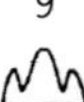

这的确是见道之言。我体会，这里所说的“科研”包括文理两个方面。作者把科研提高到“人类生存”这个高度来看，不能不谓之有先见之明，应该受到我们大家的最高的赞扬。至于惊呼人口爆炸的文章，慨叹新疾病产生的议论，让人警惕环境污染、臭氧层破坏、生态平衡的破坏、淡水资源的匮乏等等的号召，几乎天天可见。人类变得聪明起来了，人类前途不是漆黑一片了。我想，世界各国每一个有心人，无不为之欢欣鼓舞。我这一个望九之年的耄耋老人，也为之手舞足蹈了。

我在上面刺刺不休说了那么多话，画龙点睛，不出一点：我曾在一次国际学术讨论会上说过一篇短话，题目叫做“只有东方文化能够拯救人类”。我在上面说的千言万语，其核心就是这一句短短的话。至于已经来到我们门前的21世纪究竟是什么样子？西方文化究竟如何演变？东方文化究竟能起什么具体的不是空洞的作用？人类的前途究竟何去何从？所有这一切问题，都有待于历史发展的进程来加以证明。从前我读过一个近视眼猜匾的笑话。现在新的一个世纪还没有来临，匾还没有挂出来，上面有什么字，我们还不能知道。不管自诩眼睛多么好，看得多么远，在这一块尚未挂出来的匾前，我们都是近视眼。

在这样的情况下，我认为，我们最重要的任务就是学习，就是了解。我们责怪西方不了解东方文化，不了解东方，不了解中国，难道我们自己就了解吗？如果是一个诚实的人，他就应该坦率地承认，我们中国人自己也并不全了解中国，并不全了解东方，并不全了解东方文化。实在说，这是一出无声的悲剧。

了解的唯一途径就是学习，而学习首先必须有资料。对我们知识分子来说，学习资料首先是文字，也就是书籍。环顾当今世界，在“欧洲中心论”还有市场的情况下，在西方某一些人还昏昏然没有睁开眼睛的时候，有关东方的书籍，极少极少。有之，亦多有偏见，不能客观。西方如此，东方也不例外。即使我们有学习的愿望，也是欲学无书。当然，东方各国的情况不尽相同，各国刊出书籍的多寡也不尽相同。但总之是很少的。有的小一点的国家，简直形同空白。有个别东方国家几乎毫无人知，它们的存在在一团迷雾中，若明若暗，似有似无。这也是一出无声的悲剧。

就是为了这个缘故，我们这一批人不自量力——或者更明确地说是认真“量”过了自己的“力”，倡议编纂这一套巨大空前的《东方文化集成》。虽然，我们目前的队伍，由于历史造成的原因，还不是太大；我们的基础还不是太雄厚；但是，我们相信主观能动性。我们想“挽狂澜于既倒”，我们决非徒托空言。世界人民、东方人民、中国人民的需要，是我们的动力。东方人民和西方人民的相互了解，是我们的愿望。东方人民和西方人民越来越变得聪明，是我们的追求。我们老、中、青三结合，而对著作的要求则是高水平的。我们希望，能通过这个活动，既提高了中国对东方文化的研究水平，又能培养出一批学有专长的人才，收得一举两得之效。

我们既反对“欧洲中心主义”，我们反对民族歧视。但我们也并不张扬“东方中心主义”。如果说到或者想到，在21世纪东方文化将首领风骚的话，那也是出于我们对历史发展的观察与预见，并不出于什么“主义”。本着这种精神，我们对东方几十个国家一视同仁。国家不论大小，人口不论多寡，历史不论久暂，地位不论轻重，我们都平等对待，决不抬高与贬低，拜倒与歧视。每一个东方国家都在我们丛书中占有地位。但国家毕竟不同，资料毕竟多寡悬殊，我们也无法强求统一。有的国家占的篇幅多一点，有的少一点，这是实事求是，与歧视毫无关联。我们虔诚希望，在即将来临的21世纪中，中国的两只眼睛都能睁开，而且睁得大大的，明亮而睿智。西方的一只眼睛能变成两只，也同样睁开，而且睁得大大的，明亮而且睿智。世界上各个民族也都有了两只眼睛，都要睁得大大的，明亮而且睿智。我们共同学习，努力互相了解。我们坚决相信，只要能做到这一步，人类会越来越能相互了解，世界和平越来越成为可能，人类的日子会越来越好过，不管还需要多么长的时间，人类有朝一日总会共同进入太平盛世，共同进入大同之域。

1996年3月20日

自序

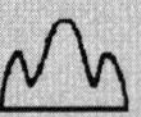

本书是在我近年写的一些文章和书稿的基础上编撰而成的。原来设想编撰一部以印度佛教和中国佛教为主要内容的著作,包括简史编、概论编、佛典编三部分,书名想定为《印中佛教》或《印中佛教思想史论》。初稿写成后发现全书篇幅较长,而且佛典所占比重较大。2001 年,我作为课题组负责人,申报了教育部人文社会科学研究重大项目"印度佛教哲学"(隶属教育部人文社会科学重点研究基地北京大学外国哲学研究所),并获得批准。因此需要为此项目写一部专著。在这种情况下,我放弃了先前的设想,重新拟订了书的框架,以原有书稿为基础,将其中"简史编"的内容改写成两章,即"第一章 印度佛教发展概要"和"第二章 中国佛教发展概要"。后面又改写和增补了一些佛教基本概念的专题研究,有十几章,加上前两章共十八章,主要以印度佛教思想中的基本概念为研究对象,展开考察,尽量联系有关概念传入中国后的情况进行比较分析。设立的章目名称多为佛教学说中的基本观念。这样,去掉佛典编后的书稿内容就成为概论型的专著,篇幅也大大缩小。

本书书名经反复斟酌后定为《佛学概论》。佛教中有所谓"三学"之说,即将佛教要求学习修持的内容概括为三个方面:戒学、定学、慧学。我们现在所说的"佛学"自然还应主要包括这三方面的内容。在我看来,若泛泛而言,所谓"佛学"主要指佛教教义中的理论性的成分。就本书而言,虽然也谈到戒学、定学、慧学三方面,但主要的内容还是属于传统佛教中的慧学部分。本书虽称"概论",但涉及的佛学基本概念还是有限的,虽然笔者也知道有些内容在佛学体系中很重要，应当纳入“概论”之中，但由于自己学识或学力有限，还是没有将其列入。如果将来能在这些方面的学习有所长进，并有修订再版此书的机会，再加入这些内容就会稳妥一些。当然，这也不是说已写入书中的内容就都是正确或成熟的观点，这些内容仍然有许多值得进一步探讨之处，谬误之处恐怕也难以避免。我想写出来至少能起到抛砖引玉的作用。

本书虽然是一部专著，但我还是想将其定位在既包含有佛教基础知识，又主要为佛学系列专题研究的性质上。这样，本书的读者面可以宽一些。如果只想对佛教的一般知识有所了解，仅读前两章即可。如果想再深入探讨一些佛学专门问题，可参考后十六章的内容。由于前两章多为佛教的基础知识，相当成分为学术界已有共识的内容，因此笔者采用了不少通常的说法。后面的十六章虽主要是我近年的学习心得，但也大量参考了学界前贤或当代学者的研究成果，并尽力明确加以注明，而且书末有主要参考书目，希望不要出现无意中的遗漏。

在本书出版之际，谨向所有培养教育和帮助过我的各个时期的恩师、学友、同行、学生、家人及出版界的人士等表示衷心的感谢！

姚卫群

二〇〇二年九月五日于中关园

目 录

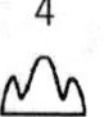

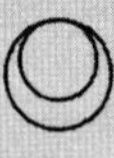

第一章 印度佛教发展概要

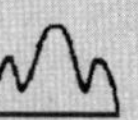

佛教是世界主要宗教之一，它在古印度产生后逐步向外扩展，在古代世界东方文化中占有显要地位。在现代社会，它的影响达到亚洲外的许多地区，在众多国家中传播。佛教虽为宗教，但其思辨性极强，各种文化成分极为丰富，这在世界各种宗教中是不多见的。佛教博大精深的思想是人类文化宝库中极为珍贵的遗产，无论在古代还是现代对人类精神文明的发展都起着重要作用。

对印度佛教发展的阶段可有多种划分方法，一般来说可划分为四个主要阶段：早期佛教、小乘部派佛教、大乘佛教、后期佛教。但各阶段在时间上实际有交叉，而且在这些阶段中又可以进行更细的划分。

一、佛教的产生及早期佛教的基本教义

1. 佛教形成时的思想文化历史背景

佛教于公元前6世纪左右在古印度兴起。当时南亚次大陆的绝大部分地区已完成了由众多部落向若干分立国家的过渡，各地区的商业往来日趋频繁，生产力水平有了很大的提高。与此相应，这一地区人们的思想文化状况亦有重要的变化。

在佛教产生之前，古印度思想界长期居主导地位的是婆罗门教的思想体系。这一思想体系是以印度诸种姓中处于最高地位的婆罗门祭祀阶层的利益为出发点而建立起来的。它尊印度上古的宗教历史文献吠陀为天启圣典，崇信祭祀万能，

并声称婆罗门在诸种姓中至高无上。

婆罗门教思想体系自吠陀时期起形成的统治地位直至佛教产生前的一段时间才真正受到了严重的挑战。挑战主要来自两方面:一是随着印度诸新兴国家权力的确立,作为王族势力的刹帝利的地位有了明显提高;二是随着商业的兴盛,以经商为主的部分吠舍的地位亦不断上升。与这一社会政经情况变化相应,一股反映刹帝利和吠舍利益的思潮便应运而生,这就是沙门思潮。沙门思潮是当时各种非婆罗门教或反婆罗门教思潮的总称,它声势浩大,数量众多。关于沙门思潮,佛教和耆那教文献有多种记载,有说有数十种的,有说有数百种的。详情虽不可考,但沙门思潮种类极多是可以肯定的。其中“六师”①是沙门思潮中影响较大的。

佛教亦属沙门思潮中的一种,它不但与婆罗门教的思想相对立,而且与“六师”等的观点也有很大不同。沙门思潮中的众多派别后来在印度并未都流传下来,流传下来的主要是三个派别,即佛教、顺世论和耆那教。佛教又是这三个派别中后来影响最大的。

早期佛教有时亦可称为初期佛教或原始佛教,它指的主要是释迦牟尼和其最初的弟子或早期信众所创立及信奉的佛教,时间范围大致在公元前6世纪中期至公元前4世纪中后期②。

2. 佛教的创立者释迦牟尼

佛教的创立者释迦牟尼(Śākyamuni),本姓乔答摩

① 所谓“六师”指:不兰那·迦叶(Pūraṅa Kassāpa)、末伽梨·拘舍罗(Makkhali Gosala)、阿耆多·翅舍钦婆罗(Ajita Kesakambala)、婆浮陀·伽旃那(Pakudha Kaccāyana)、散若夷·毗罗梨子(Sañjaya Belaṭṭhiputta)、尼乾陀·若提子(Nigaṇṭha Nātaputta)。

② 这是一个粗略的划分。由于印度古代宗教历史文献保存不完备,许多历史文献资料的确切年代问题难以解决,因此下文中论及的一些所谓“早期佛教”的理论很可能是在晚一些的时期才概括出来或完备的,但其所含的基本内容或思想要素是在这一时期中就出现的。

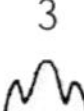

（Gautama），名悉达多（Siddhārtha）。“释迦牟尼”是佛教徒对他的尊称，意为“释迦族的圣者”。此外，他也常被人们称为“佛陀”（Buddha），意为“觉者”或“觉悟了的人”。

释迦牟尼的父亲被称为净饭王，是以迦毗罗卫城为中心的释迦族居住区域的统治者。该处位于现尼泊尔南部与印度接壤的边境地带（现今的提罗拉科附近），当时是拘萨罗国的属国。释迦牟尼的母亲摩耶夫人在蓝毗尼生下他七天后即去世。释迦牟尼是由其姨母抚养长大的，他曾结婚并生有一子。释迦牟尼自幼受传统婆罗门教的教育，极为聪慧，他虽生活在条件优裕的王室中，但仍然体悟到了人的生老病死等的痛苦，感受到了世间事物的无常。释迦牟尼于29岁（一说19岁）出家，先随属沙门思潮的两人阿罗达·迦罗摩（Ārāda Kālāma）和乌陀迦·罗摩子（Uddaka Rāmaputra）学习禅定，继而独自苦行六年，后又在菩提树下静坐冥观，在35岁（一说30岁）时达到觉悟，构想出了一种新宗教的基本观念，由此创立了佛教，开始在各处化导弟子，建立僧团。

释迦牟尼最初是在波罗奈城附近的鹿野苑说法（即所谓“初转法轮”），后主要在印度北部、中部恒河流域传教，广收门徒，扩大影响。相传他最初的追随者是所谓“五比丘”[①]，后发展到数百弟子，其中最主要的是所谓“十大弟子”[②]。释迦牟尼在八十岁时在拘尸那揭罗城圆寂。关于他的生卒年代，在南传和北传佛教史料中有着大量不同说法。根据一些汉译佛典等资料的记述推断，他的生卒年代约在公元前565年至前486年[③]。

① 即阿若憍陈如、阿说示（马胜）、跋提、十力迦叶、摩诃男拘利。

② 即舍利弗、摩诃目犍连、摩诃迦叶、阿那律、须菩提、富楼那、摩诃迦旃延、优波离、罗睺罗、阿难。

③ 参见吕澂著《印度佛学源流略讲》，上海人民出版社，1979年，第5、6页。

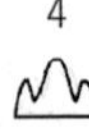

3. 了解早期佛教的资料等

佛教最初的传播不是通过书面文字，而是依靠宣讲、背诵等口耳相传的方式。所使用的主要语言也不是梵语，而是传播佛教地区的方言。现存记述早期佛教的主要佛典都不是在我们所谓早期佛教时期形成文字的，形成文字的时间要比佛教产生的时间晚得多。最初的佛典的内容主要是通过所谓"结集"[①]的方式在释迦牟尼圆寂后确定的。

佛教的经典一般被称为"三藏"[②]，它由"经"（Sūtra，śāstra）、"律"（vinaya）、"论"（abhidharma）三部分组成，其中涉及早期佛教内容的主要是"经"与"律"。但由于佛教经典形成文字主要是在部派佛教时期，因此，在那些主要反映了早期佛教学说的"经"与"律"中，实际上掺杂了不少部派佛教的学说。它们严格说是二者（早期与部派佛教学说）的混合物。"经"通常被认为是佛所说的教义。汉译的"经"主要有所谓四部"阿含经"（Āgama-sūtra），即《长阿含经》、《中阿含经》、《杂阿含经》、《增一阿含经》。据一些学者考证，这些阿含类经分别来自不同的部派。《长阿含经》可能来自法藏部，《中阿含经》来自说一切有部，《杂阿含经》可能来自说一切有部或饮光部，《增一阿含经》或来自大众部，或来自法藏部[③]。巴利文的"经"主要有《长部》、《中部》、《相应部》、《增支部》和《小部》，其中前四部的内容大致与汉译"四阿含"的内容对应。"律"是佛教制定的僧

---

① 指佛教徒在佛陀圆寂后召开的几次重要的信众大会。在这样的会议上由佛陀的主要弟子或影响较大的信徒主持确定佛教的基本学说。一般由佛陀的主要弟子等根据记忆诵出其所听佛陀的教法，由会众加以确定。参见下文中关于佛教最初的分裂部分。

② "三藏"（tri-piṭaka）中的"藏"原义为盛放东西的竹荚。此处指佛教典籍的总汇。依其来源又分为几种：有从斯里兰卡及东南亚诸国获得的巴利文系统三藏；有从我国汉族地区及一些东亚国家等地区获得的汉语系统三藏；有从我国西藏等地获得的藏文类三藏；还有一些印度本国等地保存的梵语佛典，等等。

③ 参见渥德尔著《印度佛教史》（中译本），商务印书馆，1987 年，第 13—15 页。

徒生活的规定或戒律。汉译佛典中涉及早期佛教的律主要有来自法藏部的《四分律》、来自化地部的《五分律》、来自说一切有部的《十诵律》、来自大众部的《僧祇律》,等等。巴利文的律则有《经分别》、《犍度》和《附随》三大部。总之,就文献资料而言,了解早期佛教主要依靠来自部派佛教的典籍。最重要和最困难的工作是从这些典籍中分辨出哪些是早期或原始佛教的教义,哪些是部派佛教发展或新创的教义。国外学者在做这项工作时主要采取三种方法,一是从“经”与“律”中找出新旧的差异,然后从中寻出原始佛说;二是把汉译(北传)和巴利文(南传)的“经”与“律”作比较,找出二者共同的部分作为原始佛说;三是从这些典籍中的学说体系的逻辑结构和逻辑发展方面进行分析,用以确定哪些内容是早期的,哪些是引申的[①]。

关于佛教典籍的类型[②],有“九分教”和“十二分教”的说法。通常认为,释迦或早期佛教的主要教法(说法类别)是所谓“九分教”,即:契经(sutta,散文体的“经”,即以长行形式叙述佛法的“修多罗”)、祇夜(geyya,是表述或概括长行含义的一种偈颂,亦称重颂)、授记(veyyākaraṇa,佛预言或肯定弟子将来修行结果的言论,亦称“记说”)、伽陀(gāthā,表述长行之外含义的一种偈颂)、优陀那(udāna,佛无问自说的言教)、如是语(itivuttaka,叙述佛弟子过去世事情的言论,亦称“本事”)、本生(jātaka,叙述佛前生事迹的内容)、方广(vedalla,佛的包含方正广大真理的教说)、未曾有法(abbhūtadhamma,关于佛的神通力

① 参见吕澂著《印度佛学源流略讲》,第9页。

② 包括形式和内容两方面。

等的叙述)[1]。

对早期佛教的了解,除了依据文献资料外,还可依靠古印度保存的大量石刻铭文和雕像。这些石刻铭文和雕像有许多是在我们现在看到的巴利文或汉译佛典形成文字之前就存在了。根据考古发现,现在最早记录佛教内容的石刻铭文和雕像是印度阿育王的摩崖法敕(约刻于公元前3世纪中)和巴尔胡特萃堵波(约建于公元前2世纪)。阿育王的法敕表明,公元前3世纪,巴利文的佛经大多尚未问世。他的法敕中列的书名除了一本外,其余都与巴利文"三藏"中的书名不一致。这使我们得知,至少在公元前3世纪,佛教学说已用文字(非巴利文)写下来了,现存的那些巴利文经典基本未出现。巴尔胡特萃堵波的雕像反映了有关佛陀生平等方面的内容[2],具有很高的研究价值。当然,这些铭文和雕刻虽然年代较早,较为可靠,但毕竟涉及早期佛教的完整学说较少。佛教的教理,特别是其哲学思想主要还是要依靠文字资料去了解。

4. 早期佛教的基本教理

早期佛教以探讨人生现象为开端,并以探讨人生现象为主,但实际上也不可能不涉及范围更广的其他理论问题。早期佛教的主要理论包括:四谛、无常与无我、五蕴、缘起与十二因缘、中道、无记、种姓平等观念等。

(1)四谛

所谓"四谛"(catursatya,亦称"四圣谛")就是四个真理,

---

① "十二分教"是在"九分教"上加入因缘(nidāna,叙述佛说法之因缘的部分)、譬喻(avadāna,用以说明佛法的譬喻)、论议(upadeśa,论述或阐释佛法义理的内容)。一般认为,"十二分教"要晚于"九分教"(参见平川彰著《印度佛教史》,上卷,春秋社,1995年,第100—102页;参考吴汝钧编著《佛教大辞典》,商务印书馆国际有限公司,1995年,第37、44页)。此外,关于"九分教"和"十二分教",还有大小乘之分。所含内容说法不一。

② 参见约·阿·克雷维列夫著《宗教史》(中译本),下卷,中国社会科学出版社,1984年,第300—303页。

包括苦谛、集谛、灭谛、道谛。它是佛教关于现实世界充满痛苦以及如何解决这些痛苦的理论,一般被认为是佛在鹿野苑"初转法轮"的主要内容。

苦谛指认识到现实世界中充满了痛苦。这是释迦牟尼较早观察到的世间现象,也是印度许多其他宗教派别所具有的基本观念。后来佛教概括有八苦:生苦、老苦、病苦、死苦、怨憎会苦、爱别离苦、求不得苦、五盛阴苦。前四种苦是人生现象主要过程或形态中的苦,第五种至第七种主要是人在社会交往中所出现的苦,第八种是人由于对五蕴构成的生命体的追求而在总体上产生的苦。这实际是佛教对于人生现象的一种基本看法。

集谛指认识到造成痛苦的原因是渴爱(taṇhā)[1]。有了渴爱就会有种种欲望或贪欲,如对感官享受的欲望、对永远生存的欲望,等等。而实际上,这些欲望是不可能真正永远得到满足的,这就将导致痛苦。或者说,有渴爱就会有相应的行为,集起业力,导致生命的存续,就能形成人生现象,即有生死轮回,而在轮回或人生现象中,会有种种烦恼,因而在这种状态中痛苦是不可避免的。

灭谛指认识到应该灭除渴爱及由此而生的种种爱欲或贪欲,即认识到要厌恶、驱除、脱离那导致生死轮回的渴爱及相应的欲望,这样就能彻底根除造成痛苦的原因。灭除渴爱实际上也就是通过智慧使人的精神状态摆脱无明的束缚,使人脱离痛苦。因为没有渴爱就不会有对事物的欲求,就不会因为欲求得不到满足而痛苦。没有渴爱也就不会有生死轮回,而苦是轮回中的现象,灭了苦即达到了解脱。这种状态也称为"涅槃"(nirvāṇa)。

道谛指灭苦的八种方式、手段或途径,即所谓"八正道"

① 这种渴爱实际上与无明是联系在一起的。由于不能认识事物的本质而产生对不实在的事物的渴爱。

（āryāṣṭāṅgikamārga），包括正见（即正确的见解，也就是按照事物的本来面目来如实认识事物）、正思（亦称“正思惟”或“正志”，即对事物正确地思维）、正语（正确地言语，不说诳语、粗暴或无聊的语言等）、正业（正确地行为，不杀生、不强取等）、正命（正当地谋生或正当地生活）、正精进（指正确地修习努力，如后来具体概括的所谓“四正勤”[①]等）、正念（指正确地忆念，如后来所具体概括的所谓“四念处”[②]等）、正定（指要正确地冥想，修习佛教的禅定，如后来所概括的所谓“四禅”[③]等）。

四谛理论是释迦牟尼为其创立佛教所作的基本论证。它本身虽不直接论及多少哲学内容，但早期佛教的重要思想都与它直接相关，都从某一方面为它作论证。它奠定了佛教教义的基础，在佛教后来的发展中一直占有重要地位。佛教后来的四谛理论的内在含义当然要比早期佛教时期更丰富一些。

（2）无常与无我

所谓“无常”（anitya）与“无我”（anātman）是早期佛教对世间或人生现象性质的一种判断。佛教最初是作为一个与印度传统的婆罗门教思想体系相对立的思潮出现的，在产生时主要反映了印度四种姓中属刹帝利和吠舍种姓的一部分人的思想，他们对婆罗门教的至上地位及婆罗门教的核心理论是不满的。婆罗门教哲学的核心理论是关于“梵”与“我”的观念，认为在世间一切事物中最高本体是“梵”。“梵”亦称“我”（大我），它与作为人身体的主宰者的“我”（小我）是同一的。“我”

① “四正勤”指：努力防止生恶，如恶已生则努力断除；努力生善，如善已生则努力保持。

② “四念处”（亦称“四念住”）指通过对身、受、心、法的观察与思虑，认识到世间事物的不净、苦、无常、无我，从而不执着于世间。

③ “四禅”是佛教修习禅定时心理活动逐次发展的四个阶段。有多种说法，一般认为：初禅时，有寻思和伺察，有喜乐；二禅时，仍有喜乐，寻思和伺察已灭；三禅时，达到离喜状态；四禅时，非苦非乐，处于清净境界。

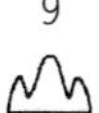

（小我）在本质上即是“梵”（大我）。梵（大我）是常恒不变的，永远是世间一切事物的最高实体（梵有时也被认为是最高神）。婆罗门教的这种理论突出的是事物的恒常性与有主体性，在客观上为印度种姓制的存在做了论证，为婆罗门在各种姓中永远居于主导地位做了论证。早期佛教坚决反对婆罗门教的这种理论，针锋相对地提出了“一切行无常，一切法无我”[①]，即认为在世间一切事物中，不存在一个常恒不变的实体，不存在婆罗门教所说的“我”[②]。早期佛教的这种理论是要突出事物的变化性与无主体性，在客观上反对了婆罗门永恒至上的观念。

无常与无我理论与四谛说紧密相关。既然世间一切本来变化无常，无永恒主体，那么它也就不值得人们去追求，然而世俗之人由于无明，把本来是无常、无我的东西作为有常、有我的东西来追求，产生种种渴爱及欲望，这就不能不陷入痛苦。要灭除痛苦就要消除无明，实行“八正道”。

早期佛教在用“无常”、“无我”的理论与婆罗门教的思想相抗衡时，在其自身的理论体系中也造成了矛盾，因为佛教是一个宗教派别，它要扩大影响，寻求发展，就必须要用解脱（涅槃）的理论来吸引遭受苦难的广大人民群众，要宣扬轮回转世并最终达到解脱之说。然而解脱和轮回的学说是与“无我”理论相矛盾的，因为说轮回与解脱就总要涉及轮回与解脱的主体，而无我说却否认有这种主体。早期佛教理论体系中存在的这种矛盾随着佛教的发展逐渐引起一般教徒的注意，尤其是到了部派佛教时，它成了各派争论的重大问题之一。

（3）五蕴

所谓“五蕴”（pañcaskandha）在早期佛教中主要是有关人

① 参见《杂阿含经》卷第十。

② 此处的“我”既指“梵”（大我或最高神），亦指作为身体主体的“我”（小我或灵魂）。

或人的身心现象的构成要素的一种理论。早期佛教以说明人生现象为重点，而要说明人生，就必然要回答人或人的身心现象为何物的问题。婆罗门教认为人的本质是"我"（ātman），这种我从现象上看是"小我"，从本质上看是"大我"。佛教对此观点完全否定，不承认人有什么主宰体或不变的主体，他们在对人分析时提出的一个重要理论就是"五蕴"。梵文"蕴"（skandha）有"积聚"或"和合"的含义。所谓"五蕴"即指五种成分的积聚或和合。早期佛教把"法"分析为"有为法"（一切处于相互联系、生灭变化中的事物）和"无为法"（无因缘关系，不生灭变化的存在，如"虚空"和"涅槃"等），又把有为法进一步分析为"五蕴"，即：色（rūpa）、受（vedanā）、想（saṃjñā）、行（saṃskāra）、识（vijñāna）。

色蕴指一切有形态、有质碍的事物，接近于现今人们所说的物质现象，如地、水、火，风及由其所构成的事物；

受蕴指感受，即由感官接触外物所生之感受或情感等；

想蕴指表象、观念等；

行蕴指意志一类的心的作用；

识蕴指总的意识活动，如区别与认识事物等。

五蕴是佛教教理中的重要概念。在早期佛教中，它有时也指一般的物质现象和精神现象，但主要还是指现实的人或人身心的构成。这一理论的提出是要表明在五蕴之外不存在独立的"我"或不变的主体，世间所谓的"我"仅是五蕴暂时的和合，它（我）实际上并不实在，而人之所以有痛苦就是因为不明白这个道理（此即无明），把"五蕴"认作实在的"我"或不变的主体来执着。

（4）缘起与十二因缘

所谓"缘起"（pratityasamutpāda）是佛教有关事物的形成

及变化原因的重要概念，也就是对所谓“法”[①]的一种基本看法。本来，佛陀对涉及世界本质的一些问题，如世界是否是永恒存在的，是否是有限的等问题是拒绝回答的[②]。但在考察人生现象时，则不能不解释人的生死等问题，实际上是无法回避一些重要理论问题的。佛教在产生时既然否定婆罗门教关于世界的根源是梵或最高神的理论，既然主张诸行无常，诸法无我[③]，那么它自己就必然要解释世界及人是如何形成的问题。为此，它提出了“缘起”的思想。所谓“缘”指“因”，即事物存在的原因或条件，但这种原因或条件不是指事物存在的根本因（如造物主或万有本原一类的东西），而是指处于依存关系中的某种事物作为他物存在的条件，而其自身又需另外的事物作为存在条件。“缘起”即“依条件而产生”之意。而一切依“缘”而起的东西都是所谓“有为法”。处于生死轮回中的人生（包括人的身心）也属于“有为法”。早期佛教认为，人生是处于一种因缘关系中的，是依一定的条件生灭变化的。《杂阿含经》中说：“此有故彼有，此起故彼起”[④]；《中阿含经》中说：“若有此则有彼，若无此则无彼，若生此则生彼，若灭此则灭彼”[⑤]。在这

---

① 所谓“法”（dharma）有多种含义，此处指一切事物、一切现象。佛教对“法”有多种分类，如五蕴、十二处（眼处、耳处、鼻处、舌处、身处、意处、色处、声处、香处、味处、触处、法处）、十八界（眼界、耳界、鼻界、舌界、身界、意界、色界、声界、香界、味界、触界、法界、眼识界、耳识界、鼻识界、舌识界、身识界、意识界），等等。蕴、处、界在后来的佛教中被称为“三科”。吕澂先生认为，原始佛学阶段对“境”的分析重点放在人生现象上，归结到“五蕴”的分析。到了部派佛学阶段，境的范围扩展到一般宇宙现象方面，分析就随之而扩大为“三科”（参见吕澂著《印度佛学源流略讲》，第 43 页）。但一些学者在论述原始佛教关于“法”的内容时，亦将五蕴、十二处、十八界归结在一起（参见平川彰著前引书，上卷，第 69 页）。我想，有关“三科”的归纳可能是在较晚时出现的，但“三科”中所含的内容在早期佛教中已出现。

② 参见《杂阿含经》卷第三十四等在这方面的有关记载。

③ 诸行无常、诸法无我与涅槃寂静被后来的佛教称为“三法印”，即三种用以判定是否为佛法的理论标记或印证。

④ 《杂阿含经》卷第十二。

⑤ 《中阿含经》卷第二十一。

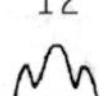

里，早期佛教实际已论及了关于世间现象相互间的关系问题，已论及了事物的因果联系问题。但早期佛教最终没有把缘起的观点完全应用到整个宇宙，而主要是把它限定在解释人生现象的范围之内。作为这一理论的具体表现形式，它提出了所谓“十二因缘”的学说。

十二因缘[①]的学说把人生过程分为十二个彼此成为条件或因果联系的环节，即：(1)无明(avidyā)，指心的迷暗无知，不明事理。由无明生(2)行(saṃskāra)，指心的动向，即由于错误的观念(无明)而引生种种作为。由行生(3)识(vijñāna)，指认识或识别作用[②]。由识生(4)名色(nāma-rūpa)，指精神要素与物质要素的结合体，即作为人的个体[③]。由名色生(5)六处(ṣaḍ-āyatana)，指六种感觉器官——眼、耳、鼻、舌、身、意。由六处生(6)触(sparśa)，指感觉器官对外界的接触。由触生(7)受(vedanā)，指苦、乐、不苦不乐等的感受。由受生(8)爱(tṛṣṇā)，指由于对事物的接触和感受而产生的对外部世界的渴爱或渴望。由爱生(9)取(upādāna)，指对外部事物的追求、执着。由取生(10)有(bhava)，指由于对外物的贪爱、追求等行为而产生的后世相应的果报或生存环境。由有生(11)生(jāti)，指来世之再生。有生必有(12)老死(jarā-maraṇa)[④]。

十二因缘的学说是早期佛教缘起学说中的代表性理论，它与早期佛教的其他理论有着密切的关联。此说把人生现象描述为一种有依存关系的发展变化系列，否定了婆罗门教关

---

① 亦称“十二缘起”、“十二支”、“十二分”等。除此之外，早期佛教亦有“五分”、“九分”、“十分”等说法。但后来流传最广的是“十二分”。

② 后分为六识(眼识、耳识、鼻识、舌识、身识、意识)。

③ 相当于五蕴。

④ 以上对十二因缘的解释是从因向果来观察或推演，称为“顺观”。此外还有所谓“逆观”，即从果向因来观察或推演，如说“老死”是“生”的果、生是“有”的果，等等，依次类推，最后得出如灭无明则无老死及忧悲苦恼的结论。

于有常恒不变的实在(我)的理论,把所谓“我”看成是由精神要素和物质要素聚集起来而产生的结合体,说明了人由于无明而去追求世俗世界,产生痛苦。认为只有消除无明,断灭轮回,才能脱苦,达到涅槃状态。这一学说为历代佛教徒所继承。后世小乘佛教以这一学说为基本思想,进一步丰富发展,提出了更系统化的理论。

(5)中道

“中道”(madhyamāpratipad)也是佛教的一个基本观念。佛教在后来的发展中有种种不同的解释。而在早期佛教中,它的基本形态是所谓“苦乐中道”。相传它也是释迦牟尼在鹿野苑最初传法时的具体内容。

在佛教产生时期,印度思想界对待人生或世间生活有两种完全不同的态度。顺世论和耆那教就可以看作是这两种态度的代表。顺世论倡导人在现实世界中追求幸福生活,努力享乐[①]。耆那教则与此完全相反,它偏于苦行,苦行的手法相当严厉[②]。早期佛教对极端的享乐和苦行都反对。

释迦牟尼在出家前经历过王族子弟的生活,对享乐是熟悉的。但他后来却对人世的种种痛苦有了感受,实际是认识到了享乐并不能长久(是无常的)。因此,他脱离了享乐这一端。然而又走向另一端,到尼连禅河附近的林中修炼苦行,经六年修炼后并无结果,认识到这一端亦不能实现他的理想,亦应否定。即最后是这两个极端(苦与乐)都放弃。据说此后他在菩提树下静坐冥观,悟得了佛教的一些基本教理,创立了佛教。

---

① 详见姚卫群著《佛教早期的“中道”思想》一文(载《南亚研究》,1999年第2期,第50页)。

② 同上注。此外,苦行在印度的历史非常久远,早在吠陀时期就存在。印度历史上许多宗教或思想流派都推崇苦行。

在最初传法时，他就有这方面的教说。如《中阿含经》中有一段对早期佛教"苦乐中道"较典型的论述："五比丘当知，有二边行，诸为道者所不当学：一曰著欲乐贱业，凡人所行；二曰自烦自苦，非贤圣求法，无义相应。五比丘，舍此二边，有取中道，成明成智，成就于定，而得自在，趣智趣觉，趣于涅槃，谓八正道，正见乃至正定，是谓为八。"[①]类似的内容在印度保存的一些文本中亦有记述[②]。这种"苦乐中道"根据以上引文后面的内容，亦有人称之为"八正道中道"。原始佛教的"苦乐中道"对"乐"与"苦"的极端都先后作了否定，但也不是绝对否定二者。这种态度对后来佛教的发展有很大的影响。

除了"苦乐中道"外，早期佛教在"无记"、"有无"、"断常"等问题上也表现出了中道的观念[③]。

（6）无记

所谓"无记"（avyākṛta）就是不作或不能作肯定与否定判断的意思。在佛教产生时期，印度思想界极为活跃，思潮众多，派别林立，各派间的思想交锋十分频繁，涉及的思辨性问题也很多。许多派别在与对手辩论时往往强调某一极端，缺乏如实表述实际情况的态度。释迦牟尼针对各派（或思潮）提出的大量思辨性或理论性问题，采取了所谓"无记"的态度，即对这些问题均不表示明确的态度，或不作是与非的判断。

关于"无记"，佛教史料中有多种记载，著名的有"十无记"说和"十四无记"说。"十无记"说提到的十个问题称"十难"或"十问"。根据《长部》第九经（布砣婆楼经）记载，十个问题是：世

① 《中阿含经》卷第五十六。

② 参见宫本正尊著《中道思想及其发达》，法藏馆刊印，昭和十八年，第51,63,64,303,304页。

③ 详见姚卫群著《佛教般若思想发展源流》，北京大学出版社，1996年，第83—98页。

间常住、世间无常、世间有限、世间无限、我身是一、我身是异、如来死后有、如来死后无、如来死后亦有亦无、如来死后非有非无[①]。“十四无记”说提到十四个问题，称“十四难”或“十四问”，即《杂阿含经》卷第三十四等中记述的世间常、世间无常、世间亦常亦无常、世间非常非非常、世间有边、世间无边、世间亦有边亦无边、世间非有边非无边、如来死后有、如来死后无、如来死后亦有亦无、如来死后非有非无、命身一、命身异这十四个问题[②]。

无论是“十无记”还是“十四无记”，或是其他的什么在内容上有些差别的记述，都表明了佛陀在处理具体理论问题时的一种态度或方法，即对待有完全相反答案的一些问题均不作明确绝对的肯定或否定。在他看来，这些问题的两种相反答案都不能表明事物的实际情况，都有片面性。若肯定一种或为肯定一种而否定另一种，都将是走极端。基于这种考虑，佛陀就对这些问题只好采取“无记”态度。然而这些问题确是当时印度思想界各派讨论的重要问题，不给出明确答案也要对此态度有所解释，因而有了《中阿含经》(箭喻经)等中的一些记述。佛陀力图说明：对这些问题的讨论不会有什么结果或无意义，解决这些问题不是当务之急，就如同一个中箭的人应立即拔箭治疗，而不是讨论中箭人的身份或弓箭的构成等问题[③]。由此可以看出，佛陀所“无记”的问题是有范围的，并不是对所

① 参见宫本正尊著前引书，第206页之后数页。

② 另外，《大智度论》卷第二和《俱舍论》卷第十九对十四个问题亦有记述。丁福保编《佛学大辞典》(文物出版社，1984年，第110页)为：“外道十四难句，佛不答之。一世界及我为常耶、二世界及我为无常耶、三世界及我为亦有常亦无常耶、四世界及我为非有常非无常耶、五世界及我为有边耶、六世界及我为无边耶、七世界及我为亦有边亦无边耶、八世界及我为非有边非无边耶、九死后有神去耶、十死后无神去耶、十一死后亦有神去亦无神去耶、十二死后亦非有神去亦非无神去耶、十三后世是身是神耶、十四身异神异耶。问曰：若佛为一切智人，何不答此十四难？答曰：无此事实，故不答。诸法有常无此理，诸法断亦无此理，以是故佛不答。”

③ 参见《中阿含经》卷第六十。

有问题均“无记”,对一些佛教基本教理问题还是要明确提出看法的[①]。在早期佛教中,“无记”的思想也常常被归纳为一种中道观念的表现形态,有所谓“无记中道”之说。

(7)种姓平等

种姓平等的观念也可以称为“四姓平等”的观念,它反映了早期佛教的社会伦理思想。佛教反对当时印度社会中盛行的森严的种姓等级差别,认为不能以出身来确定人是否为贤达之士。人的高低贵贱并不取决于人的出身,而是取决于人的行为,出身卑贱的人一样能成为贤人。如《别译杂阿含经》中说:“不应问生处,宜问其所行,微木能生火,卑贱生贤达。”[②]《长阿含经》中也说:“汝今当知,今我弟子,种姓不同,所出各异,于我法中出家修道,若有人问:汝谁种姓?当答彼言:我是沙门释种子也。”[③]佛教在产生时主要反映了印度四种姓中属刹帝利和上层吠舍中的部分人的思想意识,与婆罗门教祭司阶层有着利益的不同。佛教宣传种姓平等观念主要是为了自身争利益,争地位,是为了把佛教的影响扩大到社会各个阶层中去,为了能更好地与婆罗门教相抗衡。

5. 早期佛教的僧伽和修行

佛教产生后,它的教团组织逐步形成,有关的修行理论或观念也不断提出。但在佛教的最初发展阶段,此教的僧团组织和修行观念不可能一开始就很健全和系统化。而且,即便是后来的相对健全和系统化,其具体时间也很难确定。下面叙述的一些观念的提出或成形不可能是在短时间内,有些成分可能是在较晚的时期才成形或概括出来的,但其基本内容在早期

① 如关于四谛理论中“苦”的问题,明确提出“一切皆苦”。

② 《别译杂阿含经》卷第五。

③ 《长阿含经》中的“小缘经”。

佛教中有许多已出现，至少在“四阿含”等主要论及早期佛教基本情况的经典中已经提出。

（1）四众与七众

释迦牟尼创立佛教后，其信众由最初的“五比丘”逐渐扩大，形成了有一定规模的佛教组织。信众后来区分为几种人，有所谓“四众”[①]（亦称“佛弟子四众”）的划分，即：比丘（bhikṣu）、比丘尼（bhikṣuṇī）、优婆塞（upāsaka）、优婆夷（upāsikā）。比丘是正式出家（正式加入佛教僧团）的男佛教信徒，比丘尼是正式出家的女佛教信徒。正式出家的信徒要受持“具足戒”[②]，按佛教对出家信徒的要求修行和生活。优婆塞是在家的男佛教信众，优婆夷是在家的女佛教信众。在家的佛教信众虽不出家修行，但对自己的行为也有所约束，一般有所谓“三皈五戒”[③]。

由于对正式出家的信徒有年龄限制，因而佛教信众又有“七众”（亦称“佛弟子七众”）的划分。佛教信众二十岁以上才能正式加入佛教僧团，受具足戒，成为比丘或比丘尼。而不够年龄的出家者被区分为三种，即：沙弥（śrāmaṇera），沙弥尼（śrāmaṇerī），式叉摩那（śikṣamāṇā，意译“正学女”等）。佛教信众不满二十岁但年满十四岁（特别场合为七岁）时可以出家，一般受持所谓“十戒”[④]，男性称为沙弥，女性称为沙弥尼。沙弥尼年满十八岁时要修持“六法戒”[⑤]，这时被称为式叉摩那。比丘、比丘尼、沙弥、沙弥尼、式叉摩那称为“出家五众”，加上

① 这类概括（“四众”等）的出现时间不一定很早，但一些具体内容在早期佛教时已有。

② 对正式出家的佛教徒规定的较完整的戒律。根据《四分律》，比丘有二百五十戒，比丘尼有三百四十八戒。其他文献还有不同说法。参见平川彰著前引书，上卷，第90页。

③ “三皈”指皈依佛、法、僧这三宝。“五戒”指不杀生、不偷盗、不邪淫、不妄语、不饮酒。

④ 指不杀生、不偷盗、不淫、不妄语、不饮酒、不涂饰香鬘、不歌舞及观听、不坐高广大床、不非时食、不蓄金银财宝。

⑤ 通常指不淫（不以染心触于男子之身）、不盗（不盗人四钱）、不杀（不断牲畜生命）、不妄语（小妄语）、不非时食、不饮酒。

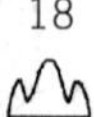

优婆塞、优婆夷这“在家二众”则合称“七众”。这是佛教信众的基本构成。

(2)三学

“三学”指戒、定、慧[①]。这可以看作是早期佛教修习的基本种类或几个基本方面。

所谓“戒”是指戒律,它是佛教约束信众,特别是出家信徒的基本规则。如上面提到“具足戒”、“五戒”、“十戒”,等等。对于出家的佛教徒来说,有关戒律是强制性的,必须遵守,否则要受到相应处罚。对于在家信众来说,有关规则是要靠信众自己自觉来遵守的,不具强制性。佛教初创时恐怕不会有太细的戒规,数百条的戒律应是后来逐步形成的。但一个有发展前途的宗教,在其产生之初就应有对教徒行为的基本要求,否则不能维持教团的正常活动和发展。早期佛教的戒律或对僧侣行为的各种规定一般也称为“波罗提木叉”(prātimjokṣa),即戒经或戒本。一般认为有所谓“五篇七聚”[②]。

所谓“定”是指禅定,如上面提到的“四禅”等。禅定在本质上是一种对人的精神或意识活动的控制或抑制,用以限制人受外物或在本质上不实在的事物的影响,使人身心安宁。禅定在印度不是佛教发明的,在佛教产生前的奥义书中就有,后来的印度许多宗教派别都有这方面的成分。禅定是佛教修习

---

① 这种概括(“三学”)出现的时间可能不是很早,但其所含的内容在早期佛教时期就有。

② “五篇”亦称“五篇罪”,指波罗夷(是极为严重的罪行,如杀人等大罪。犯此罪者要逐出佛教僧团,不能再成为比丘)、僧残(罪行不及波罗夷,如违背佛教在性方面的一些规定等。犯此罪者要向众僧忏悔)、波逸提(指犯了妄语、恶口等情节不是极为严重的罪。犯此罪者须在三人或以下比丘面前忏悔,否则会坠入地狱)、悔过(轻微的过失,如违反了佛教关于饮食等方面的规定等。有此过失者仅需对一僧忏悔即可)、突吉罗(在乞食、说法等的方面有轻微过失。有此过失者在心中忏悔即可)。“七聚”亦称“七聚罪”,指在“五篇”之上加入偷兰遮(即犯波罗夷和僧残罪未遂者及其他一些“五篇”未包含的重罪,此罪中有程度的差别,但最甚者严重程度仅次于波罗夷和僧残)和恶说(口说无意义或不当说的话)。参考平川彰著前引书,上卷,第89、90页;参考丁福保编前引书,第982、1030、1300、1301页。

东方文化集成·东方文化综合编

的重要内容，它对抑制人的所谓“烦恼”，停止对不实在事物的追求起重要作用。早期佛教的“定”以“四禅”[①]为主。但进入禅定需要一些准备性修行，如所谓“四无量心”和“三解脱门”[②]等[③]。“四无量心”指慈、悲、喜、舍[④]。“三解脱门”指“空、无相、无愿[⑤]”。

所谓“慧”是指智慧，即佛教的智慧。佛教教义中的一些理论性成分都属于“慧”的范围，如“四谛”、“十二因缘”、“中道”、“无常”、“无我”等观念即是“慧”的重要内容。在佛教中，“慧”是使信徒获得解脱的根本途径。它使信徒认识事物的本质，消除人的无知，从而停止对本来不实虚妄的事物的渴爱与追求，不再有错误行为，使人摆脱生死轮回。

“三学”之间有着密切的关联。“戒”是“定”的前提，不守“戒”就很难达到“定”，而入了“定”才能使人心身安定，排除各种杂念，洞察事物的本质，达到所谓“慧”。“三学”结合在一起，对治各种烦恼[⑥]，人才能最终达到涅槃境界。

（3）三十七道品

“三十七道品”亦称“三十七菩提分”或“三十七觉支”。

---

① 参见上述“八正道”中对“正定”的注释。

② 这两个概念（四无量心和三解脱门）概括出来的时间可能较晚，但其中的一些主要内容在早期佛教中已有，至少在《阿含经》中已经出现。吕澂先生认为，原始佛教只讲“人无我”，部派佛教中的上座部讲到三解脱门中的空解脱门时，就进而讲到了“法无我”（参见吕澂著《印度佛学源流略讲》，第 47 页）。但“法无我”的思想在早期佛教中是否有，是一个值得探讨的问题。一些学者在论及原始佛教的定学时，就将三解脱门作为一种准备修行或观法（参见平川彰著前引书，上卷，第 78 页）。

③ 参考平川彰著前引书，上卷，第 78 页。

④ 它们分别指给众生快乐、除众生之苦、见众生快乐而喜、舍弃偏执或错误观念。佛教中大小乘对“四无量心”的实际内容的解释有不同。

⑤ “三解脱门”亦称“三三昧”，它们分别指体悟事物的空性、不执着于事物的假相、无所愿求。但早期佛教中的“三解脱门”与后来大乘佛教讲的“三解脱门”在实际内容上有一些差别，如对“空”等的解释是不同的。

⑥ 佛教的“烦恼”中最典型的是所谓“三毒”，即贪、瞋、痴。这三毒是使人陷入生死轮回，不能摆脱痛苦的基本原因。

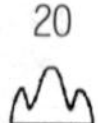

它是早期佛教获得觉悟的重要修行方法或途径[①]。“道品”（bodhipākṣika）亦译“觉支”或“菩提分”。具体包括四念处（四念住）、四正勤（四正断）、四神足（四如意足）、五根、五力、七觉支、八正道。

“四念处”指身念处（观身不净）、受念处（观受是苦）、心念处（观心无常）、法念处（观法无我）。通过对身、受、心、法的观察或思虑这四种修行法获得觉悟。

“四正勤”指恶未生时努力防止其产生、恶已生后努力将其灭除、善未生时努力使其产生、善已生后努力使其增长。通过这四种修行努力获得觉悟。

“四神足”[②]指欲神足（由意欲[③]之力而入禅定，获得神通自在力，作为觉悟的基础）、勤神足（由精进努力而入禅定，获得神通自在力，作为觉悟的基础）、心神足（由心念之力而入禅定，获得神通自在力，作为觉悟的基础）、观神足（由智慧观想而入禅定，获得神通自在力，作为觉悟的基础）通过此四种方式获得神通力，作为获得觉悟的基础或根据。

“五根”亦称“五胜根”[④]，指信[⑤]（信奉佛法）、勤（精进努力地修善弃恶）、念（正确地忆念[⑥]）、定（控制精神意识，修习禅定）、慧（认识事物的本质，体悟四谛等佛理）。它们是获得觉悟的五种根本。

“五力”指“五根”增长所生之力，即信力、勤力、念力、定力、慧力。由于这些力的作用而相应地破除邪信、懈怠、邪念、精神

① 这种概括（“三十七道品”）出现的时间可能不是很早，但其所含的内容在早期佛教时期就有。

② 此处的“神”指神通自在力，“足”指基础或根据。

③ 指想得神通力的意欲或意愿。

④ 三十七道品中的五根与“五知根”（眼、耳、鼻、舌、身）不同。

⑤ 或称“信根”，其余类推。

⑥ 内容相当于“四念处”。

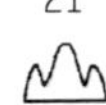

散乱、无知等，达到觉悟。

“七觉支”指择法觉支（以智慧简择力去假存真）、精进觉支（努力修习）、喜觉支（得真善法而处欣喜之中）、轻安觉支（身心保持轻松安宁）、舍觉支（舍弃妄执）、定觉支（抑制精神散乱，修习禅定）、念觉支（忆念思量佛法，定慧俱用）。这些也是达到觉悟的重要修行手法或途径。

“八正道”即上述“四谛”中之“道谛”的内容。

（4）四向四果

“四向四果”是早期佛教对修行状态、阶段或果位的重要分类[①]。

“四向”[②]包括预流向（须陀洹向[③]，开始断除三界[④]的见惑，由凡夫向佛教圣者修行，即向预流果修行）、一来向（斯陀含向，为断欲界烦恼中的部分烦恼而修习，达到这种修行果位后仍要在天上和人间往返转生一次，即向一来果的果位修行）、不还向（阿那含向，为断欲界所有烦恼并不再回欲界转生而努力，即向不还果的果位修行）、无学向（阿罗汉向，向断除三界所有烦恼并进入佛弟子的最高修行果位而努力，即向无学果的果位修行）。

“四果”[⑤]包括预流果（须陀洹果，断除了对三界的见惑，进入了佛教圣者的最初阶段或初果）、一来果（斯陀含果，断除了欲界烦恼中的部分烦恼，但仍要在天上和人间往返转生一次）、不还果（阿那含果，断除了欲界的所有烦恼，不再回欲界转生的果位）、无学果（阿罗汉果，断除了三界所有烦恼，不再需要进一

---

① 这种概括不一定很早，但其基本内容早期佛教中已有。

② “向”指朝着某种目的或果位修行。

③ 此为音译。“四向四果”都有对应的意译与音译。

④ 指欲界、色界、无色界。

⑤ “果”指所达到的某种修行果位。

步修习，佛弟子所达到的最高修行果位）。

“四向四果”后来又被称为“四双八辈”和“八贤圣”等，用以标明早期或小乘佛教僧侣所达到的不同修行程度。

（5）业报轮回与解脱

“业报轮回与解脱”是印度古代各宗教派别一般都具有的重要基本观念。佛教在产生后也逐步提出并丰富这方面的内容。早期佛教中涉及“业报轮回”思想的主要是“十二因缘”、“三界”和“五道”等观念[①]。

“十二因缘”的理论中已经包含了某些业报轮回学说的思想要素，如该理论认为“无明”能引起“行”，行能引起“识”，识生“名色”，而这名色实际上就是人的形态。这样，由人的作为（行）引生识，并进而引生作为人个体的名色，这里就涉及了业力的思想，而业力思想是轮回观念的一个基础。此外，由“取”生“有”也含有业报轮回的观念，即认为由人的行为可引生后世相应的果报或生存环境。但总的来说，早期佛教十二因缘的理论还未完全构筑出系统的业报轮回观念。从这一理论中后来发展出来小乘佛教的“三世两重因果”[②]的业报轮回学说。

关于轮回的场所，早期佛教中已有“三界”和“五道”[③]中的内容。“三界”指欲界[④]、色界[⑤]、无色界[⑥]；“五道”指地狱、饿鬼、

① 对轮回场所和种类的概括和详细表述要晚一些，但这方面的一些基本观念在早期佛教中，至少在《阿含经》中就已存在。

② 指在十二因缘中，“无明”和“行”二支为过去因；“识”、“名色”、“六处”、“触”、“受”五支为现在果；“爱”、“取”、“有”三支为现在因；“生”、“老死”二支为未来果。人陷入这三世间的因果系列便是轮回，脱离了这种系列便达到了涅槃状态。佛教产生时尚未提出这样系统的业报轮回学说。

③ 这两个概念的概括或系统论述要晚一些，但基本内容在早期佛教中已有。

④ 指具有欲望（如食、色等欲望）的众生（包括“五道”等中的众生）的居住之处。

⑤ 指离欲的众生的居住之处。

⑥ 指离色无形体的众生的居住之处。

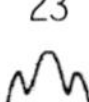

畜生、人、天。众生在解脱之前,就在这类场所中轮回变迁。这方面的内容至少在《阿含经》中已可见到[①]。

摆脱业报,跳出轮回,就能达到解脱,这在佛教中一般称为“涅槃”[②]。“涅槃”是佛教徒一切修习所要达到的最高境界或最终目的。早期佛教认为,涅槃境界与轮回中的状态或世俗世界完全不同。轮回中的世界是由于人的无明而出现的,它充满了贪欲、瞋恚、愚痴和烦恼,而涅槃境界中则不再有这些,是一种超凡入圣的状态。人要达到涅槃,就要接受佛教的种种理论,努力修行,消除无明。涅槃概念在佛教后来的发展中有重要变化。大小乘的涅槃观是不同的。

二、佛教的分裂与基本部派的主要学说

佛教产生后逐步向古印度各地发展,影响的范围越来越大,信众越来越多。释迦牟尼在世时以及在其圆寂后的最初一段时间,佛教教团基本上是统一的或有着传教的核心。但在释迦圆寂百年后,随着各地方僧团势力的增强,佛教逐渐发生了严重的分裂,进入了所谓“部派佛教”时期。这一分裂过程持续的时间较长,时间范围在公元前4世纪至公元2世纪左右。而且,在部派佛教发展的过程中,佛教中又形成了所谓“大乘佛教”,它们把许多部派的理论及一些早期佛教的思想贬称为“小乘佛教”。小乘佛教的发展时间就更长了,几乎一直伴随着大乘佛教的发展。

有关印度佛教分派的记述,史料不少。这些史料又主要分为南传与北传两大类。南传史料的代表性典籍是《岛史》

① 参考平川彰著前引书,上卷,第79—80页。

② 也就是上述“四谛”理论中说的“灭谛”。

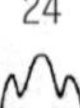

（Dīpavaṃsa）、《大史》（Mahāvaṃsa）及《论事》（Kathāvatthu）等；北传史料的代表性典籍是《异部宗轮论》（Samayabhedo-paracanacakra-śāstra）、《部执异论》（《异部宗轮论》的异译本）、《异部宗精释》（Nikāyadabheda-vibhangavyāna）等。两方面的史料论述有不少差别。要确定哪些内容是史实并不很容易。但总起来说，都有重要的研究价值。

1. 佛教最初的分裂

释迦牟尼初传佛教时，佛教教义并未形成文字经典。释迦传教主要靠言传说教，弟子们学习主要靠耳闻心记。然而众多弟子长时间的记忆必定有差别。这种差别在释迦圆寂后就自然会引起争论。为了解决在这个问题上的矛盾和冲突，并使佛教教义以经典的方式固定下来，佛教僧团组织了所谓“结集”。

通常认为，佛教主要的结集有四次。第一次结集是在释迦圆寂的当年，在王舍城附近举行，会上诵出了经、律二藏。第二次结集是在释迦圆寂百年后，在毗舍离城举行的，主要解决信徒间因对一些问题看法不同而引起的争执。第三次结集是在释迦圆寂二百年后，在阿育王时的华氏城举行，结集的内容是就佛教理论中的一些重要问题进行辩论，批驳“外道”的思想。第四次结集是在释迦圆寂四百年后，在迦腻色迦王时的迦湿弥罗举行，结集的内容是解释以往的一些重要佛教经典，结集出内容更为广泛的佛教“三藏”①。

根据南传史料的记述，印度佛教最初的分裂是在第二次结集之后，即释迦入灭百年后。在这次结集之前，居住在印度毗舍离的许多比丘出现了放松戒律，违反教规的现象，这突出地表现在他们向人收取钱币的事情上。这种事情为当时一个

① 此为北传佛教史料中的说法之一。根据南传史料，第四次结集是在公元前 1 世纪在斯里兰卡的阿卢寺举行的，会上诵出了上座部佛教的三藏。

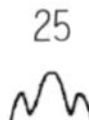

来自西印度的比丘耶舍（Yaśas）所发现，他极力劝告违戒的比丘改过，但没有成功，后经他组织在毗舍离召开了由印度各地佛教僧团参加的第二次结集（七百人结集），结集在少数有地位的上座长老的主持下通过了宣布毗舍离的比丘的行为是犯戒的决议[①]。据说毗舍离的比丘对这次结集的决议不服从，另外又举行了一次"大结集"（Mahāsaṅgīti）。此后，佛教便发生了分裂。认为收受钱币等"十事"是犯戒的教徒形成上座部，坚持认为"十事"是合法的教徒则形成大众部[②]。

北传史料关于佛教分裂的记述与南传史料有很大不同，根据《异部宗轮论》和《大毗婆沙论》，佛教最初的分裂是在释迦圆寂百年后，由于教徒们对一个名叫"大天"（Mahādeva）的比丘所述"五事"的看法不同而产生。所谓"五事"是指大天所认为的一般修行者所达到的最高果位——阿罗汉仍具有的五种局限性，即：阿罗汉仍有一般人所有的生理机能，如情欲、大小便等；仍有"无知"，如对自己的修行果位不明；在接受佛教真理（如四谛等）方面仍有"犹豫"；仍然需要别人来指点自己进入修行果位；仍有痛苦等的感觉，并发出呻吟[③]。大天的这种观点为佛教僧团内少数有地位的长老所反对，认为这不符合佛教教义，但多数教徒则支持大天的观点，认为这种观点符合真正的佛教教义。这样，反对大天观点的佛教徒形成上座部，支持大天观点的佛教徒形成大众部。

史料中关于佛教最初分裂原因的记述虽有不同，但分裂

---

① 除了宣布收受钱币是犯戒的之外，还宣布了其他九件琐事（主要是关于吃饭、饮酒、使用器具等方面的一些事情）是犯戒的。加上收受钱币一事，总称"十事"。

② 参考渥德尔著前引书，第190—198页；参考吕澂著《印度佛学源流略讲》，第24—29页。

③ 关于"五事"的原文为："余所诱无知，犹豫他令入，道因声故起。"（参见《异部宗轮论》和《大毗婆沙论》卷第九十九。）

确实是发生了。产生这种分裂应说有一定的必然性。在释迦圆寂百年后，佛教已经发展到相当规模，流行的地域也扩大了不少。一方面众多教徒长时间对佛教原始教义的记忆会产生差别，另一方面教徒所居住的不同地域的经济和政治发展情况亦会有差别，对教徒活动的要求和影响有不同，这就使佛教不可能不发生分裂。佛教分为大众、上座两派史称"根本分裂"。在根本分裂后，佛教又进一步分成许多部派，这后来的分裂史称"枝末分裂"。

2. 诸部派的形成

有关"枝末分裂"的情况，南传史料与北传史料的说法也有不同。

根据南传史料(《岛史》等)的记载，部派佛教分为十八部。形成过程为：释迦圆寂一百年至二百年期间，从大众和上座两大部派分出十六个部派。大众部系统分出五部，先分出牛家部(鸡胤部)、一说部和制多山部，从牛家部又分出多闻部和说假部。上座部系统分出十一部，先分出化地部和犊子部。从化地部又分出说一切有部和法藏部。说一切有部则又演化出饮光部、说转部和经量部。从犊子部又分出法上部、贤胄部、六城部(密林山部)和正量部。

根据北传史料(《异部宗轮论》等)的记载，部派佛教分为二十部。分派过程为：释迦圆寂二百年后，先从大众部开始分裂出诸部派。释迦圆寂三百年后，上座部亦开始分裂。大众部系统分出八部，先分出一说部、说出世部和鸡胤部(灰山住部)，后又分出多闻部、说假部，最后又分出制多山部、西山住部和北山住部。上座部系统分出十部，先分出说一切有部和雪山部(即原上座部，不在此二十部数内)，然后从说一切有部分出犊子部，从犊子部演化出法上部、贤胄部、正量部和密林山部，从说一切有部分出化地部，从化地部分出法藏部。在释迦圆寂三百年末，从说一切有部分出饮光部。在释迦圆寂四百年初，从说一切有部又分出经量部。

部派佛教无论在实际上是分成二十部还是十八部，数目都不算少，而史料中并不是对每个部派都有明确系统的记述，因此，逐一厘清各部派的学说是很困难的。此处仅按上座、大众两大系统简述其中一些有影响的部派的学说。

3. 小乘部派的主要学说

在部派佛教的两大系统中，上座部系统[①]留下的资料较多。作为佛教的正统派，无论是在进一步分裂之前，还是在分裂后，上座部都极为重视对佛教典籍进行整理和解释，除了修定和完善了经藏和律藏之外，还进一步制作了论藏，即被称为“阿毗达磨”（abhidharma）的一批论著。根据南传史料，上座部的论藏有所谓“七论”，即《法集》（Dhammasangaṅi）、《分别》（Vibhaṅga）、《界论》（Dhātukatha）、《人施设》（Puggalapaññatti）、《双》（Yamaka）、《发趣》（Paṭṭhāna）、《论事》（Kathāvatthu）。南传史料的上座部七论，除《论事》外，其余六论与汉译《舍利弗毗昙》的内容是相似的[②]。

在这些论藏中，上座部把佛教在理论上的一些观念做了系统整理，特别是把早期佛教的“经”或“律”中的一些分散的义理方面的概念以论题形式表现出来(或以一些数字串起来)[③]。这样，重点鲜明，便于记忆，也易于将佛教理论体系化。

---

① 上座部系统分化出了不少部派(见上)，而较多保持上座部先前观点的是化地部和法藏部及流行在斯里兰卡的南方上座部。此外，通常也认为根本上座部后转为不在二十部或十八部数内的雪山部，即坚持原上座部观点的是雪山部(参考吕澂著《印度佛学源流略讲》，第 38、39 页)。

② 参见吕澂著《印度佛学源流略讲》，第 41、42 页。

③ 如在《人施设》中，以“论母的说示”为题，表示出蕴、处、界、谛、根、人这六种“施设”的题目，作为论母。参见平川彰著前引书，上卷，第 193 页。

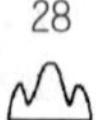

在南传的“七论”中，一般将这些概念或概念组称为“论母”或“本母”（mātṛkā, mātikā）。而在北传的一些佛典中，如在《舍利弗毗昙》和后来的说一切有部的主要论藏中，尽管也有类似的做法，但通常不将其称为“论母”[①]。

上座部[②]在理论上把对人或人生现象的分析与对一般宇宙现象的分析紧密结合在一起，提出了它关于世界各种事物和现象——“法”的构成理论。关于“法”的实在与否问题，是各部派所关心的一个重要问题。上座部对此的看法是：法在时间上可以分为过去、现在和未来三种。这三种法并非都是实有的，只有现在的法实有，过去法和未来法则无实体[③]。此外，早期佛教强调“无我论”，这多少与佛教的轮回和解脱理论有一些矛盾，因为讲轮回和解脱通常要涉及轮回和解脱的主体，而无我论否定有这样的主体。早期佛教的这种无我论与轮回和解脱理论之间的矛盾，已被上座部所注意到。上座部虽然在名义上不承认有我，也不同意后来从此部分离出去的犊子部的“补特伽罗”说法（后详），但却提出一种“有分心”的概念，以此解决佛教理论体系中的这一矛盾。他们在对法分类时，把“心”列为一个重要组成部分，作了极为细致的分析，认为心的一种重要状态是所谓“有分心”，这一有分心伴随着人的整个生死过程，起着轮回和解脱主体的作用[④]。再有，上座部对诸部派佛教所关注的其他问题[⑤]亦提出了自己的看法，如认为不存在“中阴”、阿罗汉不退、四谛可以顿得现观，等等[⑥]。

① 参见平川彰著前引书，上卷，第192—194页。

② 此处主要指上座部“七论”或《舍利弗毗昙》中表述的上座部系统。

③ 参考吕澂著《印度佛学源流略讲》，第43—45页。

④ 参考吕澂著《印度佛学源流略讲》，第47页。

⑤ 诃梨跋摩在《成实论》中曾把诸部派所关注的重要问题概括为十个（参见该论卷第二）。

⑥ 详见吕澂著《印度佛学源流略讲》，第43页。

依据北传史料，说一切有部是从上座部最先分离出去的部派。根据南传史料，从上座部最先分出化地部，而说一切有部和法藏部又是化地部演化的产物，化地部和法藏部大致坚持着原上座部的观点。显然，无论是从南传史料看还是从北传史料看，上座部系统较早的重要分裂都与说一切有部的形成有关。说一切有部也确实是部派佛教中影响较大的一派。它最初的一个代表人物是迦多衍尼子（Kātyāyanīputra，约公元前1世纪），后来又有所谓“四大论师”，即：世友（Vasumitra）、法救（Dharmatrāta）、妙音（Ghoṣaka）、觉天（Buddhadeva）。此派主要的论著是迦多衍尼子所著的《发智论》[①]和被称为“六足论”[②]的六部著作，即：《集异门足论》（舍利子著）、《法蕴足论》（大目乾连著）、《施设足论》（大迦多衍那著）、《识身足论》（提婆设摩著）、《界身足论》（世友著）、《品类足论》（世友著）[③]。此外，记述有部观点的重要佛典还有对《发智论》作的注释性论著《大毗婆沙论》和后来记述小乘佛教基本理论体系的重要著作《俱舍论》[④]。有部对一切事物或现象亦做了认真的观察，认为“法”可以分为五大类，即：色法、心法、心所法、心不相应行法、无为法。五种法中前四种是有生灭变化的，因此可称为“有为法”，最后一种“无为法”是超时空的，无生灭变化的。五法之下具

---

① 异译本为《阿毗昙八犍度论》。

② 所谓“六足论”是相对于《发智论》而言的，《发智论》被称为“身论”。

③ 关于“六足论”的作者，此处依据玄奘的说法。若依据称友（Yaśomitra）和西藏方面的说法，则为：《集异门足论》（大俱绨罗著）、《法蕴足论》（舍利子著）、《施设论》（大目犍连著）、《识身足论》（提婆设摩著）、《界身足论》（富楼那著）、《品类足论》（世友著），参见吕澂著《印度佛学源流略讲》，第285页；平川彰著前引书，上卷，第180页。

④ 具体内容见后。

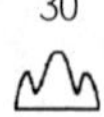

体又包括许多内容[①]。关于这些法的实在与否问题，有部的看法是：无论是有为法还是无为法、均有实体，主张所谓“法体恒有”。有部与上座部同样认为法在时间上可以分为过去法、现在法和未来法，但是却反对上座部关于过去法和未来法无，仅现在法有的观点，而主张过去、现在、未来这三世法都是实有的。关于有我和无我的问题，有部大致坚持早期佛教的无我理论，认为人就是五蕴的合成，没有另一独立的轮回主体。有部这种关于法与我的主张即是小乘佛教的典型“我空法有”理论。有部思想体系中的另一重要组成部分是其细密的因果学说[②]，它提出了所谓“六因”、“四缘”、“五果”等理论。

“六因”是用来论述三世善恶果报的各种条件及作用的概念，具体为：能作因（指某物产生时，其余不对其产生有阻碍作用的事物）、俱有因（指互为因果的事物，或指构成同一事物的几个因）、同类因（指能产生在善恶方面有相同性质的果的事物）、相应因（指认识形成时，“心”和“心所”要相互合作，同时生起，相互依靠）、遍行因（指先前的一些烦恼法，如无明、邪见等具有普遍产生染污性的因性）、异熟因（指能招致三世果报的善或恶的业因）。

“四缘”原是上座部论藏之一《法集》提出的二十四种“缘”中的一部分。有部把它们加以改造，作为提出“六因”说的基础。“四缘”是：因缘（此缘在原上座部中主要指产生认识的条件，如六根等，有部则又做了进一步分析，认为它是产生事物的最直接或内在的原因。上述“六因”中除“能作因”外均可作“因

---

① 根据《品类足论》，色法有十五种，心法六种，心所法二十七种（去掉重复的），心不相应行法十六种，无为法三种。共六十七法（参见吕澂著《印度佛学源流略讲》，第 56 页）；根据《俱舍论》，色法有十一种，心法一种，心所法四十六种，心不相应行法十四种，无为法三种。共七十五法。

② 有部由于其对因缘的分析极为细密，因而亦被称为“说因部”。

缘”)、等无间缘(指已灭之意念能成为后起之意念的条件,表示一种意识或思想的接续不断的关系)、所缘缘(指意识的或心理活动的一切对象)、增上缘(指在上述三缘之外的其他各种有助于或不妨碍诸法产生的条件)。上述“四缘”中的后三缘可包括在“六因”里的“能作因”中。在有部看来,有了“因”和“缘”之后,就自然要有“果”。这样,又提出了“五果”的概念。

“五果”是:异熟果(自六因中的异熟因而来,是由前世的善恶业所生的苦、乐等果)、等流果(自六因中的同类因和遍行因而来,指由先前的善或恶可生出以后的同种性质的善或恶,如由先前之善心可产生以后之善业,由先前之恶心可产生以后之恶业等)、士用果(自六因中的俱有因和相应因而来,指人实施力用而造作之果)、增上果(自六因中的能作因而来,指由一切对其产生有促进作用或虽无促进作用但亦无阻碍作用的事物所产生的果)、离系果(指按佛教要求修习,摆脱一切烦恼等的束缚,达到涅槃的状态,此果不由六因生)。

有部在诸部派中是理论发展变化时间较长的一派,它最后分裂出的一个重要部派是经量部,而自身则发展成小乘佛教在后世的主要代表之一毗婆沙派,而且形成了所谓新有部①。

犊子部是上座部系统中另一较有影响的部派。根据南传史料,犊子部是在与化地部对抗时从上座部分裂出来的。根据北传史料,它是从说一切有部中分裂出来的。南北传史料都记述说,它后来又演化出四个部派,即法上部、贤胄部、密林山部

① 即后世以《顺正理论》的内容为主要学说的有部。

和正量部。犊子部亦有自己的三藏，但保存下来的不多[①]。目前了解犊子部进一步分派之前的资料主要是《异部宗轮论》、《大毗婆沙论》等。分派之后属于新演化出的部派的主要典籍有:《三法度论》、《三弥底部论》、《正法念处经》[②]等。犊子部在理论上亦对宇宙万有的基本构成进行了分析，认为一切“法”可以分为“过去法”、“现在法”、“未来法”、“无为法”、“不可说法”五大类。其中过去法、现在法和未来法又可称为“有为法”。无论是有为法还是无为法及不可说法都是实有的。所谓“不可说法”指的是“补特伽罗”，它是犊子部学说中的一个引人注目的概念。犊子部在解决原始佛教时期遗留下来的无我论与轮回理论的矛盾时，认为可以用“补特伽罗”来作人生死轮回的主体，提出“补特伽罗”与“五蕴”不即不离，即:作为轮回主体的“补特伽罗”既不能说与作为身体的五蕴是一个东西，又不能说是不同的东西，它是“不可说”的，亦是实在的。这样，犊子部实际上是变相地主张有我论，只不过在表面上还要维护原始佛说的尊严，不说有我。尽管如此，许多部派还是认为犊子部的“不可说的补特伽罗”学说在反对原始佛说的“无我论”方面太突出了，因而对它进行指责。犊子部关于“法”和“我”的学说在后来被概括为是小乘佛教中的“法我俱有论”。犊子部在学说上的另一与其他部派的明显差别表现在其有关轮回形态的理论上。一般的部派都认为有“五道”或“五趣”，即地狱、傍生（畜生）、鬼、人、天（三界诸天），犊子部则有时加入一个阿

① “经”主要是《杂阿含经》及《中阿含经》中的一些与有部共诵的经；“律”仅剩一《明了论》；“论”相传他们信奉《舍利弗毗昙》，但汉译《舍利弗毗昙》据考证不是犊子部的论藏（参见吕澂著《印度佛学源流略讲》，第63、64页）。

② 吕澂先生认为，在犊子部分出的四部中，贤胄部和法上部是一边，正量部和密林山部是一边。《三法度论》（异译本为《阿含慕钞》）属贤胄一边，《三弥底部论》属正量一边。《正法念处经》可能属贤胄一系（参见吕澂著《印度佛学源流略讲》，第64、65页）。

修罗，论及“六道”或“六趣”。此外，犊子部还认为阿罗汉有退。在犊子部后来分化出的四个部派中，正量部的影响最大。正量部大体上继承了犊子部的主要学说，并有一定发展，是印度后世小乘佛教的几个主要流派之一。

经量部是上座部系统中最后（约在佛陀圆寂后四百年初）从说一切有部中分离出来的部派①。经量部认为不能像有部那样仅从论藏出发来阐述佛理，而应以经藏（《阿含经》）为依据或尺度（量）来建立学说。此派的主要代表人物据传是胜受（Śrīlāta，约2世纪），但胜受的著作未流传下来。目前了解经量部主要依据《异部宗轮论》等的论述。经量部在理论上与有部的观点有很大不同。在对“法”的分析方面，有部认为法体恒有，三世实有，而经量部则认为处于因果系列中的法是刹那生灭的，只有现在这一刹那的法是实有的，过去和未来法则无实体。关于轮回主体问题，经量部提出一种“一味蕴”，认为它由五蕴中除色蕴外的其他四蕴组成，是人生死轮回的“种子”，这种子在色与心的相互作用中受熏习，使人的善恶业对轮回状态的好坏起作用。印度后来大乘佛教中的瑜伽行派受经量部学说的影响较大。

在部派佛教的两大系统中，大众部系统所留下的资料相对于上座部系统的资料要少得多。许多人认为汉译的《增一阿含经》是来自大众部的经藏，但此说亦未完全被人们所接受。律藏部分有《僧祇律》，还有一些佛教的本生方面的材料（如《大事》）。论藏则基本没有流传下来。对大众系的了解不少要

---

① 此部亦称“经部”、“说转部”。印度后世小乘佛教主要指经量部和毗婆沙派（毗婆沙派指经量部之外的以有部为主体的其他一切小乘派别）。

依据《论事》、《异部宗轮论》[1] 等典籍的记载。但总的来说，关于大众系的发展情况及其分化出来的各部派的学说内容，在细节方面是很含混不清的。此外，大众部系统的理论与大乘佛教的学说有很密切的关系，被认为是大乘佛教思想的先驱。小乘佛教在后世流行的派别主要是从上座部系统分化出来的。

大众部系统的学说与上座部系统的学说相比，有以下一些主要差异：首先，在对“法”的分析方面与上座部系统的一般看法不同，上座部系统的说一切有部等派认为无生灭变化的无为法有三种，即择灭、非择灭、虚空，而大众部则认为有九种，即除了有部等提出的三种之外，还有空无边处、识无边处、无所有处、非想非非想处、缘起支性、圣道支性六种。其次，关于不同时间的法的实在与否问题，大众部与上座部系统中的有部、犊子部等的观点是对立的。大众部认为在三世法中，只有现在法实有，过去法和未来法则没有实体（有部和犊子部认为三世法皆有实体）。但这种观点与上座部系统中的经量部及以后大乘佛教中的瑜伽行派的看法又是一致的。再有，大众部与上座部系统在对佛陀的看法上不同，一般来说，上座部系统不把佛陀看作是至高无上的神，而认为他在向人们传播佛法后进入涅槃，身心俱灭。而大众部系统则极力夸大佛陀超人的神性，认为他无有漏法，离情绝欲，寿量无边，以一音说一切法，威力无比，等等。此外，大众部系统一般认为，有情的心性是本净的，只是偶然为客尘所染，变得不净，解脱就是去除烦恼等客尘，使心性恢复其清净的面目，人人都有可能解脱。而上座部的一些派别则认为，心性本来就是不净的[2]。

---

① 一些学者认为，此论对大众部的描述有曲解的成分（见吕澂著《印度佛学源流略讲》，第20页）。

② 参考任继愈主编《宗教词典》，上海辞书出版社，1981年，第53页。

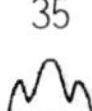

尽管大众部系统的发展及学说变迁在细节上不是很清楚，然而依据现有资料的一些论述，仍可看出由它所分化出的一些部派在学说上与大众部最初观点的差别。如由大众部分出的一说部就不仅认为过去法和未来法没有实体，而且认为三世法都是“言说”，一切事物都没有实体。说出世部也认为“世间法”都是“假名”，没有实体。只有“出世法”（即涅槃等境界）才是真实的。说假部虽未说一切法都不实，但却认为十二处和十八界为“积聚之法”，是假的。显而易见，这些部派对宇宙一切事物或现象的分析有许多内容与大乘佛教的观点极为接近。

三、大乘佛教的兴起及大小乘佛教的主要区别

大约在公元前1世纪，大乘佛教在印度兴起。大乘佛教与部派佛教中的一些派别有着重要的渊源关系，但也并不完全是这些派别简单演变的结果。大乘佛教产生时也制作了一些与部派佛教无直接关系的早期经典。此外，在大乘佛教兴起后，部派佛教的发展远没有结束，而是进入了一个新的阶段。“大乘”（Mahāyāna）一词梵语意为“大的运载工具”或获得真知、达到解脱的“大的(重要的)途径或方法”[①]。所谓“小乘”（Hinayāna）则是大乘佛教兴起后对早期佛教和部派佛教中一些思想流派的贬称，它在后世主要指上座部系统的佛教流派，或主要指由说一切有部演化和分裂出的毗婆沙派和经量部等。

大乘佛教的兴起是佛教内部出现的一次较大的变革。它在学说上与以往的佛教有很大不同，而它的变革在佛教内又

① 参见 S·M·Monier-Williams：“A Sanskrit- English Dictionary”, Oxford University Press, 1956, p849。

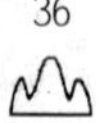

未获得一致的拥护。这样，在佛教史上就出现了大小乘并行发展的局面。

大乘佛教中有不少内容是在借鉴早期佛教和部派佛教的理论之后创立的。如在早期佛教和部派佛教中就已有了“空”的观念，这些内容为后来大乘佛教“空”观念的形成和发展提供了基础。此外，小乘佛教中的说一切有部和犊子部等的理论突出地讲事物的“有”，这在佛教教团内部引起了较强的反映，对强调“空”的佛教势力有很大刺激，这又从反面促使他们提出了更有力的反对观点，形成了佛教中较系统和深入的“空”的理论。再有，在佛教发展的同时，印度婆罗门教也有较大发展。两教处于相同的历史背景中，虽有理论交锋，但互相借鉴的情况也同样存在。早期佛教在构筑新宗教时，批驳了不少婆罗门教的基本观念，以此与婆罗门教相区别。但在大乘佛教产生后，佛教重新改造吸收了婆罗门教中的一些理论成分，这在大乘的一些理论中有体现[①]。关于大乘佛教形成的原因或大乘思想的来源，学界的看法有很多，一些学者从不同的方面或角度提出了自己的观点[②]。

通常认为，大乘佛教和小乘佛教的差别主要表现在以下几个方面：

首先，在对“法”的实有与否问题的看法上，二者有不同。小乘佛教内部对三世法何者实有，何者非实有有争论，许多部派对于现在法的实有性不否定，小乘中有代表性的派别一般

---

① 如婆罗门教强调否定形态的思维方式，这被大乘佛教进一步强调。而在大乘佛教后来的发展中，佛教逐渐强调“常乐我净”。这与婆罗门教的理论有所拉近，但和早期或小乘佛教有明显差别。参见姚卫群著《佛教哲学的否定型认识及其与婆罗门教哲学的渊源关系》(《南亚研究》，1994 年第 1 期，第 45—51 页)。

② 如平川彰等学者就认为大乘佛教有三个源流，即部派佛教的发展、佛传文学、佛塔信仰等。参见平川彰著前引书，上卷，第 330—352 页。

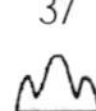

主张“法有”或“我空法有”。而大乘则一般认为“法空”或“我法两空”。小乘中也有讲“法空”的,但讲“法空”的角度或彻底性与大乘不同。小乘讲“法空”多侧重从分析的角度讲,认为事物由部分构成,由众缘构成,这种聚合体终究会毁坏。但是否任何事物和其部分都由部分构成,是否“缘”本身还有“缘”,小乘讲得不明确。大乘则明确用“缘起”来论证“性空”,而且大乘所讲的“缘起”要比小乘彻底,认为“未曾有一法,不从因缘生”,这和小乘的这类论证有程度的不同。一些小乘讲的“缘起”之法是一种有自性的法,而大乘讲的“缘起”之法是一种无自性的法。而且,更主要的是,大乘讲“空”是讲事物的“体空”,即认为事物之所以“空”,主要还不是因为它可被分析,会毁坏,而是因为事物在本性上就空,不可能将事物和“空”的性质分开。说“空”是指事物的“性空”,而不是指事物毁坏后有一独立的“空”,事物的性质就是“空”。要“即有观空”,“即空观有”。也就是说,大乘主张不能离色(法)而说“空”,讲“空”不能离开“假有”或“妙有”。大乘这样讲“空”比小乘彻底。

其次,在修行内容和目的上,二者有不同。小乘一般修所谓“三学”或“三十七道品”,把证得阿罗汉果,求取个人解脱(自利)作为最高目的。而大乘则一般修以“六度”[①]为主要内容的菩萨行,把成佛、普度众生(利他)作为最高目的。小乘的修行阶段具体说有所谓“四向四果”等,而大乘则有所谓“十地”[②]或“五十二位”[③]等菩萨修行的阶段。小乘一般要求出家,强调

---

① 指六种达到涅槃解脱的方式或途径,即:布施、持戒、忍、精进、定、智慧。

② 指菩萨修行的十个阶段,即欢喜地、离垢地、发光地、焰慧地、难胜地、现前地、远行地、不动地、善慧地、法云地。这十地是五十二个菩萨修行阶段中的第四十一至第五十位(具体内容参见吴汝钧前引书,第51页;任继愈主编《宗教词典》,第17页)。

③ 指菩萨修行的五十二个阶段,即:十信、十住、十行、十回向、十地、等觉、妙觉。参见吴汝钧前引书,第107页。

出世。大乘则不要求一定出家，相对而言重视入世，重视与世俗生活的密切联系，主张为使众生脱离痛苦而不离世间。大乘的涅槃（解脱）观念与小乘的有差别，小乘佛教一般把涅槃看作是人脱离了生死轮回后所达到的一种境界，这种境界与世俗世界（世间）完全不同，世俗世界存在着贪欲、瞋恚、愚痴和烦恼，而涅槃境界则是“贪欲永尽，瞋恚永尽，愚痴永尽”。[①]小乘佛教经常把涅槃描述为“灰身灭智，捐形绝虑”的状态。大乘佛教则认为涅槃与世间没有实际的“分别”[②]，反对小乘佛教那种把涅槃与世间完全“分别”的做法，反对离开世间（诸法）去追求超世间的涅槃，认为这样去追涅槃不仅追不上，而且越追越远。大乘佛教认为达到涅槃不过就是消除无知，就是认识诸法之实相，并不存在一个独立于世间的涅槃境界。

再有，在对释迦或佛的看法上，二者亦有较大的差别。小乘把释迦看作掌握佛法的最高教主，但一般并不把他看作神，而大乘则把释迦描绘成至上的神，把他的威力与作用无限地夸大。大乘的佛作为神，数目无限，这与小乘佛教也是不同的。小乘佛教一般不突出偶像崇拜[③]。把佛偶像化的主要是与大乘佛教有关联的大众部系统的一些派别。总之，小乘佛教中有代表性的派别不致力于把佛偶像化，而大乘佛教则有明显把佛偶像化的倾向。

大乘佛教的许多主张在个别小乘部派中已有表露，但还不明显，不系统。大乘佛教形成后，这些特点与一般小乘佛教派别的差别就鲜明了。

---

① 《杂阿含经》卷第十八。

② 如《中论》观涅槃品中说：“涅槃与世间，无有少分别；世间与涅槃，亦无少分别。”

③ 早期佛教是在反对或改造婆罗门教主要理论的基础上形成的，婆罗门教中强调对神或相当于神的实体的崇拜，而且神有多种。但佛教在创立时则不崇拜神，这是早期佛教区别于婆罗门教的一个特点。部派佛教中的上座部系统大致继承了早期佛教的这一特点。

四、初期大乘佛教与般若中观学说

大乘佛教开始形成的重要标志是出现了一批大乘经。这些大乘经的出现时间不一，大致从公元前1世纪开始至公元2世纪，具体时间很难确定。这一时期的大乘佛教可以看作是初期大乘佛教时期。大乘佛教中出现派别之分的时间则要晚一些。

1. 早期大乘经

大乘佛教的经典数量众多，种类众多，但这些经典不是在一个时期或短时间内出现的，而是在不同时期中逐渐出现的。关于最早的大乘经是什么的问题，学界有种种看法。据一些学者研究，目前可知的最古的大乘经典有《六波罗蜜经》、《菩萨藏经》、《三品经》、《道智大经》等。但这些经典的完整原本现已见不到，人们是从其他一些大乘经典的引用中得知其存在的[①]。早期大乘经可以分为许多类，如般若类经、法华类经、华严类经，等等。笔者倾向于认为在各类大乘经中，最古和最基础性的是般若类经中的一些大乘经。

（1）般若类经

般若类经在印度最初的原本主要是梵语。历史上的梵语般若类经原本究竟有多少数量，确切数字已无法搞清楚，从现存汉译般若类经的数量来推测，应当是相当多的。但不少的梵语原本已佚失。目前保存的梵语般若类经长的为十万颂本[②]，还有二万五千颂本和八千颂本。般若类经除梵本外，我国亦有不少汉、藏译本。汉译本最全的是唐玄奘译的《大般若波罗

① 参见平川彰著前引书，上卷，第353—355页。

② 参见黄心川著《印度哲学史》，商务印书馆，1989年，第219页；宫本正尊著前引书，第638页。

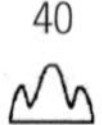

蜜多经》(共六百卷)。般若类经由许多独立的经组成。此类经中又可以区分为若干种,如小品般若、大品般若、金刚般若等[①]。关于各种般若类经出现的时间先后问题,众说不一。如有的学者认为《金刚经》出现的时间较早[②],有的学者认为《道行般若经》出现的时间较早[③]。笔者倾向于后一种观点[④]。最早的般若类经出现的时间约在公元前1世纪。

般若类大乘经为数众多,篇幅宏大,涉及的内容广泛,但核心思想也很明显,即重点论述大乘佛教的"空"的观念。般若类大乘经实际力图表明的是:"空"不仅仅表现在现象上(不仅仅是"相空"),事物也并不是由于其构成要素的离散才会"空"(不是"分析空"),事物在本质上即"空",事物的构成要素不离散它们依然是"空"(也就是所谓"体空")。正如般若类经中所说的"色不异空,空不异色。色即是空,空即是色。受想行识亦复如是"。[⑤] 即强调不能离开色(法)来说空,也不能

---

① 《道行般若经》、《大明度无极经》、《小品般若波罗蜜经》和《大般若波罗蜜多经》第四会是与梵本八千颂般若经相当的般若类经,中国传统上称之为"小品般若"。与此相对应的是"大品般若",它指的主要是《放光般若经》、《光赞般若经》、《摩诃般若波罗蜜经》、《大般若波罗蜜多经》第二会及与之相当的梵本二万五千颂般若经。"金刚般若"有多种译本,现存的主要译本为:后秦鸠摩罗什译的《金刚般若波罗蜜经》(一卷)、元魏时菩提流支译的《金刚般若波罗蜜经》(一卷)、陈时真谛译的《金刚般若波罗蜜经》(一卷)、隋时达摩笈多译的《金刚能断般若波罗蜜经》、唐玄奘译的《能断金刚般若波罗蜜多经》、唐义净译的《能断金刚般若波罗蜜多经》等。在这些译本中,我国最为流行,使用最广泛的是鸠摩罗什的译本。

② 在研究考证各种般若类经产生年代的学者中,吕澂先生认为《金刚经》出现得最早。其根据是:《金刚经》的表述形式更接近于阿含的表述形式,即接近于佛教原始经典的格式,而且《金刚经》中包括了全部般若的主要思想。参见吕澂著《印度佛学源流略讲》,第87页。

③ 在国外学者中,不少人倾向于认为《道行般若经》中包含了般若类经的原始形态。也就是说,这一经(就其大部而言)是最初出现的般若类经。参见金仓圆照著《印度哲学史》,平乐寺书店,1963年,第132页。

④ 参见姚卫群著《佛教般若思想发展源流》,第113—119页。

⑤ 《般若波罗蜜多心经》语。其他般若类经中也有类似的段落,如《小品般若波罗蜜经》卷第一中说:"幻不异色,色不异幻。幻即是色,色即是幻。幻不异受想行识。"《道行般若经》卷第一中说:"幻与色无异也。色是幻,幻是色。幻与痛痒思想生死识等无异。"

离开空来说色。空是色的不能分离的本性。般若类经在谈到事物的“空”时，喜欢将其比作幻梦等，如《小品般若波罗蜜经》中说：“一切法性空，一切法无我无众生，一切法如幻如梦如响如影如炎。”[①] 这实际是考虑了法之“空”与人认识的不实虚幻的相即关系，即表明人对事物（法）的认识内容在本质上是无实在性的。

般若类经中虽然侧重讲“空”，但同样也讲“假名”。这“空”不是绝对的“虚无”或“空无”之义。讲“空”时若连“假名”也否定了，就成了“恶趣空”[②]。般若类经中说：“不坏假名而说实义”，并说：“般若波罗蜜不应色中求，不应受想行识中求。亦不离色求，亦不离受想行识求。何以故？色非般若波罗蜜，离色亦非般若波罗蜜。受想行识非般若波罗蜜，离受想行识亦非般若波罗蜜。”[③] 所谓“般若波罗蜜不应色中求，不应受想行识中求”就是指般若智慧的基本命题是否定事物（色等）的实在性；所谓“亦不离色求，亦不离受想行识求”是指般若智慧虽然否定事物的实在性，但并不认为没有任何东西，而是要求看到事物的“假有”，要“不坏假名而说实义”。

般若类经的表述事物本质的手法很有特色，它经常讲“不”或“非”，对事物的具体性质进行否定，但这并不意味它仅对事物进行否定。与此相反，般若类经中的这种否定恰恰是要肯定某种东西，即在否定中包含有肯定，通过否定的形式来进行肯定。《金刚经》中对此问题有较典型的阐述。如该经（罗什译本）中有不少在形式上类似的句子：“佛说般若波罗蜜，

---

① 《小品般若波罗蜜经》卷第十。

② 佛教史上有一“方广部”，主张事物是绝对的虚空或虚无。这种观点被称为“恶趣空”。

③ 《小品般若波罗蜜经》卷第二。

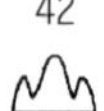

则非般若波罗蜜,是名般若波罗蜜。”“如来说三十二相,即是非相,是名三十二相。”“是实相者,则是非相,是故如来说名实相。”《金刚经》不长,里面却有大量上述这种“说……,即非……,是名……”的句式,可见此句式的重要性。《金刚经》中的这种句式或模式实际也多少包含了佛教的“中道”思想。因为在经的作者那里,否定并不是一切,并没有走向极端,否定的仅是事物的“相”的实在性,但并未否定事物的真实本质,实际是认为事物的真实本质要通过对其表露的“相”的否定来把握。因而否定中就包含着肯定,否定是为了肯定。否定只是手段,把握事物的真实本质才是目的。《金刚经》中提到“筏喻”,向人们显示:如同乘筏上岸,达到彼岸后,筏就要抛弃一样,事物的相状,一般的言语、认识,甚至包括佛的“言说”都只是手段,只能借助它们体悟事物的真实本质,达到目的后,这些手段要抛弃(否定),不能总是执着。

在宗教修行方面,般若类经重视所谓“六度”。“六度”是在小乘“三学”(戒、定、慧)的基础上发展出来的,包括布施(檀那波罗蜜)、持戒(尸罗波罗蜜)、忍(羼提波罗蜜)、精进(毗梨耶波罗蜜)、定(禅那波罗蜜)、智慧(般若波罗蜜)。它们是大乘佛教所使用的达到涅槃解脱的途径或手法,也是所谓“菩萨行”的基本内容。“六度”的基础或主导是般若波罗蜜,而般若波罗蜜的基本思想是“空”观。但“性空”与“假有”在本质上同一,大乘般若思想家则要大慈大悲,以“方便力”普度众生。

(2)法华类经

法华类经出现的时间较般若类经略晚,约在1或2世纪。此经的原本为梵语。除梵本外还有汉译本和藏译本。汉译本在中国历史上至少有六个,但现在所存三种:西晋竺法护译的《正法华经》(十卷)、后秦鸠摩罗什译的《妙法莲华经》(七卷)、隋阇那崛多等译(改编)的《添品妙法莲华经》(七卷)。在这三个汉译本中,鸠摩罗什的《妙法莲华经》最为流行,影响较大。该经常简称为《法华经》或《妙法华经》。

与《妙法莲华经》合称“法华三部经”的另两部经为北齐昙摩伽陀耶舍译的《无量义经》(一卷)和南朝宋昙摩蜜多译的《观普贤经》(一卷)。此外,南朝宋求那跋陀罗译的《大法鼓经》也叙述了与《法华经》类似的一些思想,一般被归入所谓“法华部”。

法华类经的主旨是要进行所谓“开三显一”或“开权显实”,即认为佛教中对声闻、缘觉和菩萨这三乘[①]的区分不过是佛的权宜方便之法,真正实在的仅是一乘——佛乘。《法华经》中的“三车喻”和“化城喻”就是要说明这方面的道理。

所谓“三车喻”出自《法华经》中的“譬喻品”,说的是一长者家中发生火灾,诸子因年幼无知,贪恋玩耍,不肯脱离火宅。长者为救诸子而设权宜方便之计,说有羊车、鹿车、牛车在屋外可供玩耍,诱使诸子跑出火宅,脱离了危险,长者在诸子出火宅后给每人一辆大白牛车。此喻中用三车譬喻三乘,用大白牛车譬喻佛乘,说明佛为教化众生脱离苦难而说并不真正实有的“三乘”,就如同长者为救诸子脱离危险而说并不实有的“三车”一样。佛使用方便教化与长者使用权宜之计均“无虚妄之咎”。

所谓“化城喻”出自《法华经》中的“化城喻品”,说的是某导师带领众人去寻宝藏。因路途艰险,众人畏难懈怠,想中途返回。导师以方便之力,在路途之中化现一座大城,使众人入城休息,众人去除疲劳后,贪图安逸,不想继续前进。导师灭掉

---

① “声闻”指依靠听闻佛陀说法而觉悟者,这种觉悟者仅求自身解脱,最高果位为阿罗汉;“缘觉”指自觉不从闻或因先世因缘凭自己智慧得道者(与声闻合称“二乘”);“菩萨”是通过修菩萨行而得道者。

大城，对众人说，宝藏离此处不远，刚才的大城仅是我变化出来让你们休息的。导师以此方式引导众人继续前进，获取宝藏。此喻用获得宝藏（到达宝所）譬喻最终涅槃，用化城譬喻小乘的涅槃，强调了“方便”的重要性。“导师”明知“化城”不实，仍然要“化”，因为不这样众人就将“中路懈退”，不能到达“宝所”。如来明知没有“三乘”的分别，仍要“分别说三”，因为否则众生将“不欲见佛”。因而，在《法华经》中，使用“方便”不是可做可不做的事情，而是非做不可的事情，因为它关系到能否保证引导众生获得佛教智慧，达到最终涅槃的问题。

法华类经提出这种思想一方面是要缓和大乘与小乘之间的矛盾，肯定小乘亦是一种佛说，但主要的方面还是要抬高大乘的地位，以表明只有大乘的目标才是真正的解脱。此外，法华类经还激励一切信徒都努力修行，努力上求菩提，下化众生，归于真实一乘，最后达到佛的果位。

法华类经亦接受或叙述了不少与般若类大乘经一致的思想，如“空”观、“六度”、“方便”等，但该经在总体上与般若类经还是有重要的倾向性差别。般若类经的主要矛头是对着说一切有部等一类的“有见”，体系的重点或核心是宣扬“一切皆空”或“诸法皆空”，而法华类经侧重的则是在讲“空”的过程中突出讲“方便”。

（3）华严类经

华严类经亦是较早出现的大乘经。此经的最初部分的形成时间约在1世纪后，它的梵本现存较少，较全的是汉译本。华严类经是大乘佛教的重要经典，但关于此经的产地、原本等存在着许多问题。梵本所保存的是相当于汉译《华严经》中

"入法界品"和"十地品"的部分[①]。汉译《华严经》较全的本子（实际是许多单部经的集成）主要有三部，三部经的名称（全称）均为《大方广佛华严经》。它们是：东晋佛陀跋陀罗译的六十卷本（三十四品，由七处八会组成，称为"旧译华严经"或"六十华严"）[②]；唐实叉难陀译的八十卷本（共三十九品，由七处九会组成，称为"新译华严经"或"八十华严"）；唐般若译的四十卷本（为六十卷本和八十卷本《华严经》中"入法界品"的异译本）。除这三部篇幅较大的《华严经》外，中国历代还有大量该经的单行（各品）的异译本，如东汉支娄迦谶译的《佛说兜沙经》（一卷）、吴支谦译的《佛说菩萨本业经》（一卷）、西晋聂道真译的《诸菩萨求佛本业经》（一卷）、西晋竺法护译的《菩萨十住行道品》（一卷）与《渐备一切智德经》（五卷）、后秦鸠摩罗什译的《十住经》（四卷），等等（共约三十种）。在这些经中，《佛说兜沙经》（相当于大部《华严经》中的"如来名号品"）由于是最早的汉译《华严经》的单品经，值得注意。《渐备一切智德经》（相当于《华严经》的"十地品"）由于译得也较早，且有梵本，亦应给予充分注意。这两部经有可能是大部《华严经》中较早或较基础的部分[③]。此外，《华严经》的"入法界品"亦较重要，也被认为是较古或较基础的[④]。华严类经除梵本和汉译本外，还有藏译本。藏译本所据的原本由印度传入，与汉译本所据原本的传入途径不同。

华严类经对大乘佛教的修行内容或阶段做了重要描述，这在《渐备一切智德经》或《华严经》的"十地品"等中就有明

---

① 参考金仓圆照著前引书，第 134 页；黄心川著前引书，第 220 页。

② 该经梵本来自于阗，不少学者认为它在西域时可能被增扩加笔。参见平川彰著前引书，上卷，第 358 页。

③ 参见吕澂著《印度佛学源流略讲》，第 90—92 页。

④ 参见金仓圆照著前引书，第 134 页。

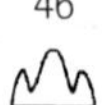

显反映，该经论述了作为菩萨修行基本阶段的所谓“十地”。

“十地”是：欢喜、离垢、明、焰、难胜、现前、远行、不动、善慧、法云[①]。“欢喜”指不执着于我与我所，正确地认识诸法，摆脱由各种烦恼带来的畏惧，常行慈悲心，获大欢喜；“离垢”指持戒，不贪得无厌，不放逸，行“十善”，远离“三毒”等各种不净；“明”指观有为法之不净、无常、苦、无我，闻正法，求佛智，断邪爱恚痴；“焰”指观察诸法，认识到一切空，断烦恼，获大智慧，光明清净，能照四方；“难胜”指如实认识四谛，求取胜于一切世间智慧的佛慧，灭世间苦恼，得佛力无畏；“现前”指观十二因缘，修习三解脱门，得无障碍般若波罗蜜现前；“远行”指智慧胜于二乘，虽爱涅槃，但却现身于世间，虽身在世间，心却远离世法的污染；“不动”指心相灭尽，心识无分别，常住法身而不动，魔众不能转；“善慧”指得到深妙的智慧，认识一切法的行相或本性；“法云”指智慧无边无限，能受诸佛一切大法明雨，所获甘露法雨能灭诸烦恼火，得菩萨不可思议解脱等[②]。

与此“十地”的修行阶段相应，华严类经还提出了“十波罗蜜”（十度）的具体修行内容，即：布施、持戒、忍辱、精进、禅、般若、方便、愿、力、智[③]。“布施”指把所修福德给予众生；“持戒”指灭除心中邪恶的污垢或烦恼；“忍辱”指以慈悲为怀，不损害众生；“精进”指求善法永不满足；“禅”指修道心不散，常向一切智；“般若”指能忍诸法不生；“方便”指能起无量智；“愿”指能求上上智慧；“力”指诸魔外道不能坏；“智”指能如实认识或

---

① 此处提到的这“十地”名称是《华严经》十地品中的译法，《渐备一切智德经》中提到相应的“菩萨住”或“菩萨十住道地”，即：悦豫、离垢、兴光、晖曜、难胜、目见、玄妙、不动、善哉意、法雨。参见《渐备一切智德经》卷第一。

② 参见佛陀跋陀罗译《大方广佛华严经》卷第二十三至二十七。

③ 各有关经典中的译法有所不同，佛陀跋陀罗译的《大方广佛华严经》卷第二十五中的译法是：檀波罗蜜、尸波罗蜜、羼提波罗蜜、精进波罗蜜、禅波罗蜜、般若波罗蜜、方便波罗蜜、愿波罗蜜、力波罗蜜、智波罗蜜。

说一切法[①]。

《华严经》的“入法界品”中叙述了善财童子南行求法的故事。善财童子听了文殊菩萨的教诲,发菩提心,到南方参拜五十三个“善知识”,修习“菩萨行”,并得到普贤菩萨的帮助,最后证入法界。这一故事实际展示了一种获取大乘佛法的过程,也对菩萨行位做了说明。

华严类经中还有两个重要思想,即“三界唯心”的思想和“一即是多”(或“一多相即”)的思想。

在华严类经形成之前或之初,般若类经中的一些大乘思想家已注意从人的主观认识方面去论证“空”的问题。而在华严类经中,人的认识被实体化,称之为“心”,心为一切事物的根本因。如《渐备一切智德经》中说:“其三界者,心之所为。”[②]《华严经》(六十卷本)中说:“三界虚妄,但是心作,十二缘分,是皆依心。”[③]《华严经》(八十卷本)中说:“三界所有,唯是一心,……十二有支,皆依一心。”[④]这样,“心”就被置于一个很高的地位。华严类经中关于“心”的这一论述,对于印度后出的大乘经及瑜伽行派的形成和发展有着重要的作用。不过,应当注意的是,华严类经虽把“心”实体化,但还没有说“心”为不“空”之物,“心”仍在“方便”的范围之内。这在《华严经》(六十卷本)中有明确论述:“知一切佛及与我心,皆悉如梦,知一切佛悉如电光,……知一切佛皆系如幻,己心亦尔。”[⑤]华严类经这种论述是以般若的根本思想为指导的,但把“心”如此实体化确是华严类经在对般若类经中有关思想吸收后的进一步

① 参见佛陀跋陀罗译的《大方广佛华严经》卷第二十五。
② 《渐备一切智德经》卷第三。
③ 《华严经》(六十卷本)卷第二十五。
④ 《华严经》(八十卷本)卷第三十七。
⑤ 《华严经》(六十卷本)卷第四十六。

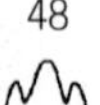

发展。

“一即是多”（或“一多相即”）是华严类经中的著名思想。《华严经》（六十卷本）中说：“知一即是多，多即是一。”[①] 该经中还说：“观缘起法，于一法中解众多法，众多法中解了一法。”[②] 类似的提法在经中还有许多。这种思想实际就是肯定在诸法中有一个“法性”，这“法性”在《华严经》看来不是无常的，因而很难说它是“空”的，只有在逻辑上承认它，“一即是多”或“一多相即”等说法才能成立。肯定这种“法性”的真实存在亦可看作是华严类经在般若类经中有关思想基础上的发展。华严类经描绘了大乘佛教所设想的无穷无尽的诸佛菩萨、佛土、佛国，要通过逐次提高的修行阶段来度脱受苦受难的众生，并着力渲染这方面的内容，以此来吸引信教群众，扩大佛教的影响。

华严类经对印度后来的大乘佛教影响很大。特别是该经“三界唯心”之说，上承般若类经的主要思想[③]，下启的则不仅仅是瑜伽行派的“唯识”理论，中观派亦受了它不少影响。如龙树在《大智度论》中明确说“三界所有，皆心所作”[④]。

（4）其他的早期大乘经

除了上述几类经外，还有一些重要的早期大乘经，如小本（小品）《宝积经》、《维摩诘经》及一些净土类经典，等等。

宝积类经是重要的大乘经典。佛经中放在“宝积”部类下的经的数目很多，篇幅最大的是将菩提流志等人译的此类经合并在一起的《大宝积经》（一百二十卷，四十九会）。如同收在《大般若波罗蜜多经》中的诸般若类经的出现年代不同一

---

① 《华严经》（六十卷本）卷第八。

② 《华严经》（六十卷本）卷第二十九。

③ “三界唯心”亦是一种“性空”说。

④ 《大智度论》卷第二十九。

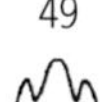

样,《大宝积经》中所收诸经出现的年代亦不同。现一般认为,宝积类经中出现最早的是一种可称为"小本"或"小品"《宝积经》的本子(原本经名不明),汉译本同本异译的有四个:后汉支娄迦谶译的《佛说遗日摩尼宝经》(一卷)、译者不明的《佛说摩诃衍宝严经》(一卷)、收入《大宝积经》中第四十三会的"普明菩萨会"、宋施护译的《佛说大迦叶问大宝积正法经》(五卷)。

小本(小品)《宝积经》对大乘佛教的许多思想的论述与般若类经相似,如关于"六度",关于"空"等问题都做了相近的叙述。此经与般若类经相比所具有的一个重要特色是强调了"中道"的观念。它将"中道"作为一种思维方法贯穿于对许多问题的阐述之中。该经中有大量这方面的论述。如《佛说摩诃衍宝严经》中说:"真实观者,谓不观色有常无常,亦不观痛想行识有常无常,是谓中道真实观法。……有常是一边,无常为二边[①],此二边中间无色,不可见亦不可得,是谓中道真实观法。有我是一边,无我为二边。此二中间无色。不可见亦不可得,是谓中道真实观法。……有者是一边,无者为二边。此二中间,无所有亦不可得,是谓中道真实观法。"像小本(小品)《宝积经》这样把大量问题集中起来按"中道"的观点来解释,并把"中道"视为是"真实观法",在般若类经中是没有见到的。这可以说是在大乘佛教形成后,中观派产生之前,大乘"中道"理论的较明确、较集中的论述。它在佛教"中道"理论的发展中起了承上启下的作用。从小本(小品)《宝积经》开始,大乘佛教的思想家在叙述般若理论时,不仅仅主要着眼于"空"观,而是把相当大的注意力放在大乘"中道"的理论之上。这一发展趋势在中观派形成后显得更为突出,但其转变(发展趋势)的开端

① 《佛说遗日摩尼宝经》中将与此经的"二边"对应的部分译为"一边"。

则是在小本(小品)《宝积经》中[1]。

小本(小品)《宝积经》在“中道”的思想原则指导下,把“有见”和“无见”都看作是偏执,但它的“中道”实际也是相对而言,不可能绝对地做到“中”,因而该经对世界现象本质的分析,说到底还是否定其实在性。说“空”自然是否定事物的实在性,说“有”也是否定事物的实在性。只是说“有”时表明反对绝对虚无之说,承认假有,以便使佛教菩萨能“住于生死教化众生”[2],不坏假名而说诸法实性,不离开世俗社会而发展佛教。因此,在小本(小品)《宝积经》中,贯穿着“中道”精神的“空”观仍是该经的理论基础。小本(小品)《宝积经》关于“中道”思想的叙述对中观派的形成有重要意义。

《维摩诘经》是大乘佛教中很有特色的早期经典。该经原本为梵文。汉译本在中国的三国时期至唐代有多种,但并未全部流传下来,目前保存的汉译本有三部:三国吴时支谦译的《佛说维摩诘经》(二卷)、后秦鸠摩罗什译的《维摩诘所说经》(三卷)、唐玄奘译的《说无垢称经》(六卷)。在这三种同本异译的经中,鸠摩罗什的译本较为流行[3]。

《维摩诘经》与小本(小品)《宝积经》在许多方面有类似之处,即在般若类经基本思想的基础上作了重要的发展。该经中有特色之处是其对大乘的“菩萨行”和“不二法门”的论述。这种论述中同样贯穿着大乘佛教的“中道”思想。

《维摩诘经》在论述“菩萨行”时说:“在于生死,不为污行,住于涅槃,不永灭度,是菩萨行。非凡夫行,非圣贤行,是菩萨行。非垢行,非净行,是菩萨行。虽过魔行,而现降众魔,是菩

① 参考吕澂著《印度佛学源流略讲》,第 89、90 页。
② 《佛说摩诃衍宝严经》语。
③ 该经亦常简称为《维摩经》。

萨行。求一切智，无非时求，是菩萨行。虽观诸法不生，而不入正位，是菩萨行。虽观十二缘起，而入诸邪见，是菩萨行。虽摄一切众生，而不爱著，是菩萨行。虽乐远离，而不依身心尽，是菩萨行。虽行三界，而不坏法性，是菩萨行。虽行于空，而植众德本，是菩萨行。虽行无相，而度众生，是菩萨行。……虽观诸佛国土永寂如空，而现种种清净佛土，是菩萨行。虽得佛道转于法轮，入于涅槃，而不舍于菩萨之道，是菩萨行。"[①] 从这里可以看出，《维摩诘经》的作者在一系列问题上提出了不同于早期及小乘部派佛教的看法，以显示大乘解脱法门的优越，而提出这些看法的基本指导思想就是"中道"。按照原始及小乘部派佛教的一般看法，像"生死"与"涅槃"、"凡夫行"与"圣贤行"、"垢行"与"净行"等这样的概念[②]，每组都是对立的，佛教要明确表示反对什么，赞成什么。但在《维摩诘经》看来，这些概念中的每一组所包含的两个概念都是密不可分的，不能绝对追求一个并绝对排斥另一个，否则就是走极端，就是偏执。

《维摩诘经》中有大量关于"不二法门"的论述，如该经中说："垢净为二，见垢实性，则无净相，顺于灭相，是为入不二法门。""有漏无漏为二，若得诸法等，则不起漏不漏想，不著于相，亦不住无相，是为入不二法门。""有为无为为二，若离一切数，则心如虚空，以清净慧无所碍者，是为入不二法门。""世间出世间为二，世间性空即是出世间，于其中不入不出不溢不散，是为入不二法门。""生死涅槃为二，若见生死性则无生死，无缚无解不生不灭。如是解者，是为入不二法门。""我无我为二，我尚不可得，非我何可得。见我实性者，不复起二，是为入不二

① 鸠摩罗什译《维摩诘所说经》卷中。
② 该经中还有许多处有这样的概念组。

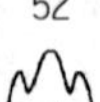

法门。”[①]

《维摩诘经》关于“不二法门”的论述在总体上否定执着于概念的分别，否定一般的言语概念能正确地反映事物的真实面目，认为“默然无语”这样的“无有文字语言”才能“真入不二法门”[②]。这当然是把人的认识及其表现形式的局限性夸大了。但也应承认，这种理论看到了不同概念间的联系和可转化的一面，有其合理因素。这类论述反映了经的作者要缓和世间与出世间或佛教理论与世俗社会中一般观念间的对立的意愿，是大乘佛教要在更大范围内扩大影响，争取更多信教群众的表现。

净土类经典在早期大乘经中也占一定比重。这类经的一些梵本尚存[③]。从汉译本来看，主要的有三部经，即：三国魏时康僧铠译的《无量寿经》（二卷）、南朝宋时畺良耶舍译的《观无量寿佛经》[④]（一卷）和后秦鸠摩罗什译的《阿弥陀经》（一卷）[⑤]。此外，还有藏译本。

净土类经一般宣传阿弥陀佛的无量功德，和他的美好佛国净土。如《无量寿经》中提到，有一称为“法藏”的菩萨，发了四十八愿，后来成为无量寿佛。在他所发的这些愿中，描述了佛国净土的具体相状，表明了大乘佛教要实现的美好理想[⑥]。《阿弥陀经》中在描述佛国净土时说：“从是西方过十万亿

① 鸠摩罗什译《维摩诘所说经》卷中。

② 鸠摩罗什译《维摩诘所说经》卷中说：“文殊师利问维摩诘：我等各自说已，仁者当说何等是菩萨入不二法门。时维摩诘默然无言。文殊师利叹曰：善哉！善哉！乃至无有文字语言，是真入不二法门。”

③ 如一个梵本是“Sukhāvatī-vyūha”（译成《极乐庄严经》）。参见金仓圆照著前引书，第 135 页。

④ 有不少人怀疑此经不是在印度形成的，而是形成于中亚或中国。参见平川彰著前引书，上卷，第 365 页。

⑤ 净土类经典的汉译本历史上还有许多，现在有存有缺。

⑥ 参见康僧铠译《佛说无量寿经》卷上。

佛土,有世界名曰极乐,其土有佛,号阿弥陀。……其国众生无有众苦,但受诸乐,故名极乐。”① 这样的佛国净土,对信众有极大的吸引力。

净土类经并不像一些早期或小乘经典,只讲一佛或一种涅槃境界,而是认为有所谓十方诸佛和无限佛国净土,并认为如果念诵佛的名号,那么就能如愿往生诸佛的庄严净土,到达极乐世界。如《阿弥陀经》中说:“若有善男子、善女人,闻说阿弥陀佛,执持名号,若一日,若二日,若三日,若四日,若五日,若六日,若七日,一心不乱,其人临命终时,阿弥陀佛与诸圣众现在其前。是人终时,心不颠倒,即得往生阿弥陀佛极乐净土。”② 按照这类净土经典的说法,只要持佛名号,就能往生极乐世界。这对信徒是一个鼓舞,也符合大乘佛教要普度众生的总体目标。

净土类经典强调对佛的虔诚信仰,宗教义理方面的成分不多,修习相对简单,易于在民间流传和广泛发展,对后世影响较大。

2. 中观派及其主要理论

早期大乘佛教的经典种类较多,内容丰富,但有些经文内容散漫,含义不明确或重点不突出,这就使解释说明这些经文成为必要。于是就出现了一批解释这些经文的大乘论师,出现了许多大乘的论。而在大乘经中,较早和较基础的经典是般若类大乘经。对这类大乘经的解释和围绕其主旨进行讨论就成为这一时期大乘佛教继续发展的主要表现形式。在这方面较突出的一个代表人物是龙树。龙树通常被看作是大乘佛教里中观派的创始人,但在实际上,他的著作或思想对后来整个大乘佛教的发展都有极大的影响。不仅对中观派的形成和发展

① 鸠摩罗什译《佛说阿弥陀经》。
② 同上注。

有影响，对其他大乘佛教派别，甚至对后来的小乘佛教也有影响。在以下的叙述中，除在论述中观派的论师和著作时对此派整体有所勾画外，中观派的理论部分主要叙述作为此派基础观念的龙树和提婆的学说。

（1）中观派的主要论师和著作

中观派是大乘佛教中的主要派别。这一派别是在印度出现许多大乘论师的基础上逐渐形成的，是在总结、归纳一些主要大乘经的思想的过程中成立的。严格来说，后来被称为中观派论师的许多人物带上派别色彩是在大乘佛教发展了相当长的一段时间之后。龙树的理论由于被后来的中观派奉为本派的基本观念，因而习惯上将其看作此派的最早代表人物。

关于龙树（Nāgārjuna，约 2—3 世纪）的生平等情况，有关史料记述很多，但其中包括不少传奇性的成分。鸠摩罗什译的《龙树菩萨传》中提到他生于南印度，属婆罗门种姓，在出家前就学识渊博，“天文地理，图纬秘谶，及诸道术，无不悉综”，受戒后曾在九十日内“诵三藏尽”，后入雪山，学习大乘佛教，但仍不能满足，入海中求经，在大龙菩萨帮助下得“诸方等深奥经典无量妙法”，由此“大弘佛法，摧伏外道，广明摩诃衍……，令摩诃衍教大行天竺”。[①] 龙树的著作为数众多，较主要的有《中论》、《十二门论》、《大智度论》、《七十空性论》、《十住毗婆沙论》等。这些著作为中观派的学说奠定了理论基础。

中观派的另一主要论师为提婆（Deva，约 2—3 世纪），他

① 《龙树菩萨传》中说：“龙树菩萨者，出南天竺，梵志种也，……弱冠驰名，独步诸国，天文地理，图纬秘谶，及诸道术，无不悉综。……既出入山，诣一佛塔，出家受戒，九十日中，更求异经，都无得处。遂入雪山，山中有塔，塔中有一老比丘，以摩诃衍经典与之，诵受爱乐，虽知实义，未得通利。周游诸国，更求余经，于阎浮提中遍求不得。……大龙菩萨见其如是，惜而愍之，即接之入海，于宫殿中开七宝藏，发七宝华函，以诸方等深奥经典无量妙法授之。……龙还送出于南天竺，大弘佛法，摧伏外道，广明摩诃衍，作优波提舍十万偈，又作庄严佛道论五千偈，大慈方便论五千偈，中论五百偈，令摩诃衍教大行天竺。”

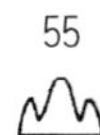

是龙树的弟子，在该派中的地位仅次于龙树。据鸠摩罗什译的《提婆菩萨传》等中说，提婆也是南印度人，属婆罗门种姓，才学超群，尤善辩论，批驳了许多非大乘佛教的思想，曾争取了大量信众，对般若中观学说的发展起了重要作用①。提婆的主要著作有《百论》、《四百论》等。

在提婆之后，中观派的重要人物有罗睺罗跋陀罗（Rāhulabhadra，约3世纪），他是提婆的弟子，相传《赞般若偈》为其所作。关于罗睺罗跋陀罗之后的几百年中中观派论师的传承关系如何，依据现存资料很难说清。至5世纪末左右，出现了佛护（Buddhapālita）和清辨（Bhāvaviveka）两位论师，进一步发展了中观派的学说。佛护的主要著作有《根本中论注》等；清辨的主要著作有《大乘掌珍论》、《般若灯论释》、《中观心论》、《中观宝灯论》等。此二人在中观派内又形成两派。佛护一派称为“随应破派”（Prāsaṅgika，意为归谬派）；清辨一派称为“自立量派”（Svātantrika，意为积极阐明自己的相反主张的派别）。两派又有许多后继者。属佛护一系的重要人物有月称（Candrakīrti，约7世纪）、寂天（Śāntideva，约8世纪）等。属清辨一系的重要人物有寂护（Śāntaraksita，约8世纪，亦为瑜伽中观派的创始人）等人。

---

① 《提婆菩萨传》中说：“提婆菩萨者，南天竺人，龙树菩萨弟子，婆罗门种也。博识渊揽，才辩绝伦，擅名天竺，为诸国所推。……提婆于王都中建高座，立三论，言：一切诸圣中佛圣最第一；一切诸法中，佛法正第一；一切救世中，佛僧为第一。八方诸论士有能坏此语者，我当斩首以谢其屈。所以者何？立理不明，是为愚痴，愚痴之头，非我所须，斩以谢屈，甚不惜也。八方论士，既闻此言，亦各来集，而立誓言：我等不如，亦当斩首，愚痴之头，亦所不惜。提婆言：我所修法，仁活万物，要不如者，当剃汝须发，以为弟子，不须斩首也。立此要已，各撰名理建无方论而与酬酢。智浅情短者，一言便屈；智深情长者，远至二日，则辞理俱匮，即皆下发。如是日日王家日送十车衣钵终竟，三月度百余万人。”由《提婆菩萨传》中可见，提婆对中观派的发展起了很大的作用。该传中所说的“度百余万人”虽令人难以置信，但提婆通过与非大乘思想的各方人士辩论，增加了中观派的信徒人数，扩大了该派的影响，这一点是没有什么疑问的。

中观派在印度的发展时期有数百年，此派的论师著述甚多。各论师间的观点的相同处是主要的，但也有不少差别，即便是同一论师的不同时期的著述亦有差别。各论师在不同程度上吸收了先前的般若类经、小本（小品）《宝积经》、《维摩诘经》等佛典中提出的大乘佛教思想，并对这些思想做了重要的发展。

中观派中人才济济，论著纷繁，但最能代表或系统论述该派理论的则是龙树的《中论》、《十二门论》、《大智度论》和提婆的《百论》。这“四论”历来受人们重视，无论在印度还是在中国影响都很大。

《中论》被看作是龙树或中观派的代表作，对中观派的学说做了全面、系统的阐述[①]。龙树的著作众多，但现存多为汉、藏译本，有梵文原本的不多。然而《中论》梵本却保存了下来，即保存在月称给《中论》作的注释本中。《中论》的注释在古印度时就有数十家，而现存梵本仅有月称一家的。汉译《中论》最为著名的是鸠摩罗什的译本，是连同青目的注一起译的，共四卷。

第一卷重点论述了“八不”，详细论证了世俗、外道或小乘理论中的生、灭、常、断、一、异、来、出这些概念不能成立，通过“八不”来“灭诸戏论”，表明了此派不着两边的“中道”思想[②]。

---

① 僧叡在给《中论》作的序中说：“以中为名者，照其实也；以论为称者，尽其言也。实非名不悟，故寄中以宣之；言非释不尽，故假论以明之。其实既宣，其言既明，于菩萨之行道场之照，朗然悬解矣。夫滞惑生于倒见，三界以之而沦溺；偏悟起于厌智，耿介以之而致乖。故知大觉在乎旷照，小智缠乎隘心。照之不旷，则不足以夷有无，一道俗；知之不尽，则未可以涉中途，泯二际。道俗之不夷，二际之不泯，菩萨之忧也。是以龙树大士，析之以中道，使惑趣之徒望玄指而一变；括之以即化，令玄悟之宾丧谘询于朝彻。荡荡焉！真可谓坦夷路于冲阶，敞玄门于宇内，扇慧风于陈枚，流甘露于枯悴者矣。……天竺诸国，敢预学者之流，无不玩味斯论。其染翰申释者，甚亦不少。”

② 后人常称之为“八不中道”。

在论证“八不”的过程中，还具体涉及了因果、时空、有无等理论问题。

第二卷进一步论证中观派的“不可得”观念或此派的“空”观（无自性、我法皆空），认为生灭、有无等概念实际都不能成立，与此有关的一些观念也都不实在，许多有关联的概念组的两方面都不能执着。

第三卷论述了中观派的“实相涅槃”理论，提出“不离于生死而别有涅槃”，从大乘的角度探讨因缘问题，批驳有我论等偏执。

第四卷中有许多精辟的论述，如关于“二谛”的著名论述，关于“缘起性空”的著名论述，关于“中道”的定义，关于“实相涅槃”的进一步论述等，均在此卷中。

从总体上说，《中论》为中观派完整学说体系的确立奠定了坚实的基础，它在大乘佛教的发展史上影响巨大，意义深远。

《十二门论》较《中论》为短。《中论》中提出的一些理论在《十二门论》中进一步得到提炼或概述，有些则给以突出的强调。该论可看作是中观派学说的一部重要入门书[①]。《十二门论》原来的梵本已佚失，现存梵本是从汉译本倒译回去的。汉译本为鸠摩罗什所译，一卷。所谓“十二门”为：观因缘门、观有果无果门、观缘门、观相门、观有相无相门、观一异门、观有无门、观性门、观因果门、观作门、观三时门、观生门。

---

① 僧叡在给该论的序中说：“十二门论者，盖是实相之折中，道场之要轨也。十二门论者，总众枝之大数也。门者，开通无滞之称也。论之者，欲以穷其源，尽其理也。若一理之不尽，则众异纷然，有惑趣之乖；一源之不穷，则众涂扶疏，有殊致之迹。殊致之不夷，乖趣之不泯，大士之忧也。是以龙树菩萨，开出者之由路，作十二门以正之。正之以十二，则有无兼畅，事无不尽。事尽于有无，则忘功于造化；理极于虚位，则丧我于二际。然则丧我在乎落筌，筌忘存乎遗寄。筌我兼忘，始可以几乎实矣。几乎实矣，则虚实两冥，得失无际。冥而无际，则能忘造次于两玄，泯颠沛于一致，整归驾于道场，毕趣心于佛地。恢恢焉，真可谓运虚刃于无间，奏希声于宇内，济溺丧于玄津，出有无于域外者矣。”

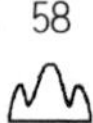

观因缘门主要论述了“缘起性空”的思想，强调了众缘皆空，从缘生法亦空，有为无为及我皆空。

观有果无果门主要论述了中观派的“不生”观念，具体论证了“因中先有果生”、“因中先无果生”、“因中先有果无果生”三种生都不能成立。

观缘门具体考察了“四缘”，认为果是不能从缘生的，“果缘中无”，从此角度论证“不生”或“空”。

观相门论述了事物的基本相状“生、住、灭”等为空，并推论说：“生住灭空故有为法空，有为法空故无为法亦空，因有为故有无为，有为无为法空故一切法皆空。”

观有相无相门论述了“相”、“可相”俱空，并认为“相可相空故万物亦空。”

观一异门从“一”、“异”的角度论证“空”，认为“一不可得，异不可得，更无第三法成相可相，是故相可相俱空”。

观有无门把“有”与“无”联系起来考虑，表明这两个观念都不能执着，认为“有”与“无”都是空，并推论说“有无空故一切有为空，一切有为空故无为亦空，有为无为空故众生亦空”。

观性门论述了诸法无性，认为诸法若有性就不应“变异”，由于见一切法变异因而知诸法无性（无自性、无他性、无有、无无），该门中还论述了中观派有关“二谛”的观念。

观因果门论述了“果”为不可得或“空”，认为“果空故一切有为法空，有为法空故无为法亦空，有为无为尚空，何况我耶”！

观作门认为自作、他作、共作、无因作都是“不可得”的，从“作”的角度论证事物无自性，是“空”。

观三时门论证了在三时（前时、后时、一时）中因果观念都不能成立（“不可得”），因而事物是“空”。

观生门对有关“生”的一些可能的情况做了细致的分析，进一步强调了“不生”的理论，并由此论证事物是“空”。

从《十二门论》的整个论述来看，它的重点是对大乘佛教的“空”观念作多层次、多角度的细致论证。

《大智度论》是龙树对《摩诃般若波罗蜜经》所作的注释。汉译本为鸠摩罗什所译，共一百卷，但仅是原本的较小一部分[①]。《大智度论》由于是对《摩诃般若波罗蜜经》的注释，因而其叙述在形式上是依着经而展开的。该论讨论的内容极为丰富，涉及了中观派学说体系中的所有问题，如“空”的观念、“二谛”的理论、“中道”的思想，等等。《大智度论》论“空”时已注意从主观方面来展开，强调事物是人“虚妄忆想”所生[②]。该论中曾说“三界所有，皆心所作”[③]。这与《华严经》中所说的“三界所有，唯是一心”类似，但被龙树说出来，表明中观派在一些场合对事物本质的论述几乎到了要承认有某种最高实体的程度。当然，这种表述在中观派中并不普遍，龙树本人在其最重要的著作《中论》中亦未这样说，因此不能看作是中观派的一般观点。但从这里已看出中观派与大乘佛教中后出的瑜伽行派在理论上的相通之处。对于“二谛”，《大智度论》把它们看作是相即的，认为“有”和“无”与“二谛”中的任何一谛都有关联[④]。《大智度论》十分重视“中道”思想，这在其叙述许多理论问题时都有表露，是它与所注原经在理论上相比所具有的重要特点。《大智度论》的篇幅巨大，内容丰富，不仅论述了般

① 据僧叡给该论作的序中说：“论之略本有十万偈，偈有三十二字，并三百二十万言。梵夏既乖，又有烦简之异，三分除二，得此百卷，于大智三十万言，玄章婉旨，朗然可见，归途直达，无复惑趣之疑。……梵文委曲，皆如初品，法师以秦人好简，故裁而略之，若备译其文，将千有余卷。”

② 参见该论卷第六、第三十五、第四十三等。

③ 《大智度论》卷第二十九。

④ 参见该论卷第二十六。

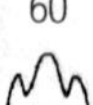

若中观思想方面的内容，还论及了小乘佛教、外道等大量印度思想史中的其他有关内容，它不仅是研究佛教般若思想的重要资料，而且是研究其他印度文化史内容的重要资料。

《百论》是中观派“四论”中较有特色的一部著作。它与前三论的不同之处在于主要以破斥论敌观点的形式来表明般若中观的基本理论[①]。《百论》的梵本原文现已不存，汉译本为鸠摩罗什所译，共两卷，包括十品[②]。该论的汉译本不仅译了提婆的论，还译了“婆薮开士”的释。《百论》分上下两卷，共十品，即：舍罪福品、破神品、破一品、破异品、破情品、破尘品、破因中有果品、破因中无果品、破常品、破空品。

舍罪福品主要论述了中观派对人们的行为及其结果等的看法，认为在佛教的种种修行要求中，智慧[③]最高。

破神品主要破“外道”中的胜论派与数论派的有关“神（我）有”观念，从破“神”出发，还批驳了“外道”有关事物实有的观念。

破一品讨论了事物的“一”与“异”问题中的“一”这一方面，特别提出了“总相”与“别相”的问题，并将其与般若“空”观联系起来。

破异品讨论了事物的“一”与“异”问题中的“异”这一方

---

① 僧肇在给该论作的序中说：“百论者，盖是通圣心之津途，开真谛之要论也。佛泥日后八百余年，有出家大士，厥名提婆，玄心独悟，俊气高朗，道映当时，神超世表，故能辟三藏之重关，坦十二之幽路，擅步迦夷，为法城堑。于时外道纷然，异端竟起，邪辩逼真，殆乱正道。乃仰慨圣教之陵迟，俯悼群迷之纵惑，将远拯沈沦，故作斯论，所以防正闲邪，尤明于宗极者矣。是以正化以之而隆，邪道以之而替，非夫领括众妙，孰能若斯。论有百偈，故以百为名。理致渊玄，统群籍之要。”

② 据僧肇的序中说，该论原有二十品，但是“后十品，其人以为无益此土，故阙而不传”。然而此说据一些学者研究值得怀疑，认为《百论》第一品概括了《四百论》前八品的要义，另外九品相当于《四百论》的后八品，《百论》的内容未删略，更无后十品之可言。参见吕澂著《印度佛学源流略讲》，第117页。

③ 也就是“般若”。

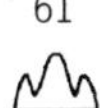

面，从各方面论证“异”的观念亦不实在，文中看到了“一”与“多”的关联，说“一无故多亦无”。

破情品主要从中观派的基本观念出发，否认一般人们通过眼等身体器官可真正获得符合外部事物本来面目的认识或感受。

破尘品通过对认识要素和认识过程的分析来论证“诸法不住”，并且“不可得取”。

破因中有果品主要破除“外道”中影响较大的一种因果理论（主要是数论派主张的因中有果论），通过种种事例论证这种因果理论不能成立。

破因中无果品破除了“外道”中另一影响较大的因果理论（主要是胜论派主张的因中无果论），也通过种种事例论证这种因果理论同样不能成立。

破常品主要批驳了“外道”等提出的“虚空”、“时”、“方”、“微尘”等观念。

破空品主要强调了般若中观的无所执着的观念，认为无论是“有”与“无”都不能执着，不能因反对“有”就执“无”（“空”）。该品最后还论述了“俗谛”与“第一义谛”。

总之，通过对“外道”等的各种“偏执”或“邪见”的破斥，《百论》成功地表述了般若中观的一系列重要思想。

中观派的基本观念当然还表现在“四论”之外的其他著作中，但最重要的和最有代表性的基本观念还是存在于“四论”之中。以下以《中论》等论著为主，集中讨论中观派的一些作为基础的主要理论。

（2）中观派的主要理论

①中道

中观派对佛教般若思想的最主要发展体现在其有关“中

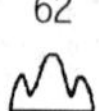

道”的理论上。“中道”观念在早期及小乘部派佛教中就已提出。释迦牟尼创立佛教时就已提出“中道”,但“中道”开始的含义主要是反对顺世论和耆那教等学说中的两种偏执(即反对执乐执苦,主张“苦乐中道”)。早期与小乘部派佛教中后来又提出了“无记中道”、“有无中道”、“断常中道”等。这些理论主要是早期与部派佛教用来反对“外道”或与之对立的其他佛教派别的。但实际上,在早期与小乘部派佛教中,哪一个派别也没能全面贯彻“中道”思想。小乘部派佛教中不少派别实质上或执“有”,或执“无”,或执“断”,或执“常”。大乘佛教兴起后,般若类经的作者也看到了小乘佛教的偏执之处,但其主要纠的“偏”是说一切有部的执“有”问题。在纠正执“有”的过程中,般若类经虽初步表露了大乘佛教的“中道”思想(如主要反对“有”,同时也提到“方便”),但其自身在执行“中道”原则的过程中还是有偏差,即克服了“有”的偏执,却又过分强调“空”。中观派对般若思想做出了重要的变革,在整个般若学说体系中,突出和强调“中道”的思想。具体来说,中观派在以往小乘佛教的“中道”观念及般若类经中萌发的大乘“中道”观念的基础上,又吸收了小本(小品)《宝积经》和《维摩诘经》的思想,阐发了大乘“中道”思想的基本原则,成为印度佛教史上倡导大乘“中道”思想的最突出代表。

中观派的整个理论体系以“中道”为核心。因而,无论侧重探讨(叙述)该派的哪个具体理论,都与“中道”问题相涉。反过来说,要阐述该派的“中道”思想,就要涉及中观派的各个具体理论。将“中道”思想与其他具体理论作平行的或相对独立的叙述实际是很困难的。

中观派的代表性论著《中论》在许多问题的论述上都贯彻了“中道”精神,但直接解释“中道”一词根本含义的则是该论卷第四中著名的一偈（后人称为“三是偈”或“三谛偈”）：“众因缘生法，我说即是无（空），亦为是假名，亦是中道义。”从此偈中可以看出，中观派的“中道”的意义，最主要还是表现在其对“空”的问题的解释上。这一偈表明，中观派的“空”是指“性空”，亦指“假有”（假名），对缘起的事物讲“无”和讲“有”都不能走极端，要把二者结合起来，才不片面。这也就是“中道”的根本含义。

除了这种明确定义之外，在对待一般的概念或观念的态度上，《中论》等中也体现了此派的“中道”精神。根据《中论》，这些概念或观念严格来说并不能成立，用这些概念来“分别”事物或对事物的性质、本性进行判断归根结底都是错误或荒谬的。《十二门论》和《百论》也都是逐一破除各种“偏执”，反对用某种确定的概念或观念来描述（分别）事物的“实相”。中观派的反对或破斥有一个特点，即反对或破斥一种观念时并不意味着肯定另一相反的观念。这在他们看来也就是“中道”。另外，中观派在否定一般的概念或观念（言语）能把握事物的“实相”时，并不走极端，他们还要借助这些概念或观念，使人们在否定中体悟事物的实相，借助这些概念或观念逐步将人们引向佛教的真理，尽管这些概念或观念自身并不是真理。这也体现了此派的“中道”精神。在其他许多具体问题上，情况也大致如此，很容易见到此派应用“中道”的实例。

②缘起性空

“缘起性空”说是中观派“空”观的重要内容。从缘起的理论出发，表明事物不实在，在早始佛教中就有，只是在早期佛教中，讲“缘起”时并不明确讲“空”一词（“空”一词一般用在“空定”上）。再有，在早期佛教中，讲“缘起”时所隐含的“空”义，主要指“我空”（无我）、“果空”（由构成因组成的聚合物不实），而通常较少指“法空”(一切事物均不实在),也不指“因空”(组成聚合物的构成因自身就不实)。小乘部派佛教的情况较复杂,不少部派也从“缘起”的角度讲“法空”,但不彻底,如一些部派认为过去法与未来法无,现在法有。部派佛教中讲“因空”的很少,方广部也主张“一切皆空”,自然可以说包括了“因空”,但此派讲的“空”与后来的大乘佛教及一般的小乘佛教的“空”义明显不同。般若类经中讲“空”与早期及小乘部派佛教有根本的区别,该经讲“空”时亦有涉及“缘起”的,但主要谈的是假名缘起外法(外物为幻变),并强调“体空”,认为事物之所以“空”主要不是由于其构成因的离散而“空”,而是因为事物自身即“空”。

中观派在论证“空”时,一方面吸收了早期般若类经以来的大乘“空”观的许多思想,肯定事物自身即“空”的观念,肯定“性空”的观念,但在事物自身为何“空”或为何“性空”的问题上,论证手法与般若类经多少有差异,中观派非常重视通过“缘起”来论证“空”,此派的这种论证较早期及小乘部派佛教彻底,较般若类经亦有内容上或侧重点上的不同。《中论》中说:“未曾有一法,不从因缘生,是故一切法,无不是空者。”[①]这段文字强调一切事物毫无例外地都是由因缘而生的。这比早期及小乘部派讲的缘起要更深一步,其实际暗含的意思是,不仅缘起的事物是“空”,而且构成缘起的诸因亦“空”,这就从缘起的角度也表明了事物自身亦“空”的“体空”思想,使得大乘佛教对“空”的论述更加深入。

中观派讲的“空”与“缘起”是分不开的,离开“缘起”讲“空”就成了“恶趣空”,离开“空”讲“缘起”就成了“有执”。

① 《中论》卷第四。

虽然佛教各分支都讲“缘起”,但中观派讲的“缘起”是无自性的“缘起”。“空”即是“缘起”,“缘起”即是“空”,即是“假名”。

中观派的一些著作还明确强调了众缘自身无自性,具体论证一切皆空。如《十二门论》中说:“如是内外诸法,皆从众缘生,从众缘生故,即非是无性耶?若法自性无,他性亦无,自他亦无。何以故?因他性故无自性。”“是故众缘皆空。缘空故从缘生法亦空,是故当知一切有为法皆空。有为法尚空,何况我耶?因五阴、十二入、十八界有为法故说有我,如因可然故说有然。若阴、入、界空,更无有法可说为我,如无可然不可说然。如经说,佛告诸比丘,因我故有我所。如是有为法空故,当知无为涅槃法亦空。何以故?此五阴灭,更不生余五阴,是名涅槃。五阴本来自空,何所灭故说名涅槃?又我亦复空,谁得涅槃?复次,无生法名涅槃。若生法成者,无生法亦应成。生法不成,先已说因缘,后当复说。是故生法不成。因生法故名无生。若生法不成,无生法云何成?是故有为无为及我皆空。”由《十二门论》以上的论述中可看出,中观派的“缘起性空”说通过层层推导,在最大范围内论述了“空”观,展示了大乘佛教的理论特色。

③八不

龙树在《中论》的一开始提出了一个著名的“八不”之说:“不生亦不灭,不常亦不断,不一亦不异,不来亦不出。”青目在释中还具体举出事例说明了提出这“八不”的理由。在中观派看来,生、灭、常、断、一、异、来、出这些概念用来说明事物的特性时都不具有完全的正确性,对这些概念不仅每一个都不能肯定,亦不能肯定与其相反的概念,要无一例外地在这些概念前加上“不”字。换言之,中观派所要强调的是,生、灭、常、断等虽是人们认识说明事物时常用的概念,但若用这些概念来说明事物的“实相”，就必然陷入谬误，事物的“实相”是不能“分别”的，当用任何一个概念对事物作出确定性的“分别”（判断）时，就总是能最终找出其不能成立的理由，而且在否定了这种“分别”（判断）而向相反方向作“分别”（判断）时，亦能找出其不能成立的理由。

那么，这样说是否就表明事物无“实相”或有“实相”却无法把握了呢？当然不是。在中观派看来，事物是有“实相”的，而且认识它的方法也是有的，这就是般若中观派所推崇的否定型认识或表述手法，即在否定世俗或“外道”对事物本质的认识或表述的过程中把握事物的“实相”。如《中论》“八不”中的“不生”之说，就是在对“外道”等有关“生”的理论的批驳中产生的，根据青目的释：“有人言万物从大自在天生，有言从韦纽天生，有言从和合生，有言从时生，有言从世性生，有言从变生，有言从自然生，有言从微尘生。……诸论师种种说生相，或谓因果一，或谓因果异，或谓因中先有果，或谓因中先无果，或谓自体生，或谓从他生，或谓共生，或谓有生，或谓无生。”在中观派看来，这些有关“生”的理论若仔细分析推敲，都是站不住脚的。《中论》中对这些理论中的不少内容作了分析批驳。“生”的理论站不住，是否就意味着“灭”的理论站得住呢？中观派的回答同样是否定的。因为在此派看来，无论是“生”的理论还是“灭”的理论均为偏执，均不符合“中道”。其他的“一”、“异”等理论也与此类似，都属于“偏”。中观派则以纠“偏”为己任。在纠“偏”（否定）的过程中，人们就会体验、把握事物的“实相”。这也可以说是一种“破邪显正”，是“中观”或“中道”的方法。

“八不”表明了“中道”，因而这两个概念常联在一起，称为“八不中道”。除此之外，“八不”还与“缘起”有密切关系，亦有

"八不缘起"之称。般若理论中的"缘起"说也确是"八不"的一个论证基础。在中观派看来,事物是由缘而起的,因而无自体,因而世俗所谓"生"不过是缘起事物的变化,并没有真正的从"无"而"有"的生;所谓"灭"也不过是缘起事物的变化,并没有真正的从"有"而"无"的灭。"常"与"断"也只能在世俗观念的意义上用,而在实质上不过是缘起事物的变化,无所谓"常"与"断"。"一"与"异"也很难说死,因为缘起的事物从一种角度说是"一",从另外的角度说则可能是"异",这都是相对的,因而都不能执着。"来"与"出"用来表述缘起的事物在严格意义上也不能成立,这与"生"和"灭"的情况是类似的。因此,"八不"与"缘起"是紧密相联的。这也就是说,"八不"与"空"观也是一致的。

中观派的"八不"理论显然与般若类经中的一些理论有着继承和发展的关系,如《般若波罗蜜多心经》中说:"是诸法空相,不生,不灭,不垢,不净,不增,不减。"般若类经中的类似表述还有不少,文字与《中论》中"八不"完全对得上的没有,但基本含义是相近的。

中观派的"八不"之说虽与般若类经等的有关理论存在着继承和借鉴的关系,但它也还是有自身特点的。首先,龙树将这一理论放在极其重要的位置上,《中论》一开始就提出"八不",用它来说"因缘",灭"戏论",在重视程度上比般若类经等进了一步。其次,"八不"中选择否定的八个概念是哲学上重要的基本概念,般若类经等虽也对其中一些概念作否定,但不很集中,而且在分析上不如《中论》细致,《中论》没有仅仅停留在对一个个概念进行简单的否定上,而是选择了几组各自正好相反的重要概念进行分析,说明从常人或"外道"的观念出发,无法克服片面的认识,不能达到事物的"实相"。在意识到人的认识中存在着固有的矛盾方面,中观派比般若类经等更为深刻,它的理论是建立在细致分析的基础之上的。因而,中观派通过“八不”之说能更有条理性地表明“性空假有”的思想,更明确地阐述“无分别”的观念,更鲜明地突出“中道”的原则,从而在这方面推动了大乘佛教的发展。

④ 二谛

“二谛”即真谛(亦称第一义谛或胜义谛)和俗谛(亦称世俗谛或世谛)。这种观念在小乘佛教中就有,但其在佛教发展中占有重要地位,却是在大乘佛教产生之后,确切说,是在般若类经出现之后。

般若类经中讲到“二谛”时,一般提出“真谛”有两种含义。一种含义指“性空”[①];另一种含义指超越一切言语等的真理性认识或最高思想境界[②]。这两种含义实际是密切联系在一起的,因为“性空”实际上也就是般若思想的最高真理,而“性空”的境界也难以用一般言语等来完全准确地表达。般若类经把“俗谛”主要解释为是佛教以“方便力”借助“言语”等为众生说法[③]。

中观派的主要代表人物龙树在《中论》中论及“二谛”时说:“诸佛依二谛,为众生说法,一以世俗谛,二第一义谛,若人不能知,分别于二谛,则于深佛法,不知真实义[④]。”青目的释讲得具体一些:“世俗谛者,一切法性空,而世间颠倒,故生虚妄法,于世间是实。诸贤圣真知颠倒性,故知一切法皆空无生,于

---

① 如《摩诃般若波罗蜜经》卷第二十五中说:“第一义,亦名性空。”

② 如《摩诃般若波罗蜜经》卷第二十六中说:“最第一义过一切语言、论议、音声。”

③ 《摩诃般若波罗蜜经》卷第二十五中说:“是一切法皆以世谛故说,非第一义。……世谛故说名菩萨,说名色、受、想、行、识。”该经卷第二十四中说:“此名强作,但假施设。……菩萨摩诃萨行般若波罗蜜,以方便力,故为众生说法。”

④ 《中论》卷第四。

圣人是第一义谛，名为实。诸佛依是二谛，而为众生说法。若人不能如实分别二谛，则于甚深佛法，不知实义。”

此处，真谛指对一切法空的认识，也就是所谓“性空”的观念；俗谛指世间认为真实的认识。在这里，中观派强调了二谛的适用范围有不同。即按青目的解释，俗谛是“于世间是实”，真谛是“于圣人是第一义谛，名为实”。关于这一点，提婆的《百论》也有描述。如《百论》中有这样一段材料[①]：“内曰：随俗语故无过（修妬路）。诸佛说法，常依俗谛、第一义谛，是二皆实，非妄语也。如佛虽知诸法无相，然告阿难入舍卫城乞食，若除土木等，城不可得，而随俗语故，不堕妄语。我亦随佛学故无过。外曰：俗谛无不实故（修妬路），俗谛若实，则入第一义谛，若不实，何以言谛？内曰：不然，相待故。如大小（修妬路），俗谛于世人为实，于圣人为不实，譬如一柰，于枣为大，于瓜为小，此二皆实。若于枣言小，于瓜言大者，是则妄语，如是随俗语故无过。”[②]

然而，中观派实际也并不仅仅把“俗谛”与“第一义谛”都看作是诸佛“常依”说法的内容，而是认为“二谛”多少还是有本旨及为明本旨所用手段之区分的。如龙树在《中论》中说：“若不依俗谛，不得第一义。不得第一义，则不得涅槃。”[③] 青目的释为：“第一义皆因言说，言说是世俗，是故若不依世俗，第一义则不可说。若不得第一义，云何得至涅槃，是故诸法虽无生，而有二谛。”

这也就是说，所谓佛依真谛说法，主要指要以真谛为根本，人们最后都应体悟出真谛的道理，但说法的具体形式则要

① 含婆数开士的释。
② 《百论》卷下。
③ 《中论》卷第四。

依赖于俗谛。俗谛尽管是世俗的言语或道理，然而不借助它，真谛就无法表达。换言之，真谛本身是佛教的最高真理，它严格来说是超言绝相的，但要让人理解，又不得不借助言语（俗谛）来表述它。因此，二谛对人们认识事物的实相都是不可缺少的。

⑤ 实相涅槃

中观派主张一种大乘佛教的涅槃观念。它把涅槃与对事物实相的认识联系在一起。《中论》中认为，诸法实相就是涅槃，就是灭除了一切偏执观念的境界，或说是达到既不偏于“空”，又不偏于“有”的境界。如《中论》中说：“诸法实相者，心行言语断，无生亦无灭，寂灭如涅槃。一切实非实，亦实亦非实，非实非非实，是名诸佛法。自知不随他，寂灭无戏论，无异无分别，是则名实相。”[①]

中观派认为，涅槃是要达到与世间有关联的一种精神或认识境界。这种境界不是一种脱离了世间而存在的另一个更高级的境界，而是对世间或事物“实相”的认识。世间的本来面目就是佛教所谓涅槃境界的那个样子，二者没有什么区别。“凡夫”或小乘等之所以把二者作区别，就是因为有“著”或有“分别”，不能认识世间的本来面目。而如果按《中论》等的观点行事，认识了事物的本来面目或“实相”，那么也就进入了涅槃境界。因此，在这种意义上，中观派说：“诸法实相即是涅槃。”[②]《中论》中明确说：“涅槃与世间，无有少分别，世间与涅槃，亦无少分别。涅槃之实际，及与世间际，如是二际者，无毫厘差别。”[③]

① 《中论》卷第三。
② 《中论》卷第三中青目语。
③ 《中论》卷第四。

中观派反对像小乘佛教那样对涅槃境界与世俗世界(世间)进行严格的"分别"。反对离开世间(诸法)去追求超世间的涅槃,认为这样去追求涅槃不仅追不上,而且越追越远,因为涅槃即是认识世间诸法之"实相",达到涅槃不过就是消灭无知,灭掉"戏论",认识到诸法的本性是"空",是不可言状的"假有"。

大乘佛教自般若类经开始先是突出讲"空",这"空"主要指"性空",是事物的本质或"实相"。这"实相"中虽也多少包含对事物的肯定成分,但否定的方面还是占主导地位。中观派通过淡化或破除世间与涅槃的界线而把这"实相"中的肯定性成分加大。这在大乘佛教中形成时尚。

中观派的"实相涅槃"理论为大乘佛教深入世俗社会进行宗教活动提供了重要的理论依据。既然"涅槃与世间,无有少分别",那么大乘佛教的信徒就应积极在世间修行,去"即世间即涅槃",努力弘扬佛法,普度众生。

五、小乘佛教的发展及重要学说

大乘佛教产生后,小乘佛教并未就失去影响或为大乘所取代,而是继续发展,并形成一些新的特点。大乘佛教产生后的小乘佛教主要向两方面发展:一是在小乘原有主要论著的基础上将其理论进一步系统化,形成较完整的小乘学说体系;再一是受到大乘佛教理论的影响,对大乘佛教的理论有选择性地吸收,但在理论的基本性质上仍保存小乘佛教的特点。前者的主要代表是世亲(Vasubandhu)的《俱舍论》,后者的主要代表是诃梨跋摩(Harivarman)的《成实论》。以下对此两论的理论特征等作一简要的叙述。

1.《俱舍论》及其理论特点

《俱舍论》的作者是世亲。关于此人学界有种种看法。一般认为作为此论作者的世亲与大乘佛教中瑜伽行派的论师世亲为同一人。但也有人认为有两个世亲,一个是《俱舍论》的作者,再一是大乘佛教瑜伽行派的著名论师[①]。根据真谛所译《婆薮槃豆法师传》等,世亲为北印度富娄沙富罗国人,初于说一切有部出家。后对《大毗婆沙论》有深入研究,为人讲解该论,每天讲解完后造一偈,用以概括所讲内容的主要含义,造了六百余偈,形成"俱舍论偈"(《俱舍论本颂》)。后又对其进行解释,并采用经量部的一些义理,改造有部学说,写出了《俱舍论》。

关于世亲的年代,也有种种说法,如高楠顺次郎认为是420—500年,宇井伯寿认为是320—400年, E.Frauwallner认为大乘的世亲是320—400年,写《俱舍论》的世亲是400—480年[②]。

《俱舍论》的汉译本有两种:一是真谛的译本,即《阿毗达磨俱舍释论》(二十二卷);另一是玄奘的译本,即《阿毗达磨俱舍论》(三十卷)。《俱舍论》的注释及后来的研究著作很多,如唐普光的《俱舍论记》(三十卷)、唐法宝的《俱舍论疏》(三十卷)、唐圆晖的《俱舍论颂疏》(三十卷)等。《俱舍论》现存的梵本发现于西藏,此论与偈颂均有藏译本。

《俱舍论》源于《大毗婆沙论》,是世亲在对《大毗婆沙论》解释时制作的。但经世亲改造整理后,已加入了一些不同于

---

① 主张有两个世亲说法的主要学者是奥地利学者 E.Frauwallner。参见 E. Frauwallner 的"On the Date of the Buddhist Master of Law Vasubandhu, Serie Orientale Roma III,1951";参见金仓圆照著前引书,第 91 页;参见慈怡主编:《佛光大辞典》,佛光文化事业有限公司,1988 年版,第 1530 页。

② 同上注。

《大毗婆沙论》的新的内容。一些学者认为《俱舍论》的结构参照了《阿毗昙心论》,《阿毗昙心论》的十品中的许多品名与《俱舍论》类似[①]。因而此论的形成有多方面的因素。说一切有部是小乘佛教中的主要代表,而《俱舍论》则较全面地反映了有部的系统学说,既包含了早期有部的基本思想,又吸收了经量部等的多方面的观点,包容了有部后来发展了的观点,把小乘佛教关于自然与人生等的种种思想与其宗教观念进行重新细致的组织,使之更具条理性,成为小乘佛教发展中的一部重要的基本理论著作。

俱舍论分为九品,即:界品、根品、世品、业品、随眠品、贤圣品、智品、定品、破执我品[②]。

界[③]品主要对诸法的体性进行了分析,叙述了对有为法和无为法的基本看法,涉及五蕴、十二入、十八界、虚空、择灭、非择灭等佛教的基本名相。

根品重点论述了二十二根,包括眼根、耳根、鼻根、舌根、身根、意根[④]、男根、女根、命根、苦根、乐根、喜根、忧根、舍根[⑤]、信根、勤根、念根、定根、慧根[⑥]、未知当知根、已知根、具知根[⑦]。另外,对六因、四缘、三界等概念也做了分析。

世品主要表述了佛教对宇宙世间的一些基本看法,包括有情世间和器世间,涉及地狱、三千大千世界、四大洲、三十三天、四生、五趣、极微等,表明了有部等的轮回观念,论述了十二因缘及业感缘起的理论。

---

① 参见金仓圆照著前引书,第 91 页。
② 以上各品中除破执我品外,原文中均加“分别”二字,如“分别界品”等。
③ 此处的“界”指“性”,主要指事物的体性。
④ 以上是关于身体认识器官的六根。
⑤ 苦根、乐根、喜根、忧根、舍根被称为五受根。
⑥ 信根、勤根、念根、定根、慧根被称为五善根。
⑦ 未知当知根、已知根、具知根被称为三无漏根。

业品重点分析了作为轮回原因的业，对业的种类进行了划分，认为有情世间及器世间所具有的种种差别都是由业产生的。业分为身业、语业、意业三种。心所思是意业，思所作则分为身业和语业，而身业和语业又具表性[①]和无表性[②]。

随眠[③]品强调了世间差别由业所生，而业则由随眠方能生长。重点探讨了所谓烦恼，对其做了种种分类，如六随眠（贪、瞋、慢、无明、见、疑）、十随眠（将前六随眠中的“见”又分为有身见、边执见、邪见、见取见、戒禁取见，与前五随眠合为十种）、九结[④]（爱结、恚结、慢结、无明结、见结、取结、疑结、嫉结、悭结）等。此外，还讨论了有部的三世实有观念，对此提出了一些新的见解。

贤圣品主要论述了修行的一些阶段或状态等，如四善根[⑤]、四向四果等，还论述了观四谛的十六行相、三十七觉分及二谛观念等。

智品对有漏的和无漏的智慧进行了分类，提出了所谓十智（世俗智、法智、类智、苦智、集智、灭智、道智、他心智、尽智、无生智），同时还叙述了佛特有的十八种功德或特征，即十八不共法（十力、四无畏、三念住、大悲）等。

定品主要论述禅定，如论述了四静虑、四无色定，还论述了四无量心、三解脱门等。

破执我品在《俱舍论本颂》中无，可以看作是《俱舍论》的附录，主要阐述佛教的无我理论，具体破斥了外道中流行的“离蕴我”观念及部派佛教中犊子部的“补特伽罗其体与蕴不

---

① 在外面表现出来的可被人感知的业。

② 在外面不表现出来的不可被人感知的业。

③ 是烦恼的异名。“随”指烦恼随逐众生；“眠”指烦恼幽微难知，如处于睡眠之状。

④ 指系缚，使烦恼。即烦恼系缚众生，使之不离生死轮回的痛苦。

⑤ 指煖、顶、忍、世第一法。

一不异”（“非即非离蕴我”）理论，论证了无我论与佛教的其他理论是不矛盾的。

《俱舍论》各品中涉及的问题极多，内容十分丰富，在佛教史上有多方面影响。但在佛教发展中占有重要地位的则是后人总结出来的表述万有基本存在形态的所谓“五位七十五法”[①]。“五位”指对法所作的五种基本分类，即：色法（相当于物质）、心法（心作用的主体）、心所法（即心所具有的作用）、心不相应行法（非色非心亦非心所之有为法，行蕴所摄）、无为法（无生无灭的存在）[②]。“七十五法”是五位之中所含的七十五个概念。

色法有十一种，即：五根（眼、耳、鼻、舌、身）、五境（色、声、香、味、触）和无表色（不能表示出来的色，如产生某种结果的行为之力量或潜势力等）。

心法有一种，即心王，它是精神作用的主体。

心所法有四十六种，它又可分为六类，即：大地法[③]（受、想、思、触、欲、慧、念、作意、胜解、三摩地）、大善地法[④]（信、勤、舍、惭、愧、无贪、无瞋、不害、轻安、不放逸）、大烦恼地法[⑤]（无明、放逸、懈怠、不信、昏沉、掉举）、大不善地法[⑥]（无惭、无愧）、小烦恼地法[⑦]（忿、覆、悭、嫉、恼、害、恨、谄、诳、憍）、不定地法[⑧]（恶作、睡眠、寻、伺、贪、瞋、慢、疑）。

---

① “五位七十五法”的大部分内容包括在《俱舍论》中的界品和根品中。七十五法的计算是依据中国唐代普光的《俱舍论法宗原》得出的。参见金仓圆照著前引书，第93—95页。

② “五位”的分类在《品类足论》中就已有了。

③ 指一般的与心相应的心的作用。

④ 指与一切善心相应的心的作用。

⑤ 指与不善心相应或障碍道的心的作用。

⑥ 指只与一切不善心相应的心作用。

⑦ 指只与无明相应并仅能单独产生的心作用。

⑧ 指上述之外的心作用。

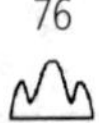

心不相应行法有十四种，即：得、非得、众同分、无想果、无想定、灭尽定、命根、生、住、异、灭、名身、句身、文身。

无为法有三种，即：虚空无为、择灭无为、非择灭无为。

从总体上说，《俱舍论》是印度小乘佛教思想发展高峰期的代表性论著。它在早期佛教与部派佛教发展的基础上，以说一切有部的学说为基本骨架，全面完善了小乘佛教的主要学说，对佛教产生以来的许多名相概念进行了整理，将其系统化，使之成为一套完整的有内在联系的理论体系。此论不仅对小乘佛教先前的代表性理论做了总结和发展，而且在理论上与大乘佛教中的瑜伽行派也有重要关联，瑜伽行派的许多理论在基本结构上与《俱舍论》中的学说类似，有关的思想交锋或讨论也围绕着相似或相同问题展开。由于学界对世亲是一人还是两人的问题及世亲的具体年代问题看法有分歧，因而很难下定论说是瑜伽行派影响了《俱舍论》还是《俱舍论》对瑜伽行派的形成有影响。但可以说的是，二者有并行发展的时期，至少在这一情况下，《俱舍论》也对大乘瑜伽行派的发展有重要影响，推动了后来整个印度佛教的发展。

2. 《成实论》及其理论特点

《成实论》的作者诃梨跋摩的生存年代在公元 300 年左右[①]。根据《出三藏记集》卷第十一中玄畅的《诃梨跋摩传序》

---

① 《成实论》卷第八中引用了提婆的《四百观论》中的话“小人身苦，君子心忧”。若据此，则诃梨跋摩的年代应晚于或不早于提婆的年代。也可以由此推断《成实论》受中观派的影响是可以成立的。但一些研究者提出《成实论》有可能在中观派形成前出现，认为《成实论》卷第八中未必引了提婆的话（也可能是提婆引了《成实论》或别的什么典籍的话）。其实这种可能性不大。因为我们从诃梨跋摩的师承关系上亦可做出一个大致的判断。诃梨跋摩的老师是鸠摩罗陀（Kumāralabdha，亦音译鸠摩罗多，意译童受等），约生于公元 3 世纪，是说一切有部的重要论师。玄奘的《大唐西域记》卷第十中说：“东有马鸣，南有提婆，西有龙猛，北有童受。号为四日并出。”可见鸠摩罗陀与提婆等大致为同时代人。而诃梨跋摩为鸠摩罗陀的弟子，其生存年代应晚于或不早于公元 3 世纪。因此，一般把诃梨跋摩定在公元 300 年左右是较合适的。说他晚于龙树和提婆应该是没有多大问题的。

及吉藏的《三论玄义》等的记述，诃梨跋摩为中印度人，属婆罗门种姓，曾师从说一切有部的鸠摩罗陀，由于不满足于有部偏于解释名相，改习大众部(僧祇部)，但实际是大小乘兼学，并对大众部较早出现的五个部派进行了评判，在当时很有影响[①]。

《成实论》的梵文原本现已不存，汉译本为鸠摩罗什所译，共十六卷[②]。据梁智藏的《成实大义记》记载，该论原有两个译本，旧本由道嵩(即僧嵩)传布，新本对旧本略有修订，称《新实论》，是智藏所提倡的。另外，公元489年(齐永明七年)，竟陵王命人将原十六卷本压缩为九卷，称为《略成实论》，在当时也流行。现在我们看到的鸠摩罗什所译十六卷本为昙影整理后的本子(旧本)[③]。

《成实论》的内容结构在其名称中已有反映。所谓“成”指“成立”，“实”指三藏中之“实义”，具体指“四谛”所表明的诸法之实。该论有二百零二品，内容分为所谓“五聚”，即：发聚、苦谛聚、集谛聚、灭谛聚、道谛聚。

发聚共三十五品，是该论的序说部分，主要论述了佛法僧三宝、四谛的大义及对佛教内部一些异说的批判等，表明了作者在佛教学说上的基本立场。

苦谛聚共五十九品，分析了色、识、想、受、行五阴(五蕴)，认为作为色阴的四大是假名色；识阴是依色阴才生的；想阴依识阴所缘进行分别，但仅取假法相；受阴有三受，而三受是同一苦受上随时间不同而生的差别；行阴是依假法而产生的贪、瞋

---

① 《三论玄义》中说：“有诃梨跋摩高足弟子序其宗曰：成实论者，佛灭度后九百年内，有诃梨跋摩，此云师子铠之所造也。其人本是萨婆多部鸠摩罗陀弟子，慨其所释，近在名相，遂徙辙僧祇，大小兼学，赞仰九经，澄汰五部，再卷邪雾，重舒慧日，于是道振罽宾，声流赤县，成是能成之文，实谓所成之理。二百二品，十六卷文。四谛建章，五聚明义，说既精巧，归众若林。”

② 刊本有作二十卷，经录中则还有其他卷数之说。

③ 参见任继愈主编《中国佛教史》第三卷，中国社会科学出版社，1988年，第394页。

等。此聚表明了五受阴在本质上就是苦或空。

集谛聚共四十六品，主要论述业与烦恼，把业和烦恼看作是轮回中痛苦的因缘，这也就是集谛。作为集的主要是业，而业又来自烦恼。业分为意业、身业和口业三种，它们各自又可分为善、不善、无记三类。烦恼则有所谓“十使”，即贪、恚、痴、慢、疑、身见、边见、邪见、见取见、戒取见。烦恼来自无明（痴），去除了无明业即不集。

灭谛聚共十四品，主要论述通过苦因的灭除来得道，其中主要的内容是所谓灭“三心”。三心为：假名心、法心、空心。灭除了这三心才可达到涅槃。灭三心的理论反映了《成实论》的作者在“空”观问题上的基本态度，也确立了此论所主张的佛教学说的基本性质。

道谛聚共四十八品，主要论述灭苦达到涅槃的途径，即所谓“八正道”，分别论述了正见、正思惟、正精进、正语、正业、正命、正念、正定，通过修习“八正道”而获得正确如实的智慧，灭除“三心”，达到涅槃。

《成实论》是印度佛教史上较特殊的一部著作，它在总体上为小乘佛教的论著，但又受到大乘般若中观思想的很大影响。诃梨跋摩是“大小兼学”，而《成实论》中则大小乘的思想兼有。它是小乘论著，但其理论又与一般的小乘理论有很大不同；它受大乘影响，但又不完全接受大乘理论。《成实论》在学说上的有特色之处是其对佛教“空”观念的理解。

在《成实论》之前的早期和小乘部派佛教中，除方广部外，在“空”观问题上都有很多保留，即“空”得不彻底。早期佛教虽说“空”，但主要指“空定”，由五蕴、无我等基础理论所表露的“空”观主要是“我空”。小乘部派佛教的“空”观较复杂，总的来说，“我空”虽还讲，但有的已不彻底（如犊子部等），“法空”

则除方广部外一般的部派或不讲或只在一定程度上讲。发展到后来说一切有部占了优势，成为小乘佛教的主要代表，主“我空法有”。《成实论》受到大乘般若思想很大影响，在论“空”时不仅讲“我空”，也讲“法空”，但《成实论》所主张的“我法两空”或“一切皆空”既不完全同于般若中观的理论，又不完全等同于方广部的“恶趣空”。

《成实论》中涉及这一问题的论述较多，较有代表性的是其有关“灭三心”的理论。该论中说：“论者言，灭三种心，名为灭谛，谓假名心、法心、空心。”[①]

灭“假名心”指灭除人们关于由部分组成的事物有实体或实在的认识，在《成实论》中主要指灭除有关“我”实在的认识。《成实论》中说：“问曰：何谓假名？答曰：因诸阴所有分别，如因五阴说有人，因色、香、味、触说有瓶等。问曰：何故以此为假名耶？答曰：经中佛说，如轮轴和合故名为车，诸阴和合故名为人。又如佛语诸比丘，诸法无常苦空无我，从众缘生无决定性，但有名字，但有忆念，但有用故，因此五阴生种种名，谓众生人天等。此经中遮实有法，故言但有名。”[②] 这里说的“假名”也就是不实的名号，如以上引文中的“人（我）”就不实，实际存在的是色、受、想、行、识五阴（蕴）[③]，它们聚在一起形成人，被无明者视为实有，其实不过是“假名”。瓶亦是如此，实际存在的仅是色、香、味、触，它们组成的聚合体被称为瓶，被无明者视为实有，其实不过是“假名”。“车”一类的聚合体与“人（我）”及“瓶”等一样，都是“假名”。把“假名”看作实在的观念就是“假名心”。《成实论》认为这种“心”应当灭除。

① 《成实论》卷第十一。
② 同上注。
③ 按照该论的实际观点，它们从根本上说亦非真正实在。

灭“法心”指灭除人们关于组成聚合体的构成因(“法”或“实法”)实在或实有的观念。在《成实论》看来,仅仅否定由构成因组成的聚合体(“我”一类的“假名”)是不够的,这构成聚合体的“因”亦不实在。《成实论》中说:“佛说二谛:真谛、俗谛。真谛谓色等法及泥洹,俗谛谓但假名,无有自体,如色等因缘成瓶,五阴因缘成人。”① 但灭了“法心”也还不算完,这还仅是第二个层次②。还要灭“空心”。

灭“空心”指灭除人们关于“无所有”的观念。“无所有”也就是“空”。但这“空”的认识也是“心”,即是一种执着或一种“分别”。既是执着或“分别”就也要灭除。《成实论》中说:“此空心于何处灭?答曰:二处灭:一入无心定中灭,二入无余泥洹、断相续时灭。所以者何?因缘灭故,此心则灭。无心定中以缘灭故灭,断相续时以业尽故灭。”③ 此处的“无心定”和“无余泥洹”(断相续)是进入小乘涅槃或解脱状态的两个次第,即灭“空心”时,先依禅定灭“空心”这“虚妄分别”,然后进入小乘所理解的那种与世间根本不同的最高境界。

《成实论》中提出的“灭三心”之说以不同层次的演进,否定了由构成因组成的聚合体的实在性,否定了构成因自身的实在性,还否定了执着于事物不实在的“空”观念的实在性。

---

① 《成实论》卷第十一。

② 如果《成实论》有关“空”、“有”的论述就讲到这一程度即告完结,那么,它就与有部的观点类似,二者没有多大差别,因为有部即把由因构成的聚合物看作“假名”(施设)或“俗谛”,而构成因本身由于不可分,则为实在或“真谛”。然而,《成实论》却明显受了般若思想的影响,提出与有部不同的观点。《成实论》此处的“真谛”的地位既不同于有部“真谛”的地位,亦不同于般若中观中说的“真谛”。该论中除了“真谛”外,还有一“第一义”,而这“第一义”才是相当于其他派别中“真谛”的概念。《成实论》卷第十二中说:“五阴实无,以世谛故有。所以者何?佛说诸行尽皆如幻如化。……第一义者,所谓色空无所有,乃至识空无所有。”《成实论》卷第十一中亦说:“虽说五阴,非第一义。”这里就明确提出了不仅由构成因组成的聚合物(如“人我”或“瓶”等“假名”)是不实的,而且构成因本身(如“五阴”、“色”等“法”)也是不实的。

③ 《成实论》卷第十二。

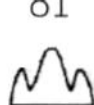

这种理论虽是受大乘般若中观思想影响的产物，但与般若中观的思想并不完全相同，因为该理论突出的是一个“空”字。“灭三心”的三个层次的重点都是讲“空”。而般若中观学说则并不是这样绝对化地讲“空”。般若类经中的一些表述与《成实论》的“空”观念相近，然而一般的般若类经还是讲“方便”的，而且在一些段落中还对这方面的内容有所强调。般若类经讲“性空”，讲“一切皆空”或“万法皆空”，但亦讲“假有”（尽管这一点讲得不如后来的中观派那样突出）。《成实论》在这方面就与般若类经有一定的差距。“灭三心”理论中基本不讲“方便”，而且最后达到的灭“空心”的境界是与世间完全“分别”的。与中观派的差别就更明显了，中观派虽被一些人称为“空宗”，但实际此派是既否定“有”也否定“无”（空）。而换一角度看，也可以说中观派是既肯定“有”（假有），也肯定“无”（性空）。因为中观派的“空”观是明确在“中道”思想指导下的“空”观，是最忌讳“偏”的。无论是“偏有”还是“偏空”均为中观派之大忌。而按中观派的标准来看，《成实论》“灭三心”中提出的“空”观基本上是一种“偏空观”，因为它明显侧重的是一味地否定，到了灭“空心”的最后一个层次，仍是否定，其中看不出有什么肯定的含义。《成实论》中有时也提到离“有无”（舍二边）的“中道”，但它真正离的是“有”，而不是“无”。因而它实际上没有接受中观派的“中道”原则，受般若中观学说的影响主要体现在其对事物的不停顿的否定上。但它的否定有些极端化，不符合“中道”精神，成了“偏空观”。当然，《成实论》的“偏空观”主要是相对于中观派而言，它与小乘佛教中方广部的“恶趣空”还是有不同的。首先，《成实论》的“灭三心”理论中提到了“假名”，这“假名”虽然要灭，但毕竟还是与方广部的完全绝对的虚无有差别。再有，《成实论》中在一些段落中提到了

“舍二边”、“行于中道”，尽管实际并未达到中观派实施的那种程度，但多少还是有一些这方面的意识，而方广部则是丝毫没有“中道”的观念，是最为极端，最为彻底的否定。因而二者（《成实论》与方广部）至少在“偏空”的程度上不一样。当然，二者的相近处也是明显的，就将“空”或否定极端化而言，它们都与大乘般若中观学说不同。

总之，《成实论》在大乘佛教风行的情况下，确实对原有的一般小乘佛教的理论做了一些变革。它主要吸收的是般若中观思想中的否定精神，突出了一个“空”字，这是它与传统的小乘佛教的主要区别。它在理论上与《俱舍论》及其先前的有部学说形成了明显的不同[①]。但《成实论》并没有完全接受大乘般若中观学说的基本观念，特别是其“中道”的思想。它在学说的基本方面仍保持了小乘佛教的特色[②]。

六、中期大乘佛教与瑜伽行派

所谓中期大乘佛教主要指出现相对晚一些的大乘经的产生时期和瑜伽行派（Yogācāra）的形成时期的佛教，时间范围大致在公元3世纪至6世纪。

大乘佛教的经典是在较长一段时间内逐渐出现的。大约在公元3世纪后，印度又出现了一批影响较大的大乘经，这些经典通常被称为续出或后出的大乘经，它们对大乘佛教中瑜伽行派的形成及后来印度佛教的发展起了重要的作用。

① 即从大乘佛教的角度说，一个偏“空”，另一个偏“有”。

② 中国佛教史上的著名论师吉藏在《三论玄义》中从十个方面（“十义”）论证了《成实论》为小乘之论。分析得较为深入。

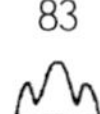

1. **续出或后出的大乘经**

续出或后出的大乘经有不少种类，其中主要的有：《大般涅槃经》、《胜鬘经》、《解深密经》等。这些经的思想内容与早期大乘经有着重要的关联，但也有着自身的独特性质。它们决定了大乘佛教在3世纪之后的基本发展方向。

（1）《大般涅槃经》

《大般涅槃经》（亦称"大本涅槃经"、"大涅槃经"等，常简称《涅槃经》）的完整梵本现已不存，仅发现两叶梵文断片[①]。此经现存的主要是汉译本与藏译本。汉译本有所谓"北本《涅槃经》"和"南本《涅槃经》"。"北本"指北凉昙无谶译的四十卷本。"南本"指南朝慧观与谢灵运译的三十六卷本。此外，该经还有一些异译本，即西晋竺法护译的两卷本《佛说方等般泥洹经》、东晋法显译的六卷本《佛说大般泥洹经》。法显的六卷本仅有"北本"的部分内容。而"南本"则是在昙无谶"北本"和法显的六卷本异译本的基础上增改而成的[②]。

北本《涅槃经》共分十三品，即：寿命品、金刚身品、名字功德品、如来性品、一切大众所问品、现病品、圣行品、梵行品、婴儿行品、光明遍照高贵德王菩萨品、师子吼菩萨品、迦叶菩萨品、憍陈如品。

寿命品主要论述佛在将要涅槃前的一些情况，要求诸比丘等要信奉大乘佛教，讲述了大乘佛教的解脱、法身、法性等思想及有关常、乐、我、净的观念等。

金刚身品主要讲述了如来法身常住、护持正法成就金刚

---

① 参见平川彰著前引书，下卷，第67页。

② 此处说的是大乘的《大般涅槃经》。小乘也有一汉译的《大般涅槃经》（三卷），东晋法显译。此经的异译本有三种：西晋白法祖译的《佛般泥洹经》（二卷）、译者不明的《般泥洹经》（二卷）、后秦佛陀耶舍与竺佛念共译的《长阿含经》中的"游行经"。

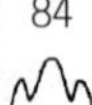

身等内容。

名字功德品叙述了《大般涅槃经》的名义及功德。

如来性品主要探讨了佛性问题，具体论述了如来的常住不变性及在世间的神通变化、一阐提[①]有无佛性等。

一切大众所问品主要论及了佛的化身受大众供养、布施的功德及一阐提等问题。

现病品分析了佛所现的身疾，表明佛实际上无有病，大般涅槃是佛的甚深禅定等。

圣行品提及了菩萨应修的五种行[②]，重点论述了其中的圣行，并论述了二十五三昧等。

梵行品具体论述了菩萨住七善法、四无量心、四无碍等。

婴儿行品论述了如来的不起、不住、不来、不语，如婴儿等，认为菩萨应修这种婴儿行。

光明遍照高贵德王菩萨品论述了佛为高贵德王菩萨讲述的修《大般涅槃经》所能得到的十种功德。其中提到了一阐提虽断善根但不断佛性，也能获得菩提等重要观点。

师子吼菩萨品中论述了佛性问题，提出佛性就是第一义空、智慧、中道、涅槃等，认为一切众生悉有佛性，但要修习无漏圣道才能见到。

迦叶菩萨品叙述了如来对菩萨、声闻和一阐提的不同教法次第和内容，并进一步强调了众生悉有佛性及一阐提亦能得菩提的观点等。

憍陈如品论及佛为憍陈如讲述五蕴无常的道理等，认为

---

① 原文为“icchantika”，指不信佛法之人，特别指不信大乘佛教的理论与实践之人。佛经中常称此种人为“无信之人”或“断善根之人”。

② 即圣行、梵行、天行、婴儿行、病行。

五蕴灭可得解脱，达到涅槃寂静[①]。

《大般涅槃经》的内容十分丰富，但有特色和重点叙述的思想也很明显。该经叙述的主要内容是佛身常住、众生悉有佛性及一阐提能否成佛等问题，对佛教的涅槃观念提出了一些新的见解。

佛身常住的观念在《大般涅槃经》产生之前就已出现了与之相关的思想，如在《法华经》中就谈到佛寿无量的观点[②]。而《大般涅槃经》则在继承有关思想的基础上做了进一步强调，它认为佛身与凡人之身不同，佛身即是法身[③]，这法身是常住不坏的。如《大般涅槃经》中说："如来身者是常住身，不可坏身，金刚之身，非杂食身，即是法身。……如来之身无量亿劫坚牢难坏，非人天身，非恐怖身，非杂食身。如来之身非身是身，不生不灭，不习不修，无量无边，无有足迹，无知无形，毕竟清净，无有动摇，无受无行，不住不作，无味无杂，非是有为，非业非果，非行非灭，非心非数，不可思议。"[④]

众生悉有佛性的观念在佛教中实际上早有思想萌芽，如早期佛教中就有种姓平等的观念。在部派佛教中及一些早期大乘经中已提出了"心性本净"、"自性清净心"的观念[⑤]，这些思想都为《大般涅槃经》提出或强调众生悉有佛性的观念提供了重要的理论基础。《大般涅槃经》中说："譬如金矿，淘炼滓

---

① 上述对这十三品内容的概述参考了刘保金著《中国佛典通论》(河北教育出版社，1997年，第171—173页)等书。

② 《法华经》的"如来寿量品"中说："我成佛已来，甚大久远，寿命无量阿僧祇劫，常住不灭"。该品的偈言中则提到"佛寿无量"。此外，在一些佛教部派(如大众部)中也已有类似的观点。

③ 指具有一切佛法的身，或以佛法成身。

④ 《大般涅槃经》的"金刚身品"。

⑤ 如部派佛教中的大众部系统就有心性本净的思想。早期大乘经中的般若、维摩诘等中也能见到心性本净的思想。参见平川彰著前引书，上卷，第360页。

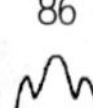

秽，然后消融，成金之后，价值无量。善男子，声闻缘觉菩萨亦尔，皆得成就同一佛性。何以故？除烦恼故，如彼金矿除诸滓秽。以是义故，一切众生，同一佛性，无有差别。"[①]《大般涅槃经》提出的这种理论对提高教徒修习佛法的信心，扩大佛教的影响，有着重要意义。

虽然《大般涅槃经》认为众生悉有佛性，但关于是否一切人都毫无例外地能成佛的问题，在该经的一些译本中说得不明确，甚至在北本《大般涅槃经》中说得也不很连贯，一些部分有前后矛盾的现象。这主要是由于该经的一些部分的产生时间不同[②]，反映了不同时期的佛教发展情况和佛教徒在这方面的观念的变化，以至于后来在中国曾引发关于这一问题的争论[③]。北本《大般涅槃经》中的一些叙述认为"一阐提"也能成佛。如《大般涅槃经》中说："断善根人有佛性者，是人有如来佛性，亦有后身佛性。是二佛性障未来故，得名为无；毕竟得故，得名为有。"[④] 这里的"断善根人"是指"一阐提"，所谓"毕竟得"就是指最终能见佛性，也就是能成佛[⑤]。这种观点是众生悉有佛性观点的深化或彻底化。

"涅槃"是佛教理论中的重要观念，也是《大般涅槃经》中讨论的基本问题[⑥]。该经对涅槃的解释与以往的佛教有所不同。在涅槃观上，该经既受般若类经的影响，又有其自身的特点。大乘佛教兴起后，佛教内对"涅槃"的看法即有了根本性

① 《大般涅槃经》的"如来性品"（之七）。

② 该经通常被分为"前分"和"后分"。前分为本经的前五品，其余为后分。东晋法显译的六卷本《大般泥洹经》即为前分。前分和后分的形成时间或流传地域有不同。参考任继愈主编《中国佛教史》第三卷，中国社科出版社，1988 年，第 167、168 页。

③ 参见本书中国佛教部分的有关竺道生的内容。

④ 《大般涅槃经》卷第三十四中的"迦叶菩萨品"。

⑤ 参见任继愈主编《中国佛教史》第三卷，第 185—188 页。

⑥ 上述讨论的佛性等问题实际也就是涅槃观念问题的一些具体方面。

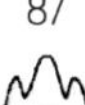

的变化。小乘涅槃通常指一种完全脱离世间的最高境界，对世俗世界否定，对涅槃境界肯定。般若类经与中观派讲“性空”与“假有”的统一，努力破除世间与涅槃之间的界线。《大般涅槃经》则又在一定程度上或在某些方面要划清这种界线。《大般涅槃经》中说：“二乘所得非大涅槃，何以故？无常乐我净故。常乐我净乃得名为大涅槃也。”[①]《大般涅槃经》提出的“大涅槃”既与小乘的涅槃有相似处（即把世间与涅槃的特性明确区分开），也有不同处（即明确提出在涅槃境界中有常乐我净这“涅槃四德”），与般若中观学说中的涅槃则明显不同。《大般涅槃经》实际上把般若中观学说已打破或淡化的世间与涅槃的界线又重新确立起来。但它又不是简单地回复到小乘的立场上去，而是提出了新的观念。本来，在小乘佛教中，常乐我净的观念被认为是“四颠倒”。这是小乘佛教的基本理论。《大般涅槃经》则对这一理论进行了改造，认为无常、苦、无我、不净这些观念仅适用于对世俗世界的描述，不适用于涅槃（大涅槃）境界。涅槃境界是永恒存在的，无苦的，有我（有法身）的，净（无烦恼）的。《大般涅槃经》这种对涅槃的美好描述对佛教信众也有强烈的吸引作用，推进了佛教的发展。

（2）《胜鬘经》

《胜鬘经》的梵文原本目前没有发现。现仅能从梵本《宝性论》对《胜鬘经》内容的引用中见到该经的一些梵文片断。该经现存汉译本和藏译本。汉译本在历史上有三种，但现存两种。佚失的汉译本是北凉昙无谶译的《胜鬘经》（一卷）。现存的两种译本是南朝宋求那跋陀罗译的《胜鬘师子吼一乘大方便方广经》（一卷）和唐菩提流志译的收在《大宝积经》卷第

① 《大般涅槃经》的“光明遍照高贵德王菩萨品”（之三）。

四十八中的“胜鬘夫人会”。在两个现存汉译本中较流行的是求那跋陀罗的译本。

该经篇幅较小,但历来为人们所重视。它叙述了在家女居士胜鬘夫人所阐明的大乘佛教的重要理论,反映了佛教在家居士的观念及思想特色。通过胜鬘夫人之口,该经主要论述了佛教的“如来藏”(tathāgata-garbha)思想、“一乘真实”思想等。

该经在论述“如来藏”思想时涉及了许多问题。具体来说,它对“如来藏”的表述中包含了“心性本净”“佛性本有”“众生皆能成佛”等观念。所谓“如来藏”,主要指佛性或成佛的可能性,它是众生的自性清净心,是被众生的贪、瞋、痴等烦恼所遮覆的法身或佛性。《胜鬘经》中说:“如来藏者,是法界藏、法身藏、出世间上上藏、自性清净藏。此性清净如来藏,而客尘烦恼上烦恼所染,不思议如来境界。”该经把“如来藏”问题与“心性”问题联系起来,力图表明:众生的心是本净的,只是由于有“客尘”,才被染污,去掉染污,即可解脱。同样也可以说,一切众生均具如来藏,众生都有成佛的功德或潜力,只是由于被烦恼隐覆,才不显佛性,去除烦恼等的隐覆,即可成佛。该经中表明了“如来藏缘起”的观点,认为世间现象,如人的生死等都依于如来藏,但如来藏本身实际是不变的。如《胜鬘经》中说:“世尊,生死者依如来藏。以如来藏故,说本际不可知。世尊,有如来藏故说生死。……世间言说故有死有生。死者,谓根坏;生者,新诸根起。非如来藏有生死。如来藏者,离有为相。如来藏常住不灭,是故如来藏是依、是持、是建立。”

所谓“一乘真实”的思想,是要强调声闻、缘觉和菩萨这“三乘”的区分并不具有实在性,实在的仅是佛乘。如《胜鬘经》中说:“声闻缘觉乘皆入大乘。大乘者,即是佛乘。是故三乘即是一乘。得一乘者,得阿耨多罗三藐三菩提。阿耨多罗三藐三菩提者，即是涅槃界。涅槃界者，即是如来法身。……若如来随彼所欲而方便说，即是大乘。无有三乘。三乘者，入于一乘。一乘者，即第一义乘。"《胜鬘经》中的这种思想在《法华经》等大乘经中就已出现，是大乘佛教的重要理论。三乘之说是如来的方便说法，但从实质上说，并没有三乘，只有一佛乘，一乘也就是真正实在的乘。认识到这点，对达到了无上正等正觉，获得解脱或成佛具有重要意义。

除了以上所述之外，《胜鬘经》还论及了"十受"①、"三愿"②、"摄受"③、"一谛"④等内容，表明了在家佛教居士对佛功德的赞叹和对大乘佛法的信受等。该经在一定程度上显示出了佛教的世俗化倾向，但主要的特色还是在于强调了众生所具有的自性清净心或佛性，肯定人人都有成佛的基础。经中特别论述的"如来藏"观念对大乘佛教在后来的发展有重要影响。

（3）《解深密经》

《解深密经》的梵文原本目前没有发现。现存汉译本与藏译本。汉译本主要为唐玄奘译的《解深密经》（五卷）。此外，还有几个异译本：北魏菩提流支译的《深密解脱经》（五卷）及陈真谛译的《佛说解节经》（一卷）⑤、南朝宋求那跋陀罗译的《相续解脱地波罗蜜了义经》（一卷）⑥和《相续解脱如来所作随

---

① 指胜鬘发愿立下的十大受或十大誓言。详见本经。

② 《胜鬘经》中说："以此善根，于一切生得正法智，是名第一大愿。我得正法智已，以无厌心为众生说，是名第二大愿。我于摄受正法，舍身命财，护持正法，是名第三大愿。"

③ 指获取接受佛教正法。

④ 指四谛归于灭谛。《胜鬘经》中说："此四圣谛，三是无常，一是常。何以故？三谛入有为相。入有为相者，是无常。无常者是虚妄法。虚妄法者，非谛非常非依。是故苦谛集谛道谛非第一义，非常非依。一苦灭谛，离有为相。离有为相者，是常。常者，非虚妄法。非虚妄法者，是谛是常是依。是故灭谛是第一义。"

⑤ 相当于玄奘译本中的第二品。

⑥ 相当于玄奘译本中的第七品。

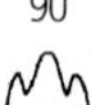

顺处了义经》(一卷)[①]。

《解深密经》(玄奘译本)分为八品,即:序品、胜义谛相品、心意识相品、一切法相品、无自性相品、分别瑜伽品、地波罗蜜多品、如来成所作事品。

序品赞颂了佛陀(薄伽梵)的无量功德、无限光明及所居住所的庄严美好,论及了从种种佛土而来的无量菩萨、声闻大众的集会,列举了作为上首的能解甚深密义的菩萨的名称。

胜义谛相品论述了胜义谛不可言说,不能表示,超过一切寻思境相,离诸法的一异性相,深入分析了"离言法性"。

心意识相品论述了心意识的深义,把事物的根本称为了阿陀那识(ādāna-vijñāna)或阿赖耶识(ālaya-vijñāna)。认为该识是一切的种子。眼识、耳识、鼻识、舌识、身识、意识的存在依于此识。由于此识,色、声、香、味、触等积集滋长。

一切法相品论述了诸法的三种性相,即:遍计所执相、依他起相、圆成实相。遍计所执相指一切法是假名安立的自性差别,由此产生种种言说;依他起相指一切法缘生自性,事物是处在因缘之中的;圆成实相指一切法平等真如,诸菩萨能通达于此,通过修习达到无上正等菩提,方证圆满。

无自性相品论述了一切诸法皆无自性,具体论述了三种无自性,即:相无自性性、生无自性性、胜义无自性性。相无自性性指诸法之相是由假名安立的,不是由自相安立的;生无自性性指诸法之性相也是由依他之缘力而起的,不是自然而有的;胜义无自性性指一切法相无和生无,是胜义谛,无自性性之所显。除此之外,还论述了三乘惟有一乘的理论,但认为存在有情中的种姓有钝根性或中根性或利根性的差别,并论述了

① 相当于玄奘译本中的第八品。

世尊说法的三时理论等。

分别瑜伽品论及了佛教的止观[①]理论，并强调“识所缘唯识所现”。认为“诸愚夫由颠倒觉于诸影像不能如实知唯是识，作颠倒解。”

地波罗蜜多品论述了菩萨十地，即：极喜地、离垢地、发光地、焰慧地、极难胜地、现前地、远行地、不动地、善慧地、法云地，还论述了菩萨的“六种所应学事”，即所谓六波罗蜜：布施、持戒、忍辱、精进、静虑、智慧。

如来成所作事品论述了如来的法身之相和化身之相，认为如来的法身之相不可思议，无戏论，无所为；如来的化身可作业，如世界起一切种类等。如来的化身之相有生起，法身之相无生起。

《解深密经》在理论上的最重要之处是对心意识的分析。作为事物根本的识可以保存人过去的记忆、经验，还可以保存人们过去行为产生的业，它因而被称为阿赖耶识或藏识；此识还是生死轮回的种子，是人生存的根源，生命存续的主体，能“于身随逐执持”，具有“执持”作用，它因而也被称为阿陀那识或执持识。

《解深密经》在论述这种心意识时极力将其与有我论划清界限。如该经中说：“阿陀那识甚深细，一切种子如瀑流。我于凡愚不开演，恐彼分别执为我。”[②]这里的阿陀那识作为轮回的种子是不断变化的，与婆罗门教的本身不变的“我”不同。但一般人（凡愚）很难将其区分清楚，容易将二者相混，导致有我论，因而佛对一般人是不讲这种甚深秘义的，但在《解深密经》中却讲了。在实际上，此经中讲的“阿陀那识”或“阿赖耶识”

① 原文中的“奢摩他”为“止”，“毗钵舍那”为“观”。

② 《解深密经》的“心意识品”。

虽然不能等同于婆罗门教中讲的“我”，但确实起了一个轮回主体的作用，这是该经的一个特色[①]。

《解深密经》中提出的三相和三无自性的观念，对诸法的本质做了多角度、多层次的分析，实际上是认为诸法本身是不实在的，它们不过是人的假名施设，要依赖于其他的缘，因而没有自性。这也是大乘佛教的一种空观。但这种空观与先前的一些大乘经或中观派的空观并不完全一样。因为该经还强调所谓“阿陀那识”或“阿赖耶识”，它是一切的种子，诸法要依赖于它。因而该经的这种空观是唯识观念基础上的空观。先前的一些大乘经和中观派中虽然也谈到“识”的作用（如在《华严经》和《大智度论》中），但毕竟不像《解深密经》这样将整个理论基础放在“识”之上，作系统的唯识论证。

《解深密经》提出的世尊说法的三时理论也较有特色。第一时为发趣声闻乘者说，以四谛相转正法轮，属未了义；第二时为发趣修大乘者说，依一切法皆无自性等，以隐秘相转正法轮，亦属未了义；第三时普为发趣一切乘者说，依一切法皆无自性等，以显了相转正法轮，属真了义。这是一种教判理论，它为佛教经典中出现的理论差别提供了一种解释。在佛教后来的发展中，教判理论的种类增多，影响趋大。

《解深密经》在印度大乘佛教的发展中占有重要地位，它提出了许多先前大乘经论中未提及的思想，或这些经论中虽有提及但却未展开的思想。这些思想对印度大乘佛教中的另一重要派别瑜伽行派的形成起了很大作用。瑜伽行派的许多

① 该经中的“心意识”起轮回主体的作用，这和部派佛教中的犊子部等的“补特伽罗”一类观念有相似之处，而且该经中的“心意识”作为轮回主体的作用更明确。《解深密经》在此问题上与《大般涅槃经》的努力方向一致，但这“心意识”与《大般涅槃经》中讲的“我”也并不相同，《解深密经》并不想明确主张有我论。参考平川彰著前引书，下卷，第81—83页；参考吕澂著《印度佛学源流略讲》，第182页。

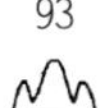

理论是在此经思想的基础上构筑的，因而此经也被看作是瑜伽行派的基本经典。

续出的大乘经中除了上述三种影响较大的经典之外，还有《大乘阿毗达磨经》、《楞伽经》、《密严经》、《金光明经》等。《大乘阿毗达磨经》的原本未能流传下来，其内容主要从其他一些佛典的引用中得知。该经中提到了“阿赖耶识”、“三性”等重要的唯识思想，与《解深密经》所起的作用类似。《楞伽经》中提到了“如来藏”、“自性清净心”、“阿赖耶识”等概念。《密严经》中也对“如来藏”与“阿赖耶识”进行了分析。《金光明经》亦提及了与唯识思想有关的一些概念，但其主要还是论述了四天王镇护国家及与密教相关的一些内容。这些经典与上述三种经典对推动大乘佛教在印度的发展起了重要作用。

2．瑜伽行派及其主要理论

大约在公元4—5世纪，印度大乘佛教中出现了一个重要派别，即瑜伽行派。此派是在上述续出的大乘经的思想发展的基础上形成的。瑜伽行派与中观派有不少差别，但在一些大乘佛教的基本观念上，它与中观派也有不少类似之处，两派的界限有时不能划得过于明确，而且两派间形成明显的对立或冲突是在较晚的时期。瑜伽行派的许多理论也是以一些早期大乘经（如般若类经典等）为基础的，只是在这些经典的基础之上，又特别吸收了续出的大乘经中的唯识方面的思想，并且还吸收改造了有部等一些小乘佛教的观念，构筑了印度佛教中较为复杂的理论体系。

（1）瑜伽行派的主要论师和著作

瑜伽行派的创立人相传为弥勒（Maitreya），但有关弥勒在历史上是否确有其人的问题，学界至今没有定论。认为他存在的人一般把其年代定在公元4世纪初。传说中讲弥勒是佛的弟子，但先于佛而入灭，住兜率天，并将在释迦之后到人间为佛。这一弥勒在一些文献中被等同于瑜伽行派的创始人，他提出了此派的基本思想，并传给后来的瑜伽行派主要论师。署名弥勒的瑜伽行派论著不少，汉译中重要的有《瑜伽师地论》、《辨中边论》等；藏译中重要的有《现观庄严论》、《法法性分别论》等。另外，还有一些未译成汉、藏语的梵本[①]。

除弥勒外，瑜伽行派的主要代表人物是无著（Asaṅga）和世亲（Vasubandhu）。两人对署名弥勒的论著做了不少注释并且又制作了一批新的论著。

无著的年代大致在公元4—5世纪，他是北印度健陀罗国人，先在说一切有部出家（一说在化地部出家），并曾修学小乘空观，但都不能满足，后改信大乘佛教。传说中讲他接受了弥勒的大乘空观，常在夜晚去兜率天向弥勒学习《瑜伽师地论》，白天回来后向大众传授。他的主要著作有：《金刚般若论》、《大乘庄严经论》、《顺中论》、《大乘阿毗达磨集论》、《显扬圣教论》、《摄大乘论》、《六门教授习定论》等。

世亲是无著的弟弟，也是瑜伽行派的主要论师，年代亦在公元4—5世纪。但关于此派世亲与《俱舍论》的作者是否为一人的问题，学界有不同看法。根据《婆薮槃豆法师传》，此派世亲与《俱舍论》的作者为同一人[②]。他出家后先学小乘有部的学说，并很有成就，后在其兄无著的帮助下改信大乘。世亲的主要著作（大乘）有：《大乘五蕴论》、《唯识二十论》、《唯识三十论颂》、《摄大乘论释》、《十地经论》、《大乘成业论》、《佛性

---

① 一些学者认为，署名弥勒的一些著作实际是无著假托弥勒之名总结前人思想而制作的。

② 但据现代一些学者的看法，有两个世亲，一为有部之论师（新世亲），另一为瑜伽行派之世亲（古世亲）。《婆薮槃豆法师传》将两个世亲弄混。《婆薮槃豆法师传》的中间部分主要为新世亲的资料，前后部分为古世亲的资料。参见《佛光大辞典》第1530页。

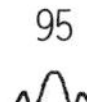

论》、《大乘百法明门论》等。

与世亲同时代的瑜伽行派论师还有一些，如《成唯识论述记》中就提及了火辨（Citrabhāṇa）和亲胜（Bandhuśrī）等十人。他们注释了世亲的《唯识三十论颂》。

在世亲之后，瑜伽行派的发展大致也分为两个系统，一个是由陈那（Dignāga，约5—6世纪）发展起来的系统，另一是由德慧（Guṇamati，约5—6世纪）发展起来的系统。

陈那不仅是佛教唯识思想的阐述者，而且是印度因明学的著名大师，是新因明学的开创者。他的主要著作有：《观所缘缘论》、《掌中论》、《因明正理门论》、《集量论》等。陈那系统中的唯识派主要人物有无性（Asvabhāva，约5—6世纪）、护法（Dharmapāla，约6世纪）、戒贤（Śīlabhadra，约7世纪）、法称（Dharmakīrti，约7世纪）等。

德慧也对世亲的论著做了注释，重要著述有《随相论》、《唯识三十颂释》等。他这一系统中的主要人物有：安慧（Sthiramati，约6世纪）、难陀（Nanda，约6世纪）、胜军（Jayasena，约7世纪）等。

瑜伽行派中的名师辈出，著述众多，但其中较有代表性的则是署名弥勒的《瑜伽师地论》、无著的《摄大乘论》和世亲的《唯识三十论颂》及其注释。这几部论在印度及中国影响都很大，在佛教史上占有重要地位。

《瑜伽师地论》现存梵本[①]，译本有汉译本和藏译本。汉译本最完全和最通行的是玄奘所译的《瑜伽师地论》（一百卷）。在玄奘之前，此论还有一些异译本，但均为节译。它们是：北凉昙无谶译的《菩萨地持经》（十卷）[②]、昙无谶译的《菩萨戒本》

① 详见平川彰著前引书，下卷，第95—96页；刘保金著前引书，第361页。

② 相当于玄奘译本中的“本地分菩萨地”（第三十五卷至五十卷中的部分）。

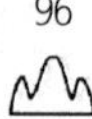

(一卷)[①]、刘宋求那跋摩译的《菩萨善戒经》(九卷)[②]、求那跋摩译的《优婆塞五戒威仪经》(一卷)[③]、梁陈之际的真谛译的《决定藏论》(三卷)[④]、真谛译的《十七地论》(五卷)[⑤]。

玄奘译的一百卷《瑜伽师地论》又分为五个部分,即:本地分(卷一至卷五十)、摄决择分(卷五十一至卷八十)、摄释分(卷八十一至卷八十二)、摄异门分(卷八十三至卷八十四)、摄事分(卷八十五至卷一百)。

本地分论述了瑜伽禅观的境界,即所谓十七地,包括五识相应地、意地、有寻有伺地、无寻唯伺地、无寻无伺地、三摩呬多地、非三摩呬多地、有心地、无心地、闻所成地、思所成地、修所成地、声闻地、独觉地、菩萨地、有余依地、无余依地。

摄决择分对本地分中的问题做了更深入的阐述,对十七地做了进一步分析。

摄释分论述了十七地中涉及的诸经(如《阿含经》等)的问题。

摄异门分做一步解释了十七地中所涉诸经中的诸法名义的不同。

摄事分阐述了十七地所涉三藏(如《杂阿含经》等)的要义[⑥]。

《瑜伽师地论》对瑜伽行派的唯识理论做了全面的阐述,对"阿赖耶识"及其他各识的本质或作用进行了细致的分析,对瑜伽禅观的境界做了极为细微的划分,实际上是在总结以

---

① 相当于玄奘译本中的"本地分菩萨地戒品"(第四十卷至四十一卷中的部分)。

② 相当于玄奘译本中的"本地分菩萨地",与《地持经》接近,但有一"序品"。

③ 是《菩萨戒本》的异译本。

④ 相当于玄奘译本中的"摄决择分五识身相应地意地"(第五十一至五十四卷)。

⑤ 已佚失。

⑥ 参考《佛光大辞典》,第 5531 页;参考刘保金著前引书,第 357—361 页。

往佛教有关思想的基础上提出了一整套有关精神或意识现象的理论体系，成为瑜伽行派的最有代表性的理论著作。

《摄大乘论》是对《大乘阿毗达磨经》中的“摄大乘品”的阐释，它的梵文原本现未发现[①]，现存汉译本和藏译本。汉译本主要有三种，即：后魏佛陀扇多译的《摄大乘论》（二卷）、陈真谛译的《摄大乘论》（三卷）、唐玄奘译的《摄大乘论本》（三卷）。后两种译本较为通行。

《摄大乘论》吸收和发展了先前的与唯识思想有关的佛教经论[②]中的有关思想，对阿赖耶识（阿黎耶识）[③]的特性和作用进行了细致的分析，侧重论述了该识能摄藏诸法及执持一切有色诸根的功能，特别对阿赖耶识作为种子受熏习的问题提出了新的观念，强调了境实际是识的思想，论述了三自性（遍计所执自性、依他起自性、圆成实自性）的理论，并结合这三性表明了其对染净问题的看法。该论还叙述了体悟唯识之理所需的修行，具体论及了六波罗蜜、十地、三学等。此外，还论述了无住处涅槃、三种佛身[④]等理论。

《摄大乘论》对完善瑜伽行派的理论体系起了重要作用，无论是在印度还是在中国对大乘佛教的发展都起了重要的推动作用。

《唯识三十论颂》现存梵文本。汉译本为玄奘所译，一卷。此外亦有藏译本。该典不长，但极为重要。在三十颂中，前二十四颂阐明唯识之相，第二十五颂阐明唯识之性，后五颂阐明唯识的行位。该典明确论述了阿赖耶识缘起的理论，认为

---

① 但与之相关的《大乘阿毗达磨集论》中的梵文却有发现。参见平川彰著前引书，下卷，第100页。

② 如《解深密经》和《大乘阿毗达磨经》等。

③ 真谛译本为“阿黎耶识”，玄奘译本为“阿赖耶识”。

④ 指自性身、受用身、变化身。

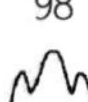

“是诸识转变，分别所分别。由此彼皆无，故一切唯识”，提出了以阿赖耶识为根本的三类八识理论，论及了三性和三无性等基本观念，成为瑜伽行派理论的纲要。

《唯识三十论颂》十分简要，是世亲晚年的作品，他本人没有作释，但在瑜伽行派中却极受重视。在该典产生后，瑜伽行派中有亲胜、火辨、难陀、德慧、安慧、净月、护法、胜友、胜子、智月这十位论师先后为其作释。玄奘回国时取回了这十家的注释，但没有全部翻译出来，而是以护法的注释为主，杂糅其余九家的注释，编译成了《成唯识论》。此论对研究瑜伽行派的基本理论有重要价值。以下以《成唯识论》、《大乘百法明门论》等著作为主，集中讨论瑜伽行派的一些主要理论。

（2）瑜伽行派的主要理论

瑜伽行派亦被称为唯识派。此派主张“识”是一切的根本，人们感觉到的外物或外境只是“识”的变现。“识”的观念在早期佛教、小乘部派佛教、早期大乘佛教中就有[①]。就大乘佛教而言，《华严经》和《大智度论》中都有所谓“唯识”思想。如《华严经》中说：“三界所有，唯是一心”[②]；《大智度论》中说：“三界所有，皆心所作”[③]。尽管有唯识思想，但这些先前的大乘佛教并不特别强调“识”的问题，未对其作深入探讨，而瑜伽行派则进一步发展了这方面的思想，使之成为大乘佛教在后来发展中的一股主要思想潮流。

瑜伽行派的论述重点是“识”，对“识”进行了深入分析。它所提出的种种理论实际上是从不同的方面对唯识学说的论

---

① 在佛教产生之前，奥义书或印度其他一些宗教派别中亦提出了与后来佛教“识”观念相关的思想。

② 《华严经》（八十卷本）卷第三十七。

③ 《大智度论》卷第二十九。

述。各种理论虽然严格来说难以分割,但还是有侧重点的不同。

① 三类八识与唯识无境

瑜伽行派认为“我”与“法”都不实,是“识”所变,主张所谓“唯识无境”。但“识”是如何“变”的呢?它的基本表现形态又是什么?根据《唯识三十论颂》等典籍,此派将这种能变“外境”的“识”分为三类。《唯识三十论颂》中说:“由假说我法,有种种相转。彼依识所变,此能变唯三,谓异熟、思量及了别境识。”①

三类识中的“异熟”指“阿赖耶识”,它亦称“种子识”,蕴藏着生出世间现象的“种子”,由这些种子生出的世间现象又可以“熏习”阿赖耶识。这些“种子”还有自类相续的能力,可以“种子生种子”。《成唯识论》中在谈到阿赖耶识时说:“此识具有能藏、所藏、执藏义故,……能引诸界趣生善不善业异熟果故,说名异熟。……此能执持诸法种子令不失故,名一切种。离此余法能遍执持诸法种子不可得故,此即显示初能变识所有因相。”“阿赖耶识因缘力故,自体生时内变为种及有根身,外变为器,即以所变为自所缘,行相仗之而得起故。”②

三类识中的“思量”指“末那识”。《唯识三十论颂》中说:“次第二能变,是识名末那,依彼转缘彼,思量为性相。”文中所谓“彼”指“阿赖耶识”。“依彼转”意为“末那识”要依靠“阿赖耶

---

① 《成唯识论》卷第二中说:“为对遣愚夫所执实我法,故于识所变假说我法名。识所变相虽无量种,而能变识类则唯三:一谓异熟,即第八识,多异熟性故;二谓思量,即第七识,恒审思量故;三谓了境,即前六识,了境相粗故。及言显六合为一种。此三皆名能变识者,能变有二种:一因能变,谓第八识中等流异熟二因习气。等流习气由七识中善恶无记熏令生长,异熟习气由六识中有漏善恶熏令生长。二果能变,谓前二种习气力故,有八识生现种种相。”

② 参见《成唯识论》卷第二。此外,阿赖耶识还有许多作用。《瑜伽师地论》卷第五十一中曾详细论证了为什么说有阿赖耶识:“由八种相,证阿赖耶识决定是有。谓若离阿赖耶识,依止执受不应道理,最初生起不应道理,有明了性不应道理,有种子性不应道理,业用差别不应道理,身受差别不应道理,处无心定不应道理,命终时识不应道理。”《瑜伽师地论》接下去还有对这“八种相”的具体解释,文略。

识”产生和运作;“缘彼”意为“末那识”要以“阿赖耶识”为认识(作用)对象。该识的性相是进行“思量”。那么,“末那识”思量些什么呢?它主要把“阿赖耶识”思量为“我”,并伴随着四种关于“我”的“烦恼”。《唯识三十论颂》中说:“四烦恼常俱,谓我痴、我见,并我慢、我爱。”

三类识中的“了别境”指六种识,即眼识、耳识、鼻识、舌识、身识、意识。《唯识三十论颂》中说:“次第三能变,差别有六种,了境为性相。”此处所谓“了境为性相”意即六识的作用为“了境”。了什么境呢?眼以色为境,耳以声为境,鼻以香为境,舌以味为境,身以触为境,意以法为境。也就是说,六识可以分别把握属于自己认识范围内的东西。

这就是瑜伽行派的所谓“三类八识”,它是此派对“识”的一种最基本的分类。在这“八识”中,最根本的是“阿赖耶识”。当阿赖耶识发生作用时,末那识与前六识亦开始活动,三类识共同参与转变过程,展示出世间万象。八识中的阿赖耶识既是万象的根源,亦是其他识的根源,而且还是业报轮回或生命相续过程中的主体。

那么,这“识”与“境”又是什么关系呢?它们是不同的东西吗?瑜伽行派认为不是。在他们看来,外境不过是“识”自己的转变,无论是认识的主体还是认识的对象都是识,因此实际是“无境”。《成唯识论》中说:“诸识生时,变似我法,此我法相虽在内识而由分别似外境现。诸有情类无始时来,缘此执为实我实法,如患者患梦力,故心似种种外境相现,缘此执为实有外境,愚夫所计实我实法都无所有,但随妄情而施设,故说之为假。”[1]《成唯识论》中还说:“转变者,谓诸内

① 《成唯识论》卷第一。

识转似我法外境相现，此能转变即名分别，虚妄分别为自性故，谓即三界心及心所。此所执境名所分别，即所妄执实我法性，由此分别变似外境假我法相，彼所分别实我法性决定皆无。”[①]

瑜伽行派强调“一切唯识”或“唯识无境”，是否就把“识”看成是一种实在的“有”或类似于婆罗门教的“梵”那样的不变最高实体了呢？此派的大量著作中直接谈及此问题或明确表明态度的不多。但《成唯识论》中却有一段话对此问题做出了明确的回答，该论中说：“为遣妄执心心所外实有境故说唯有识。若执唯识真实有者，如执外境，亦是法执。”[②] 从这段话来看，我们可以这样来理解：外境只是人们虚妄认识的产物，从这个意义上说，这种认识（识）是一切事物的根源或根本。但这并不等于说有一实有的作为事物最高本体或实体的“识”。这“识”也不过是为了遣除对外境的妄执而说的，若将其看作是实在的，就和执着于外境没什么区别了。显然，《成唯识论》在此处还是坚持了大乘佛教的较彻底的空观，在基本思想上与般若中观的理论还是一致的。

② 三性与三无性

三性（遍计所执性、依他起性、圆成实性[③]）与三无性（相无性、生无性、胜义无性[④]）的理论在《解深密经》及《大乘阿毗达磨经》中已经提出，瑜伽行派接受和完善了这种理论，使之成为此派学说体系中的基本内容之一。

瑜伽行派的不少著作中都论及了三性三无性的理论。《唯

---

① 《成唯识论》卷第七。

② 《成唯识论》卷第二。

③ 亦称遍计所执相、依他起相、圆成实相等。

④ 亦称相无自性性、生无自性性、胜义无自性性等。

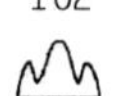

识三十论颂》中说:"若唯有识,何故世尊处处经中说有三性,应知三性亦不离识。所以者何?颂曰:

由彼彼遍计,遍计种种物,此遍计所执,自性无所有。

依他起自性,分别缘所生,圆成实于彼,常远离前性。

故此与依他,非异非不异,如无常等性,非不见此彼。

若有三性,如何世尊说一切法皆无自性?颂曰:

即依此三性,立彼三无性,故佛密意说,一切法无性。

初即相无性,次无自然性,后由远离前,所执我法性。

此诸法胜义,亦即是真如,常如其性故,即唯识实性。"

以下主要依据《成唯识论》中的说法来解释三性与三无性。

"遍计所执性"是指人们不能认识到唯识无境,因而从各个方面来"周遍计度",虚妄地想象出外部世界的种种现象,执着于事物的种种差别,认为它们实有。而实际上,一切事物,如所谓的我与法,都是没有自性或实在性的。《成唯识论》中说:"周遍计度,故名遍计,品类众多,说为彼彼,谓能遍计虚妄分别,即由彼彼虚妄分别遍计种种所遍计物,谓所妄执蕴处界等若法若我自性差别,此所妄执自性差别总名遍计所执自性。如是自性都无所有,理教推徵不可得故。"①

"依他起性"是指事物皆由缘而起,这是事物的一种特性。一切事物都如幻事一样,人们对事物的认识是一种虚妄分别,由于事物是由缘所生的,因此就是"非有似有"。《成唯识论》中说:"所依体实托缘生,此性非无,名依他起,虚妄分别,缘所生故。""心心所及所变现众缘生故,如幻事等,非有似有,诳惑愚夫,一切皆名依他起性。"②

① 《成唯识论》卷第八。

② 同上注。

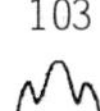

“圆成实性”则是达到的最高“真如”境界，即看到了“遍计所执性”和“依他起性”的“假名施设”或“性空”。这空所显示的识的真性是一种圆满成就的实在状态。《成唯识论》中说：“愚夫于此横执我法有无一异俱不俱等，如空华等性相都无，一切皆名遍计所执。依他起上彼所妄执我法俱空，此空所显识等真性名圆成实。”①

“相无性”实际是换了一个角度来分析“遍计所执性”，表明这种遍计所执所得结果的性质，侧重说“相”的不实在。由于人们“周遍计度”的认识是虚妄的，因而这种认识所执有的“相状”实际就是无，故称“相无性”。《成唯识论》中说：“依此初遍计所执立相无性，由此体相毕竟非有，如空华故。”②

“生无性”是相对于“依他起性”而说的。事物由“缘”而生起，而由“缘”生起的东西不能有真正的自体或主体，因此说“生无性”，这也是事物的一种性质。《成唯识论》中说：“依次依他立生无性，此如幻事托众缘生，无如妄执自然性故，假说无性，非性全无。”③

“胜义无性”是依圆成实性而说的。由于远离了遍计所执而看到“相无性”，由于认识到依他起的事物“生无性”，因而达到了“无自性”意识。这种“无自性”并不是没有任何性，而是“胜义无性”。“胜义无性”也就是“圆成实性”所显示的作为事物最高真理的“无自性”，也就是“真如”状态。《成唯识论》中说：“依后圆成实，立胜义无性，谓即胜义，由远离前遍计所执我法性故，假说无性，非性全无，如太虚空虽遍众色而是众色无性

① 《成唯识论》卷第八。
② 《成唯识论》卷第九。
③ 同上注。

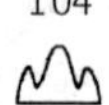

所显,虽依他起非胜义故,亦得说为胜义无性。”[①]

从瑜伽行派以上的论述中可以看出,该派中无论是三性还是三无性的理论都离不开人的意识。如“遍计所执性”中说的“遍计”自然是人的意识在“遍计”;“依他起性”中因为要“分别缘所生”,这“分别”自然是意识在“分别”;“圆成实性”所指的也是意识达到的圆满状态。而“三无性”又是依“三性”而立。“三无性”中最后达到的“胜义无性”按《唯识三十论颂》的话说,“即唯识实性”。这三性三无性与“唯识”理论密切相关。

③ 四分

四分之说也是瑜伽行派对“识”所作的一种具体分析,主要是瑜伽行派中护法等人的理论。所谓“四分”指认识的四种作用分位或分类,它们是:见分、相分、自证分、证自证分。

“见分”指认识的主体方面,即能向外缘取的方面,亦称“能缘”或“能取分”。《成唯识论》中说:“异熟识于自体所缘有了别用,此了别用见分所摄。”[②]

“相分”指认识的对象,这对象并不是独立于认识之外或有别于认识的东西,而是认识自身的变现。瑜伽行派认为,认识能产生它所缘取的相状,这相状因而就被称为“相分”、“所缘”或“所取分”。《成唯识论》中说:“然有漏识自体生时,皆似所缘能缘相现,彼相应法应知亦尔,似所缘相说名相分,似能缘相说名见分”[③]。

“自证分”指认识自体对“见分”作用于“相分”的证知,也就是认识自体对具体的认识活动(“能缘”认知“所缘”过程)的证知。这种“自证分”实际也是认识的一种作用,与上述两

---

① 《成唯识论》卷第九。
② 《成唯识论》卷第二。
③ 同上注。

分在“体”上没有差别。《成唯识论》中说:“相分是所缘,见分名行相,相见所依自体名事,即自证分。此若无者,应不自忆心心所法,如不曾更境必不能忆故。……然心心所一一生时,以理推徵,各有三分,所量能量量果别故,相见必有所依体故,如集量论伽他中说:似境相所量,能取相自证,即能量及果,此三体无别。”[①]

“证自证分”指认识自体对“自证分”作用的“证知”,即“自证分”是否能证知“见分”认知“相分”亦需被证知,这样就要有一“证自证分”。按瑜伽行派的观点,“证自证分”可以证知“自证分”,而它自身的作用则可由“自证分”证知。《成唯识论》中说:“又心心所若细分别应有四分,三分如前,复有第四证自证分。此若无者,谁证第三?心分既同,应皆证故。又自证分应无有果,诸能量者必有果故。……第三能缘第二第四,证自证分唯缘第三,非第二者,以无用故,第三第四皆现量摄。故心心所四分合成,具所能缘,无无穷过,非即非离,唯识理成。”[②]

瑜伽行派对于“识”的分位观念(心分说)并不是仅有“四分”一家之说。在古印度当时的唯识思想家中,还有一分说、二分说、三分说。提出“二分说”的是难陀,在他看来,认识发生时,既要有认识的主体,亦要有认识的对象,他把前者称为“见分”,把后者称为“相分”,八识的每一识体上都被认为具有这两方面。陈那主张“三分说”,认为除了见分与相分外,还应加一个“自证分”,自证分的作用是证知见分认识相分的过程,并成为认识活动的“自体”。安慧则认为三分中的见分与相分是不实的,只有自证分才是真实的,主张“一分说”。护法在综合上述各说的基础上,对心分说做了进一步完善,提出了“四

① 《成唯识论》卷第二。

② 同上注。

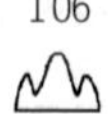

分说”，他认为自证分的作用亦需被证知，这样就要有一“证自证分”[①]。

总之，在瑜伽行派看来，无论是认识的主体，还是认识的客体及对认识过程的证明，都是识自体变化或作用的结果。显然，此派的“四分”等心分说亦从一个方面有力地论证了“唯识无境”的理论。

④ 转识得智

“转识得智”[②]的理论在《大乘庄严经论》和《成唯识论》等瑜伽行派的重要著作中都有记述。此处的“识”指“八识”，“智”指“四智”。

瑜伽行派认为，“八识”有“有漏”[③]和“无漏”之分，要通过此派的修行方法使有漏的八识转化成无漏的八识，以达到不同层次的智慧。他们由此提出了“转识得智”的理论。具体来说就是：在将前五识由有漏转成无漏时，获得成所作智；在将第六识由有漏转成无漏时，获得妙观察智；在将末那识由有漏转成无漏时，获得平等性智；在将阿赖耶识由有漏转成无漏时，获得大圆镜智。正如《大乘庄严经论》中所说：“一切诸佛有四种智：一者镜智，二者平等智，三者观智，四者作事智[④]。……转第八识得镜智，转第七识得平等智，转第六识得观智，转前五识得作事智。”[⑤]

根据《成唯识论》卷第十的解释，这“四智”有以下一些特征或功用：

① 这就是通常所说的“安难陈护，一二三四”。参见《佛光大辞典》，第1664页。

② 亦作“转识成智”。

③ “漏”即烦恼，有漏即有烦恼。

④ 《大乘庄严经论》中的“四智”（作事智、观智、平等智、镜智）在《成唯识论》中分别译成：成所作智、妙观察智、平等性智、大圆镜智。

⑤ 《大乘庄严经论》卷第三。

成所作智是为欲利乐诸有情,能在十方现种种变化三业。

妙观察智是善观诸法自相、共相,无碍而转,能现无边作用差别,皆得自在。

平等性智是观一切法或自他有情悉皆平等,大慈悲等,恒共相应,随诸有情所乐,示现受用身土影像差别。

大圆镜智是离诸分别,所缘行相细微难知,不妄不愚,一切境相,性相清净,离诸杂染,如大圆镜,现众色相。

通过把有漏的"八识"转变成无漏的"八识",即可得上述所谓"四智"。用《成唯识论》中的话说,是要"转八识而得此四智"[①]。四智中的"大圆镜智"实际就是认识或通达事物实相的境界。

瑜伽行派的"转识得智"理论在佛教发展中有重要影响,对后来密教一些理论的提出起了作用。

⑤ 五位百法

瑜伽行派虽然主张一切唯识,但对识自身及其所变现的一切现象的分析却是相当细致的。他们在总结吸收小乘佛教有关学说的基础上,对一切事物和现象进行了分类。在这方面,世亲的"五位百法"较有代表性。

根据世亲的《大乘百法明门论》等,"五位"是心法、心所有法、色法、心不相应行法、无为法。"百法"是分属"五位"的一百种"法",具体内容如下:

心法八种:眼识、耳识、鼻识、舌识、身识、意识、末那识、阿赖耶识。

心所有法五十一种:作意、触、受、想、思[②]、欲、胜解、念、

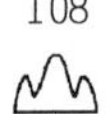

① 《成唯识论》卷第十。

② "作意"至"思"被称为五种"遍行"。

定、慧[1]、信、精进、惭、愧、无贪、无瞋、无痴、轻安、不放逸、行舍、不害[2]、贪、瞋、慢、无明、疑、不正见[3]、忿、恨、恼、覆、诳、谄、憍、害、嫉、悭、无惭、无愧、不信、懈怠、放逸、惛沈、掉举、失念、不正知、散乱[4]、睡眠、恶作、寻、伺[5]。

色法十一种:眼、耳、鼻、舌、身、色、声、香、味、触、法处所摄色。

心不相应行法二十四种:得、命根、众同分、异生性、无想定、灭尽定、无想果、名身、句身、文身、生、老、住、无常、流转、定异、相应、势速、次第、方、时、数、和合性、不和合性。

无为法六种:虚空无为、择灭无为、非择灭无为、不动灭无为、想受灭无为、真如无为。

瑜伽行派在对"法"分类时,既提到了物质性的成分,亦列举了各种精神现象,并列举了一些"非心非物"的成分。具体来说,包括人的思想意识、情感、生命发展阶段、物体的存在形式、事物间的关联、轮回与解脱状态,等等。这种分类在形式上与小乘有部等对"法"的分类确有相似处。但在实质上,二者有重要不同。在小乘有部等派的学说中,诸法多少具有并列或平等的地位,而且一些法被认为是实在的或未被认为不实。而在瑜伽行派那里,诸法之中占突出地位的是心法,心法外的其他诸法说到底仅是人的一种虚妄分别,是心识的变现。而且,在瑜伽行派的一些思想家看来,即便心识也不能执为实有。这样,瑜伽行派的诸法理论就是建立在了唯识空观的基础之上了[6]。

---

① "欲"至"慧"被称为五种"别境"。

② "信"至"不害"被称为十一种"善"。

③ "贪"至"不正见"被称为六种"烦恼"。

④ "忿"至"散乱"被称为二十种"随烦恼"。

⑤ "睡眠"至"伺"被称为四种"不定"。

⑥ 以上集中对瑜伽行派的唯识理论作了叙述。此派中的"因明学"是其学说的重要组成部分,但因明学实际又是专门的一种学说,涉及内容较多,将另外单独探讨。

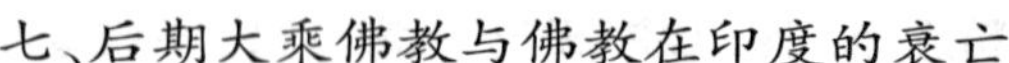

七、后期大乘佛教与佛教在印度的衰亡

印度佛教发展到7世纪之后,有了重要变化。7—13世纪的佛教可以看作是后期佛教。后期佛教至少在较早的阶段仍然是大小乘佛教并行发展的局面,但大小乘的差别点已不是很多[①]。后来影响大的主要还是大乘佛教及密教。后期佛教大致经历了瑜伽行派与中观派融合、完全密教化及消亡三个主要阶段。

1. 瑜伽行派与中观派的融合

在大乘佛教的瑜伽行派产生后,中观派仍在印度保持着重要的影响。两派都不断地对自己的理论进行充实,使之系统化。义净在记述当时的大乘佛教时说:"所云大乘,无过二种,一则中观,二乃瑜伽。中观则俗有真空,体虚如幻。瑜伽则外无内有,是皆唯识。斯并咸尊圣教。孰是孰非?同契涅槃;何真何伪?意在断除烦惑,拔济众生。岂欲广致纷纭,重增沈结!依行则俱升彼岸,弃背则并溺生津。西国双行,理无乖竞。"[②]但这两派实际经常发生争论,如中观派的清辨就曾对瑜伽行派的护法的学说进行指责,两派有所谓"空"、"有"之争[③]。在这方面较著名的是戒贤与智光的争论。二人主要是在"三时教"上表现出对"空"、"有"问题的不同看法。戒贤主张心境俱有(阿含,有)为初时,心境俱空(般若,空)为二时,境空心有(深密,中)为三时。智光则主张心境俱有为初时,境空心有为二时,心境俱空为三时。戒贤是瑜伽行派的代表

---

① 根据义净(635—713)在《南海寄归内法传》中的记述,当时的小乘佛教主要有四个部派,即:大众部、上座部、说一切有部、正量部。大乘则主要分为中观和瑜伽两大派。但大乘小乘区分不定(差别不大)。参见义净《南海寄归内法传》卷第一(并序)。

② 义净《南海寄归内法传》卷第一(并序)。

③ 参考玄奘《大唐西域记》卷第十;金仓圆照著《印度哲学史》,第186、187页。

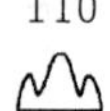

人物，而关于智光的师承则有不同说法：一说其为戒贤的弟子，再一说认为他是另一同名之人[①]。若是前者，这说明瑜伽行派中本身对"空"、"有"问题就有争论，有人受中观一系的影响；若是后者，则说明智光可能是中观一系的人。但这种"空"、"有"之争并未使两派极端对立。

在大乘佛教发展的后期，瑜伽行派与中观派最终还是融合在了一起，形成了"瑜伽中观派"。最初促成这种融合的主要人物是寂护（Śāntarakṣita，700—760）。寂护是印度那烂陀寺的著名僧人，曾在公元747年去西藏传播真言密教，对藏传佛教的形成和发展起过重要的作用。在印度本国，他被认为是瑜伽中观派的创始人，著有《中观庄严论》和《摄真实论》等。寂护出自清辨一系，但他吸收了不少瑜伽行派的理论，如他接受了瑜伽行派的著名思想家法称的不少认识论方面的思想，强调推理的重要性。寂护并不完全否定瑜伽行派的"识有"观点的意义，而是主要站在中观派的立场上把"识有境无"的观点与"一切皆空"的观点捏合在一起。根据他的解释，说"识有境无"是认识"一切皆空"的起点，属于"俗谛"，但心（识）的实在性最终亦要否定，要达到一切皆空的认识境界，这属于"真谛"[②]。因此，从理论上看，寂护还是把中观派看得高于瑜伽行派。也就是说，"瑜伽中观派"是偏向中观派的。

瑜伽中观派除寂护之外，重要的人物还有莲花戒（Kamalaśīla，约8世纪）和师子贤（Haribhadra，约8世纪后半期）等人。

莲花戒是寂护的弟子，也是那烂陀寺的学僧。他在寂护死后，也曾去西藏，参与了与汉地来的僧人进行有关顿渐问题的论争，他主张渐修，并在论争中取得了胜利。莲花戒曾为其

① 参见《佛光大辞典》，第3474、3475页。

② 这方面的详细情况，参见吕澂著《印度佛学源流略讲》，第244—246页。

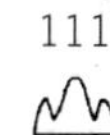

师所著的《摄真实论》作注，并撰有《中观明论》、《修习次第》[1]等。在理论上，莲花戒与寂护类似，并不完全追随中观或瑜伽行中的任何一家，而是融合这两派的思想，基本倾向是认为外境唯识，而从胜义的角度说，则是诸法毕竟空。

师子贤也曾向寂护学习，他不仅接受了无著、世亲、解脱军[2]的许多思想，而且对般若中观理论很有研究。他曾给弥勒的《现观庄严论》作注释，用该论的思想来解释二万五千颂本和八千颂本般若经[3]。他在理论上与寂护大致相似，致力于融通瑜伽行派与中观派的学说，把本来由般若思想发展出来的大乘佛教的两个主要派别重新汇合在一起。

2. 密教

密教是印度佛教的最后一种重要形态。密教的渊源或萌芽在印度非常古老，至少可追溯到吠陀时期。如吠陀文献中的《阿达婆吠陀》就主要是巫术、咒语的汇集。这类成分后来在印度民间广泛流行，出现了各种咒术或密法。由于这些咒术或密法被想象能产生给人带来好处的力量，因而在不同的程度上被印度的一些宗教派别所吸收，影响不断扩大。就佛教本身来看，很早就有所谓“明咒”（vidyā）的信仰，即认为唱颂简短的经文会产生功德，而此功德可以消灾招福。这种信仰在阿含类经中即可发现。《弥兰陀问经》中亦论及了各种防护咒。另外，以特定的言词或文字为象征，冥想其神圣的意义，对心加以总持，这在印度称为“陀罗尼”（dhāranī）。此类“明咒”和“陀罗尼”（二者亦被称为“真言”〈mantra〉）在印度流行的时间很长，但真正形成较大的影响，在历史上广泛传播，则是在密教形

① 宋施护译的《广释菩提心论》（四卷）是《修习次第》的前篇。

② 世亲的弟子。师子贤受其影响较大。

③ 参见吕澂著《印度佛学源流略讲》，第247、248页。

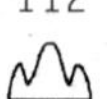

成之后。密教是在吸收和改造古代的"明咒"和"陀罗尼"的基础上产生与发展起来的，是佛教把印度教（婆罗门教）和印度民间信仰的许多成分揉合于自身的产物。因而它实际上具有佛教教理和印度教教理的双重特点。

密教依其流行的时间、地区及修习特征等的不同而有多种称谓，如被称为坦多罗佛教[①]、金刚乘[②]、易行乘[③]、时轮乘[④]，等等。在7世纪之前的密教[⑤]属于早期密教。7世纪中叶是密教正式形成或发展较为成熟的时期。8世纪之后至佛教在印度衰亡时期的密教是后期或晚期密教。佛教在印度完全密教化的时间是在晚期密教时期。

密教的最根本经典是《大日经》和《金刚顶经》。这两部经典由于论述了密教的基本教理和修持密法，代表了成熟期的密教学说。因而以它们为代表的密教被后人称为"纯密"，而此前的密教被称为"杂密"。

《大日经》的全称为《大毗卢遮那成佛神变加持经》。该经的梵本现未发现，仅有一些其他文献中的引用。现存的是

---

① 密教经典常被称为"坦多罗"（tantra）。这类经典极多。一般按照西藏佛学家布顿（Bu-ston，1290—1364）的分类法将其分为四种，即：所作（kriyā）坦多罗、行（caryā）坦多罗、瑜伽（yoga）坦多罗、无上瑜伽（anuttarayoga）坦多罗。在这四种坦多罗中，所作坦多罗属于所谓"杂密"，是密教还不发达时期的坦多罗，包含在许多大乘经典中，如《药师如来本愿经》、《金光明经》等，这类坦多罗数量较多。行坦多罗中有代表性的经典是《大日经》，这类坦多罗数量不多。瑜伽坦多罗的有代表性的经典是《金刚顶经》，还有《理趣般若经》等。无上瑜伽坦多罗的出现时间一般较晚，被认为汇集了最高的坦多罗，多包含左道密教的经典，它又分为父坦多罗和母坦多罗两类，此类坦多罗中较有名的是《秘密集会》（Guhyasamāja）等。参见平川彰著前引书，下卷，第354—357页。

② 密教认为自己的教法如金刚一样是坚固不可破的。相对于佛教中的其他大小乘，密教把其教法看作是所谓金刚不坏乘。相传因陀罗菩底（Indrabhūtī，约687—717）是金刚乘的开祖。

③ 是印度密教中左道密教的称呼，强调人的本能，信奉密教经典中的大乐说。

④ 密教在一段发展时期中，强调观察宇宙的活动或迁流，体悟现实存在如时间车轮一样不停变动，以达到密教的最高境界，故有此称。

⑤ 如古代的咒术密法或"明咒"、"陀罗尼"等。

汉译本和藏译本。汉译本为唐善无畏与一行等合译,共七卷,三十六品。前六卷分为三十一品,第七卷又分为五品。

前六卷的三十一品依次为:入真言门住心品、入漫荼罗具缘真言品、息障品、普通真言藏品、世间成就品、悉地出现品、成就悉地品、转字轮漫荼罗行品、密印品、字轮品、秘密漫荼罗品、入秘密漫荼罗法品、入秘密漫荼罗位品、秘密八印品、持明禁戒品、阿阇梨真实智品、布字品、受方便学处品、说百字生品、百字果相应品、百字位成品、百字成就持诵品、百字真言法品、说菩提性品、三三昧耶品、说如来品、世出世护摩法品、说本尊三昧品、说无相三昧品、世出世持诵品、嘱累品。在这三十一品中,入真言门住心品具有序品性质,它概述了密教的基本教义或教相,提出了"菩提心为因,大悲为根,方便为究竟"这一《大日经》全经的根本宗旨。其余的三十品具体论述了密教的诸种修持仪轨、行法或密教修持中的一些基本概念。如曼(漫)荼罗①的证入或趣向、作坛灌顶的轨则、止息障碍②的方法、持诵真言的意义、悉地③所生之功德,等等。

第七卷的五品依次是:供养次第法中真言行学处品、增益守护清净行品、供养仪式品、持诵法则品、真言事业品。这五品主要论述了真言行的作用、清净行的妙果、对本尊的供养仪式等。

《大日经》中初步提出了胎藏界曼荼 罗的概念,如该经的"入漫荼罗具缘真言品"中就提到"大悲胎藏生大漫荼罗王,为满足彼诸未来世无量众生,为救护安乐故……。一切如来,同

---

① 在汉译密教经典中,"漫荼罗"(maṇḍala)多音译作曼荼罗,也音译为蔓陀罗、曼陀罗、满荼逻等;意译为坛场、轮圆、聚集、具足等。密教常把修法处画成圆或方的形状,有时建成土坛。这类区域内还时常画上佛或菩萨的像,称之为曼荼罗,认为该处为佛或菩萨的聚集之地,可防魔众侵入或避开不净之物。除此之外,不同的密教经典对曼荼罗还有多种具体解释。

② 指画曼荼罗或持诵真言时产生的障碍。

③ 指念愿成就。

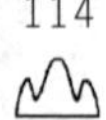

共集会，渐次证入大悲藏，发生三摩地”。《大日经》的这方面内容为后来密教中形成的大量关于胎藏界曼荼罗的说法提供了依据。该经中提出的胎藏界曼荼罗与后来《金刚顶经》中强调的金刚界曼荼罗成为密教中著名的所谓“金、胎二界”，为密教基本教义的形成奠定了基础。

《金刚顶经》的完整梵本现未发现[①]。根据一些文献[②]的记载，《金刚顶经》原有十八会[③]，但所传下来的是其中的“初会”，即现能见到的是该经的部分梵本《初会金刚顶经梵本》[④]。汉译本和藏译本存在的也同样主要是“初会”。汉译本有三种：唐不空译的《金刚顶一切如来真实摄大乘现证大教王经》（三卷）、唐金刚智译的《金刚顶瑜伽中略出念诵经》（四卷）[⑤]、北宋施护等译的《佛说一切如来真实摄大乘现证三昧大教王经》（三十卷）[⑥]。《金刚顶经》可作上述三汉译本中任何一本的略称，但较经常的是特指不空的译本。

汉译佛典中还有不少密教经典前面冠以“金刚顶”一类的名称，如不空译的《金刚顶经瑜伽十八会指归》、《金刚顶瑜伽略述三十七尊心要》、金刚智译的《金刚顶经瑜伽修习毗卢遮那三摩地法》等。这些经或叙述了“初会”外的《金刚顶经》其他会的基本内容，或与“初会”《金刚顶经》有密切的关系。

《金刚顶经》重点论述了“金刚界曼荼罗”。具体说明了建立金刚界曼荼罗的仪轨、入曼荼罗的方法、金刚界三十七尊、对

---

① 相传该经有四种：一为法尔恒说本，二为塔内安置本，三为十万颂广本，四为四千颂略本。参见《佛光大辞典》，第3559、3560页。

② 如《金刚顶经瑜伽十八会指归》等。

③ 指十万颂本中的十八会。其中的“初会”即“四千颂略本”。

④ 参见平川彰著前引书，下卷，第358页。

⑤ 据说金刚智在乘船来中国途中遇到风暴，所带经典大部流失，传译弘布者仅为其中的极少部分。参见《佛光大辞典》，第3559页。

⑥ 这一译本是《金刚顶经》“初会”的全部。不空和金刚智的译本则不是全部。

佛的礼赞,等等。

根据《金刚顶经瑜伽十八会指归》等文献的记述,《金刚顶经》[①]提出了"五相成身观"的重要修行方法。即:通达本心(指观察并通达自心的清净本质,由它可得大圆镜智,表现为阿閦如来)、修菩提心(在自性清净心的基础上起菩提心,由它可得平等性智,表现为宝生如来)、成金刚心(使菩提心坚固如金刚,由它可得妙观察智,表现为无量寿如来)、证金刚身(使金刚心进一步坚固,悟到自己的身语意都是金刚界,由此得成所作智,表现为不空成就如来)、佛身圆满(金刚界菩萨悟得与如来同一,得法界体性智,成大毗卢遮那佛)[②]。

"五相成身观"中涉及了"五智"[③]的观念。所谓"五智",是在瑜伽行派"四智"的基础之上加了一个法界体性智之后形成的。而瑜伽行派的"四智"则是"转识成智"[④]后的所得。由此可以看出,《金刚顶经》受到大乘佛教中瑜伽行派的重要影响。

依据《大日经》、《金刚顶经》及其他一些密教经典可知,密教尊大日如来(Mahāvairocana,大毗卢遮那佛)为教主,认为世间一切事物为大日如来的显现。大日如来为教化众生而表现为多种佛身,他的悟性或智慧以菩提心为因,以大悲为根本,以方便为究竟。密教认为,要达到菩提(觉悟)就要如实地认识自心,在自心中求一切智。他们把表现大日如来的"智"[⑤]的方

① 主要指初会外的《金刚顶经》。

② 参见平川彰著前引书,下卷,第362页。

③ 即法界体性智、大圆镜智、平等性智、妙观察智、成所成智。

④ 瑜伽行派认为,有漏的"八识"可转成无漏的"四智"。

⑤ "智"或称"智德",指表现大日如来所具有的智的特性,它如金刚一样坚固,一切烦恼不能破。

面称为“金刚界”,把表现大日如来的“理”[①]的方面称为“胎藏界”,认为金、胎二界或坚不可摧,或藏于烦恼中不显,如母胎中含藏子体,它们包摄万有。

密教有大量复杂的仪轨,教徒须时时口诵“真言”,心观佛尊,遵守该教对设坛、灌顶、诵咒等的严格规定。

密教在宗教实践方面不断受到印度教“左道”的影响,在后来的发展中日趋堕落,如对生殖器进行崇拜,强调男女性爱和对爱的体验,把满足性欲视为追求的极乐境界,认为由此可以成佛,等等。

3. 佛教在印度的衰亡

佛教在密教化之后不久就开始走下坡路,影响逐渐变小,至13世纪左右最终在印度衰亡。佛教的衰亡有多种原因:首先,与佛教自身的发展有关。佛教发展到密教阶段后,实际上已放弃了在哲理方面的探索,提不出多少有生命力的思想,使自己演化成一种主要致力于宗教实践、偶像崇拜的流派,而它所特别推崇的宗教实践有不少十分污秽,要想在群众中保持长久的影响是极为困难的。其次,佛教在印度的衰亡与印度教的同化有关。佛教在印度虽然也是较有影响的一个宗教流派,但却通常并不是正统或占据主导地位的流派。印度古代思想界的正统或主流派是婆罗门教及其后来由它演化出来的印度教。当佛教进入密教阶段,开始走下坡路时,印度教则在印度处于兴盛时期。8世纪之后,印度教系统中先后出了商羯罗、罗摩努阇等伟大的思想家,使印度教的宗教与哲学理论日臻完善。印度教的宗教实践在印度社会中有极为广泛的群众基础,而密教的许多宗教实践实

① “理”或称“理性”,指表现大日如来本来存在的永恒悟性,它存在于一切之内,由大悲哺育,如胎儿存在于母胎之中。

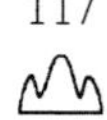

际取自印度教。这样，随着佛教体系中宗教实践成分的加大和对原有理论的淡漠，它就逐渐同化于印度教，其独立存在的地位自然也就丧失了。最后，佛教在印度的衰亡与伊斯兰教的入侵有关。伊斯兰教的军队进入印度后，对佛教给予了致命的打击，佛教徒大量被杀或被迫改变信仰，佛教寺院被毁，僧团财产被掠[①]。因而，佛教所赖以存在的人员和物质基础被破坏。这是导致佛教在印度本土衰亡的一个较直接的原因。

① 参见黄心川著《印度哲学史》，第262—265页。

第二章 中国佛教发展概要

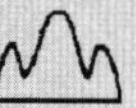

佛教传入中国后，其影响范围显著扩大，加速了它成为一个世界性宗教的变化过程。佛教在中国的传播对中国文化在魏晋以后的发展起了巨大作用，它自身也不断得到丰富，逐渐成为中国文化的一个重要组成部分，在中国思想史上占有显要地位。

佛教在中国的发展大致可以分为四个时期：初传时期、东晋至南北朝时期、隋唐五代时期、宋代至近代时期。

一、佛教在中国的初传

关于佛教最初传入中国（汉地）的时间，有种种不同说法。如《列子》中提到“丘（孔子）闻西方有圣人”[①]。《历代三宝记》中提到秦始皇曾查禁佛经[②]。还有的资料甚至说中国在三皇五帝时就传入了佛教，等等[③]。这些传说都是靠不住的。目前学术界比较一致的看法是：佛教在汉代传入中国，具体时间是在

① 《列子》卷四。

② 《历代三宝记》卷一。

③ 参见镰田茂雄著《简明中国佛教史》（中译本），上海译文出版社，1986年，第9—16页；任继愈主编《中国佛教史》第一卷，中国社会科学出版社，1981年，第45—67页。以上两书中还归纳了许多其他有关佛教传入中国的传说。

西汉哀帝元寿元年(公元前 2 年)[1]。

佛教在汉代传入中国是没有疑义的。但个别人接触佛教和佛教在一定范围内流行(有少数信众)则是两回事。可以确定的是:西汉末主要是个别的人接触佛教,佛教基本谈不上有严格意义上的流行。而佛教在一定范围内传播,并最初被上层统治者信奉,是从东汉开始的。在东汉桓帝时,佛教在汉室宫廷中已有一定影响。但当时的统治者所理解的佛教与印度佛教的实际情况有较大差距,他们把佛教与黄老混为一谈,如《后汉书·襄楷传》中提到桓帝在“宫中立黄老、浮屠之祠。此道清虚,贵尚无为,好生恶杀,省欲去奢。”显然,当时许多人对佛教的理解是肤浅的或不准确的[2]。

佛教传入中国,真正能影响中国社会的主要是两方面的东西:一是佛像,二是佛教经典。

佛像传入中国便于人们对佛进行崇拜,营造出一种宗教气氛。佛教刚传入中国时,人们把它作为一种能实现自己愿望的工具,认为信奉佛陀可以消灾招福,长生不老。因此,这种宗教无论在上层统治者中,还是在下层人民中都被认为是一种能给自己带来好处的东西。但要信奉总要有一定的信奉对象,最方便的对象就是直接可观的偶像,这就离不开佛像,佛像的安置一般又需要佛寺。中国出现佛像与佛寺据传说是在汉

① 据《三国志·魏书》卷三十裴松之之注引前人鱼豢《魏略·西戎传》记述:“昔汉哀帝元寿元年,博士弟子景卢受大月氏王使伊存口授浮屠经,曰复立者其人也。”由此可知,汉哀帝时,大月氏的使者伊存曾把佛经(《浮屠经》)口授给博士弟子景卢。文中的“复立”据考证是“复豆”(浮屠)之误。这一记述及有关分析现普遍为学术界所重视。因为大月氏在公元前 1 世纪末可能盛行佛教(大月氏在公元前 2 世纪移居原大夏统治区,大夏曾占领印度西北部,该地流行佛教),由该地来人口授佛经是可能的。而且佛教当时在印度也是重口耳相传,说“口授”较为可信,不大可能是传来写出的经典。因此,公元前 2 年(西汉末)佛教最初传入中国(汉地)的说法可以作为定说。参见镰田茂雄著前引书,第 16、17 页;任继愈主编《中国佛教史》第一卷,第 90、91 页。

② 详见镰田茂雄著前引书,第 19 页;任继愈主编《中国佛教史》第一卷,第 121—125 页。

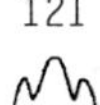

明帝时，但据可靠的史料记载，有一定规模的正式建寺铸佛像是在东汉末三国时期，一般认为是从三国时人笮融（三国初年）开始。笮融是丹阳人（治在安徽宣城）。据《三国志·吴志》记载，他建造的佛寺能装三千人，他还大量铸造铜制佛像[①]。现一般认为在汉地铸造佛像是从他开始的[②]。建寺铸像对佛教在中国社会的流传起了很大的作用。

佛教在中国的流传除了建寺造像之外，更重要的条件是要有汉译佛经。有汉译佛经才能使佛教的教义真正深入人心，才能真正使佛教在中国立足。关于最早的汉文佛经是什么的问题，学术界中一直有很大的争议。不少人认为最早的汉文佛经是《四十二章经》。此经由四十二段很短的佛经组成，主要内容是关于佛教的一些基本观念，如抑制欲望、十善、十恶等。关于此经的性质及其成文年代学术界观点不一。国外（如日本）学者的观点就不一致（此处不论）。国内学者也有不同看法。就中国著名学者来说，汤用彤先生认为汉代确实有一个译本。吕澂先生则认为，《四十二章经》不是最初传来的经，更不是直接的译本，而是一种经抄，是抄自《法句经》。《法句经》东汉末时就有，而《四十二章经》抄出时则在东晋初[③]。其他学者亦有各种看法。因此，中国最早的汉译佛典是什么，现在严格来说看法不一致。但中国较早的一批佛典翻译家及其译籍等情况，根据现有材料和实际传下来的佛典来看，还是大致清楚的。

关于较早的汉译佛典的译者及其翻译情况，中国保存下来了不少珍贵的史料。这主要是一些佛教的“经录”和“僧传”

---

① 参考《三国志·吴志》卷四。

② 详情参见镰田茂雄著前引书，第21页；任继愈主编《中国佛教史》第一卷，第182—186页。

③ 参见吕澂著《中国佛学源流略讲》，中华书局，1979年，第21、276—282页。

等。从这些资料来看，中国较早译出汉译佛经的重要人物有两人：一是以小乘佛典为主要翻译对象的安世高；另一是以大乘佛典为主要翻译对象的支娄迦谶。此外，在汉末三国时期较重要的佛典翻译家或求取佛典的主要人物还有支谦、康僧会和朱士行。西晋时期最主要的佛典翻译家是竺法护。

安世高是古代安息国人，本名清，字世高。他在东汉桓帝建和二年（公元 148 年）来到洛阳，开始汉译佛典。安息国流行的主要是小乘佛教，这对安世高佛典翻译的种类有直接影响，他翻译的佛典也就主要是小乘的经典，如《四谛经》、《人生本欲经》、《转法轮经》、《八正道经》、《阴持入经》、《安般守意经》、《禅行法想经》等。安世高的译经，较早地把佛教的一些基本观念介绍到了中国，对佛教在中国最初的发展起了重要作用。他的翻译行文直接，偏于直译，很难说在修辞上有多少考虑。佛典的内容与当时中国原有传统文化的内容差别很大，而且它本身就概念复杂。译者要想在翻译上既不失佛典原义，又能找出适当的汉文词汇来表达，是有相当难度的。再加上安世高的翻译工作基本上没有前人的译典可资借鉴，出现难解之处也在情理之中。但他从事的此项工作的开创性意义是值得肯定的[①]。

支娄迦谶是古代月支国人，东汉桓帝末年时（公元 167 年）来到洛阳。有关他生平情况的资料记载不详。梁慧皎的《高僧传》卷第一中说他在汉灵帝“光和、中平之间，传译梵文。”支娄迦谶是在中国最早将印度大乘佛教重要经典译成汉文的人。他译的两部重要大乘经典是《道行般若经》和《般舟三昧经》。还有许多经很可能是他翻译的，但现已不存，或虽存在，

① 详情可参见吕澂著《中国佛学源流略讲》，第 283—287 页。

但不能完全肯定是他翻译的。支娄迦谶译经时间比安世高晚，译经的部数似也不如安世高多，但他及其所译的佛典的影响在中国却比安世高及其译典的影响大。中国在后世流行的主要是大乘佛教，而大乘佛教的最初汉译本就是支娄迦谶译的。《道行般若经》属般若类经典，是大乘佛教的基础经典；汉译《般舟三昧经》较早把"阿弥陀佛"引入中国，对佛教中大乘"佛"的崇拜在中国的流行起了重要作用①。

支谦、康僧会和朱士行对早期汉译佛典在中国的形成和流传也起了重要作用。支谦原籍月支国，汉献帝时来到中国，译了许多经，主要的有《阿弥陀经》、《佛说维摩诘经》、《大明度无极经》等。康僧会原籍古代西域的康居国，公元 247 年来到东吴建业，译有《六度集经》等。朱士行是三国时人，以中国佛教史上汉地第一个受戒出家成为比丘的人著称，还以汉地最早西行求法的人著称。他在公元 260 年来到古代西域的于阗，找到了两万五千颂的般若经原本，后来由其弟子带回汉地，在晋元康元年（公元 291 年）由无罗叉和竺叔兰将其译为汉文，即《放光般若经》②。

西晋时期，汉译佛典大量出现。这一时期从事佛典翻译的人有史可查的约十几人。如竺法护、竺叔兰、无罗叉、帛远、安法钦、法立、法炬、支法度、聂承远、聂道真、陈士伦、孙伯虎、虞世雅等人。但在这些译经者中，最主要的翻译者或译经成就最突出的是竺法护。

竺法护的祖先是月支人，家族世居敦煌，八岁出家，拜竺高座为师，曾游历西域许多小国，学会"外国异言三十六种"。

---

① 详情可参见吕澂著《中国佛学源流略讲》，第 288—290 页。

② 详情可参见镰田茂雄著前引书，第 31—33 页；吕澂著《中国佛学源流略讲》，第 291—294 页。

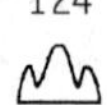

他的主要译经时间在公元266—308年之间。关于他译经的数量，不同的资料说法不一，有说二百多部的，有说一百多部的，有说数十部的。按照吕澂先生的说法，确实属于竺法护译的经典有八十四部[①]。竺法护在译经方面的成就是空前的，从当时印度已出的佛经的角度看，他译的佛经种类已是相当全了。印度佛教中的所谓早期大乘经，他差不多都译了，如属般若类经、宝积类经、华严类经、法华类经、大集类经等的佛典都有。除了大乘佛典外，他还译了小乘佛教的经典，如属小乘阿含类经中的一些单部经。举例来说，竺法护译的宝积类经有《佛说遗日摩尼宝经》，般若类经有《光赞般若经》，华严类经有《渐备一切智德经》，法华类经有《正法华经》，大集类经有《大哀经》，阿含类经有《圣法印经》等[②]。

总起来说，早期中国汉地佛教主要是通过古代西域流传过来的。早期的汉译佛典主要是一些古代西域的僧人译出的。当然，在译经中有不少汉人帮助，如上面提到的聂承远、聂道真、陈士伦、孙伯虎、虞世雅等人，对竺法护的译经就起了重要的协助作用，这是竺法护能在译经方面取得显著成绩的重要因素。但在这一时期，中国人对佛教的理解与印度佛教的本来面目有很大差距，不少人是用原有传统中国文化的一些观念来比附说明佛教的。中国最初的佛教（汉至西晋），在很大程度上可以说是属于所谓"格义佛教"。

佛教传入中国后，之所以可逐步在中国发生影响，并能立足，与佛教的某些思想同中国原有传统文化的一些观念相似也有关，如大乘佛教的不少观念与老庄及魏晋玄学的某些观念接近或有形式上的类似处。为什么会有这种接近或形式上

① 参见吕澂著《中国佛学源流略讲》，第36页。
② 详情可参见吕澂著《中国佛学源流略讲》，第297—300页。

的类似处,学界有不同看法。但它使中国当时的思想界对佛教发生兴趣,加上民间普通百姓对佛教可能会带来的种种美好前景的企盼,就使佛教有了进一步在中国广泛发展的基础。

二、东晋至南北朝佛教

东晋(317—420)和南北朝(420—581)是中国佛教史上十分重要的一个时期。佛教在这一时期在中国有极大的发展。

1. 东晋十六国时期

在这一时期,印度佛教典籍大量译成汉文,出现了官方组织的佛典译场,使佛典的汉译出现了前所未有的发展。翻译的种类和质量与先前比有根本的变化。中国人对佛教基本理论或观念的理解在这一时期之初虽然仍有不少偏差,但总的来说是在逐步走出"格义"或"偏而不即"的状态。中国人自己写的一些佛教理论著述在此期间也开始引人注目,如《肇论》这类佛教义理方面的著述就是最典型的。中国出现了一批杰出的佛典翻译家和佛教思想家。

东晋十六国时期译出了在当时来说较全的佛教三藏。在此之前,安世高、支娄迦谶、竺法护等人虽也译了不少佛教大乘和小乘的典籍,但相比较而言,那时一些佛典在印度本土尚未形成,或未传入中国,译成汉文的佛典还是有限,特别是佛教中的"论"译得很少。而在东晋十六国时期,佛教三藏(特别是大乘的论)大量传入汉地,大小乘的典籍都有,译得较全。现在我们常使用的一些佛教经律论的成熟汉译本不少是在这一时期译的。

东晋十六国时期的佛典翻译者以鸠摩罗什(约 344—413)为主要代表。鸠摩罗什是中国古代佛典翻译的四大译师中的第一位[①]。他父亲是印度人，母亲是龟兹国人，本人出生在古代中国的西域。鸠摩罗什七岁出家，先学小乘，后学大乘，对佛教般若中观学说有深入的研究，58 岁时来到长安，创立了中国历史上第一个官办性质的大规模佛典译场。他的翻译以意译为主，侧重领悟佛典原义，不是很注重译文与原文结构类似，而且很注意修辞，译文流畅，极有文采。鸠摩罗什所译的佛典在中国流传广，影响大。他译的许多佛典，在后代中国历史上，直至现在都是通行本，如《金刚经》、《维摩诘经》、《法华经》等大量汉译佛典，都是鸠摩罗什的译本较流行。鸠摩罗什有许多弟子，其中主要的有僧肇、道生、道融、僧叡、昙影、慧观、慧严、道恒、道标等人。这些弟子对鸠摩罗什译经起了重要的辅助作用，而且其中不少人是当时著名的佛教思想家，有不少重要佛教著述。

在东晋十六国时期翻译的大量佛典里，就“三藏”中的“经”来说，这一时期译出了记述早期或小乘佛教的《长阿含经》（佛陀耶舍与竺佛念译）、《中阿含经》（瞿昙僧伽提婆译）、《增一阿含经》（瞿昙僧伽提婆译）[②] 等。译出的较重要的大乘经有《摩诃般若波罗蜜经》（鸠摩罗什译）、《小品般若波罗蜜经》（鸠摩罗什译）、《金刚般若波罗蜜经》（鸠摩罗什译）、《妙法莲华经》（鸠摩罗什译）、《维摩诘所说经》（鸠摩罗什译）、北本《大般涅槃经》（昙无谶译）、《大方广佛华严经》（佛陀跋陀罗译）等。

就“三藏”中的“律”来说，这一时期也译出了佛教主要的“律”，如《十诵律》（弗若多罗与鸠摩罗什等译）、《四分律》（佛陀耶舍和竺佛念共译）、《摩诃僧祇律》（佛陀跋陀罗和法显译）等。

就“三藏”中的“论”来说，这一时期译的小乘论主要的有

---

① 其他三位是真谛、玄奘和不空。

② 四阿含中的《杂阿含经》是南北朝刘宋时的求那跋陀罗译的。

《阿毗昙心论》(僧伽提婆与慧远译)、《成实论》(鸠摩罗什译)等,译出的大乘论主要有《中论》(鸠摩罗什译)、《百论》(鸠摩罗什译)、《十二门论》(鸠摩罗什译)、《大智度论》(鸠摩罗什译)、《十住毗婆沙论》(鸠摩罗什译)等。

在东晋十六国之前,译出的佛典的数量虽不能与鸠摩罗什时相比,但在竺法护时,也已译了不少。这样,就有了对这些佛典进行清理、编目的需要。东晋十六国时期的道安(约312—385)是中国佛教史上较早编出系统经录的人[①]。他编的目录后人一般称为《综理众经目录》,亦根据编者之名简称为《安录》或《道安录》。该录的完整原文已失,但梁代僧祐编的《出三藏记集》中收载了此录的大部分内容。因而,它的主要成分还是保存了下来。《道安录》主要由七部分组成,一是"经律论录",即以译者为主,按此列出译典目录;二是所谓"失译经录"部分,指一般译者不详的经;三是"凉土异经录",也属于失译的经录,译者不明,仅限于凉州;四是"关中异经录",即限于关中地区的失译经录;五是"古异经录",即文字较古及经文不全的失译经录;六是"疑经录",即不能确定是否来自印度或西域的经录;七是"注经及杂经志录",即道安写的有关经的注释著作的目录等[②]。《道安录》对中国佛教目录学的产生有开创性的意义。

在东晋十六国时期,佛教理论在中国的发展主要表现为般若思想的传播。般若思想在佛教传入中国之初就已传入,但到了东晋时有了更新的发展。这种发展主要分为两个阶段:一是西晋末东晋初的"六家七宗"的出现,这标志着有中国特色的般若学说的形成。再一阶段是鸠摩罗什译出印度中观派的

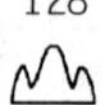

① 根据隋费长房的《历代三宝记》,在道安之前就已有七种经录,但未流传下来。
② 参见任继愈主编《中国佛教史》第二卷,中国社会科学出版社,1985年,第170—174页。

主要的“论”等一批佛教要典及僧肇写出《肇论》等著作，这标志着印度般若中观理论较全面地传入中国及中国人对这一理论的较准确的理解。

“六家七宗”是当时中国佛教般若思想的七个派别。所谓“六家”是本无、即色、识含、幻化、心无、缘会这六个派别，所谓“七宗”则是将“六家”中的第一家再分为“本无”和“本无异”两宗，合其他五家成“七宗”。

主“本无”之说的主要人物很可能是道安[①]，此说认为“无在万化之前”，但又说“一切诸法，本性空寂”[②]。这种观念具有某些般若性空理论的特性，但其中的一些表述又有将“空”或“无”实体化的倾向，总的来说还达不到“即空观有”、“即有观空”的程度，与印度佛教般若学说后来发展了的中观思想还是有差别。

主“本无异”之说的主要人物是竺法深，此说认为“从无出有，即无在有先，有在无后”[③]。这种观点与印度般若类经中对“空”的含义的解释根本不同，是用中国本土文化中原有的一些观念来理解或解释印度佛教哲学观念的典型。中国古代的道家就有“有生于无”的说法，将“无”实体化，魏晋玄学的创始人王弼与何晏亦认为“有”始于“无”或以“无”为“本”。竺法深等的“本无异”的解释就是在立足于这样的思想理论基础上提出的。

主“即色”之说的主要人物是支道林，此说认识到色的存在无法靠自己，因而是空，但没有认识到色在本质上自体

① 关于各家(宗)的代表人物，历史上及当代学界有不同看法，此处是笔者赞成的一说。下同。

② 吉藏在《中观论疏》卷第二末中说：“释道安明本无义，谓无在万化之前，空为众形之始。……一切诸法，本性空寂，故云本无。”

③ 吉藏《中观论疏》卷第二末。

即空[①]。

主“识含”之说的主要人物是于法开，此说把世间事物比喻为梦中的“群有”，为“识”所“含”，认为“心识为大梦之主”，但未说认识本身（心识或认识总体）也为空[②]。

主“幻化”之说的主要人物是道壹，此说虽认为“法”幻化不实，但却认为“心神”或“神”不空[③]，这“心神”或“神”实际相当于印度宗教哲学中的“我”（阿特曼）或佛教中犊子部的“补特伽罗”观念。这就与般若学说的基本精神相差甚远了。

主“心无”之说的主要人物是支慜度（支敏度），此说仅强调人们不执着于外物，但未说外物究竟如何，未说“心”外之物一定是“空”[④]。这也与般若思想的基本精神不符。

主“缘会”之说的主要人物是于道邃，此说完全以事物之“缘”是“会”还是“散”来讲有无二谛，认为“缘”若“会”了就是“有”，但这“有”是“世谛”或“俗”，即它不是真正的“有”；“缘”若“散”了则是“无”，这种“无”是“第一义谛”或“真”，即它是真正的“无”[⑤]。此说完全从“缘散”或“推拆”的角度论证“空”，忽视了事物本身即空，未领悟到般若的“体空”或“性空”思想。

“六家七宗”对印度般若学说，特别是对般若学说中的“空”观念不能准确理解。这些派别或受先前旧的汉译般若类经的

① 僧肇在《不真空论》中说：“即色者，明色不自色，故虽色而非色也。夫言色者，但当色即色，岂待色色而后为色哉！此直语色不自色，未领色之非色也。”

② 吉藏在《中论疏记》第二末中说：“于法开立识含义：三界为长夜之宅，心识为大梦之主，今之所见群有，皆于梦中所见。其于大梦既觉，长夜获晓，即倒惑识灭，三界都空。是时无所从生，而靡所不生。”

③ 安澄在《中观论疏》卷第三末中记载说：“一切诸法，皆同幻化，……心神犹真，不空是第一义。”

④ 僧肇在《不真空论》中评述“心无”宗时说：“心无者，无心于万物，万物未尝无。此得在于神静，失在于物虚。”

⑤ 吉藏在《中观论疏》卷第二末中说：“第七于道邃，明缘会故有，名为世谛，缘散故即无，称第一义谛。”；安澄在《中论疏记》卷第三末中说：“玄义云：第七于道邃，著缘会二谛论云：缘会故有，是俗；推拆无，是真。譬如土木合为舍，舍无前体，有名无实。”

表述的影响，或受中国原有的传统文化（如道家或玄学）的影响，对印度般若学说的基本精神有明显的偏离。虽有偏离，但也恰恰表现出了当时中国人的般若观念，使中国佛教的发展呈现出了它自己的特色[①]。

在东晋十六国时期，中国般若学说发展的高峰是引入了印度中观派的基本思想（中观派的“论”）及在此基础上对这一思想所作的精辟论述。鸠摩罗什译的中观派“四论”[②]在印度本土就是大乘佛教重要发展的标志。这“四论”是在般若类经基础上发展的产物。印度早期般若类经是对小乘佛教（特别是“说一切有部”）“实有论”的清算，但在清算中有时难免也有“偏空”的倾向，在一些表述上接近“恶趣空”。而中观派“四论”则基本上避免了这种情况，既批判“实有论”，也批判“偏空观”或“恶趣空”。中观派特别强调“中道”，这就极大地推动了佛教般若思想的发展。这种情况，中国佛教界在鸠摩罗什翻译中观派佛典之前是不清楚的，他们主要依据早期的汉译般若类经（而且是翻译上有一些缺陷的般若类经）来认识般若学说，所理解的般若学说自然不是印度发展成熟的般若学说。“四论”等的译出，使中国佛教界的这种情况完全改变，即改变了先前不少中国学者对般若学说在理解上的“偏而不即”的情况。在此基础上，中国佛教思想家写出了一些有重要学术意义或历史影响的著作。这主要是鸠摩罗什的两个大弟子（僧叡和僧肇）的著述。

僧叡的主要功绩是为鸠摩罗什所译的佛典作了大量的序，如大品与小品般若类经、《维摩诘经》、《中论》、《十二门论》

---

① 关于“六家七宗”，可参见姚卫群著《佛教般若思想发展源流》，北京大学出版社，1996年，第284—294页。

② 即《中论》、《百论》、《十二门论》和《大智度论》。

等般若中观要典的序不少是出自僧叡之手。在这些序中,僧叡对般若中观学说的主要义理、历史发展线索等做了精辟的论述。这些序对中国人(包括当时和后代)正确客观地理解般若中观学说起了重要作用。

僧肇的主要功绩是写出了《肇论》(主要包括《物不迁论》、《不真空论》、《般若无知论》、《涅槃无名论》)和《注维摩诘经》等。

《物不迁论》侧重探讨了事物的动与静的问题,其中自然也涉及了事物的本质或实相的问题。僧肇论证了事物在本质上是不变(不迁)的,但又承认有现象的变化,要人们从现象的变化中去看事物不变的本质。在他看来,动与静实际上又是统一的[①]。僧肇虽讲动与静的统一,但重点还是在强调"静"(不迁)。《物不迁论》中明确说"若动而静,似去而留。……谈真有不迁之称,导俗有流动之说"。因此,在僧肇看来,静是事物的本质或"真",而动是事物的现象或"俗"。

《不真空论》在僧肇的几篇论文中是直接叙述其般若学说之核心理论的。在这篇论文中,僧肇总结(清算)了以往(鸠摩罗什前)中国般若学者的主要失误,重点分析批驳了"心无"、"即色"、"本无"这三家的般若学说,指明他们都不能按照佛教正统的般若学说(般若中观学说)来解释或说明"空"的问题,他们的理论在实质上或偏于"有",或偏于"无"。在僧肇看来,对于"有"、"无"问题的正确说法应当是"不真空"。所谓"不真空"包含了两方面的含义:一是否定事物实有的观念,即包含"性空"的意义;另一是否定事物绝对空无的观念,即包含"假有"的意义。

① 《物不迁论》中说:"寻夫不动之作,岂释动以求静,必求静于诸动。必求静于诸动,故虽动而常静。不释动以求静,故虽静而不离动。然则动静未始异。"

《般若无知论》主要表述了僧肇对般若的认识方法等问题的看法。僧肇否定人们一般的认识可把握佛教的最高真理，认为只有般若学说中特有的那种认识方法才能认识事物的本质，能够无所不知。该论中说："夫有所知，则有所不知。以圣心无知，故无所不知。不知之知，乃曰一切知。"在僧肇看来，用一般的认识方法去认识事物的本质只能是"有所知，则有所不知"。要认识事物的本质必须采用般若的特殊认识，即摒弃一般的认识手法，否定世俗认识的具体观念、概念。这样一来，在形式上看是"无知"，但实质上则是认识了一切事物的本质。般若认识所表现出的形态是"无知"，但它要起的作用却是"无所不知"。

《涅槃无名论》是否为僧肇所作，学界有不同看法。但该论本身所表述的观点与僧肇在其他著作中所倡导的般若理论并无太大的矛盾。该论的中心思想是要表述大乘般若学说的涅槃观念，认为真正的涅槃应是像印度大乘经论中所说的"言语道断，心行处灭"，即"无名"。"有余涅槃"和"无余涅槃"的区分不过是"涅槃之外称，应物之假名"。这实际是认为真正的涅槃境界在本质上仅一种，但人们得涅槃的过程还是有阶段差别的。因此有"有余涅槃"、"无余涅槃"这样的"假名"。

僧肇的《注维摩诘经》表明了他的许多观点的思想来源，实质性内容与《肇论》的观点一致，或是对《肇论》观点的补充。

在东晋十六国时期，除了般若思想有较大发展和影响外，佛性思想也逐步开始在思想界发挥作用。佛性思想在中国的传播与涅槃类经的翻译有很大关系。较早的涅槃类经（大乘）的翻译是东晋时（公元 417 年）佛驮跋陀罗与法显合译的《佛说大般泥洹经》（六卷本）。在此后（公元 421 年），北凉的昙无谶又译出了北本《大般涅槃经》(四十卷本)[①]。这一时期与中国佛性思想传播有较大关联的是慧远与竺道生二人。

慧远(334—416)是东晋名僧,在当时的佛教界很有地位,后来还被看作是所谓"莲宗(净土宗)初祖"。他的主要著作有:《沙门不敬王者论》、《明报应论》、《三报论》等,还有一些书信、诗文、序等,多载入《弘明集》、《广弘明集》、《出三藏记集》中。慧远在理论上宣扬因果报应论[②]和神不灭论[③]。这些又涉及法性和佛性问题。六卷本的《泥洹经》虽是在慧远去世后译出的,然而慧远却与该经的译者之一佛驮跋陀罗有密切接触,对印度的佛性理论应有所闻。慧远曾著有《法性论》(现已不存)。梁《高僧传》中的慧远传中引述该论的话说:"法性论曰:至极以不变为性,得性以体极为宗。"此处说的"至极"和"体极"都指达到佛教的涅槃,强调佛教的涅槃应以不变为性。所谓"体极为宗"、"不变为性"实际上是一种初步的法性或佛性观念[④]。当然,慧远的佛性思想表现得并不十分明显。较为明显的还是竺道生。

竺道生(355—434)曾就学于罗什,对般若学说较了解,但他并不像僧肇那样完全接受鸠摩罗什所传的印度佛教中般若中观学派的正统思想,他特别注重当时新译出的六卷本《泥洹经》,对此经里涉及的佛性观念十分重视,特别强调了著名的"一阐提"也有佛性的理论。一阐提有佛性的理论在六卷本的《泥洹经》中没有,该经在有的段落中甚至说:"一切众生皆有

① 南本《大般涅槃经》(三十六卷本)是南朝的慧观和谢灵运等人于公元436年译的。

② 他认为报应与人的行为直接相关。做了善事或恶事是肯定有相应的报应的。报应分为现报、生报、和后报三种。

③ 慧远认为在事物中有一种不变的主体,在人生中有不变的实体,他称之为"神"。这"神"相当于所谓"灵魂",即印度宗教哲学中所说的"我"(阿特曼)或"补特伽罗"。物或"有情"之形可以灭,但"神"却不灭。

④ 参考吕澂著《中国佛学源流略讲》,第81—85页。

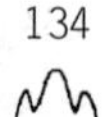

佛性，……除一阐提。”[①] 但竺道生在认真推敲该经的佛性理论后，认为“一阐提”也有佛性[②]。这就引起了当时佛教界的普遍反对和围攻，认为竺道生离经叛道，散布邪说。竺道生因此被逐出建康的佛教僧团。但后来昙无谶译的北本《涅槃经》传到建康后，人们对竺道生的看法一下子就改变了。北本《涅槃经》虽然也有前后论述不很一致之处，但该经中也明确提到了“一阐提”有佛性。如该经中说：“一切众生，乃至五逆、犯四重禁及一阐提，悉有佛性。”[③] 另外，该经还提到，“断善根者”最终能见佛性（“毕竟得”），也就是认为，“一阐提”最终能成佛[④]。竺道生由于在佛性问题上有这种超前的领悟力，加上他在渐修和顿悟等方面的一些新的见解[⑤]，因而名声大振。

在东晋十六国时期，有不少中国僧人西行求法，如法显、于法兰、智严、宝云、智猛、法勇等。这之中最有名的是法显（约339—420年）。他在东晋隆安三年（399）与人从长安出发经古代三十国，到达中天竺，在摩竭提果国居住三年，后到师子国（斯里兰卡），取到了《杂阿毗昙心论》、《摩诃僧祇律》、《长阿含经》、《杂阿含经》、《方等泥洹经》等佛典，回国后还写了著名的《佛国记》，并参与了佛典翻译工作，对促进中国和南亚国家的文化交流起了重要作用。

---

① 该经卷第四。

② 见《高僧传》本传。

③ 该经卷第二十八。

④ 参见任继愈主编《中国佛教史》第三卷，中国社会科学出版社，1988年，第185—188页。

⑤ 道安、支道林、僧肇等人认为，在修道的十住（地）阶段中存在顿悟。后人称为“小顿悟”。竺道生则主张在修到第十住时可达到一种“金刚心”（或“金刚道心”），把一切惑都断除掉，获正觉成佛，这才是顿悟，后人称为“大顿悟”。关于竺道生的顿悟思想及佛性思想，参见吕澂著《中国佛学源流略讲》，第111—116页；任继愈主编《中国佛教史》第三卷，第330—367页。

2. 南北朝时期

南北朝时中国分裂为南北两个地区，南方先后为宋、齐、梁、陈，北方为北魏、东魏、西魏、北齐、北周。

佛教在这一时期又有很大发展。经过东晋十六国时期的佛典翻译，此前印度佛教的主要内容已传入中国。虽然此时佛典的翻译还在继续，如出了著名的佛典翻译家真谛，译出了一些唯识古学等方面的典籍，但佛典翻译的规模和影响与先前的罗什时期是不能相比的。在佛教理论上，这一时期呈现多样化。在印度佛教大小乘主要典籍[①]基本翻译成汉文之后，放在中国佛教界面前的一个重要问题是如何来理解或解释翻译过来的佛教各类经典。由于印度佛教本身有不同流派，不同流派的典籍的观点也不一样，因而中国人在对各类佛典传习研究时就形成了不同的学派或“师说”。其中主要的有：

毗昙师，主要弘扬和传习小乘说一切有部的有关论藏，如《杂阿毗昙心论》、《大毗婆沙论》、《八犍度论》等。南朝的主要毗昙师有法业、慧定、僧渊、智藏、慧弼等；北朝的毗昙师主要有智游、道岳等[②]。

成实师，主要研习《成实论》。南朝的主要成实师有僧导、僧柔、智藏、僧旻、法云、慧布等；北朝的主要有僧嵩、昙度、慧记、道登、慧球等。

涅槃师，主要弘扬或传习北本《大般涅槃经》。南朝的主要涅槃师有竺道生[③]、慧观、宝林、慧静、僧慧、宝亮、僧迁等；北朝的主要有昙准、道登、僧妙、慧光等。

---

① 指此前印度已出现并有原本传来汉地的典籍。

② 此处的“南方师”和“北方师”有时很难区分，因有人可能南北方都有活动。此外，有些人可能不仅属于一种“师”，因为他们不止弘扬或传习一种佛典。下同。

③ 竺道生及不少人是属于跨东晋与南朝的思想家，叙述时在两个时期中都可能提及。

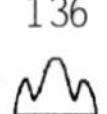

三论师，主要弘扬或传习《中论》、《十二门论》、《百论》。南朝的主要三论师为僧朗、僧诠、法朗、慧布等人；北朝除“三论”外，一些人还特别研习《大智度论》，可称为“四论师”，主要人物有道长、静蔼、道判等人。

摄论师，主要弘扬或传习《摄大乘论》。南朝主要的摄论师有智恺（慧恺）、法泰、曹毗、僧荣等人；北朝主要的有靖嵩、昙迁等人。

地论师，弘扬和研习《十地经论》，主要在北方，分为南道和北道二系①。南道因勒那摩提而形成，创始者为慧光，主要人物还有法上、僧范等人；北道因菩提流支而形成，创始者为道宠，主要人物还有僧休、法继等人②。

十诵律师，弘扬和研习《十诵律》，主要在南方。代表人物有僧业、慧询、智称、僧祐、法超、昙瑗等人。

四分律师，弘扬和研习《四分律》，主要在北方。代表人物有法聪、慧光、道云等人。

净土师，弘扬和研习《观无量寿经》和《往生论》等，主要在北方。代表人物为昙鸾、慧海、法上等人。

楞伽师，弘扬和研习四卷本《楞伽经》，主要在北方。代表人物为菩提达摩、慧可等人。

南北朝时期，虽然各家“学派”或“师说”繁多，但这一时期佛教界讨论的问题还是有重点的。佛性问题、识的问题、二谛问题、判教问题等是当时人们关注的重点。这些问题的讨论对中国佛教在后来的发展有重要影响。

佛性这一概念的含义极广。吉藏在《大乘玄论》中说：“经

① 关于分成南北二道的原因，有不同说法，详见吕澂著《中国佛学源流略讲》，第141—143页。

② 详见中国佛教协会编《中国佛教》一，知识出版社，1989年，第47、48页。

中有名佛性、法性、真如、实际等,并是佛性之异名。”[1] 吉藏在该论中将佛性的含义最多归结至十二种,即:以众生为正因佛性、从当果上讲佛性、从得佛之理上讲佛性、以六法(五阴及其假名)、心识、冥传不朽、避苦求乐、真神(识神本体)、阿黎耶识自性清净心、真如、第一义空、中道为佛性[2]。

佛性概念在印度不少佛典中都有,但在传入中国的佛典中,引起人们较大注意则是在涅槃类经中的有关思想。在竺道生强调“一阐提”有佛性后,这方面的思想更是引起人们的关注。在南北朝时的一些“师说”中,此问题又以另外的形式提了出来。这主要表现在地论师“南北二道”和摄论师的一些理论中。本来,竺道生主张众生都有佛性,这在北本《涅槃经》传到南方后已没多大问题了。但这佛性是如何存在的,还要具体解释。按竺道生的看法,佛性实际上是要从众生将来能成佛的角度说的,也就是所谓“当果佛性”,即佛性要在成佛后才有或才表现出来[3]。这就引起了佛性是“始有(始起)”还是“本有”的问题。在当时所能看到的印度佛教原典中,对此问题说得也不是很明确。因而地论师南北二道之间及地论师与摄论师之间,在此问题上便产生了理论分歧。地论师南北二道在佛性问题上的争论也就是所谓“当现二常”问题。“当现二常”即“当常”和“现常”。此处,“常”指涅槃,也指佛性,因为按一些大乘经的看法,涅槃有“常”的性质,而涅槃了也就是成佛,因而“常”也就是佛性。所谓“当常”主要的意思是指当(将来)成佛果时佛性显示出来。所谓“现常”是指现时或从来就有佛性。北道地论师一般认为,众生的根本意识为阿黎耶识,此识也就是

① 《大乘玄论》卷第三。
② 参见吕澂著《中国佛学源流略讲》,第120—122页。
③ 参见吕澂著《中国佛学源流略讲》,第122页。

如来藏或佛性，但众生的佛性不是一开始就有的，而是要修成佛果后才有。也就是说，作为佛性的识或如来藏的功德不是一开始就有的，而是要依赖“新熏”后方可显现出来，这就是一种“当常”说。南道地论师则一般反对这种看法，他们也认为阿黎耶识是诸法的根本，也把这识看成是如来藏或真如佛性，但却认为该识本来就具足一切功德。也就是说，认为佛性是与生俱来的，是本有的。这就是所谓“现常”说。不过，根据吉藏的《大乘玄论》和慧均的《四论玄义》(残本)等资料，南道地论师的关于佛性是“当常”还是“现常”的观念后来也有改变，他们把佛性区分为两种或三种，两种说认为佛性可分为“理性”的和“行性”的。三种说认为佛性可分为“理性”的、“体性”的和“缘起性”的(大致相当于处于隐蔽时、显现时和发生作用时的佛性)[①]。地论师南北二道关于佛性的理论之争与对“识”的看法紧密相关，因而与摄论师之间也发生着理论关涉。

在南北朝时期，印度佛教中“唯识”(瑜伽行派)系统的典籍已经传入并翻译了一些。《十地经论》和《摄大乘论》就是其中影响较大的两部。地论师和摄论师在讨论佛性问题时实际也论及了“识”的问题。地论师南北二道均认为阿黎耶识是根本识，诸法依此识而起。摄论师着重讨论了“识”的染与净的问题，并在讨论这一问题时提出了一个重要理论，即在第八识阿黎耶识之外另立一个第九识——阿摩罗识。摄论师一般认为，阿黎耶识主要是一种妄识，但此识中也并非都是“染”的部分，其中也有“净”的部分。通过修行，阿黎耶识中的“净分”可以发展，对治其中的“染分”。由“净分”证入“阿摩罗识”(无

① 关于地论南北二道对佛性的“当常”和“现常”或“本有”和“始起”的争论，参见中国佛教协会编《中国佛教》一，第253—255页；吕澂著《中国佛学源流略讲》，第120—123页。

垢识）也就是成佛[①]。摄论师对"识"的解释与当时译《摄大乘论》的真谛的理论背景有很大关系。真谛的唯识理论主要来自印度世亲的旧说，受陈那、安慧、难陀等人的学说影响。这和后来唐代玄奘的情况不同[②]。因而南北朝时摄论师的唯识理论与唐代玄奘一系的唯识理论有重要差别。

"二谛"理论是佛教的重要观念，在南北朝时期也是一些"师说"间讨论的主要问题。特别是成实师和三论师对此问题较为关注。成实师一般认为，二谛是有特定的"境"或"理"的，认为无论是真谛还是俗谛都说的是某一范围内的道理，表明了某种特定的真理。这种对二谛的理解即所谓"境理二谛"或"约理二谛"。而三论师则一般把二谛看作仅是佛的一种方便说法，完全是佛为了教化众生或对治错误观念所使用的手法，二谛本身并不是某种固定或实在的真理，对其本身是不能执着的，二谛作为言教并不具有固定的"境"或"理"。这种对二谛的理解即所谓"言教二谛"或"约教二谛"。另外，在对二谛之间的关系等问题上，成实师就很关注二谛是相即（一体）还是不相即（异体）的问题，并倾向于认为二谛实有其体。而三论师则从无所得观念出发，认为二谛本身没有实在的体[③]。

"判教"或"教判"是"教相判释"的简称。随着佛教的不断发展，佛教典籍大量出现，不同典籍中经常说法不一，侧重点有异，甚至观念对立。这种情况在印度就已成为问题，需要佛教内部加以协调或解释，给出一个圆满的说法。印度佛教中就

---

① 参见中国佛教协会编《中国佛教》一，第 259 页。

② 参见吕澂著《中国佛学源流略讲》，第 147—151 页。

③ 参见吕澂著《中国佛学源流略讲》，第 129—136 页；刘元齐撰《净影慧远 <大乘义章> 佛学思想研究》，未刊稿，第 55—61 页。

有大小乘之分①、显密之分②等③,这些都属于所谓"判教"的内容。但对"判教"概念做出明确解释,并提出种种细致分类的还是在中国佛教中,而中国最早提出系统的判教理论则是在南北朝时期。具体来说,是由刘宋时的慧观提出的。慧观的判教理论是所谓"二教五时",这在吉藏的《三论玄义》中有明确的记述。所谓"二教"指"顿教"和"渐教"。顿教指《华严经》等,是仅为菩萨充分显示佛理并成佛的教门。渐教指佛从最开始传法至最后涅槃的整个时期中由浅至深地演说佛法的教门。所谓"五时"指在渐教中又进一步分的五个时期或教门:一是三乘别教,即为声闻、缘觉、菩萨分别说的教门,如为声闻说四谛,为缘觉说十二因缘,为菩萨说六度,三乘的行因不同,所得的果也不同。二是三乘通教,主要指般若类经,它对教化声闻、缘觉、菩萨都适用。三是抑扬教,主要指《维摩诘经》、《思益经》等大乘经典,它们贬斥小乘,赞扬大乘。四是同归教,主要指《法华经》,它把声闻、缘觉、菩萨这三乘归于一乘(佛乘)。五是常住教,指《大般涅槃经》,它讲涅槃境界常住不灭④。

关于南北朝时期的判教,后来的天台宗智顗在其《法华玄义》中提出了"南三北七"之说⑤,即认为江南有三家判教理论,江北(北方)有七家判教理论。江南三家为:一、三时教,指虎丘山岌师在渐教内所分的有相教、无相教和常住教。二、四时教,指宗爱和僧旻在渐教内分成有相教、无相教、同归教和常住教,合成四时。三、五时教,指僧柔、慧次在渐教内分成有相教、

① 如《法华经》。

② 如《大智度论》。

③ 另外,北本《大般涅槃经》卷第五中也有明显具判教性质的理论。

④ 参见《三论玄义》卷上。

⑤ 参考《法华玄义》卷第十。

无相教、褒贬抑扬教、同归教和常住教,合成五时[①]。江北(北方)七家为:一、五时教,指北方某师在江南四时教的基础上加上人天教。二、半、满二字教,指北魏菩提流支主张佛说法的第十二年前是作为声闻藏的半字教,之后是作为菩萨藏的满字教。三、四宗教,指慧光将教法分为因缘宗、假名宗、诳相宗、常宗。四、五宗教,指某师在上述四宗之上又加一法界宗。五、六宗教,指某师分出因缘宗、假名宗、诳相宗、常宗、真宗、圆宗。六、二种大乘教,指北方某禅师分出有相大乘、无相大乘。七、一音教,指北方某禅师主张佛以一音说法,但众生由于机缘有异而会有不同的理解[②]。中国的判教理论后来(在唐代)又出现了不少新的学说。

在南北朝时期,中国出现了一些重要的佛教史传,如梁代慧皎撰写了《高僧传》,为中国后代的各种僧传提供了一个参考范本。佛教目录学方面也有重要著作出现,如梁代僧祐撰写了《出三藏记集》,该典中保存了道安的《综理众经目录》的大部分内容,对后人了解中国较早的汉译佛典和译师等情况有重要的史料价值。此外,这一时期还有许多与佛教相关的重要历史事件,如北方大造石窟佛像,佛教的石窟艺术有重要发展,出现了敦煌石窟(莫高窟就是在北魏时开凿的);出现了大量的"疑经"[③];北魏太武帝和北周武帝时曾"废佛",一度给佛教以沉重的打击;佛教与儒、道的斗争极为激烈等。

总起来说,经过南北朝时期佛教的发展,中国佛教逐渐走向成熟,为隋唐时期佛教发展进入高峰奠定了基础。

---

① 详见中国佛教协会编《中国佛教》四,知识出版社,1991年,第276、277页。

② 详见中国佛教协会编《中国佛教》四,第277、278页。

③ 无法判定一定为佛教经典的一批文献。

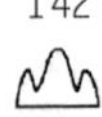

三、隋唐五代佛教

隋唐至五代经历了中国佛教发展的鼎盛时期，有中国特色的佛教宗派的主要形成和发展时期是在这段时间。

在隋代（581—618）三十多年的统治中，几个皇帝都信佛教，如隋文帝（581—604）一生大力支持佛教的发展，修建或制造了大量的佛寺、佛塔、佛像；隋炀帝（606—616）也特别扶助佛教，大量建寺度僧，重视结交高僧，给其创造条件译经传教或组织较大规模的佛事活动。另外，在南北朝时就开始的佛教石窟开凿、经文缮写、佛像制作等，在隋代都继续发展。北京房山云居寺的石经也是在隋代开始刻制的。这一时期的佛教艺术，如佛教在文学、雕刻、绘画等方面的艺术，达到了较高的水平，在世界艺术史上占有重要地位。隋代的佛典翻译和义学发展也很突出。重要的译经者有达摩阇那、达摩笈多等，著名的高僧有智顗、吉藏等。隋代时中国佛教对东亚的一些国家开始产生影响，当时的高丽、百济、新罗和日本都有人来华学习佛教。隋代在中国历史上不长，但在佛教史上却较重要。它在许多方面为唐代佛教的辉煌发展奠定了基础，几乎与唐代佛教密不可分。

唐代（618—907）佛教是隋代佛教发展的继续，佛教的许多方面在这一时期都达到了高峰，如在佛教的宗派形成、经典翻译、史传目录制作、中外文化交流等方面，唐代所取得的成就或具有的地位在中国历史上都是空前的。

五代（907—960）十国（902—979）时期，中国佛教已完成了对印度佛教的吸收、消化和创新的主要工作，不再出现由于某种印度佛教经典的传入而引起中国佛教剧烈变化的情况。中国佛教的发展已主要表现为隋唐时期形成的各宗派的

发展。这一时期由于朝代多变，诸国分立，佛教的发展也不平衡[①]，总起来说是已无隋唐时期那样的全面辉煌。

隋唐时期在南北朝时“师说”或“学派”发展的基础上形成了中国佛教的各个宗派，其中主要的有：天台宗、三论宗、慈恩宗、华严宗、禅宗、净土宗、密宗、律宗等。

1. 天台宗

天台宗是中国佛教各宗中出现较早或实际成宗较早的一个宗派[②]。此宗的实际创始人是南北朝末至隋代的智顗（538—597）。由于智顗的主要弘法场所是在浙江的天台山，因此后人就以天台为名称此宗为天台宗。天台宗极为尊奉《法华经》，因而此宗亦有法华宗之称。

天台宗的实际创宗者虽为智顗，但此宗在祖师传承上并不把他看作是开山祖，一般认为此宗有所谓九祖，即：龙树、慧文、慧思、智顗、灌顶、智威、慧威、玄朗、湛然[③]。如果仅从中国算起，则慧文为东土初祖。

慧文是北齐时人[④]，俗姓高，主要著述不明。根据《佛祖统纪》等资料记述，他受龙树的《中论》和《大智度论》影响，体悟到“一心三观”的道理[⑤]。

慧思（515—577）俗姓李，最初也修禅观，见到慧文后接受了其“一心三观”的理论，而且特别注重《法华经》，悟得“法华三昧”[⑥]，主要著作有《法华经安乐行义》、《立誓愿文》等。慧思在传教过程中收了大批弟子，其中最重要的和后来影响最大

---

① 如后周世宗曾下令废佛。在唐代，唐武宗也有一次废佛。

② 一般认为，天台宗这一名称是中唐时才开始有的，较早使用这一名称的是湛然。

③ 参见中国佛教协会编《中国佛教》一，第 273—276 页。

④ 具体生卒年代不详。

⑤ 参见《佛祖统纪》卷第六等，并参见镰田茂雄著前引书，第 172 页。

⑥ 研习《法华经》后的一种对诸法实相的体悟或禅观。

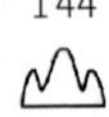

的就是智顗。

智顗传教活动的鼎盛期在陈隋之际，他曾师从真谛的弟子慧旷，后师从慧思。在向慧思问学之前，智顗就曾自己学习“法华三经”[①]，很有体会。在慧思处学成后，他去金陵讲说《大智度论》等佛典，写了《小止观》和《次第禅门》等。在陈太建七年（575），智顗去了天台山，在该处住了十一年，修习传法，人称天台大师。智顗曾在金陵讲授《法华文句》，在荆州的玉泉寺讲授《法华玄义》和《摩诃止观》。他讲授这三部书的内容由其弟子灌顶记录、整理，成为智顗的三部重要著作，被称为“天台三大部”。除此之外，智顗还有五部重要著作，即：《观音玄义》、《观音义疏》、《金光明经玄义》、《金光明经文句》、《观无量寿佛经疏》[②]，被后人称为“天台五小部”。

灌顶（561—632）曾拜慧拯为师，后上天台山成为智顗的重要弟子。灌顶除记录整理智顗的讲授内容外，也有自己的主要著作，如《国清百录》、《智者大师别传》和《观心论疏》等。灌顶的主要弟子是智威（？—680）；智威的主要弟子是慧威（634—713）；慧威的主要弟子玄朗（673—754）。这几人相对其他天台宗“祖师”的影响要小一些。

湛然（711—782）是玄朗的主要弟子，他对天台宗在中唐时的中兴起了重要作用。湛然本人对儒家学说熟悉，而且受华严思想影响也很大，对天台的止观学说较有研究。他的著述很多，主要的有：《法华文句记》、《法华玄义释签》、《摩诃止观辅行》、《金刚錍》、《止观义例》、《止观搜要记》等。湛然的弟子有道邃、行满等。他们及其弟子对日本佛教有重要影响。

---

① 指《法华经》、《无量义经》和《观普贤经》。

② 此疏被一些学者认为是伪作。参见杜继文主编《佛教史》，中国社会科学出版社，1991年，第261页。

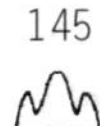

天台宗的主要学说或教义有:“一心三观”、“圆顿止观”、“一念三千”、“性具善恶”、“无情有性”、“五时八教”等。

“一心三观”指心在一时间(同时)体悟或顿悟到《中论》中所说的空、假、中。也就是说,对这三者不能分开或单独认识,而是要同时认识这三方面。空、假、中是不能分割的。《摩诃止观》中说:“一空一切空,无假中而不空,总空观也。一假一切假,无空中而不假,总假观也。一中一切中,无空假而不中,总中观也。即中论所说不可思议一心三观。”① 天台宗理论中与“一心三观”相类似的观念是“圆融三谛”。它们的实质内容没有多大差别。“一心三观”强调的是认识者应有的认识态度或方法,“圆融三谛”侧重论述的则是作为认识对象本质的空、假、中之间的关系②。《法华玄义》中说:“圆三谛者,非但中具足佛法,真俗③亦然,三谛圆融,一三三一。”④

“圆顿止观”是天台宗的基本理论。“圆顿”中的“圆”指正确全面,“顿”指体悟或顿悟。“止观”中的“止”指去除错误观念,不执着于事物,属于“定”;“观”指认识诸法,发起正智,属于“慧”。“止”要认识到事物的“空”,而“观”又要具体把握事物的事相,不否定“假”有,这实际上也就是达到了“中”。这和一心三观或圆融三谛是一致的⑤。

“一念三千”是天台宗的又一重要理论。“一念”一般指人

---

① 《摩诃止观》卷第五。

② 智顗讲的“一心三观”与“圆融三谛”在内容上无本质差别,仅是侧重点有所差别,较早讲“一心三观”的慧思等所讲的“一心三观”在叙述的细密程度上不如智顗。参考吕澂著《中国佛学源流略讲》,第164页。

③ 根据天台宗的观念,此处的“真”指“空谛”,“俗”指“假谛”。

④ 《法华玄义》卷第二。

⑤ 《摩诃止观》卷第一中说:“一念法界,一色一香无非中道。己界及佛界、众生界亦然。阴、入皆如,无苦可舍;无明尘劳,即是菩提,无集可断;边邪皆中正,无道可修;生死即涅槃,无灭可证。无苦无集,故无世间;无道无灭,故无出世间。纯一实相,实相外更无别法。法性寂然名止,寂而常照名观。虽言初后,无二无别,是名圆顿止观。”

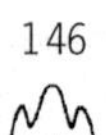

在极短的时间内的意念或刹那心[①]；“三千”指此派根据一些佛教经论所说而计算出来的三千种法或世间。具体来说就是：根据《华严经》等佛典，有所谓“十法界”，即：地狱、饿鬼、畜生、阿修罗、人、天[②]和声闻、缘觉、菩萨、佛[③]。这十法界不是固定不变的，可以互相换位或互相包含（每一个法界都可以成十法界），这样就成了百法界。根据《法华经》，有所谓“十如是”，即从十个方面观察百法界中的每一个。这“十如是”为：如是相、如是性、如是体、如是力、如是作、如是因、如是缘、如是果、如是报、如是本末究竟[④]。这样，百法界中的每一个法界内部实际就各具“十如是”，这就可有“千如是”。根据《大智度论》，有所谓“三种世间”，即：“五众世间”[⑤]、“众生世间”、“国土世间”[⑥]。这三种世间又和千如是中的每一个不分离，就成为三千种世间。天台宗认为，只要起一刹那的意念，就能在这一意念中产生三千种世间，这三千种世间实际上就是千差万别的宇宙现象。《摩诃止观》中说：“此三千在一念心，若无心而已，介尔有心，即具三千。”[⑦]

“性具善恶”是天台宗的心性理论，也是此宗的一种佛性理论，与“一念三千”等理论密切相关。智顗等认为一切众生心中具足一切法门（“一念三千”或“性具三千”[⑧]）。“性”指众生的真心真性或本觉之性，天台宗认为在“性”中本来就具有

---

① 在天台宗里，这念有妄念的性质。

② 此六为所谓“六凡”。

③ 此四为所谓“四圣”。

④ 参见《法华经》方便品。

⑤ 亦称“五阴世间”。

⑥ 这三种世间分别指：构成众生的五种要素、作为群体的众生自身、众生的生存环境。参考《大智度论》卷第四十七、卷第七十。

⑦ 《摩诃止观》卷第五。

⑧ 指三千诸法（各种事物）已先天存在于本心本性之中。

善和恶。智𫖮把善恶分成性中善恶和修中善恶两种。修中善恶来自性中善恶,性中善恶是不可断的,因为它是本来就有的,而修中善恶则是可断的,因为它是后来产生的。佛可以断修恶,但不能断性恶;一阐提可以断修善,但不能断性善[①]。天台宗通常也把众生的本觉之性或真心真性看成是佛性,因而佛性也应具有善恶。《法华玄义》中说:"如来藏理含一切法。"[②]这样也可以反过来推出包括一阐提在内的一切众生都有佛性的观念。

"无情有性"是天台宗的一个很有特色的理论。所谓"无情"指草木山石等没有情识的东西。所谓"有性"指有佛性,能成佛。天台宗认为,不仅一切众生(或"有情")有佛性,而且所有"无情"也有佛性。智𫖮的"一念三千"等理论中已包含了佛与众生及诸法相即的观念。到湛然时,则明确提出了"无情有性"的观念,直接把佛性与法性等同起来。《金刚錍》中说:"我及众生皆有此性,故名佛性。其性遍造遍变遍摄,世人不了大教之体,唯云无情,不云有性,是故须云无情有性。"天台宗这一理论是对竺道生等人强调的《大般涅槃经》中的一切有情都有佛性思想的进一步发展。

"五时八教"是天台宗的判教理论。所谓"五时"是将佛说法分为五个时期:一是"华严时",指佛讲《华严经》;二是"阿含时",指佛讲阿含类经;三是"方等时",指佛讲《维摩诘经》、《金光明经》、《楞伽经》等;四是"般若时",指佛讲般若类经;五是"法华涅槃时",指佛讲《法华经》和《涅槃经》。在天台宗看来,佛是在不同时期为有不同领悟力的人讲不同佛法的。所

① 参考陈兵编著《新编佛教辞典》,中国世界语出版社,1994年,第118页;参考杜继文主编前引书,第265页;参见《观音玄义》卷上。

② 《法华玄义》卷第三。

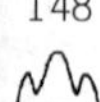

谓“八教”是将佛的说法方式分为“化仪四教”和“化法四教”八种。“化仪四教”指顿(指对利根人直接说的教义)、渐(指对钝根人逐渐说的教义)、秘密(指同一种教义,不同闻者理解有异,互不相知)、不定(指佛根据不同情况,借助神通,使听者有不一样的理解)。“化法四教”指藏(指阿含类经)、通(指般若类经)、别(指《维摩诘经》)、圆(指《华严经》、《涅槃经》和《法华经》等)[①]。

天台宗的学说十分丰富,在隋唐时期影响很大,在中国后世也是各佛教宗派中较活跃的一个。

2. 三论宗

三论宗也是出现较早的一个中国佛教宗派,主要形成于隋代。此宗以印度佛教中的般若中观思想为基础,特别推崇龙树的《中论》、《十二门论》和提婆的《百论》,因而称为三论宗。三论宗的实际创宗者是吉藏(549—623),但按此宗的法系或传承学说,吉藏并不是最早的“祖师”。通常将此宗的法系分成印度的和中国的。印度的是:龙树、提婆、罗睺罗、青目、须利耶苏摩、鸠摩罗什;中国的是:鸠摩罗什、僧肇……僧朗、僧诠、法朗、吉藏[②]。

鸠摩罗什和僧肇所传的理论,代表了印度般若中观的正统理论,但到了南北朝时期,有不少人把主要宣扬小乘空观的《成实论》的思想与三论之学的空观混为一谈,使成实学风靡一时。这种情况在僧朗时期有所扭转。僧朗是南北朝时宋末齐初时人,原在北方(辽东人),修习鸠摩罗什和僧肇所传的般若中观理论,后来到了南方,受到同样反对成实小乘空观的周颙的指点,对当时盛行于南方的成实学给予批判,使三论之学

① 参见杜继文主编前引书,第 266、267 页。
② 参见中国佛教协会编《中国佛教》一,第 279 页。

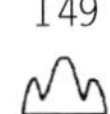

有所发展[1]。

僧诠的确切生卒年代不详，他是僧朗的弟子，研习般若中观之学，收有不少徒众。从他开始，三论之学逐渐开始向宗派形态方面发展。

法朗（507—581）是僧诠的弟子，对三论宗的真正形成起了重要作用。他向僧诠学习般若经典、四论等，在陈初之际破成实思想，弘扬三论之学，并且对般若中观经论外的其他大乘经典也有研究。他的门人众多，其中最杰出者就是三论宗的实际创宗者吉藏。

吉藏俗姓安，祖籍西域安息人，父辈先后迁居交趾与金陵。吉藏生于金陵，七岁出家，拜法朗为师。吉藏之父就信佛教，在吉藏幼年时带其见过真谛，吉藏一名就是真谛所起。吉藏出家后从法朗学习中观学派的要典，并游历了许多地区。在陈末隋初，吉藏与同学搜集到许多佛典，进行了细致的研究，为其后来的佛教活动（特别是写出许多杰出的著作）打下了坚实的理论基础。吉藏后来住在会稽（绍兴）的嘉祥寺，聚徒传教，后人称之为“嘉祥大师”。吉藏一生写了许多著作，现存二十多种，主要的有：《大乘玄论》、《三论玄义》、《中观论疏》、《十二门论疏》、《百论疏》、《法华论疏》、《二谛章》、《华严经游意》、《维摩经游意》、《净名玄论》、《法华经义疏》、《无量寿经义疏》、《金刚经义疏》等。吉藏的主要弟子有慧远、智凯、硕法师、慧灌等人。再传弟子中较有名的有元康等。三论宗在吉藏后在后世作为一个宗派影响不大，但实际上它的思想有不少是融在其他宗派之中发生着作用。

三论宗的基本理论来自印度佛教般若中观系统的主要经

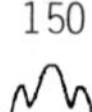

① 僧朗在南方时曾依于法度，住在摄山栖霞寺，后来受到梁武帝的支持，收了许多门徒，形成奠定三论宗基础的“摄岭”系统。

论,其中较突出的理论是:“破邪显正”、“言教二谛”、“中道实相”、“二藏三轮”等。

“破邪显正”的基本思想在印度的龙树和提婆那里就已表现出来了,三论宗则明确将其提出。对此作详细表述的是吉藏的《三论玄义》。《三论玄义》中说:“论虽有三,义唯二辙:一曰显正,二曰破邪。”吉藏说的“破邪”主要包括“摧外道”、“折毗昙”、“排成实”和“呵大执”。“摧外道”主要指批驳各种非佛教的派别(印度的和中国的一些流派)的思想,外道的主要问题是所谓“不达二空”,即:既主张“我”有,也主张“法”有。“折毗昙”主要指批驳说一切有部等小乘佛教的思想,毗昙的主要问题是“已得无我,而执法有”,即:有部等虽说“我”空,但却主张“法”有。“排成实”指批驳《成实论》或成实学派的思想,成实的主要问题是“具辨二空,而照犹未尽”,即:虽然讲空,但讲得与大乘空观不一样,属于“偏空观”。“呵大执”指批驳不同于般若中观思想的其他一些大乘思想流派,主要指摄论师、地论师和属天台系统的一些思想,大执的主要问题是“乃言究竟,但封执成迷”,他们主张的一些“判教”理论及对“二谛”的解释等,不符合大乘佛教的“正观”。所谓“显正”,在一般的佛教派别中主要是指直接阐明本派认为正确的佛教理论,但在般若中观系统中,除了直接的阐述外,更重视通过“破邪”来达到弘扬本派观点的目的。三论宗在这方面表现得很突出,在他们的大量著述中,“显正”常常是通过“破邪”来实现的,单纯的正面表述(显正)当然也有,但在许多场合,二者是混在一起的。吉藏在《三论玄义》中对“显正”也作了具体论述,他谈到“显正”时强调了两个方面:一是突出了“人正”(强调龙树是佛教正法的代表),二是突出了“法正”(强调中观派三论宗代表了佛教正法)。

“言教二谛”是三论宗对“二谛”的基本理解。印度佛教和中国佛教中不同的佛教流派对二谛的理解有差异。中国南北朝时期关于二谛就有多种解释,但影响大的还是上述所谓“境理二谛”和“言教二谛”两种理解。三论宗继承了南北朝时三论师的“言教二谛”的观念,把二谛都看作是佛用来教化的工具,即对于执“有”者可讲真谛,对于执“空”者可讲俗谛[①]。这种态度也反映了三论宗的不执着于任何概念或言说的基本精神。

“中道实相”指三论宗用不偏执于任何一面的方式所认识的事物本来面目。“中道”是印度中观派认识事物的基本方法,也是三论宗认识事物的基本准则。三论宗强调了龙树在《中论》中提出的“八不”之说,强调了“八不”中所体现的“中道”思想,即所谓“八不中道”。三论宗把认为诸法有生灭、常断、一异、来出的见解称为“八迷”。《三论玄义》中说:“今八不,横破八迷。”在三论宗看来,“八迷”是各种偏见的典型,他们破“八迷”实际采用的就是“中道”的方法,认为由此就可以达到事物的“实相”。此外,三论宗在其他问题上的态度,也体现了他们的“中道”观念,如对待“二谛”的态度即是如此。吉藏在《大乘玄论》中说:“他(其他派或人)但以有为世谛,空为真谛。今明:若有若空,皆是世谛;非空非有,始名真谛。三者,空有为二,非空有为不二。二与不二,皆是世谛;非二非不二,名为真谛。四者,此三种二谛,皆是教门。说此三门,为令悟不三;无所依得,始名为理。”[②]这是一种“四重二谛”说。吉藏将“二谛”的说法分为几重,并对前三重逐次进行否定,无非就是要表明:即便是讲说佛教的重要义理,其表述形式由于采用了言语观

① 参见中国佛教协会编《中国佛教》一,第283、284页。

② 《大乘玄论》卷第一。

念等，因而就不可能不偏执，只有对各种言语观念等进行不断的否定，才是"中道"，才能达到事物的"实相"。

"二藏三轮"是三论宗的一种判教理论。"二藏"指"声闻藏"和"菩萨藏"，即不同佛教经论中所说的大乘和小乘。"三轮"指"根本法轮"、"枝末法轮"、"摄末归本法轮"。"根本法轮"是佛在华严会上为菩萨说的根本法，即《华严经》；"枝末法轮"是佛根据人的根机的不同而把一佛乘分为三乘，讲说从《华严经》之后到《法华经》之前的各种大小乘经典；"摄末归本法轮"是佛使信徒会三乘为一乘的说法，即《法华经》。由于三论宗是不执着于任何言论和概念的，强调"无所得"，因而此派的"二藏三轮"中实际上并不怎么强调哪种佛所说法的高或下，这与其他宗派的判教理论有所不同[①]。

3. 慈恩宗

慈恩宗也称为唯识宗或法相宗，形成于唐代。该宗的理论基础是印度瑜伽行派的各种佛典，是较直接沿用瑜伽行派学说的一个宗派。中国翻译瑜伽行派主要文献的是玄奘，因而该宗的奠基人就是玄奘。但从慈恩宗作为一个宗派的形成来看，主要的创宗人则是玄奘的门人窥基[②]。窥基长期住在长安的大慈恩寺，被人们称为"慈恩大师"，这也是此宗被称为慈恩宗的缘由。

玄奘（600—664）是河南洛阳东南的缑氏县（现河南偃师县）人，俗姓陈，名禕，十三岁时出家，早年曾游学各地，向多位名师学法，曾研究过不少大小乘经论，如《维摩诘经》、《法华经》、《杂阿毗昙心论》、《成实论》、《大般涅槃经》、《摄大乘论》等。

① 参见中国佛教协会编《中国佛教》一，第 282、283 页；吕澂著《中国佛学源流略讲》，第 316、317 页。

② 窥基是后人对其的称呼，原来的全名不明。

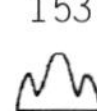

他发现当时所能看到的佛典中有不少说法上的差别，中土的许多僧侣对佛典的解释也不同，特别是南北朝时期讨论的有关佛性的“始有”（或“当常”）和“本有”（或“现常”）等问题使其感到迷惑，这就使其下决心西行求法。玄奘在唐太宗贞观三年（629）从长安出发，经甘肃武威、敦煌，跨新疆及中亚一些地区，历尽艰难困苦，到达古印度，进入当时印度佛教的中心那烂陀寺，师从瑜伽行派的高僧戒贤，学习了《瑜伽师地论》、《显扬圣教论》、《集量论》、《俱舍论》、《中论》、《百论》等佛教要典。五年后，玄奘又在印度游学四方，学习佛教理论。回到那烂陀寺后，他主讲《摄大乘论》、《唯识决择论》等，并与当时佛教外的其他一些派别进行论战，屡屡获胜。玄奘在印度时已是声名远播。他在贞观十九年（645）回国，去印历时 17 年，带回佛典 657 部，回国后受到唐太宗接见，颇受重视，先住在长安弘福寺，后住大慈恩寺。玄奘从贞观十九年开始到去世，近二十年间，专心从事佛典翻译，译出佛典 75 部。他的译典以瑜伽行派的著作为主，其他类的也不少。主要有：《解深密经》、《瑜伽师地论》、《成唯识论》（编译）、《俱舍论》、《大般若波罗蜜多经》等。玄奘主要通过翻译来弘扬佛法，直接著述不多，在印度时写过一部《会宗论》，是融汇中观与瑜伽行派思想的，但没有流传下来。再有一部是《大唐西域记》，具有重要的史料价值。玄奘的许多重要思想体现在其弟子的著述中，如窥基等人的著作有不少是根据玄奘所述而作的。慈恩宗的主要理论基础就是玄奘所译的瑜伽行派的著作[①]。

---

① 此宗所依靠的基本佛典是所谓“一本十支”，“一本”指《瑜伽师地论》；“十支”指《大乘百法明门论》、《大乘五蕴论》、《显扬圣教论》、《摄大乘论》、《杂集论》、《辨中边论》、《二十唯识论》、《三十唯识论》、《大乘庄严经论》、《分别瑜伽论》。或是所谓“六经十一论”（详见慈怡主编《佛光大辞典》，佛光文化事业有限公司，1988 年，第 29、1296 页）。

窥基（632—682）姓尉迟，一般认为他是长安人，但祖先是中亚细亚人[①]。窥基十七岁时出家，一直追随玄奘，但参加翻译的时间不早，而且主要以注释玄奘翻译的佛典等著称。窥基的主要著作有：《成唯识论述记》、《大乘法苑义林章》、《唯识二十论述记》、《异部宗轮论述记》、《因明大疏》、《法华玄赞》等多种，因而他被称为“百本疏主”。窥基的著作对慈恩宗的形成和发展起了重要作用。

慈恩宗除了玄奘和窥基之外，其他的重要人物有慧沼、智周、圆测等人[②]。

慧沼（650—714）最初跟随玄奘，后来就学于窥基。有人把他看作慈恩宗第二代祖师。主要著作有《成唯识论了义灯》、《大乘法苑义林章补阙》等。

智周（668—723）是慧沼的弟子，主要著作有：《成唯识论演秘》、《成唯识论了义灯记》等。

圆测（613—696）是新罗人，曾师事玄奘，但学说与窥基有一些不同[③]，主要著作有：《成唯识论疏》、《解深密经疏》等。

慈恩宗在智周死后趋于衰落，在中国后世一般影响不大，直到近代才又在思想界被一些人重视起来。

慈恩宗的主要理论仍是其“唯识”思想，其中有特色的或较被强调的是其“转依”思想、“五重唯识”观等。此外，“五性各别”说和“三时”教也可说是此宗里的重要理论。

“唯识”思想是慈恩宗的基本观念，主要来自印度佛教中的瑜伽行派，但对唯识的理解无论是在印度还是在中国一直

---

① 参见镰田茂雄著前引书，第 215 页。

② 玄奘弟子众多，就当时直接与其一起翻译的主要弟子来说，著名的有四位：神昉、嘉尚、普光、窥基。

③ 参见中国佛教协会编《中国佛教》一，第 294、295 页。

有多种见解。中国南北朝时的摄论师就曾主张在八识之外还立一第九识——“阿摩罗识”的观念，慈恩宗对此种说法并不认同，他们仍主张“八识”的说法，认为第八识是“阿赖耶识”、“根本识”或“藏识”，认为这识是一种“染净依”，识中有“染”的部分，也有“净”的部分。慈恩宗追求的是通过修习使识由“染”向“净”的转化，此即所谓“转依”。具体过程就是使“识”由进行虚妄的“分别”转变为“无分别”。这也就是要使人由“迷”转“悟”，使识由“染”转“净”，看到“我”与“法”的不实，不执着于“外境”。这样就可达到“真如”，可以成佛[①]。窥基在《大乘法苑义林章》中的“唯识章”里分析“识”时，提出一种五重唯识观，即：遣虚存实识（把“遍计所执”的虚妄去除，留下“依他起”和“圆成实”，认识诸法的事相和理）、舍滥留纯识（认识到诸法的事理不离内识，在唯识四分中，舍相分，留其余三分）、摄末归本识（认识到见分和相分都是识体的作用，它们是“末”，而识体为“本”，见、相二分在识体上本无分别）、隐劣显胜识（要隐的是心所，要显的是心王。心所劣，心王胜）、遣相证性识（去除各种虚妄之相，包括对心王之识相的执着，证悟唯识之性）。慈恩宗力图通过这五种层次的唯识观，使能分别的“识”转变成无分别的“智”[②]。

“五性各别”说是慈恩宗学说中涉及佛性或成佛问题的一种理论，直接从印度佛教的有关经论中继承而来。窥基在《成唯识论掌中枢要》中记述说：“佛告大惠，有五种性证法：一声闻乘性、二辟支佛乘性、三如来乘性、四不定乘性、五者无性，谓

① 参考吕澂著《中国佛学源流略讲》，第188—191页。

② 参见吴汝钧编著《佛教大辞典》，商务印书馆国际有限公司，1995年，第115、116页；中国佛教协会编《中国佛教》一，第298页。

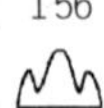

一阐提。”[1] 此处，所谓“声闻乘性”指众生或修行者生来就有一种定性，能成为小乘中的声闻乘；所谓“辟支佛乘性”指能成为小乘中的辟支佛乘；所谓“如来乘性”指能成为佛乘；所谓“不定乘性”指能为何种乘是不确定的；所谓“无性”指三乘都进不去的人。此宗里的“一阐提”显然被认为是无佛性的。这种理论与竺道生及天台宗的佛性或成佛理论显然不同。

“三时”教是慈恩宗的判教理论。这种理论主要依据《解深密经》等佛典提出。所谓“三时”涉及的是有、空、中道。“第一时（初时）的教”指佛说的阿含类经，宣扬十二因缘、五蕴等（在一定程度上承认其“有”），主要破认为“我”实有的观念；“第二时的教”指佛说般若类经等，宣扬诸法皆空等，主要破认为“法”实有的观念；“第三时的教”指佛说《华严经》和《解深密经》，宣扬非空非有的中道，主要表明一种“了义教”或真正的大乘教[2]。

4. 华严宗

华严宗亦称贤首宗，它以弘扬《华严经》的学说为主，主要形成于唐代，此宗的实际创始人是法藏（贤首）。与一些其他隋唐时期的中国佛教宗派一样，华严宗也有自己的学统相承关系，即：杜顺、智俨、法藏、澄观、宗密[3]。

杜顺（557—640）原名法顺，今陕西临潼一带人，十八岁出家，向僧珍学习禅定，后弘扬《华严经》，著有《十门实相观》、《五悔文》、《华严法界观门》、《华严五教止观》[4] 等。

智俨（602—668），俗姓赵，甘肃天水人，十二岁出家，为杜

① 《成唯识论掌中枢要》卷上。

② 参考木村清孝著《中国佛教思想史》，世界圣典刊行协会，1979 年，第 137 页；吴汝钧编著前引书，第 75 页。

③ 在华严宗“祖师”之外，此宗的李通玄（635—730）值得一提。他著有《新华严经论》、《决疑论》等，其理论对高丽和日本佛教有影响。

④ 后两部著作是否为其所作有不同看法。

顺门下，后多方求教，曾学过梵语，钻研了《摄大乘论》、《华严经》、《十地经论》等，在二十七岁那年，写了《华严经搜玄记》，由此开始独立传教。他还写过《华严一乘十玄门》、《入法界品钞》、《入道禅门秘要》等，主要弟子有法藏、义湘、怀齐等。

法藏（643—712）俗姓康，字贤首，生于长安，祖上是康居人。他在十七岁时即立志学法，后拜在智俨门下，但正式出家较晚（670），曾向智俨学习了《华严经》，并协助过实叉难陀译“八十华严”，讲解过《华严经》三十多遍。他曾给武则天讲《华严经》的义理，讲其中的“十玄六相”时，用金狮子来作譬喻，后来由此写成了著名的《华严金师子章》。法藏的主要著作有：《华严五教章》、《华严经探玄记》、《华严纲目》、《华严一乘教义分齐章》、《华严旨归》、《华严策林》、《华严义海百门》、《妄尽还源观》、《起信论义记》、《般若心经略疏》等。他的主要弟子有慧苑、审祥、宏观、文超、智光等。

澄观（738—839）俗姓夏侯，越州会稽（浙江绍兴）人，被尊为华严宗的四祖，十一岁时出家，主要向据说是慧苑弟子的法铣学习《华严经》，还向其他一些人学过律和禅。当时华严宗内在教义的解释上常有分歧，慧苑被一些人认为学说与法藏有不少差别，属于“异说”，澄观也持此看法，曾破慧苑的观点，力求恢复法藏的原来教义。澄观曾在五台山讲《华严经》，故人称“清凉国师”。澄观被认为是华严宗的一个中兴人物。他的主要著作有：《华严经疏》、《华严法界玄镜》、《三圣圆融观》、《华严经纲要》、《普贤行愿品别行疏》等。

宗密（780—841）俗姓何，果州西充（四川）人，早年学习儒学，直到二十八岁时才出家，师从菏泽宗的道圆，后又向澄观学习，研究华严宗的教义。他虽一般被认为是华严宗的五祖，但学说里禅宗的思想占相当的比重，与其华严思想相融合，力图表明教禅一致。宗密的主要著作有:《注法界观门》、《原人论》、《禅源诸诠集都序》、《禅门师资承袭图》等。

华严宗的主要理论围绕《华严经》展开,基本思想是所谓"法界缘起"。"法界"主要指事物的现象与实相。"法界缘起"则指一切事物或现象是相互依待地成立的,是相即相入、圆融无碍的。具体理论有:"四法界"、"十玄无碍"、"六相圆融"等。判教理论则为"五教十宗"。

"四法界"说是华严宗关于法界缘起理论的一种表现形式。所谓"四法界"包括事法界、理法界、理事无碍法界、事事无碍法界。"事法界"指事相或个别现象(或事物)的世界,这里的"事"主要指有差别的各种事物;"理法界"指真理或事物本质的世界,这里的"理"主要指事物的"空性";"理事无碍法界"指"理"与"事"交流或融合的世界,强调的是特殊与一般的相融无碍,也就是现象与本质的统一性;"事事无碍法界"指"事"与"事"交流或融合的世界,主要指诸特殊的事物间都含有共有的"理",因而事物与事物之间有共同性,它们也就相融无碍了[①]。

"十玄无碍"(亦称为"十玄缘起")实际上也是对"事事无碍法界"的一种具体说明。"十玄"(或称十玄门)有"古十玄"和"新十玄"之分。古十玄是指智俨的《华严一乘十玄门》和法藏的《华严五教章》中的说法,新十玄指法藏在《华严经探玄记》等中的说法。新十玄的具体内容是:1. 同时具足相应门(指每一法同时都具足事物的最高真实);2. 广狭自在无碍门(指如同一小镜子能见千里之影,说明一法能相摄一切法,同时一法又有其特定的作用);3. 一多相容不同门(指一和多能相

① 一般认为"四法界"的理论在澄观时形成,但源于相传为杜顺的《法界观门》(宗密在《注法界观门》中具体举出了这"四法界"。参见吴汝钧编著前引书,第169页;木村清孝著《中国华严思想史》,东大图书公司,1996年,第199—203页。

互包摄，每一法都能融摄其他法）；4. 诸法相即自在门（指诸法相即不离，事物的同体和异体都是相融相即的）；5. 隐密显了俱成门（指一切事物，无论是隐还是显，同样俱成无碍）；6. 微细相容安立门（指极微细的事物中也相容一切法）；7. 因陀罗网法界门（指帝释天宫殿上的宝珠之网中的每一个珠子都映照其他珠子，用以比喻事物的相摄相入）；8. 托事显法生解门（指任何一个事物都能显示法界实相，由此理解佛法）；9. 十世隔法异成门（指不同时间中的事物，即便是隔了十世，也是相即相入的）；10. 主伴圆明具德门（指诸事物中若以任何一法为主，其他法则可为其辅，用以说明事物的相即相入）[①]。

"六相圆融"（也称"六相缘起"）是华严宗对事物的一些重要表现特性或相互间的关系的分析，也是此宗"法界缘起"理论的一种表述形式。"六相"是：1. 总相（指具有多种成分的总体，如房子的整体相对于作为其各个部分的椽子和砖瓦等）；2. 别相（指构成总体的各个部分，如椽子的砖瓦相对于整个房子）；3. 同相（指各部分同样作为部分起作用，共同构成总体，如椽子和砖瓦同样有构成房子的作用）；4. 异相（指各部分间不同，如椽子与砖瓦虽都是房子的部分，但彼此不同）；5. 成相（指各部分在一起共同发挥作用，使整体能成立）；6. 坏相（指构成整体的各部分若相互分离或不再起构成整体的作用时，整体则坏）[②]。

"五教十宗"是华严宗的主要判教理论。所谓"五教"是：1. 小乘教（指阿含类经、《俱舍论》、《成实论》等说四谛、十二因缘等的小乘佛典的教法）。2. 大乘始教（指说大乘空观的般

① 参考木村清孝著《中国华严思想史》，第141页；参考吴汝钧编著前引书中对十玄中各玄的解释（该书第50页等）；参考中国佛教协会编《中国佛教》一，第310页。

② 法藏在《华严五教章》中说："总相者，一含多德故；别相者，多德非一故，别依止总，满彼总故；同相者，多义不相违，同成一总故；异相者，多异相望，各各异故；成相者，由此诸缘起成故；坏相者，诸义各住自法不移动故。"

若类经和分析诸法的《解深密经》的教法。前者被称为“空始教”,后者被称为“相始教”)。3. 大乘终教(指《胜鬘经》、《楞伽经》、《大乘起信论》等说如来藏、真如缘起、众生皆有佛性等的佛典的教法)。4. 大乘顿教(指《维摩诘经》等讲不执着于言说观念的顿悟或禅的佛典的教法)。5. 大乘圆教(指《华严经》等中讲的圆融无碍等圆教教法)[①]。所谓“十宗”是:1. 我法俱有宗(指小乘佛教中认为“我”与“法”均实有的一些部派,如犊子部);2. 法有我无论(指小乘佛教中认为“法”实在而“我”不实在的一些部派,如说一切有部);3. 法无去来宗(指小乘佛教中认为现在法实有,而过去和未来法不实在的一些部派,如大众部);4. 现通假实宗(指小乘佛教中认为过去法和未来法不实在,而现在法中只有五蕴实在,其他法则不实在的一些部派,如说假部等);5. 俗妄真实宗(指部派佛教中认为世俗法不实在,而出世法或佛法实在的一些部派,如说出世部);6. 诸法但名宗(指部派佛教中认为一切法都是假名,并无实体的派别,如一说部);7. 一切皆空宗(指大乘空始教所主张的一切法虚幻不实,如般若类经);8. 真德不空宗(指大乘终教所主张的一切法皆是真如或如来藏的显现,如《楞伽经》、《大乘起信论》);9. 相想俱绝宗(指大乘顿教所主张的不执着于名相观念,而依靠顿悟,如《维摩诘经》);10. 圆明俱德宗(指大乘圆教所主张的一切现象彼此圆融无碍,事物在特性上是相摄相入的,如《华严经》)[②]。

5. 禅宗

中国佛教宗派在历史上影响较大的是禅宗。此宗由于强

---

① 关于“五教”,宗密后来有不同说法,提出人天教、小乘教、大乘法相教、大乘破相教、一乘显性教。

② 这方面的内容可参见《华严五教章》卷上、《华严经探玄记》卷第一、《华严一乘教义分齐章》卷第一等资料。并参考中国佛教协会编《中国佛教》一,第308、309页。

调御见人的心性或佛性，因而亦有人称之为“佛心宗”。禅宗在中国历史上真正成为一个有较大影响的宗派是在唐朝之后（特别是在慧能之后），但它的中国传承则在南北朝时期开始。按此宗的传统说法，禅宗有许多“祖师”，有所谓“西天二十八祖”和“东土五祖”。

根据《景德传灯录》等，所谓“西天二十八祖”依次为：摩诃迦叶（一祖，以下类推）、阿难、商那和修、优婆毱多、提多迦、弥遮迦、婆须蜜、佛陀难提、伏驮蜜多、胁尊者、富那夜奢、马鸣、迦毗摩罗、龙树、迦那提婆、罗睺罗多、僧伽难提、伽耶舍多、鸠摩罗多、阇夜多、婆修盘头、摩拏罗、鹤勒那、师子尊者、婆舍斯多、不如密多、般若多罗、菩提达摩。

所谓“东土五祖”指禅宗在中国的几个较早的重要人物，即：初祖菩提达摩、二祖慧可、三祖僧璨、四祖道信、五祖弘忍。此后，慧能被禅宗的南宗定为六祖。

菩提达摩（？—536）据《洛阳伽蓝记》记述是波斯人，而据《续高僧传》等资料记述是南印度人。关于他来东土的时间亦有不同说法：根据《续高僧传》，他是南朝宋时来到现在的广州，后又“北度至魏”；根据《景德传灯录》，他是在梁普通年间泛海来到广州，曾在金陵见过梁武帝，后去北魏，入嵩山少林寺，在东土传播禅法。

慧可（487—593）俗姓姬，名神光，是洛阳武劳人，年轻时即熟悉儒家及老庄等的学说，后在洛阳龙门出家，研习佛教经典，北魏正光年间（520—525）在嵩山拜菩提达摩为师，从学六年，颇受达摩重视，将其名字改为慧可，并传给他四卷本《楞伽经》及有关的传法信物，成为禅宗二祖。

僧璨（？—606）生平情况不详。《景德传灯录》和《楞伽师资记》等中的记载都极为简略。据说他从慧可处接受禅法，北周时期在现安徽潜山一带活动，属于“楞伽师”。《楞伽师资记》中说他是“隐于司空山，肃然静坐，不出文记，秘不传法。”相传《信心铭》为其所作，但此说颇受人们怀疑，与“不出文记”的记载相矛盾。

道信(580—651)俗姓司马，河内(河南沁阳)人，十三岁时师从僧璨，学了九年。后来自己传法，入湖北双峰山，收了大量弟子，形成了有五百人以上规模的教团，相传其主要著作有《菩萨戒法》和《入道安心要方便法门》。禅宗的分派主要是在慧能时期，但在道信时期，就已形成了一个支派，一些资料[①]记述说道信的一个弟子法融创立牛头宗，此宗主张诸法如梦，心境本寂等，有自己的传承系统，与后来的禅宗南北二宗无关。牛头宗后来影响极小，在唐末时灭。

弘忍(602—675)俗姓周，湖北黄梅县人，在七岁(一说十二岁)时师从道信，后住黄梅以东的冯茂山，聚众传习禅法，人称“东山法门”。据传《最上乘论》是其所作，但此说亦受人们怀疑。一般认为，由他开始，禅宗侧重用《金刚经》传教，而不像先前那样突出《楞伽经》。他的弟子众多，其中最著名的是慧能和神秀，这两人分别成为禅宗里的两大派别——南宗和北宗的开创者。

慧能(638—713)亦作惠能，俗姓卢，祖籍范阳(河北涿县)，生于南海新兴(今属广东省)，是所谓“南宗”的首领，被尊为禅宗的“六祖”。慧能早年丧父，靠卖柴为生，二十二岁时去了黄梅，投在五祖弘忍门下，由于他对佛理的出色理解，被弘忍选为嗣法弟子。慧能后来到了韶州(今广东韶关)曹溪宝林寺，弘扬所谓“直指人心，见性成佛”的“顿悟”法门，与神秀

① 主要是刘禹锡的《融大师新塔记》及宗密的《禅门师资承袭图》等的记述。

在北方倡导的"渐悟"对立[①]。慧能文化程度不高，没能亲自写书，但其基本思想或主要言论被弟子法海记录下来，汇编成了《坛经》[②]。慧能的弟子有数十人，其中主要的有神会、怀让、行思等。神会后来成为南宗里"菏泽宗"的首领。由怀让后来形成了南宗的"南岳法系"。由行思后来形成了南宗的"青原法系"。

神秀(606—706)俗姓李，陈留尉氏(河南尉氏县)人，是禅宗里北宗的首领，年轻时通晓老庄儒学，唐武德八年(625)在洛阳天宫寺受具足戒，年近五十时投在弘忍门下，学习六年，弘忍死后，他去湖北当阳的玉泉寺，聚集大量信徒，传播禅法，名重一时。武则天曾迎请他，对其极为恭敬。神秀的主要著作有:《观心论》、《华严经疏》、《妙理圆成观》等。他的主要弟子有普寂、义福等。神秀主张"摄心离妄"，他的禅法后来被南宗指责为是"渐门"，在后代禅宗的发展中影响不大。

禅宗在后来有较大发展的主要是南宗，而南宗实际上分为三个系统，即:神会系统、怀让系统、行思系统。

神会(668—760)俗姓高，湖北襄阳人，他曾住在南阳龙兴寺，后迁至洛阳菏泽寺，人称"菏泽大师"，他的这一系统也因而被称为"菏泽宗"。神会早年对老庄儒学等都很熟悉，曾在三十多岁时向神秀学习禅法，后从慧能学习，颇受重视，禅学思想逐渐成熟，认为南宗的教法优于北宗，强调北宗"师承是傍，法门是渐"，曾与北宗的重要人物进行辩论，并批评神秀的主要门人普寂，最终确立了南宗在禅宗里的正统地位，主要著作有《显宗记》及后人整理的《菏泽神会语录》等。神会系统的菏泽宗发展了一百多年，至唐末衰落，而南宗禅在后世的发展主要是由神会的同门怀让与行思所发展出来的两个系统实现的。

① 佛教史上称为"南顿北渐"、"南能北秀"。

② 现存《坛经》有不少版本，其中有许多内容是后人加入的。

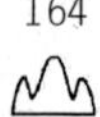

怀让（677—744）俗姓杜，金州安康（现属陕西）人。他所开创的禅宗系统亦称南岳系统。怀让二十岁时在荆州玉泉寺出家，先向嵩山的慧安学习，后投在慧能门下，成为慧能的几个嗣法弟子之一。怀让曾住在湖南衡山般若寺，他在南岳开始主要是个人修行，直到他收了弟子道一后，这一系统才影响大起来。道一（709—788）俗姓马，后人尊称马祖。他原为汉州什邡（四川什邡县）人，师事怀让十年后离开南岳，来到江西，主要在洪州传法，其系统被称为洪州宗，属江西禅。他的主要言论收入《马祖道一禅师语录》[①]。马祖道一收的一个著名弟子是怀海（720—814），他原是福州长乐人，来江西投在道一门下，向其学习禅法六年，因其住的江西奉新县的大雄山又称为百丈山，故人们称其为百丈怀海。怀海制作了所谓《禅门规式》，规定了禅门寺院的一些基本规则，对后来中国禅院寺规的形成有重要影响。元代德辉重编的《敕修百丈清规》已不是怀海所作的原书。怀海的弟子有灵祐[②]（771—853）和希运[③]（约8—9世纪间）等人。他们对后来禅宗一些支派的形成起了重要作用。

行思（？—740）俗姓刘，江西庐陵（今江西吉安）人，因其住在吉州的青原山静居寺，因而称为青原行思，他所开创的禅宗系统亦称为青原系统。行思作为慧能的主要弟子之一，自己的影响不是很大，但其所收的弟子希迁（700—790）对这一系统的发展起了重要作用。希迁曾在湖南衡山的南寺修行，寺附近有一大石头，他在其上结庵，故人称石头和尚或石头希迁。希迁主要在湖南传法，他的这一系统属湖南禅。希迁的主要弟

① 亦称《大寂禅师语录》，收入《古尊宿语录》卷第一。

② 他因曾在潭州沩山（湖南宁乡西）传法，故人称“沩山灵祐”。

③ 他因曾在高安黄檗山（在江西宜丰西北）传法，故人称“黄檗希运”。

子有道悟[①]（748—807）、惟俨[②]（？—834）等人。他们对禅宗后来一些支派的形成也起了重要作用。

禅宗在进入晚唐和五代时期后有了新的发展。唐末武宗会昌年间（841—846）发生了毁佛事件，佛教中重视义学的各宗受到极大打击，而禅宗所受影响不是很大。在晚唐五代时期，禅宗从南岳系统和青原系统分化出五个支派，称为禅宗的"五家"。它们是：沩仰宗、临济宗、曹洞宗、云门宗、法眼宗。在这"五家"中，沩仰宗和临济宗产生于南岳系统，曹洞宗、云门宗和法眼宗产生于青原系统。

沩仰宗由灵祐和慧寂（807—883）所开创。灵祐被称为沩山灵祐，慧寂被称为仰山慧寂[③]，故此宗名为沩仰宗。此宗在理论上主张应远离"尘垢"，认为理事不二，万物有情均具佛性。沩仰宗在"五家"里是产生和消亡都较早的。《景德传灯录》（卷第九）等禅宗文献中对此宗有记述。

临济宗由义玄（？—867）创立。因义玄住在镇州（河北正定）的临济院，故此宗名为临济宗。义玄是黄檗希运的弟子。临济宗是"五家"里在后代影响最大的一支，此宗在接引学人、禅理教说上很有一些特点。它在接引学人时采取"棒喝"[④]等手法，单刀直入，机锋峻烈，使人迅速醒悟，体悟到禅宗的根本观念。临济宗的具体传教方法有所谓"四宾主"[⑤]、"四料简"[⑥]、

---

① 他因住荆州天皇寺传法，故人称"天皇道悟"。

② 他因住在澧州药山传法，故人称"药山惟俨"。

③ 他是灵祐的弟子，因曾住袁州（江西宜春）仰山，故人称"仰山慧寂"。

④ 指在接待参禅者时或以棒打，或大声呼喝，以期使人警醒，明了禅宗的根本精神。

⑤ 禅宗里有不同解释。按照临济宗的说法，四宾主指客看主、主看客、主看主、客看客。此处的"客"指学生或弟子，"主"指老师。"看"指洞察或窥测对方的修行程度或境界。参考吴汝钧编著前引书，第184页。

⑥ "料"指理量，"简"（拣）指选择或分别。《临济录》中说："有时夺人不夺境，有时夺境不夺人，有时人境俱夺，有时人境俱不夺。"此四料简的具体含义参见吴汝钧编著前引书，第172页。

"四照用"[①] 等。此宗重视"自悟",不甚重视传统的佛典经教等,蔑视偶像崇拜,甚至到了"呵佛骂祖""非经毁行"的地步[②]。义玄的弟子有存奖(？—924)等二十多人,他的思想记述在慧然辑录的《镇州临济慧照禅师语录》(即《临济录》)中。

曹洞宗由良价(807—869)和本寂(840—901)创立。良价被称为洞山良价[③],他的弟子本寂被称为曹山本寂[④],故此宗取曹山与洞山的第一字,称为曹洞宗[⑤]。洞山良价是昙晟(782—841)的弟子,而昙晟则是惟俨的弟子。此宗强调事理不二、体用无碍、即相即真等观念。良价的主要著作是《宝镜三昧歌》。

云门宗是五代时的文偃(864—949)创立的。由于文偃曾在韶州云门山(广东乳源县北)传法,故他被称为云门文偃,此宗被称为云门宗。文偃的老师是义存(822—908),义存师承宣鉴(782—865),宣鉴师承崇信(生卒年不详),崇信师承道悟。此宗的说教方式有著名的"云门三句",即"涵盖乾坤"(指真如显现或涵盖现象世界的一切);"截断众流"(指不要用妄想或一般的念想来把握真如,要在内心中顿悟);"随波逐浪"(指在世俗世界中发现真理,用灵活的方法使人了悟真如)[⑥]。文偃的弟子有澄远(？—987)等。澄远的再传弟子有著名的重

---

① "照"指明照,"用"指激发。"四照用"按临济宗的说法是先照后用、先用后照、照用同时、照用不同时。是临济宗对机启发学禅者的方法。参考吴汝钧编前引书,第177页。

② 义玄曾说:"大善知识,始敢毁佛毁祖,是非天下,排斥三藏教,骂辱诸小儿。"他还说:"向里向外,逢着便杀;逢佛杀佛,逢祖杀祖,逢罗汉杀罗汉。"(转引自杜继文主编前引书,第321页。)

③ 因他曾在豫章高安洞山(今江西宜丰)传法,故人称"洞山良价"。

④ 因他曾在临川(属江西)吉水山(后改名为曹山)传法,故人称"曹山本寂"。

⑤ 另有一说认为曹洞宗的"曹"指曹溪慧能的"曹"。

⑥ 此三句为德山圆密的话。但最早的云门三句为"涵盖乾坤,目机铢两,不涉万缘。"参见吴汝钧编著前引书,第448页。

显[①]（980—1052），在禅宗史上有重要影响。关于文偃的资料可参见《景德传灯录》（卷十九）等。云门宗到南宋时衰微。

法眼宗也是在五代时形成，创宗人是文益（885—958）。南唐主李璟在文益死后谥其为“大法眼禅师”，故此宗被称为法眼宗。文益的老师是桂琛（867—928），桂琛师承师备（835—908），师备师从义存。法眼宗在理论上受到华严宗的一定影响，强调“理事不二，贵在圆融”及“三界唯心”等思想，在传教方式上强调“对病施药”。文益的弟子有德韶（891—972）等人。德韶的主要弟子是延寿（904—975）。文益的主要著作有：《宗门十规论》等。此宗在“五家”中产生较晚，至北宋中期衰微。

禅宗经常讲所谓“不立文字”、“教外别传”，但实际上还是留下了不少文献。这些文献是我们了解禅宗的重要材料。禅宗文献与印度佛典的经论等有很大不同。此宗文献中只有《坛经》称“经”，其余文献的主要类型是：“灯录”（主要记载禅法传承的历史等）、“语录”（是记载禅师的言论的汇集，有记载个别禅师言论的“别集”和记载多名禅师言论的“合集”）、拈颂（是禅师对学人举出“公案”[②]后所作的一般阐释或诗歌型评说）、禅僧传记（专为禅僧所作的传记或一般僧传中专门记述禅僧事迹的部分）等。

了解禅宗历史发展和思想学说的文献有许多，其中较重要的有：《祖堂集》（唐末五代时静禅师与筠禅师合编，是现存最早的完整灯录[③]，记述了西天和东土的祖师、禅宗的一些重要传承世系、禅师的生平行状等，是后来禅宗灯录的范本）、《景德传

---

① 因他曾在明州（今浙江宁波）雪窦山传法，因而称为“雪窦重显”。

② 是禅宗对先前祖师的有关言行等的记载。

③ 禅宗文献中早于《祖堂集》的有一《宝林传》，但全文在明代时已失，后发现不少残卷，但错多。

灯录》(北宋时道原编撰,记述了禅宗传法世系五十二世,1701人,是较早的灯录,许多内容取自《宝林传》和《祖堂集》)、《五灯会元》(南宋普济撰,将《景德传灯录》、《天圣广灯录》、《建中靖国续灯录》、《联灯会要》、《嘉泰普灯录》这五个灯录删节后合为一书);《古尊宿语录》(南宋颐藏主编,后人有所增补,收入唐宋三十六位著名禅师的语录,不少为《景德传灯录》中所未收材料);《碧岩录》(全称《佛果圆悟禅师碧岩集》,南宋圆悟克勤编,在五代时重显《颂古百则》基础上加以评唱[①]而成)等。

禅宗的发展历史长,分支众多,不同时期的禅宗或不同分支的禅宗的观念不完全相同。大致来说,印度佛教的一些经论对禅宗基本思想的形成有重要影响,但中国原有的传统文化对禅宗基本形态的形成也起了较大的作用。在禅宗发展过程中影响较大的一些观念是:二入四行、心性本净、觉悟不假外求、顿悟成佛、佛法在世间等。这些观念在不同时期或不同分支的禅宗里的接受程度或强调程度是不一样的。

"二入四行"是菩提达摩提出的成佛的禅法,对后代禅宗的不同派别有不同程度的影响。"二入"包括"理入"和"行入"。"理入"指依靠智慧或真理而入佛道,具体说也就是要"籍教悟宗",即借助佛教的经典文字等逐渐悟入无自无他,凡圣等一,寂然无为的境界。"行入"指依靠正确的修行或处世态度而入佛道,它分为四种,即所谓"四行",具体来说是:抱怨行(指正确对待由先前行为而得到的业果,承受它,并无怨憎)、随缘行(指应随顺苦乐,得失随缘,保持心无增减)、无所求行(指对本来是无常或苦的世界要无所贪恋和求取)、称法行(指不背离事物的理法,认识到诸法无我等)。

① 是在禅宗公案和有关颂诗后的评述性文字。

“心性本净”的观念在印度佛教的许多经论中就已提出，中国唐朝前的一些佛教译籍或中国佛教徒的撰述中也有提及，如《大乘起信论》等。但在禅宗里则更为强调。禅宗认为，人们的心性本来就是清净的，只是由于人们执着于外物，被自己的迷妄所遮覆，才不得解脱，只有用“般若慧”来观照自己的清净本性，方可觉悟。在禅宗里，无论是南宗还是北宗都承认“自性清净”的原则。禅宗讲究“直指人心”、“见性成佛”等，其理论基础或前提就是“心性本净”。

“觉悟不假外求”与禅宗强调的“佛性本有”观念是一致的。“佛性本有”的观念认为众生身上都有佛性，众生都可能成佛。这也是《大般涅槃经》、《大乘起信论》等许多佛教经论中都提到过的。禅宗也把其作为基本观念，它讲究“悟”，这“悟”也就是认识自身中的佛性。而这佛性在禅宗看来不在众生之外，而在众生的自身或自性之中，认识了这自身中的佛性，也就达到了觉悟（“若识本心，即是解脱”）。因此，要获得觉悟不是要到身外去求取，而是要在自身中下功夫，发现自身中本有的佛性。

“顿悟成佛”主要是禅宗里南宗所特别强调的。南宗禅认为，一旦认识了自己的清净本性，即可在一刹那的时间内觉悟。《坛经》中说：“若起真正般若观照，一刹那间，妄念俱灭。若识自性，一悟即至佛地。”① 《坛经》中还说：“前念迷即凡夫，后念悟即佛；前念著境即烦恼，后念离境即菩提。”② 这也就是说，人获得觉悟，只在一念之间，只在前念和后念的一刹那间，这就是“顿悟”。在如何“悟”的问题上，南宗与北宗有不同。南宗主张“顿悟”，北宗主张“渐悟”。北宗认为，认识佛教的真理或发现自己的本性，不是一下子就可以完成的，要求“凝心入定，住

① 《坛经》般若品。

② 同上注。

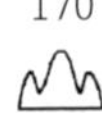

心看净”，认为觉悟是一个渐进的过程。南宗和北宗在这方面的差别被人们概括为是所谓“南顿北渐”。

“佛法在世间”的思想在印度佛教的一些大乘经论中已有显露，但禅宗在中国特定的文化背景之下，更为强调它。禅宗，特别是南宗系统，并不追求那种与外部世界完全不同或无关联的独存的清净世界，而是认为不能离开世俗社会去追求涅槃。《坛经》中说：“佛法在世间，不离世间觉。离世觅菩提，恰如求兔角。”[①] 所谓“不离世间觉”，就是说禅宗的修行并不是要脱离世间，而是要求在人们的日常生活中去体验佛教的真理，去追求对自身心中的佛性的认知。禅宗强调这种思想是其能在中国有极大发展的原因之一。

禅宗在宋代以后也还有一些新的发展。

6. 净土宗

净土宗在中国佛教各宗派中较特殊，关于此宗的形成和传承有多种说法。涉及净土思想的印度佛典很早就传译入中国，如支娄迦谶曾译出过《般舟三昧经》、《无量清净平等觉经》，支谦曾译出过《大阿弥陀经》等。从年代上来说，较早的被看作此宗开山祖的人物是东晋慧远（334—416）[②]。慧远曾在庐山邀集多人成立白莲社，立誓要往生西方净土，故他被许多人看作是净土宗的创立者，净土宗也由此被称为“莲宗”。但实际上，在慧远后，并未产生以他为初祖的与之直接相关的净土宗各代祖师。

在中国历史上，另一被看作是净土宗初祖或创立者的是

① 《坛经》般若品。

② 据《高僧传》卷第五等记载，在慧远前，有一东晋潜青山的竺法旷（327—402）就已开始修“净土法门”。

东魏(或北魏)的昙鸾(476—542),他著有《往生论注》[①]、《略论安乐净土义》、《赞阿弥陀佛偈》等。昙鸾把净土修行分为“易行道”和“难行道”两种[②]。易行道指依靠“他力”(即依靠信阿弥陀佛,乘其愿力)往生净土;难行道指依靠“自力”(即依靠持戒、修定等而获神通力),由此往生净土。易行道由于是“乘佛愿力”,因而易于达到目的;难行道由于无佛帮助而在浊世中依“自力”,因而要往生净土较为困难。因此,昙鸾实际强调的是依靠阿弥陀佛,特别要求念其名号,以便死后能往生净土。

净土宗真正形成宗派形态应该说是从隋唐时开始的,主要代表人物或实际的创宗人是道绰和善导。

道绰(562—645)俗姓卫,并州(今山西太原一带)人,十四岁出家,早年对《大般涅槃经》和禅学有研究,后来去昙鸾住过的并州汶水的石壁玄中寺,专门修习净土,据说每日念阿弥陀佛七万遍,曾讲《观无量寿经》二百遍,在当时的僧俗中声望很高,唐太宗曾去玄中寺访问过道绰。道绰认为佛的教法有两种,即圣道门和净土门。前者不是末法时钝根之人所能领悟的,后者因为可乘佛的愿力,因而易于使人往生西方[③]。道绰对推动中国北方的净土信仰起了极大的作用[④]。他的主要著作现存的是《安乐集》,弟子有善导、道抚、道穗等人。

善导(613—681)俗姓朱,一说其为临淄(今山东淄博)人,一说其为泗州(属今安徽)人。他幼年即出家,并习诵过《维摩诘经》、《法华经》、《观无量寿经》等佛典,后游历多处,于贞观

---

① 即《无量寿经优婆提舍愿生偈注》。

② 这是他在《往生论注》中依据印度有关佛典的分法。参见中国佛教协会编《中国佛教》一,第267页。

③ 参考中国佛教协会编《中国佛教》二,知识出版社,1991年,第108页。

④ 据说当时晋阳、太原、汶水三县七岁以上的人都被教化念佛,净土信仰急速发展。参见木村清孝著《中国佛教思想史》,第154、155页。

十五年(641)去并州玄中寺拜在道绰门下,修习净土法门,后在长安传播净土宗的思想,曾抄写《阿弥陀经》数万卷,画净土变相图三百幅。他在长安光明寺传法,吸引了大批信众,被称为"光明善导"。善导的主要著作有:《观无量寿佛经疏》、《往生礼赞记》、《净土法事赞》、《般舟赞》、《观念法门》。这几部著作里对净土宗的一些基本教义和行仪做了叙述。善导的弟子有怀感、怀恽、贞固、净业等人。

善导之后,唐代净土宗的著名人物除善导的弟子怀感外,还有少康、法照及慧日等人。怀感(约7世纪后半期)的主要著作有《释净土群疑论》。少康(?—805)的主要著作有《二十四赞》、《往生净土瑞应删传》。法照(生卒年不详)的主要著作有《净土五会念佛颂经观行仪》、《净土五会念佛略法事仪赞》等。此三人(怀感、少康、法照)属善导系统[①]。慧日则被称为是所谓慈愍派(或慈愍流)的代表人物,他曾由南海去过印度,游历十多年,学习净土经典,著有《净土慈悲集》、《般舟三昧赞》等,其理论中引人注目之处是主张禅净一致。

净土宗学说主要依据的印度佛典是《无量寿经》、《观无量寿经》、《阿弥陀经》及世亲的《往生论》,所依据的中国代表人物的主要撰述则是上述昙鸾和善导的著作。此宗属于以实践为主的佛教宗派,理论性成分不多。此处仅简要论述两组概念:"自力"与"他力"、"正行"与"杂行"。

"自力"与"他力"观念的提出,应说是在印度佛教中。龙树的《十住毗婆沙论》中所提出的"易行道"和"道有难有易"[②]所涉及的实际就是"自力"与"他力"的问题。《般舟三昧经》

① 这一系统中的重要人物还有法照的老师承远(712—802)。

② 《十住毗婆沙论》卷第五。

中也提到“佛威神力”和“本功德力”[①]，实际也涉及了这方面的问题。在中国佛教史上，不少宗派是较重视“自力”的，如禅宗等，一般是侧重自力修炼，自力觉悟，即上述所谓“觉悟不假外求”。净土宗在讨论“自力”与“他力”时则更多地是强调“他力”，即依靠佛的力量使众生往生净土，如上述昙鸾强调的就是作为“他力”的阿弥陀佛的巨大作用。其余各位净土思想家，对“自力”和“他力”叙述时虽有时侧重某一种，但完全肯定一种而否定另一种的情况实际上是没有的。客观地说，净土思想家在强调“他力”重要性时，总是要求信众如何修行，而这修行，实际上就是人的一种“自力”，离开了它，众生并不会就自动地“乘佛愿力”往生净土。

“正行”与“杂行”主要是善导提出来的观念，它展示了净土宗的主要修行理论。所谓“正行”指一心专念阿弥陀佛的名号、一心读诵净土经典、一心观察忆念弥陀净土的庄严、一心礼拜阿弥陀佛、一心赞叹供养阿弥陀佛。这里面的一心专念阿弥陀佛的名号又称为“正定的业”，其余的读诵、礼拜等称为“助业”。所谓“杂行”指上述行为以外的善行[②]。善导的这些观念对后来中国净土宗的发展有重要影响。专念佛的名号一般也称为“称名念佛”或“口称念佛”，由于其简便易行在中国后世最为流行[③]。“杂行”由于不是直接使人往生西方净土的行为，因而自然没有“正行”的功效。

净土宗在唐代后亦有很大发展。净土思想在许多其他中国宗派中都存在。中国佛教史上的不少著名佛教高僧大德都

---

① 《般舟三昧经》卷上。

② 参见木村清孝《中国佛教思想史》，第157、158页。

③ 在善导生存的年代，除“称名念佛”外，还有以观想忆念佛的功德或法身实相为主要特征的“观察念佛”，但这种念佛在中国后代不是净土的主流。参考中国佛教协会编《中国佛教》一，第271、272页。

有涉及净土的思想。

7. **密宗**

密宗是通过直接接受或吸收印度密教经典的思想而形成的一个中国佛教宗派。它在唐代形成，但中国传入印度密教思想的时间则要更早。唐代中国密宗正式形成之前中国传入的密教经典已经不少，而传入最有代表性的密教经典还是在唐代，唐代传入的密教经典是中国密宗立宗的基础。密教思想不仅传入了中国汉地，而且传入了中国的西藏地区，并有重要发展。此处限于讨论汉地密宗。

在唐代以前，中国人就已大量接触印度的密教思想。中国较早翻译印度古密教文献[①]是在三国时期，如支谦就曾译过《微密持经》等[②]。到西晋时，竺法护译了《诸神咒经》等多部经咒。到东晋时，又有帛尸梨蜜多罗译出《大孔雀王神咒》等经咒。此后的南北朝和隋唐初期，也陆续有不少人译出印度古密教文献。据统计，在2—8世纪的六百多年间，汉译佛典中约有100多部有关经咒[③]。

中国密宗的真正创始人或代表人物是唐代的所谓“开元三大士”，即唐玄宗开元年间（713—741）来自印度的三位著名僧侣——善无畏、金刚智、不空。

善无畏（637—735）本为中印度奥利萨国的王子，十三岁即王位时，兄弟起兵相争，他让位于兄，自己出家，拜那烂陀寺的达摩鞠多为师，主要学习密教。善无畏在唐玄宗开元四年（716）来到长安，颇受唐王朝重视，第二年开始译经，译出的主

① 即属于所谓“杂密”的文献。

② 此根据《出三藏记集》。参见木村清孝著《中国佛教思想史》，第141页。

③ 参见《中国大百科全书》宗教卷，中国大百科全书出版社，1988年，第266页。

要密教经典有:《大毗卢遮那成佛神变加持经》(《大日经》)[①]、《虚空藏求闻持法》、《苏婆呼童子经》、《苏悉地羯罗经》等,主要弟子有一行、宝思、明思、玄超等。

金刚智(669—741)本为南印度摩赖耶国人,属婆罗门种姓,十岁时在那烂陀寺出家,曾广泛学习印度中观、瑜伽行等派的要典,在三十一岁时向龙智学习密教,后经斯里兰卡、印尼,在唐玄宗开元七年(719)来到中国广州,次年到洛阳,后至长安,主要译经时间为开元十一年至十九年(723—731),译出的主要密教经典有:《金刚顶瑜伽中略出念诵经》、《金刚顶经曼殊室利菩萨五字心陀罗尼品》、《金刚顶经瑜伽修习毗卢遮那三摩地法》等,主要弟子有不空等。

不空(705—774)本为北印度人[②],十三岁时就拜金刚智为师,十五岁出家,后与金刚智一起来中国,协助金刚智译经,对密教教义极为精通。金刚智死后,不空奉师遗命,经斯里兰卡回印度,广泛收集密教经典,唐玄宗天宝五年(746)携梵本佛典五百余部返回长安。不空翻译了《金刚顶一切如来真实摄大乘现证大教王经》、《金刚顶瑜伽般若理趣经》、《金刚顶瑜伽五秘密修行仪轨》、《发菩提心论》等一百一十部[③]。不空弟子众多,主要的有:惠朗、含光、赵迁、惠果、潜真、惠琳等人。不空受到当时唐朝帝王的很高礼遇,他对密宗的发展起了很大作用。由于不空在佛典翻译上做出了重要贡献,他被称为是中国古代的四大佛典译师之一。

在唐代,对密宗的形成和发展起了重要作用的中国僧侣是一行和惠果。

---

① 在一行协助下译成。
② 一说是斯里兰卡人。
③ 这些不一定都是不空译的,其中可能有与别人合译的。

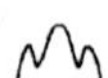

一行(673—727)俗姓张,名遂,钜鹿(河北省平乡县)人[①]。二十多岁时,拜普寂[②]为师,学习禅学,并向别人学律及天台宗,后向金刚智学习密教,并在善无畏译《大日经》时承担了笔受的工作。他的著作有:《大日经疏》、《摄调伏藏》、《释氏系谱》、《开元大衍历》、《宿曜仪轨》等。这几部著作中影响最大的是《大日经疏》,它把原经中一些较难懂之处做了解明,并把密教教义与其他大乘佛教的基本理论相沟通,组织成了相对系统一些的密宗理论。一行是中国博学多才的思想家,他不仅对佛教密宗的传播有影响,而且是中国古代著名的天文学家,对中国古代的天文历法有重要贡献。

惠果(?—805)俗姓马,京兆万年(西安附近)人,二十岁时出家,曾向善无畏的弟子玄超学习,对密教的教义和仪轨有深入了解。他在当时颇有声望,唐代宗、德宗、顺宗给予其极高礼遇,十分信奉他弘扬的密教学说。他的弟子很多,主要的有:辨弘、惠日、悟真、惟上、义圆、空海、义操、慧则等。这里面有许多是外国佛教僧侣,如空海是日本人,惠日和悟真是新罗人,辨弘是南洋爪哇人。因此,惠果不仅对中国密宗的发展有贡献,而且间接地对密宗在亚洲其他国家的发展起了推动作用。

中国密宗在教义上与印度密教差别不大,体系化的独立的理论也不多,就其理论的形成或传播特点来看,可大致这样说:善无畏与一行译出了密教的根本经典《大日经》,他们主要弘传所谓"胎藏界"密法;金刚智和不空译出了《金刚顶经》或这一系统的经典,他们主要弘传所谓"金刚界"的密法。这二界的密法在中国密宗的发展中实际是融合在一起的,并和大

① 此依据《宋高僧传》。若依据《旧唐书》(第一百九十一卷),他则为魏州昌乐县(河南省南乐县)人。

② 属禅宗北宗神秀系统的禅师。

乘佛教的一些基本思想密切相关。一行在把密宗与其他佛教宗派思想相融合方面表现得较突出，如他在阐述密宗思想时就融入了禅宗和天台宗的思想[①]，这里面就多少表现出一些中国密宗与印度密教的差别。

密宗在中国宋代以后亦有重要的发展。

8. 律宗

律宗作为一个中国佛教宗派主要是在唐代形成的，他的实际创宗人是唐代的道宣。但在唐代道宣之前，中国已大量传入了印度佛典中的各种律，而且也有不少僧侣专门弘扬佛教的律。

中国最早传入印度佛教的戒律方面的文献是在三国时期，如在曹魏时期中印度的昙柯迦罗来洛阳，译出了《僧祇戒心》。其后，在东晋至南北朝时期，又译出了大量有关佛典，其中后来被律宗作为理论依据的有所谓“四律五论”，即:《十诵律》（姚秦时弗若多罗、鸠摩罗什译）、《四分律》（姚秦时佛陀耶舍、竺佛念译）、《摩诃僧祇律》（东晋时佛陀跋陀罗、法显译）、《五分律》（刘宋时佛陀什、竺道生译）、《毗尼母论》（译者不详，经录中将其列入姚秦时期译经）、《摩得勒伽论》（刘宋时僧迦跋摩译）、《善见论》（南齐时僧伽跋陀罗译）、《萨婆多论》（译者不详，经录中将其列入姚秦时期译经）、《明了论》（陈时真谛译）[②]。

印度佛典中被翻译成汉文的律虽然很多，但在中国历史上影响最大的是《四分律》。据《续高僧传》（卷二十二）等文献记载，北魏时的法聪[③]是较早专门研究《四分律》的，有人认

① 参见木村清孝著《中国佛教思想史》，第144—147页。
② 参见中国佛教协会编《中国佛教》一，第285、286页。
③ 具体的生卒年代不详。

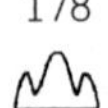

为他开创了四分律宗[①]。法聪的弟子道覆[②]也是著名的四分律师。接着，北魏时的慧光（468—537）写了《四分律疏》，又进一步促进了对《四分律》的研究和弘扬。其后，研究《四分律》的僧侣又形成一些小的分支[③]，但多没有大的发展。按四分律宗的一般传承，此宗有所谓“九祖”，即：昙无德、昙柯迦罗、法聪、道覆、慧光、道云、道洪、智首、道宣[④]。但真正促成律宗形成的人是唐代的道宣。

道宣（596—667）俗姓钱，润州丹徒（今属江苏）人[⑤]，十六岁出家，二十岁时依智首受具足戒，并向其学律，后入终南山弘传律学，律宗因此也称为南山宗。道宣撰写的主要律学著作有：《四分律删繁补阙行事钞》、《四分律比丘含注戒本疏》、《四分律删补随机羯磨疏》、《四分律拾毗尼义钞》、《比丘尼钞》等。这些著作成为南山律宗的基本著作。道宣除了有关律学的著作之外，还著有其他重要的佛教史传目录学方面的著作，如《广弘明集》、《续高僧传》、《大唐内典录》、《释迦氏谱》、《集古今佛道论衡》、《集神州三宝感通录》等，都是研究佛教的极珍贵史料。道宣的弟子极多，主要的有：大慈、文纲、周秀、怀素、恒景等。著名的鉴真和尚就是由恒景授戒的，因而是道宣的再传弟子。

律宗的主要理论以《四分律》为基础。但在道宣的著作中，也提出了一些有特色的学说，如道宣把佛教分为“化教”和“制教”。化教指“三学”中的定学和慧学，制教指戒学。化教又分为三教，即：性空教（指小乘从无我角度说的性空）、相空教（指般若类经等大乘讲的诸法之相是空）和唯识圆教（指主张唯识

① 参见镰田茂雄著前引书，第 228 页。

② 生卒年不详。

③ 如相部宗、东塔宗等。参见镰田茂雄著前引书，第 228 页。

④ 参见镰田茂雄著前引书，第 228 页。

⑤ 一说长城（今浙江长兴）人。

的大乘)。制教亦分为三宗,即:实法宗(指有部《俱舍论》以色法为戒体[①])、假名宗(指《成实论》以非色非心为戒体)和圆教宗(指《楞伽经》《摄大乘论》等大乘佛典以心法为戒体)[②]。道宣实际上是把律学理论和佛教大小乘的基本哲学观念融合在了一起进行分析阐述。

隋唐五代佛教思想的发展还表现在许多其他方面,如佛教与中国其他思想派别之间的思想交锋,三阶教等的教理等。但这一时期最能表现中国佛教自身发展主要内容的还是上述八个佛教宗派,这些宗派在中国后代有不同程度的发展。

四、宋代至近代佛教

这一时期的佛教发展可分几个阶段或部分叙述,即:宋代佛教、辽金元明佛教、西藏佛教、清代与近代佛教。

1. 宋代佛教

宋代约320年(960—1279)。宋代佛教已不如南北朝和隋唐时期佛教那样影响巨大,内容丰富,但也有自己的一些特色。在这一时期,先前形成的中国佛教各宗有盛有衰,佛典的翻译工作仍在进行。宋代汉译佛典的刻印对佛教在中国的传播和发展起了重要作用。

宋代时中国各佛教宗派多数都有发展,如禅宗、净土宗、天台宗、华严宗等都有不同程度的流行。

禅宗在唐末五代时有所谓"五家"。到了宋代,这五家中的沩仰宗早已衰亡,其余各家都有发展。其中最盛的是临济宗。

---

① 指持戒的根本。

② 参考镰田茂雄著前引书,第231页;任继愈主编《宗教词典》,上海辞书出版社,1981年,第792页。

临济宗在宋时分出两个支派：一是黄龙宗(派)，另一是杨岐宗(派)。这两宗与原来禅宗的五家在中国佛教史上被合称为“五家七宗”。

黄龙宗(派)的创始人是慧南(1002—1069)。此宗因为慧南曾住在隆兴(江西南昌)的黄龙寺而得名。黄龙宗在传教方式上有著名的所谓“黄龙三关”，即慧南在传教时常问僧人的三个问题：“人人尽有生缘，上座生缘在何处”、“我手何似佛手”、“我脚何似驴脚”。第一问是表明人人有因缘轮回，第二问表明人的心性与佛性相同，第三问表明众生都能成佛[①]。黄龙宗以此三关来引导修禅者逐步摆脱各种错误观念，最后获得觉悟。慧南之下的此宗重要人物有祖心(1025—1100)、克文(1025—1102)、常总(1025—1091)等人。此宗在宋代流传了约一百六十多年后就没有什么影响了。

杨岐宗(派)的创始人是方会(992—1049)。此宗因为方会曾住在袁州(江西萍乡县)的杨岐山普明禅院而得名。杨岐宗在传教方式上继承了临济的基本做法，并吸收了云门宗的内容，兼具二家的特点。除方会之外，此宗的重要人物有守端(1025—1072)、法演(？—1104)、克勤(1063—1135)等人。克勤写有著名的《碧岩录》，在禅宗里侧重注释“公案”，有所谓“文字禅”的倾向。克勤的一个弟子是宗杲[②](1089—1163)，宗杲与其师不同，他以提倡“看话禅”而著称。所谓“看话禅”就是从禅宗所谓的“公案”中找出一些“话头”来参究，但不能执着于这“话头”的文字，而要另有领悟，顿得自心之佛性。杨岐宗在宋代曾较流行，但后来又与临济宗不加区分，其发展也就体现了临济宗的主要发展。

---

① 参见任继愈主编《宗教词典》，第935页；参见《指月录》卷第三十五。

② 即所谓大慧宗杲。

曹洞宗在宋代也有一定发展，主要代表人物是正觉[①]（1091—1157）和行秀[②]（1166—1246）等人。正觉以提倡“默照禅”而著称。所谓“默照禅”就是主张静坐默究，要“不触事而知，不对缘而照”[③]，通过这种方式来去除妄念，达到觉悟。

云门宗在宋初还较流行，在宋代的重要人物有重显[④]（980—1052）和契嵩（1011—1072）等。重显写有《颂古百则》，在禅宗史上十分著名。契嵩则以会通佛、儒而著称。云门宗到南宋时即已逐渐开始衰落。

法眼宗主要在五代和宋初流行，在宋代的主要人物是延寿（904—975）及其弟子。延寿编有《宗镜录》，融合禅教各宗思想，在中国佛教史上有重要地位。法眼宗流行了一百年左右，在宋中期即无甚影响了。

净土宗在宋朝是影响较大的一个宗派。整个宋朝三百多年间，净土信仰相当兴盛，在民间的信众和团体甚多。如宋朝存在的白莲社、易行社、西归会、净业社等均属净土性质的民间组织。净土宗发展的一个重要形式是与其他各宗相结合，或者说是许多其他中国佛教宗派都吸收净土宗的教义。不少佛教僧侣都不是单纯信奉或弘扬一种宗派的教义，而是以一家佛教宗派为主要信奉对象，同时也修习净土法门。这样就形成了所谓“禅净双修”、“台净兼弘”等情况。如法眼宗的延寿、云门宗的义怀（989—1060）、曹洞宗的清了（1091—1152）、天台宗的本如（981—1051）、律宗的元照（1048—1116）等人都兼修净业。

天台宗在唐代湛然后本来已有所衰落，特别是经过“会

① 即所谓宏智正觉。
② 即所谓万松行秀。
③ 正觉语。参见陈兵编著前引书，第181页。
④ 即所谓雪窦重显。

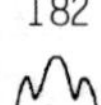

昌灭法”及唐末战乱后，大量文献丧失，但由于信奉佛教的吴越王遣使去高丽，使得高丽僧人谛观带来了原本在中国已失传的不少天台宗文献，这就给此宗在宋代的复兴创造了有利的条件。天台宗在宋代的重要人物有：义寂（919—987）、义通（927—988）、知礼[①]（960—1028）、志因（生卒年不明）、晤恩（912—986）、源清（十世纪末）、庆昭（963—1017）、智圆（976—1022）等。他们中的一些人对天台的主要教义曾进行了长期的争论，形成了所谓“山家派”和“山外派”[②]。山家派的主要代表人物是义通和知礼；山外派的主要代表人物是志因和晤恩。两派争论的主要问题在于如何“观心”。山家派主张一种“妄心观”，即主张要以无明的妄心为所观，依据对人“性恶”的认识，断除情欲。山外派主张一种“真心观”，以心性真如为所观，认为心本身是无染的，只是随缘造作有差别的万法，万法本具一心[③]。两派争论的结果，是山家派的影响持续时间长一些。知礼的著作很多，主要的有《金光明经文句记》、《十不二门指要钞》等。晤恩的主要著作是《金光明玄义发挥记》等。

华严宗在唐末五代也受到战乱等的影响，受到打击。宋代使华严宗复兴的代表人物是子璇（？—1038）及其门下净源（1011—1088）。特别是净源，被看作是华严宗在宋代的所谓“中兴教主”。净源的主要著作有《妄尽还源观疏钞补解》、《原人论发微录》和《金师子章云间类解》等。此外，高丽僧侣义天[④]（？—1101）及其弟子曾带来不少华严宗的著作，对宋代华严宗的再兴也起了一定作用。宋代对华严发展起过一定作用的还有

① 即所谓四明知礼，他是义通的弟子。

② “山家”就是“本宗”或“正统”之义。山家派把对立面称为“山外”。

③ 参见杜继文主编《佛教史》，第492—494页。

④ 义天是高丽王子，曾以净源为师。

道亭、观复、师会、希迪等人，他们都写有一些华严方面的著作[①]。

密宗在宋代的发展主要体现在新的印度密教经典大量译成汉文（但在翻译质量上不如唐代）。宋代佛典译经的主要成分就是密教经典。佛典译师中较重要的有：法天（译经年代为974—1001）、施护（980—1107）、惟净（1009—？）等十几人[②]。

律宗在宋代也有一些有影响的人物，如允堪（1005—1061）、元照（1048—1116）等，他们都对道宣的著作做了注解或阐释，在传播律学方面起了重要作用。

三论宗与慈恩宗在宋代已没有作为宗派在传承上的发展，但有关思想融在其他宗派中还是有影响的。

在宋代，汉文佛典的刻印对佛教后来在中国以至世界的传播和发展有重要的意义。中国很早就已发明了印刷术，至晚在唐代就曾印制过一些佛典，但大规模地使用木刻系统印刷佛教大藏经却是从宋代开始。从宋太祖开宝四年（971）开始在益州（成都）刻制佛教藏经，历时十二年制成了所谓的"开宝藏"[③]，开宝藏属宋代官刻性质的大藏经。此藏成为中国后来汉文藏经刻印的一个最初范本或依据。除"开宝藏"之外，宋代还有四种主要的私刻版本的藏经，即："崇宁藏"[④]、"毗卢藏"[⑤]、"圆觉藏"[⑥]、"碛砂藏"[⑦]。

---

① 参见镰田茂雄著前引书，第269、270页。

② 参见吕澂著《中国佛学源流略讲》，第385页。

③ 以唐代《开元释教录》的经目为底本，共480帙，5048卷。

④ 始刻于北宋元丰三年（1080），由福州东禅等觉禅院住持冲真发起募捐雕刻，共580函，1440部，6108卷。

⑤ 始刻于北宋政和二年（1112），由福州开元寺僧人本明等发起募捐，得到蔡俊臣等人支持刻印，共595函，1451部，6132卷。

⑥ 也称为思溪版藏经，始刻于北宋政和末年（1117），由密州观察使等出资，湖州思溪圆觉禅院刻制，共548函，1435部，5480卷。

⑦ 始刻于南宋宝庆至绍定年间，由平江府碛沙延圣禅院开刻，后经战火，至元代才刻成，共591函，1532部，6362卷。

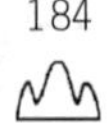

在宋代，佛教思想在中国思想界已深深扎根，中国原有传统文化中已渗入了大量佛教的成分。

2. 辽金元明佛教

辽金元明四朝佛教的发展因国家的中央或地区统治者的不同而有很大差别。

辽代二百多年（907—1125），统治者是契丹族。契丹族人早先并不信仰佛教，但由于统治区域的扩大而逐渐受到被征服地区流行佛教的影响。特别是在占领了所谓燕云十六州之后，佛教在辽代的上层统治者和下层民众中有了较快的发展。到了辽代的圣宗、兴宗和道宗三朝，佛教已发展得极为兴盛，佛事活动十分活跃，寺庙经济颇为发达。

辽代的中国佛教各宗的义理研究也有一定发展，如华严、密宗、净土、唯识、律学等都有人研究或弘扬。相对来说，影响大一些的是华严和密宗。

辽代在汉文大藏经的刻印方面是有成绩的。这主要表现在两件事上，一是"契丹藏"的刻印，二是对房山石经的续刻。契丹藏始刻于兴宗重熙时（1032），该藏是在"开宝藏"的基础之上增刻一些佛典而成的，共 579 帙，但目前仅有一些残卷[①]。此藏印本送给了高丽，曾用于对高丽藏的校补。房山石经始刻于隋代，到辽圣宗和兴宗时朝廷拨款续刻石经，续刻的石经主要本于契丹藏，有重要研究价值。

金代约 120 年（1115—1234），统治者是女真族。女真族在北方建立政权之前就已有佛教信仰。金代的最高统治者多数都支持或保护佛教发展，如金太宗、熙宗、世宗都较崇奉佛教。金代建立了不少寺庙，度僧数量不少，寺院经济有所发展，

① 这些残卷是 1978 年在山西应县木塔中发现的。

朝廷时常举行佛事活动，但对佛教的管理也较严格。

金代时，佛教各宗多数都有一定影响，如禅宗、华严宗、净土宗、律宗、密宗等都有流行。各宗里都有一些著名人物出现，如禅宗的道洵、圆性，华严宗的宝严、惠寂，净土宗的祖朗、广思，律宗的悟珠、法律，密宗的法冲、知玲等，对促进各宗发展起了重要作用。

金代在大藏经的刻印方面也是有贡献的。金藏始刻于金熙宗皇统九年（1149），由潞州比丘崔法珍断臂劝募，在山西解州天宁寺刻印，最初的刻本主要为“开宝藏”的复刻本，元代补雕的版本约6900余卷。1933年在山西省赵城县广胜寺发现了金藏的部分印本，现存的补雕本共4957卷。“赵城金藏”（或称“赵城藏”）由于较多地反映了“开宝藏”的本来面目，又补充了一些“开宝藏”中没有的佛典，因而具有较高的研究价值。金代对房山云居寺的石经亦有续刻。

元代延续了一百多年（1260—1368），统治者是蒙古族。元代统治者在宗教上严格来讲是崇奉喇嘛教（藏传佛教），以喇嘛教为国教，但对其他佛教宗派也允许存在。元代的不少皇帝都请西藏高僧作为帝师，如元世祖忽必烈就以西藏的帕思巴为师，以后的元代皇帝一般也都有高僧作为帝师。元代曾大量建寺度僧，寺院经济也较发达，这与朝廷的支持是分不开的。

元代佛教中除喇嘛教有特殊地位外，较流行的佛教宗派是禅宗。禅宗里影响较大的是临济宗和曹洞宗，这两个系统中的重要人物有印简、祖钦、原妙、福裕、从伦等。除禅宗外，天台、华严、慈恩、律宗也有不同程度的影响。天台宗的性澄，华严宗的文才、了性，慈恩宗的英辩、志德，律宗的法闻等是各宗里的重要人物。

元代也有官方的刻经，但现仅存1982年在云南发现的32

卷残本，残卷中有元惠宗至元二年（1336年）太皇太后的施印愿文，根据对残卷的研究，此藏约有651函，6500余卷[①]。元代民间私刻的藏经也有，如“普宁藏”即始刻于元世祖至元十四年（1277），由杭州余杭县南山大普宁寺刻印，约6000卷。另外，元代除汉文藏经的刻印外，还刻过西夏文大藏经、藏文大藏经和蒙文大藏经。西夏文大藏经主要以汉译佛典为翻译底本，它的确切始刻时间不明，在元大德六年（1302）刻成，共3620卷，但现在全文多数不存，英国、前苏联及中国收有不少残卷。蒙文大藏经由藏文大藏经译出，由元代开始（1297）在西藏刻印，现存的印本包含明清之际补译重雕的部分。

元代曾流行过两个佛教宗派，即白莲教[②]和白云宗[③]。这两个宗派曾被元代统治者看作是异端邪说。

明代约270多年（1368—1644）。这一时期中国中央的统治权重新由汉族人掌握，因而喇嘛教的势力较元代时有所减弱，但此教有些元代时就有的优待也还是延续下来，而其他佛教宗派的活动则比元朝时要相对活跃一些。明代佛教的寺院不少，并有土地，但朝廷对土地数量有限制，对佛教的管理也较严格。

明代时，禅宗、华严宗、天台宗、慈恩宗、净土宗、律宗等都有活动。禅宗的宗泐、绍琦，华严宗的洪恩、通润，天台宗的慧日、智旭，慈恩宗的明昱、王肯堂，律宗的朴原、如馨，净土宗的宗本、袾宏等，是各派中的较著名的人物。在各宗里，禅宗的影响最大，而禅宗里又以临济宗和曹洞宗最盛。净土宗在明代也较流行，流行的原因之一是其他许多宗派都兼弘净土。

---

① 参见《中国大百科全书》宗教卷，第153页。

② 产生于南宋。

③ 上述“普宁藏”即此宗教徒所刻。

明代在大藏经的刻印方面也有成就，先后有六次主要的刻经。其中有三次官刻，两次私刻。三种官刻本是："洪武南藏"[①]、"永乐南藏"[②]、"永乐北藏"[③]；两种私刻本是"万历藏"[④]和"嘉兴藏"[⑤]。

3. 西藏佛教

西藏佛教是中国佛教的重要组成部分，但在体系上，它与汉传佛教有很大差异，是佛教在流传过程中出现的一个重要分支。

关于佛教传入西藏的时间，现一般认为是在7世纪的松赞干布（617—650）时期。在佛教传入之前，西藏流行的是一种苯教。苯教的活动主要是祭祀、占卜等，有不少巫术的特性。有关佛教在松赞干布之前就传入西藏的说法，有可能是把苯教传说佛教化的结果[⑥]。佛教最初的传入与当时松赞干布与周边地区或国家的其他民族的交往直接相关。松赞干布除了与汉地联姻外，还曾与尼泊尔联姻，而当时在尼泊尔和汉族区域都流行佛教，因而佛教的传入就是很自然的。根据藏文材料，松赞干布所娶的尼泊尔墀尊公主和唐朝文成公主都是信佛教的，两人都带来了一些佛像、法物、佛典和僧人，并先后建了大

---

① 刻于明洪武年间的金陵（南京），开始此项工作是在洪武五年（1372），共刻1600部，7000多卷。

② 明永乐年间在金陵依据"洪武南藏"所刻的藏经，共1610部，6331卷。

③ 明永乐19年（1421）在北京开刻的藏经，共1621部，6361卷。此藏明代后来有续刻。

④ 约始刻于万历十七年（1590），刻处不明，藏于广西全州金山寺，共1659部，6234卷。现缺失一些部。主要为永乐南藏的复刻本。

⑤ 始刻于万历十七年。先后刻于五台山等地，主要按"永乐北藏"刻印。清代又在多处有续刻。所收内容变化很大，最后成型时收佛典2090部，12600余卷，由嘉兴楞严寺发行。此外，过去曾认为明代还有一个"武林藏"，刻于永乐末年的杭州，现存残本17卷。但此说现基本被推翻。学界现一般认为所谓"武林藏"其实是《碛砂藏》的一部分。

⑥ 根据一些西藏僧人的传说，佛教是在松赞干布的高祖拉脱脱日年赞时期传入的，但此说现一般不被认为是史实。参见王森著《西藏佛教发展史略》，中国社会科学出版社，1987年，第2、3页。

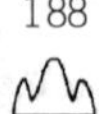

昭寺和小昭寺[1]。

在公元710年，赤德祖赞迎娶金城公主入藏。公主信佛教，对佛教在西藏的发展起了促进作用。但在赤德祖赞死后，由于其子赤松德赞年幼，朝政由信奉苯教的大臣把持，发生了西藏历史上第一次禁佛运动，直到赤松德赞成年后，才取消了禁佛令，恢复了佛教的正常发展。赤松德赞时期印度的寂护和莲花生曾来西藏传播佛教。赤松德赞之后的几位西藏统治者也多支持佛教。但到了朗达玛（838—842在位）即位时，朝政又被反佛教的大臣掌握，开始了第二次禁佛运动。这次禁佛对西藏佛教的打击较大，集中的禁佛时间虽没几年，但西藏此后的一百多年佛教无大的发展。自佛教传入西藏至西藏第二次禁佛的这段时间，一般称为西藏佛教史上的所谓"前弘期"。朗达玛禁佛后，过了一百多年，佛教才由多康地区传回西藏，开始了西藏佛教的所谓"后弘期"。

西藏佛教史上的"后弘期"始于公元978年，即北宋太宗太平兴国三年[2]。先前在禁佛或动乱中逃到青海多康及阿里地区的一些佛教僧人或信佛的吐蕃王室成员的佛教势力重新传回西藏。这次佛教在西藏的恢复有所谓"下路弘法"和"上路弘法"[3]，前者指佛教由多康传回西藏，后者指佛教由阿里传回卫藏。

在佛教传回卫藏地区后，印度一些著名的僧侣也来到西藏，如著名的阿底峡[4]（Atiśa, 982—1054）等人，曾来传教。另外，西藏僧人也有不少去印度或尼泊尔学习佛教，这对西藏佛

① 参见王森著前引书，第3、4页。

② 参见中国佛教协会编《中国佛教》一，第144、145页。

③ 参见杜继文主编《佛教史》，第400—405页。

④ 他在1042年经尼泊尔到达阿里，在西藏传法17年，翻译讲解了多部佛教经典。他的最重要著作是《菩提道灯论》。

教的复兴起了重要作用。

"后弘期"时西藏流传的佛教主要是密教,这与印度等处当时主要流行密教有很大关系。在接受、研习、改造印度密教的基本经典和教义的基础之上,这一时期形成了藏传佛教的各个教派,其中主要的有:宁玛派、噶当派、萨迦派、噶举派和不少其他小派,后来又形成了影响最大的格鲁派。

宁玛派是"后弘期"佛教中较早形成的一个派别,一般认为创立者是11至12世纪的所谓"三索尔"(或译"三素尔"),即索尔波且·释迦生、索尔回·喜饶扎巴、索尔回·卓浦巴。此派崇信"前弘期"时来西藏的莲花生,信奉其所传的旧密教经典,故称"宁玛"(意为"古旧")。此派还因教徒戴红帽而被称为"红教"。

噶当派约产生于11世纪中,此派的形成与阿底峡来藏直接相关,也可以说阿底峡是此派学说的奠基人。阿底峡的《菩提道灯论》和其他大量译经及讲解在当时的西藏产生了巨大的影响,而阿底峡的弟子仲敦巴(1005—1064)就是噶当派的主要创始人。仲敦巴向阿底峡学习了佛教显密各种主要理论,自己后来也广收弟子,建立了著名的热振寺,使此派势力逐步扩大。仲敦巴死后,其弟子分成三派,即教典派、教授派和教诫派[①]。噶当派成立后在西藏发展很快,信徒众多,寺院广布,后来西藏影响最大的格鲁派就是在噶当派势力基础上发展起来的。噶当派后来并入格鲁派,格鲁派则也被称为新噶当派。

萨迦派约产生于11世纪70年代,创立者为昆·贡却杰布(宝王,1034—1102)。此派弘扬佛教显、密各种理论,除密教外,对印度中观派和瑜伽行派的理论都有吸收,但在具体弘扬的

① 详见中国佛教协会编《中国佛教》一,第385—387页。

教义上，此派僧侣中常常见解不一致。13世纪中期，元朝的忽必烈曾封当时此派中的代表人物帕思巴为帝师，使此派影响大增，掌握了西藏的政教大权。但元朝灭亡后，此派势力减弱。由于此派在寺庙墙上涂有红、白、黑三色（分别象征文殊、观音和金刚手菩萨），因而又被称为“花教”。

噶举派有两个系统：一为香巴噶举，另一为达波噶举。香巴噶举派的创立者是琼波南交（约生于10世纪末）。此派从印度传来密教的种种法门，大量招收弟子，广建寺庙。格鲁派的一些代表人物也曾在此派学习过。但到14、15世纪，香巴噶举派就衰落了。达波噶举派的创立者是玛尔巴（1012—1097），他曾多次去印度和尼泊尔，传回西藏各种密教学说，修习各种密法。达波噶举派后又分成不少支派[①]，其中的噶玛噶举支派最早在藏传佛教中实行活佛转世制度。噶举派由于僧侣穿白色衣服，故也被称为“白教”。

“后弘期”佛教中除了上述几派外，还有一些较小的派别，如希解派、觉域派、觉囊派、郭扎派、夏鲁派等[②]，但它们影响不大。在西藏影响大的是后来形成的格鲁派。

格鲁派的出现与西藏佛教内部发展的改革要求直接相关。“后弘期”佛教经过数百年的发展，到了14世纪时，整个佛教在西藏的社会政治和文化生活中的影响力增强。但伴随着许多佛教教团权利的扩大，不少喇嘛利用所具有的特权开始胡作非为，他们占有过量的财富，生活糜烂，不守佛教的戒律，使西藏佛教中产生混乱。这引起了佛教内外许多人的不满，许多佛教徒希望改变当时的情况。与这种需求相应，西藏佛教

① 有所谓“四大八小”。参见《中国大百科全书》宗教卷，第126页。

② 参见《中国大百科全书》宗教卷，第531页；中国佛教协会编《中国佛教》一，第149—154页。

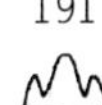

内部出现了带有宗教改革性质的变化，产生了新的教派——格鲁派。

格鲁派的创立者是宗喀巴[①]（1357—1419），出生在现今青海的湟中县。他7岁出家，17岁入藏，学习了佛教显、密宗的大量重要经典，对西藏佛教有了较全面的了解，后来广收信徒，自身的佛学造诣也越来越高，有了很高的声望。他的主要著作是《菩提道次第广论》、《密宗道次第广论》等。在15世纪初，宗喀巴针对西藏佛教中出现的教徒生活糜烂、不守戒律等情况，开始推进改革。他以噶当派的教义为基础，要求僧侣严格守戒，严格执行寺院的组织和管理制度。宗喀巴主张显宗和密宗并重，在理论上受印度中观派的著作影响较大。1409年，他在拉萨东北方建立了甘丹寺，这可以看作是格鲁派正式形成的重要标志。此派僧人戴黄帽，故格鲁派也被称为"黄教"。宗喀巴去世后，此派进一步发展，又建立了哲蚌、色拉、扎什伦布等著名寺院。

格鲁派中也实行活佛转世制度。此派的活佛转世制度有两个系统，一是"达赖"系统，另一是"班禅"系统。最初称"达赖"的是索南嘉措（1543—1588），但他被认为是达赖三世，达赖一世和二世是后来追认的。最初称"班禅"的是罗桑却吉坚赞（1570—1662），但他被认为是班禅四世，前三世班禅是后来追认的。达赖一世和班禅一世都是宗喀巴的弟子。

格鲁派的基本教义是由宗喀巴确立的，是此派在噶当派学说的基础上进一步发展而来。此派认为：佛教的"正法"分为"教"和"证"两种。"教"的正法包括在经律论三藏中；"证"的正法包括在戒定慧三学之中。二者都很重要[②]。在哲理上，

① 宗喀巴是后来人们对他的尊称，他的本名是罗桑扎巴。

② 参见中国佛教协会编《中国佛教》一，第364页。

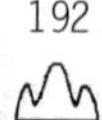

宗喀巴或格鲁派重视阿底峡传来的佛教思想，以中观派的理论为基础，特别重视中观派的缘起性空理论、中道观念等。在具体的宗教修行方面，格鲁派强调严格持戒，并吸收了大量印度密教的成分。

格鲁派成为后来西藏佛教的主流派，它和西藏上层统治阶层的思想相融合，形成了西藏"政教合一"的体制。此派势力还延伸到西藏外的其他地区。

西藏佛教也有自己的大藏经。藏文大藏经主要由从梵文或汉文佛典翻译而成的藏文佛典构成。这些佛典被分为三类，即"甘珠尔"[①]（包括经、律与密咒）、"丹珠尔"[②]（即论著部分，包括经释、咒释及赞颂等）、"松绷"[③]（包括藏蒙佛教僧侣的一些著述等）。13 世纪之前的藏文大藏经是写本，最早的写本大藏经出现在 8 世纪，当时在赤松德赞时的桑耶寺开设译场，译出佛典 4000 余部，并编有目录。西藏出现最早的木刻藏经是在 14 世纪，即所谓"奈塘古版"，但现无印本留存。后来续刻的藏文大藏经有许多版本，如永乐版、万历版、塔尔寺版、昌都版、理塘版、北京版、卓尼版、德格版、奈塘新版、拉萨版等[④]。德格版藏文大藏经共收佛典 4569 种。藏文大藏经中所收的许多佛典是汉文藏经中所没有的，而且其原来所据的许多梵本佛典印度已不存，因而具有极高的史料价值。

4. 清代与近代佛教

清代佛教指 1644—1911 年这二百六十多年的佛教，而近代佛教则可以看作是 1840—1949 年这一百多年的佛教。

---

① 亦被称为"正藏"。

② 亦被称为"续藏"。

③ 亦被称为"杂藏"。

④ 详见《中国大百科全书》宗教卷，第 513 页。

清代的统治者主要是满族。满族统治者先前信奉萨满教，而最初接触的佛教是喇嘛教。清廷控制全国政权后，对汉地佛教也很尊重，对佛教的态度与明朝时没有大的差别。清代的几个皇帝与佛教都有关联，如顺治皇帝就喜好禅宗；康熙皇帝几次下江南时，经常去佛教寺庙，为寺庙写匾榜；雍正也曾干预佛教内部的争论，还编了一本《御选语录》，对佛教很有研究；乾隆对佛教也有兴趣，他在位时刻印出了所谓"龙藏"，并组织人由汉文藏经转译出满文藏经。

清代时，中国佛教各宗派有不同程度的发展，如禅宗、净土、天台、华严、慈恩、律宗等在这一时期都有影响，但影响最大的还是禅宗和净土宗。

禅宗在清代与明代的情况类似，流行的主要是临济与曹洞这两个系统。临济宗的主要人物有法藏、通琇等；曹洞宗的主要人物有函可、道雄等。净土宗与明代的情况也类似，即许多其他佛教宗派的人物是兼弘净土法门。专弘净土的人也有，如被称为所谓"莲宗九祖"的省庵（实贤）以及瑞安等人即是如此。

在其他各宗里，天台宗的受登，华严宗的柏亭（续法），慈恩宗的松岩、默庵，律宗的海华、见月等都是较有影响的人物。

清代继续了佛教藏经的刻印，私刻与官刻都有。始刻于明代的所谓"嘉兴藏"，在清代还在多处续刻，到康熙十六年（1677）以后才最终定型，共有正藏 210 函，续藏 90 函，又续藏 43 函，由嘉兴楞严寺发行。清代的官版大藏经是所谓"龙藏"，此藏始刻于雍正十三年（1735），完成于乾隆三年（1738），所收佛典内容基本同于"永乐北藏"，略有增加，共有正藏 485 函，续藏 239 函。乾隆还组织人翻译刻印了满文大藏经，此藏始刻（编译）于乾隆三十八年（1773），完成于乾隆五十五年（1790），但所收佛典不多，主要是汉文藏经中的部分“经”和“律”等，共 108 函。

清末和民国时期中国佛教的发展虽然说不上昌盛，但仍然有所发展，这主要体现在一些佛教高僧大德、居士或佛学家的活动中（特别是居士，在近代影响很大），其中较有代表性的人物有：杨文会、敬安、月霞、谛闲、印光、欧阳渐、太虚、韩清净、熊十力、印顺等[①]。

杨文会（1837—1911），字仁山，石埭（安徽石台）人，清末著名佛教居士，早年对中国传统文化就很有研究，有较高的文化修养，后读《大乘起信论》等佛典，对佛教产生兴趣，1866 年创办金陵刻经处，专事佛典刻印，刻经约 3000 卷，收入了不少宋代以后一度在国内失传的佛典，并对所刻佛典做了精审和校勘，曾去欧洲和日本，与日本著名佛学家南条文雄等有重要的佛教学术交往，对中日两国的佛典刻印和佛学研究交流起了推动作用。1907 年，杨文会在金陵刻经处设“祇桓精舍”，进行佛教的教学活动，1910 年创办佛教研究会，任会长，定期讲经。他对华严宗研究较多，在实践上重净土法门，主要著作被金陵刻经处编成《杨仁山居士遗著》发行，主要弟子有欧阳渐等。杨文会的佛教学术活动对佛教思想在中国近代的传播和发展具有重要意义。

敬安（1851—1912），字寄禅，俗姓黄，湖南湘潭人，近代著名僧人，15 岁出家，27 岁去宁波阿育王寺，因在舍利塔前燃去二指而被称为“八指头陀”。1912 年，他和江浙一些寺院代表建立“中华佛教总会”，担任会长。在佛教教义方面，他主要传习禅学，并写过不少爱国诗篇，以诗僧著称，主要著作有《八指

① 中国近代的著名高僧、居士或佛学家众多，此处并未全部列出，仅选出一部分较有代表性的人物。

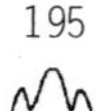

头陀诗集》等，弟子中较著名的是太虚。

月霞（1858—1917）俗姓胡，名显珠，湖北黄冈人，近代著名僧人，19岁出家，对华严宗、禅宗、天台宗都有研究，曾去过日本、泰国、缅甸、斯里兰卡、印度等国，晚年在杭州、常熟开办华严大学，讲解佛教经典，被看作是近代弘扬华严思想的一个重要人物，著作有《维摩经讲义录》等。

谛闲（1858—1932），俗姓朱，名古虚，浙江黄岩人，近代著名僧人，20岁出家，24岁在天台山国清寺受具足戒，主要弘扬天台宗的教义，1910年任南京的佛教师范学校校长，1912年任宁波观宗寺住持，曾在国内许多地区讲经，影响极大，皈依者甚多，是中国近代研习天台宗的重要人物，主要著作有《大乘止观述记》、《念佛三昧宝王论义疏》等。

印光（1861—1940），俗姓赵，名绍伊，陕西合阳人，近代著名僧人，21岁出家，专弘净土宗，1923年在南京开办放生念佛道场，并设立佛教慈幼院。他还在上海设立主要用于流通佛教典籍的弘化社，主要著作有《净土决疑论》、《印光法师文钞》等。

欧阳渐（1870—1943），字竟无，江西宜黄人，近代著名的佛教居士，早年学习儒家学说，后信奉钻研佛教，1907年在南京见到杨文会，向其学习佛教，曾去日本，回国后从事其他工作。杨文会去世后他主持金陵刻经处的工作，并设佛学研究部，1918年筹组支那内学院，1922年正式开办，教授传播佛教学说。他组织编印出版了《藏要》，收入佛典五十多种，依据梵、巴、藏文有关佛典校勘，有很高的学术价值。欧阳渐本人侧重研习法相唯识思想，但认为法相与唯识是不同的派别，主要著作有《藏要经叙》、《藏要论叙》、《唯识研究次第》等。

太虚（1889—1947），俗姓吕，名淦森，浙江崇德人，近代著名的佛教思想家和活动家，十六岁出家，依敬安受具足戒，后入杨文会在金陵刻经处办的“祇桓精舍”学习，1928年在南京创立中国佛教会，去过欧美不少国家传播佛教思想，抗日战争时期曾率代表团去缅甸、印度、斯里兰卡、新加坡等国寻求国际支持，战后曾任中国佛教整理委员会主任等职。太虚主张全面改革佛教，提倡所谓“人间佛教”，力求把佛教中的积极思想成分运用于现实社会，他被认为是中国近代史上佛教新派人物的代表。太虚本人在佛教理论上侧重研习唯识思想，主要著作有《整理僧伽制度论》、《释新僧》、《新唯识论》等。他的弟子编辑出版了《太虚大师全书》。

韩清净(1884—1949)，河北河间人，近代中国著名的唯识思想家，年轻时中过举人，后对佛教产生兴趣，专门研究唯识学。他1921年在北京创立法相研究会，1927年在北京成立三时学会，担任会长。该会是当时中国北方研究唯识思想的一个中心，与南方欧阳渐创办的支那内学院对传播唯识思想同样有促进作用。有“南欧北韩”的说法。韩清净的主要著作有《瑜伽师地论科句披寻记》、《唯识指掌》等。

熊十力(1884—1968)，字子真，湖北黄冈人，近代著名佛学家与哲学家，参加过武昌起义，曾入欧阳渐办的支那内学院学习佛教，后在北京大学等校教授佛学与哲学。他对儒学和唯识学有研究，主张调和儒佛，但提出的许多观点(主要是所谓“新唯识论”)受到包括支那内学院多数佛学家在内的当时许多佛教界著名人士的批驳，引发了激烈的论战。熊十力的主要著作有《新唯识论》、《破“破新唯识论”》、《体用论》、《十力论学语要》、《佛家名相通释》等。

印顺(1902—)，浙江海宁人，中国近代著名佛教思想家，25岁出家，师从太虚法师，曾在闽南佛学院等处教授佛学，1949年后主要在海外传播佛教思想，曾任香港佛教联合会会

长、香港善导寺住持、《海潮音》月刊社社长,还在台湾创立福严精舍,影响较大。印顺的主要著作有《中国禅宗史》、《印度之佛教》、《性空学探源》、《唯识学探源》等。日本大正大学因其所著《中国禅宗史》而授予他文学博士学位。

清末及近代佛教在中国的发展还表现为佛教对这一时期的一些中国著名政治家或思想家的影响,较突出的有龚自珍、魏源、康有为、谭嗣同、梁启超、杨度、章太炎等人。龚自珍(1792—1841)对禅宗、天台宗和净土宗都有研究,曾写过数十篇有关佛教的文章。魏源(1794—1856)晚年也信奉佛教,受了菩萨戒,并写有关于净土宗的文章。康有为(1858—1927)在其《大同书》中也表现出其所受佛教理论影响的成分,讲众生之苦和离苦。谭嗣同(1865—1898)在《仁学》中也常涉及佛学内容,谈到唯识和华严思想。梁启超(1873—1929)对佛学颇有研究,撰有《佛学研究十八篇》等著作,他认为佛教是全世界文化的最高产品。杨度(1875—1931)在政治上失意后也在佛教中寻求思想寄托,对禅宗等的佛教学说有研究。章太炎(1869—1936)曾侧重对唯识思想的研究,写有十余篇关于佛教的文章。

第三章 佛典概说

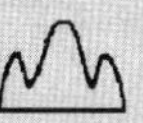

佛教典籍浩如烟海,种类繁多。这些典籍最初是如何形成的?如何分类?不同时期的典籍之间有何关联?各种典籍在佛教发展史上所起的作用如何?此类问题的解决对研究佛教十分重要,它是我们考察佛教其他具体问题的一个基础。但要全面准确地回答它们也并不容易,因为这些问题涉及的内容广,牵扯头绪复杂。此处仅在这方面勾画出一个基本线索。下文中所谓佛典的范围较为宽泛,不仅包括通常说的佛教经典,也包括其他一些重要佛教文献。

一、佛教经典的形成

佛教的文献通常分为三部分:经(sūtra)、律(vinaya)、论(abhidharma, śāstra),也就是所谓"三藏"。经是佛教教义的基本依据,它在佛教中一般被认为是佛所说的;律是佛教给僧众所制定的纪律或行为规范,它的基本原则一般被认为是佛所确定的;论则是对经等典籍中教义的解释或对佛教重要思想的阐述,它在佛教中一般被认为是菩萨或论师作的,有些是佛自己作的。

佛教最初的传播不是通过书面文字,而是依靠宣讲、背诵等口耳相传的方式。所使用的主要语言也不是梵语,而是佛教传播地区的方言或俗语。因此,佛教中表现为书面文字的三藏并不是在佛教产生之初形成的。现在人们所看到的记述有关原始或早期佛教内容的主要佛典通常不是在所谓原始或早期佛教时期形成书面文字的，形成书面文字的时间要比佛教产生的时间晚得多。

最初的书面佛典的内容主要是通过所谓"结集"的方式在释迦牟尼圆寂后确定的。由于释迦牟尼初传佛教时，佛教教义并未形成书面文字经典，释迦传教主要靠言传说教，弟子们学习主要靠耳闻心记，因此众多弟子长时间的记忆必定有差别。这种差别在释迦圆寂后就自然会引起争论。为了解决在这个问题上的矛盾和冲突，并使佛教教义以经典的方式固定下来，佛教僧团组织了所谓"结集"，即佛教徒在佛陀圆寂后召开的几次重要的信众大会。在这样的会议上确定佛教的基本学说。具体的方式是由佛陀的主要弟子或影响较大的信徒根据记忆诵出其所听佛陀的教法，由会众加以确定。最初的结集确定的主要是佛教的经和律，论出现的时间相对要晚一些。

根据佛教史料记载，佛教主要的结集有四次。这四次结集都与佛教经典的形成有关。

第一次结集一般的佛教史料都认为是在释迦圆寂的当年，在王舍城附近举行，有五百人参加，主持者是被称为"头陀第一"的佛的大弟子迦叶。会上诵出了最初的经与律。诵出经的是被称为"多闻第一"的佛的大弟子阿难，诵出律的是被称为"持律第一"的佛的大弟子优婆离(优波离)。他们依据佛在世时的教导进行回忆，念诵，得到参加结集的人肯定的内容就被作为佛教经典确定下来，后来整理成所谓经藏和律藏。

第二次结集根据南传佛教史料的记述是在释迦圆寂百年后在毗舍离城举行的，有七百人参加，主持者是耶舍。会上特别讨论了戒律问题，主要解决信徒间因对戒律看法不同而引起的争执,确定“十事”[①]是违戒的。根据北传佛教史料的记述,第二次结集所争论的主要问题是所谓“大天五事”[②],涉及的是对阿罗汉所达到的修行境界性质的判定等佛教义理方面的问题。这次结集引起了统一佛教的分裂,但无论是在戒律问题上进行的争论,还是在义理方面所进行的争论,或结集最后所作出的决定都对佛教基本文献内容的形成有重要影响。

第三次结集根据南传佛教史料的记述是在释迦圆寂二百年后在阿育王时的华氏城举行的[③],有一千人参加,主持者是目犍连子帝须。结集的内容是就佛教理论中的一些重要问题(如“补特伽罗”的有、无问题等)进行辩论,批驳“外道”思想。据说《论事》就是这次结集后编撰的,《论事》中谈到了许多佛教部派的观点,是重要的佛教资料。这次结集对佛教文献的丰富起了重要作用。

第四次结集根据北传佛教史料的一些记述是在释迦圆寂四百年后在迦腻色迦王时的迦湿弥罗举行的,有五百人参加,召集者是胁尊者,世友尊者为上座。结集的内容是解释以往的一些重要佛教经典,结集出内容更为广泛的佛教“三藏”。据说《大毗婆沙论》就是这次结集形成的重要佛教典籍之一。根据南传史料,第四次结集是在公元前1世纪在斯里兰卡的阿卢寺举行的,会上诵出了上座部佛教的三藏(巴利语系统的三藏)。在第四次结集进行时,佛教已发展了数百年,形成的典籍大量增加,特别是论藏方面的内容逐步成为佛教文献中的重要组成部分。

---

① 主要指在饮食、收取金银等方面的十件事。

② 指大天比丘所提出的早期佛教所说的最高果位——阿罗汉所具有的五种局限性,包括仍有一般人所具有的生理欲求、仍有无知、在接受佛教真理方面仍有犹豫、需要别人指点、仍有痛苦等。上座们否定有这五种局限性。

③ 北传佛教史料无此次结集的记述。

佛教文献的形成是一个历史发展的过程，是一个不断积累的过程。佛教中的许多经典虽然据传说是佛所作的，但从学术研究的角度分析，应当说大量的经典是后人根据佛的基本思想整理、消化、发展后形成的。从佛教的历史演变来看，有不同区域内的发展，也有不同支派或分支的发展。不同区域内的信众使用不同的语言，因而佛教经典有语言上的差别。不同支派或分支有学说侧重上的不同，因而佛教经典也有流派所属上的差别。

佛教在古印度的发展传播过程中最初使用的主要语言是一些作为地方方言的俗语，后来也大量使用梵语。古印度形成书面文字的佛教经典主要是用俗语和梵语写成的。

在印度俗语佛教文献中，巴利文佛典占了很大比例。佛教在公元前 3 世纪左右传入斯里兰卡，公元前 2—1 世纪，巴利文佛典逐渐在斯里兰卡用当地语言的字母（僧伽罗文）写成书面文字。公元 5—6 世纪，印度思想家觉音来到斯里兰卡，制作了一些用当地语言的字母写成的巴利文佛典的注释，还把一些僧伽罗文佛典及其注释译成巴利文。在此之后，巴利文佛典的三藏逐渐完善成型，并以此为基础，形成了南传系统的藏经。佛教传入缅甸、泰国、老挝、柬埔寨等国后，出现了从巴利文藏经翻译的这些国家文字的佛典或由这些国家文字写成的佛典。南传系统的藏经主要是属于小乘佛教上座部系统的佛典。

以梵语写成的多数佛教文献在古印度形成的时间不是很早，但数量不少，许多大乘佛教的典籍是用梵语写成的。这类文献在古代许多被译成其他文字，如汉文和藏文的许多佛典就是译自梵文佛典的。然而梵文佛典的原文佚散了许多，虽然近现代在尼泊尔、西藏和中亚等一些地区发现了不少梵文佛

典[①]，但在总体上说数量还是有限，最终未形成梵语的大藏经。

佛教在公元初传入中国汉地。佛教经典传入后不久就有人开始将其译成汉文。汉译佛典主要译自梵文佛典，但也有一些译自西域古国文字和巴利文的佛典。中国从汉代开始，在一千多年间翻译了大量的佛教经典，形成了十分系统的汉文大藏经。汉文大藏经是研究佛教的极宝贵资料。汉文大藏经传入了亚洲不少国家，如朝鲜、日本、越南、蒙古等国。这些国家以及中国的一些少数民族从汉文藏经中翻译了不少佛教经典。

佛教在公元7世纪左右传入中国西藏。从8世纪就开始将佛典译成藏文。藏文佛经主要译自梵文，也有一部分译自汉文。藏文大藏经中收入的许多佛经的梵本已经佚失，有些佛典也没有汉文本，因此藏文大藏经中保存的许多佛典具有重要的史料价值。藏文大藏经不仅在藏族地区流传，它在蒙古、俄罗斯、不丹、锡金、尼泊尔等国的一些地区以及中国的蒙、土、裕固、纳西等少数民族地区也有传播。一些国家及一些中国少数民族地区也从藏文大藏经中译出了佛教经典。

佛教在其发展过程中形成了不少支派或分支。这样，许多佛教经典就是随着这些支派或分支的形成而出现的。就印度佛教史来说，佛教可以分为早期佛教、小乘部派佛教、大乘佛教、后期佛教等发展阶段。印度佛教的经典是在上述不同时期或阶段中陆续出现的。早期与晚期佛教经典、小乘与大乘佛教经典是有不少差别的。就中国佛教而言，中国佛教僧侣撰写了大量对印度佛典的注疏以及自己的佛学论著等，这些文献对佛教的传播和发展起了重要作用。隋唐后正式形成了不少中国佛教宗派，各宗派的著述有着明显的宗派特色。另外，中国

① 大多数在尼泊尔发现，如英国学者吉森（B.H. Hodgson）和莱特（D. Wright）在19世纪就曾在尼泊尔发现了数百部梵文典籍。

佛教的文献中有许多不同的种类，如史传、僧传、经录、灯录，等等，这些都是整个佛教文献中的重要内容，被大量收入佛教大藏经。

二、印中佛教史上影响较大的佛典

佛教出现后，在南亚次大陆产生了重要的影响，后来又传播到中国等许多亚洲国家，在其形成、发展或传播的过程中制作了大量的佛教典籍。这里仅就印度和中国汉地佛教史上的重要典籍进行简要的叙述。

印度佛教在产生时最初主要是靠口头传教，因而现在我们看到的记述原始或早期佛教的书面文献一般都是后来整理出来的。佛教藏经中较早出现的经和律都是如此。就经而言，现在记述原始或早期佛教思想的主要是汉译的阿含类经和巴利文系统的一些与汉译阿含类经相应的经。汉译的阿含类经主要有四部：《长阿含经》、《中阿含经》、《杂阿含经》、《增一阿含经》。巴利文的经主要有《长部》、《中部》、《相应部》、《增支部》和《小部》，其中前四部的内容大致与汉译“四阿含”的内容对应。这些经中的内容有许多是原始或早期佛教时期形成的，但它们被整理成书面文字的时间较晚，主要是由不同的部派整理出来的。因此这些经典中实际上既有原始或早期佛教的内容，也有后来部派佛教整理时加入或改动了的内容。就律而言，现在记述早期佛教这方面内容的佛典汉译的有《四分律》、《五分律》、《十诵律》、《僧祇律》等等。巴利文的律则有《经分别》、《犍度》和《附随》等。这些律主要也是一些佛教的部派后来整理出来的，也是既有原始或早期佛教的内容，也有后来部派佛教整理时加入或改动了的内容。

在释迦牟尼圆寂百年后，佛教逐渐发生了严重的分裂，先是有所谓“根本分裂”，分成大众和上座两大部派，后来又有所谓“枝末分裂”，分成十八部或二十部，进入了所谓“部派佛教”时期。有关佛教分派的史料不少。这些史料又主要分为南传与北传两大类。南传史料的代表性典籍是《岛史》、《大史》及《论事》等；北传史料的代表性典籍是《异部宗轮论》、《部执异论》[①]、《异部宗精释》等。

部派佛教的分支众多，论著也众多。大乘佛教兴起后将早期佛教和部派佛教的一些理论称为小乘佛教。在部派佛教的上座和大众两大系统中，上座部系统留下的文献较多，特别是它制作的论藏较多。根据南传史料，上座部的著名论藏有所谓“七论”，即《法集》、《分别》、《界论》、《人施设》、《双》、《发趣》、《论事》[②]。根据北传史料，上座部系统中影响较大的是说一切有部，说一切有部的主要的论著是被称为“身论”的《发智论》和被称为“足论”的《集异门足论》、《法蕴足论》、《施设足论》、《识身足论》、《界身足论》、《品类足论》（这七部论常被称为“一身六足”）。此外，记述说一切有部观点的重要佛典还有对《发智论》作的注释性论著《大毗婆沙论》及其后的《俱舍论》。犊子部也是上座部系统中另一较有影响的部派。它后来又演化出四个部派，即法上部、贤胄部、密林山部和正量部。目前了解犊子部进一步分派之前的资料不多，主要是《异部宗轮论》、《大毗婆沙论》等中的有关描述。分派之后属于新演化出的部派的主要典籍有：《三法度论》、《三弥底部论》、《正法念处经》等。大众部系统所留下的资料较少，许多人认为汉译的《增一阿含

① 《异部宗轮论》的异译本。

② 南传资料的上座部七论，除《论事》外，其余六论与汉译《舍利弗毗昙》的内容相似。参见吕澂著《印度佛学源流略讲》，上海人民出版社，1979 年，第 41、42 页。

经》是来自大众部的经藏,但此说亦未完全被人们所接受。律藏部分有《僧祇律》等。论藏则基本没有流传下来。对大众系的了解不少要依据《论事》、《异部宗轮论》等文献的记述。

大乘佛教兴起的一个重要标志是大乘经的出现。大乘经是逐渐出现的。早期大乘经出现的时间大致是公元前1世纪至公元后2世纪。目前可知的最古的大乘经典有《六波罗蜜经》、《菩萨藏经》等。但这些经典的完整原本现已见不到,人们是从其他一些大乘经典的引用中得知其存在的。目前保留下来的较有影响的早期大乘经可以分为许多类,如般若类经、法华类经、华严类经,等等。其中最古和最基础性的是般若类经中的一些大乘经。

梵语般若类经长的为十万颂本,还有二万五千颂本和八千颂本。般若类经除梵本外,我国亦有不少汉、藏译本。汉译本最全的是唐玄奘译的《大般若波罗蜜多经》(共六百卷)。般若类经中又可以区分为若干种类,如小品般若、大品般若、金刚般若等。关于各类般若经出现的时间先后问题,众说不一,如有的学者认为《金刚经》出现的时间较早,有的学者认为《道行般若经》出现的时间较早。

法华类经出现的时间较般若类经略晚,约在1或2世纪。法华类经的原本为梵语,除梵本外还有汉译本和藏译本。汉译本在中国历史上至少有六个,但现仅存三种,其中较流行的是后秦鸠摩罗什译的《妙法莲华经》。

华严类经最初部分的形成时间约在1世纪后,它的梵本现仅存一小部分,较全的是汉译本。汉译华严类经较全的本子主要有三部,三部经的名称均为《大方广佛华严经》。它们是:东晋佛陀跋陀罗译的六十卷本,唐实叉难陀译的八十卷本,唐般若译的四十卷本。

早期大乘经中除了上述几类主要的经外，还有一些较著名的经，如小本（小品）《宝积经》[①]、《维摩诘经》及一些净土类经[②]，等等。

较早出现的大乘佛教派别是中观派，出现时间大致在公元2—3世纪。中观派的主要论著有：龙树（约2—3世纪）的《中论》、《十二门论》、《大智度论》、《七十空性论》、《十住毗婆沙论》，提婆（约2—3世纪）的《百论》、《四百论》，佛护（约5世纪末左右）的《根本中论注》，清辨（约5世纪末左右）的《大乘掌珍论》、《般若灯论释》、《中观心论》、《中观宝灯论》等。

在大乘佛教发展过程中，小乘佛教也在发展。在大小乘并行发展过程中较有影响的小乘佛典除了世亲（约4—5世纪）的《俱舍论》之外，还有诃梨跋摩（约3—4世纪）的《成实论》。

从3世纪左右开始，印度又陆续出现了一些新的大乘经典。这批大乘经主要有：《大般涅槃经》、《胜鬘经》、《解深密经》、《大乘阿毗达磨经》、《楞伽经》、《密严经》、《金光明经》等。

公元4—5世纪，大乘佛教中出现了另一个重要派别，即瑜伽行派。瑜伽行派的主要著作有：署名弥勒的《瑜伽师地论》、《辨中边论》、《现观庄严论》、《法法性分别论》[③]，无著（约4—5世纪）的《金刚般若论》、《大乘庄严经论》、《顺中论》、《大乘阿毗达磨集论》、《显扬圣教论》、《摄大乘论》、《六门教授习定论》，世亲的《大乘五蕴论》、《唯识二十论》、《唯识三十论颂》、《摄大乘论释》、《十地经论》、《大乘成业论》、《佛性论》、《大乘百法明门论》，陈那（约6世纪）的《观所缘缘论》、《掌中论》、《因明正

---

① 指《佛说遗日摩尼宝经》、《佛说摩诃衍宝严经》等。

② 如《无量寿经》、《观无量寿佛经》、《阿弥陀经》等。

③ 一些学者认为，署名弥勒的一些著作实际是无著假托弥勒之名总结前人思想而制作的。

理门论》、《集量论》，以及玄奘在中国编译成的《成唯识论》[①]等。

公元 7—13 世纪的佛教可以看作是印度后期佛教。后期佛教大致经历了瑜伽行派与中观派融合、完全密教化及佛教在印度的消亡三个主要阶段。

瑜伽行派与中观派的融合形成了"瑜伽中观派"。此派的主要人物是 8 世纪的寂护、莲花戒和师子贤。瑜伽中观派的主要著作是寂护的《中观庄严论》和《摄真实论》，还有莲花戒的《摄真实论注》、《中观明论》、《修习次第》及师子贤的《现观庄严论注》等。

密教有大量经典，但最根本经典则是《大日经》[②]和《金刚顶经》[③]。密教经典大量传入中国汉地和西藏地区。汉译佛典和藏译佛典中有很多此类典籍。

佛教在 13 世纪后在印度本土衰亡，但传播到许多亚洲国家的佛教却有不同程度的发展。

中国汉地的佛教最初是通过古代西域地区传入的。汉译佛典最初的翻译时间是在公元 2 世纪左右。最初进行这种佛典翻译的两个重要人物是安世高[④]和支娄迦谶[⑤]。前者以翻译小乘佛典为主，后者以翻译大乘佛典为主。安世高翻译的主要佛典有《转法轮经》、《四谛经》、《八正道经》、《阴持入经》等数十种[⑥]。支娄迦谶翻译的主要佛典有《道行般若经》和《般舟三

---

① 此书内容为护法（约 6 世纪）等十人对《唯识三十论颂》的注释。

② 全称《大毗卢遮那成佛神变加持经》。

③ 汉译本有三种：唐不空译的《金刚顶一切如来真实摄大乘现证大教王经》、唐金刚智译的《金刚顶瑜伽中略出念诵经》、北宋施护等译的《佛说一切如来真实摄大乘现证三昧大教王经》。但略称《金刚顶经》较经常的是特指不空的译本。

④ 古代安息国人，东汉桓帝建和二年（公元 147 年）来到洛阳。

⑤ 古代月支国人，东汉桓帝末年时（公元 167 年）来到洛阳。

⑥ 他译的一些佛典佚失，现存的有二十多种。

昧经》等多种[①]。汉末时还有一重要译经家支谦[②],他译的佛典有《阿弥陀经》、《佛说维摩诘经》、《大明度无极经》等。

西晋时从事佛典翻译的有史可查的人约十几位,其中最主要的翻译家或译经成就最突出者是竺法护。他的主要译经时间在公元266—308年,所译的经典至少八十多部,有些人认为他译了一百多部,甚至二百多部。竺法护译的经典在当时来说相当全面,大小乘各类佛典都有,如般若类经有《光赞般若经》,宝积类经有《佛说遗日摩尼宝经》,华严类经有《渐备一切智德经》,法华类经有《正法华经》,大集类经有《大哀经》,阿含类经有《圣法印经》等。

东晋十六国时期是中国佛典翻译的一个重要时期,最主要的代表人物是被称为中国古代四大佛典译师之一的鸠摩罗什(约344—413)[③]。他与其弟子翻译了以印度般若中观系统经论为主的佛典数十部[④],主要的有大小品般若、金刚般若、法华、维摩等经、中观"四论"以及成实一类小乘佛典等。这一时期,除鸠摩罗什及其弟子所译之外,佛教三藏中的许多其他典籍也被大量翻译出来。如经中的长、中、增一阿含经被译出,涅槃和华严等经被译出;律中的十诵、四分、摩诃僧祇等律被译出;论译了一些小乘的毗昙类著作[⑤]等。这些翻译对佛教思想在中国的广泛传播起了重要作用。

南北朝时期在佛典翻译方面的著名人物是中国古代四大

---

① 他译的许多经典已佚失。另外,还有一些经典是否确实为其所译没有定论,因此支娄迦谶所译佛典的确切数目难以确定。

② 古月支国人,汉献帝时来到中国。

③ 父亲是印度人,母亲是龟兹国人,本人出生在古代中国的西域。

④ 确数说法不一,《出三藏记集》认为译了三十五部,《开元释教录》认为译了七十四部。

⑤ 如《阿毗昙心论》等。

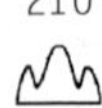

佛典译师之一真谛（约 499—569）[1]，他翻译了佛典六十余部，主要的有《金光明经》、《仁王般若经》、《十七地论》、《摄大乘论》等。

从东晋到南北朝，不仅大量印度佛典被译成汉文，而且也出现了大量中国人自己撰写的佛教著作，这里面包括论著、经录、僧传或史书，等等。

《牟子理惑论》是较早的中国人写的佛教论著，有人认为此论是汉代写的，也有人认为是晋宋时期写的[2]。东晋十六国时期中国人写的最为著名的佛教著述是僧肇（384—414）的《肇论》[3]和《注维摩诘经》。与僧肇同时代的僧叡写的许多般若中观要典的序也很著名[4]。这类著述对中国人准确地理解般若中观思想的精髓有重要意义。东晋时期的名僧慧远（334—416）也写了一些重要著作，主要的有《沙门不敬王者论》、《明报应论》、《三报论》等，他的著述提出了一些很有中国特色的佛教理论。梁代僧祐（445—518）编集的《弘明集》汇合了东汉末至梁的许多中国人写的佛教著述，具有重要的史料价值。

现存最早的佛教经录由十六国时期的道安（约 312—385）所编，后人一般称为《综理众经目录》，亦简称为《安录》或《道安录》。此录对中国佛教史上佛典目录学的形成和发展起了重要的作用[5]。南北朝时期的著名经录是僧祐编的《出三藏记集》。

僧传是重要的佛教研究资料。梁代慧皎（497—554）撰写的《高僧传》是现存中国历史上的一部较早系统记述此前佛教

① 西印度人，曾到过扶南（柬埔寨），梁武帝时来华。

② 参见吕澂著《中国佛学源流略讲》，中华书局，1979 年版，第 24—27 页。

③ 包括《物不迁论》、《不真空论》、《般若无知论》、《涅槃无名论》等论文。

④ 如大品与小品般若经、《维摩诘经》、《中论》、《十二门论》等的序。

⑤ 根据隋费长房的《历代三宝记》，在道安之前就已有七种经录，但未流传下来。

僧侣的著作，为中国后代的各种僧传提供了一个参考范本。

东晋时期，有一些中国僧人西行求法，这之中的代表人物是法显（约339—420年）。法显回国后写了一部有名的传记《佛国记》（亦称《高僧法显传》或《历游天竺记》）。该书是研究古代印度佛教和其他宗教的重要历史资料。

隋唐时期是中国佛教发展的鼎盛时期。这一时期在佛典翻译方面的两个重要人物是玄奘（600—664）和不空（705—774）。玄奘是中国古代四大佛典译师之一，他的翻译以印度瑜伽行派的著作为主，也包括其他一些重要的佛典，共计七十多部，其中较有代表性的有：《解深密经》、《瑜伽师地论》、《成唯识论》（编译）、《大毗婆沙论》、《俱舍论》、《大般若波罗蜜多经》等。不空是北印度人，来华后在洛阳、长安传播佛教，翻译佛典，亦为中国古代四大佛典译师之一。他翻译了以密教经典为主的佛典约七十多部[①]，其中主要的有：《金刚顶经》[②]、《金刚顶瑜伽般若理趣经》、《金刚顶瑜伽五秘密修行仪轨》、《发菩提心论》等。

隋唐时期中国形成了不少佛教宗派，主要的有：天台宗、三论宗、慈恩宗、华严宗、禅宗、净土宗、密宗、律宗等。这些宗派在吸收印度佛教主要经典思想的基础上撰写了大量有中国特色的著作。

天台宗的主要著作有：智顗（538—597）的《法华文句》、《法华玄义》、《摩诃止观》[③]、《观音玄义》、《观音义疏》、《金光明经玄义》、《金光明经文句》、《观无量寿佛经疏》[④]，灌顶（561—

① 加上与别人合译的据说有一百多部。

② 此为密教的两部根本经典之一。另一部根本经典《大日经》由唐代来华的印度人善无畏（637—735）译出。

③ 以上三部著作被称为“天台三大部”。

④ 以上五部书被称为“天台五小部”。

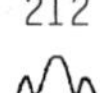

632）的《国清百录》，湛然（711—782）的《法华文句记》、《摩诃止观辅行》、《金刚錍》等。

三论宗的主要著作有：吉藏（549—623）的《大乘玄论》、《三论玄义》、《中观论疏》、《十二门论疏》、《百论疏》、《法华论疏》、《二谛章》、《华严经游意》、《维摩经游意》、《净名玄论》、《法华经义疏》、《无量寿经义疏》、《金刚经义疏》等。

慈恩宗的主要著作有：窥基（632—682）的《成唯识论述记》、《大乘法苑义林章》、《唯识二十论述记》、《异部宗轮论述记》、《因明大疏》、《法华玄赞》，慧沼（650—714）的《成唯识论了义灯》、《大乘法苑义林章补阙》，智周（668—723）的《成唯识论演秘》、《成唯识论了义灯记》，圆测（613—696）的《成唯识论疏》、《解深密经疏》等。

华严宗的主要著作有：杜顺（557—640）的《十门实相观》、《五悔文》，智俨（602—668）的《华严经搜玄记》、《华严一乘十玄门》，法藏（643—712）的《华严五教章》、《华严经探玄记》、《华严纲目》、《华严一乘教义分齐章》、《华严旨归》、《华严策林》、《华严义海百门》、《妄尽还源观》、《华严金师子章》，澄观（738—839）的《华严经疏》、《华严法界玄镜》、《三圣圆融观》、《华严经纲要》，宗密（780—841）的《注法界观门》、《原人论》、《禅源诸诠集都序》、《禅门师资承袭图》等。

禅宗的著作很多，在慧能之前的一些禅宗祖师相传有一些著作，但真伪或确切作者不明，如相传是僧璨（？—606）所著的《信心铭》，相传是道信（580—651）所著的《菩萨戒法》、《入道安心要方便法门》，相传是弘忍（602—675）所著的《最上乘论》，等等。慧能（638—713）的《坛经》[①] 是禅宗的主要著作。

① 现存《坛经》中亦有后人加入的内容。

除《坛经》外，禅宗的重要著作还有神秀（606—706）的《观心论》、《华严经疏》、《妙理圆成观》，神会（668—760）的《显宗记》、《菏泽神会语录》，道一（709—788）的《马祖道一禅师语录》，怀海（720—814）的《禅门规式》，智炬的《宝林传》，静禅师与筠禅师合编的《祖堂集》等。禅宗的其他许多重要著作多被收入宋代之后出现的许多灯录一类的文献汇集之中。

净土宗的主要著作有：昙鸾（476—542）的《往生论注》、《略论安乐净土义》、《赞阿弥陀佛偈》，道绰（562—645）的《安乐集》，善导（613—681）的《观无量寿佛经疏》、《往生礼赞记》、《净土法事赞》、《般舟赞》、《观念法门》，怀感（7世纪末）的《释净土群疑论》，少康（？—805）的《二十四赞》、《往生净土瑞应删传》等。

密宗主要翻译印度密教的典籍，中国人自己写的重要著作不多，较著名的是一行（673—727）写的《大日经疏》等。

律宗在北魏时就有慧光（468—537）写的《四分律疏》。至唐代时，影响大的是南山宗道宣（596—667）的著作，主要的有《四分律删繁补阙行事钞》、《四分律比丘含注戒本疏》、《四分律删补随机羯磨疏》、《四分律拾毗尼义钞》、《比丘尼钞》等。

隋唐时期也出现了一些较著名的佛教著作集、经录、史书或僧传等。较著名的著作集有道宣的《广弘明集》。隋代经录主要是费长房的《历代三宝记》，唐代经录中较著名的是道宣的《大唐内典录》，智升的《开元释教录》，圆照的《贞元新定释教目录》。史书僧传方面较有名的是义净（635—713）的《南海寄归内法传》、《大唐西域求法高僧传》，道宣的《续高僧传》，玄奘的《大唐西域记》等。

宋代至明代，中国佛教继续发展，出现了不少佛教宗派的著作以及各类佛典的汇集。

禅宗的各类著作出了不少，如宋代道原的《景德传灯录》，宋代延寿（904—975）的《宗镜录》，宋代普济的《五灯会元》[①]，宋代颐藏的[②]《古尊宿语录》，宋代重显（980—1052）的《颂古百则》，宋代克勤（1063—1135）的《碧岩录》，明代圆极居顶的《续传灯录》，明代瞿汝稷的《指月录》等。

天台宗在宋代的主要著作有知礼（960—1028）的《金光明经文句记》、《十不二门指要钞》，晤恩（912—986）的《金光明玄义发挥记》等。

华严宗在宋代的主要著作有净源（1011—1088）的《妄尽还源观疏钞补解》、《原人论发微录》和《金师子章云间类解》等。

宋代有大量新的印度密教经典被译成汉文，但在翻译质量上不如唐代。宋代佛典译经的主要成分就是密教经典。

宋至明代，佛教在一般的经录及史书僧传等方面也有一些新的制作。经录较有名的有元代庆吉祥等的《至元法宝勘同总录》，明代智旭的《阅藏知津》等。僧传有宋代赞宁在982—988年编撰的《宋高僧传》，宋代志磐在1269年所编撰的《佛祖统纪》[③]，元代觉岸的《释氏稽古略》，元代念常的《佛祖历代通载》，明代如惺的《大明高僧传》，明代幻轮的《释氏稽古略续集》等。

清代与近代，也有大量佛教著述，较著名的有雍正的《御选语录》，杨文会（1837—1911）的《杨仁山居士遗著》，敬安（1851—1912）的《八指头陀诗集》，月霞（1858—1917）的《维摩经讲义录》，谛闲（1858—1932）的《大乘止观述记》、《念佛

---

① 此录将《景德传灯录》、《天圣广灯录》、《建中靖国续灯录》、《联灯会要》、《嘉泰普灯录》这五个灯录删节后合为一书。

② 后人有所增补的。

③ 此典以天台宗的人物和历史为主，也记载其他中国佛教宗派等的历史。

三昧宝王论义疏》,印光(1861—1940)的《净土决疑论》、《印光法师文钞》,欧阳渐(1870—1943)组织编集的《藏要》及所著的《藏要经叙》、《藏要论叙》、《唯识研究次第》,太虚(1889—1947)的《整理僧伽制度论》、《释新僧》、《新唯识论》、《太虚大师全书》,韩清净(1884—1949)的《瑜伽师地论科句披寻记》、《唯识指掌》,熊十力(1884—1968)的《新唯识论》、《破"破新唯识论"》、《体用论》、《十力论学语要》、《佛家名相通释》,印顺(1902—)的《中国禅宗史》、《印度之佛教》、《性空学探源》、《唯识学探源》,梁启超(1873—1929)的《佛学研究十八篇》等。

从宋代开始,汉文佛教藏经的编撰和印刷有很大发展,对佛教在后来的传播有重要的意义。宋代至近代,出现了许多重要的大藏经,这方面的内容我们在下面专门论述。

三、主要的大藏经

佛教的大藏经按传播语言系统分主要有三大类:巴利文系统大藏经、藏文系统大藏经、汉文系统大藏经。

巴利文系统大藏经一般也称为南传大藏经,是在斯里兰卡地区流传并又进一步传播到一些其他亚洲国家(缅、泰、老、柬等国)的以巴利文为主的上座部系统佛典汇集。它从公元前2至1世纪后逐渐借用僧伽罗文等一些亚洲国家语言的字母写成书面文字,公元5至6世纪大致成型。该藏经的律藏部分包括《经分别》、《犍度》和《附随》三部分;经藏部分包括《长部》、《中部》、《相应部》、《增支部》和《小部》五部分;论藏部分包括《法集》、《分别》、《界论》、《人施设》、《双》、《发趣》、《论事》七部分。此外,还有一些藏外要典,包括《弥兰王问经》、《岛史》、《大史》、《小史》、《清净道论》、《阿育王刻文》等。1881年,英国成立巴利圣典协会(Pāli Text Society),用罗马字校订出版了巴利文系统的南传大藏经。此外,还出版了英译本的南传大藏经。1935 年至 1941 年,日本高楠博士功绩纪念会主要依据巴利圣典协会所出的巴利文系统藏经翻译编辑出版了日文的《南传大藏经》。

藏文系统大藏经主要由从梵文和汉文佛典翻译而成的藏文佛典构成。最早的写本藏文大藏经出现在 8 世纪,当时在赤松德赞时的桑耶寺曾开设译场,译出佛典 4000 余部,并编有目录。藏文藏经在 13 世纪之前都是写本,直到 14 世纪,西藏才出现木刻藏经,即所谓“奈塘古版”,但现在已无印本留存。藏文大藏经在历史上也有多次刻印,有多种版本,如永乐版、万历版、塔尔寺版、昌都版、理塘版、北京版、卓尼版、德格版、奈塘新版、拉萨版等[①]。德格版藏文大藏经共收佛典 4569 种。藏文大藏经一般被分为三部分:“甘珠尔”、“丹珠尔”和“松绷”。“甘珠尔”亦称“正藏”,包括经、律与密咒;“丹珠尔”亦称“续藏”,包括论著、经释、咒释及赞颂等;“松绷”亦称“杂藏”,包括藏蒙佛教僧侣的一些著述等。中国其他一些少数民族曾从藏文佛典翻译本民族文字的藏经,如蒙文大藏经就由藏文大藏经译出[②]。

汉文系统大藏经的种类极多。中国很早就已发明了印刷术,至晚在唐代就曾印制过一些佛典,但大规模地使用木刻系统印刷佛教大藏经则从宋代开始。

宋代主要刻制了五种藏经:“开宝藏”(宋太祖开宝四年开始在益州刻制,以《开元释教录》的经目为底本,共 480 帙,5048 卷)、“崇宁藏”(始刻于北宋元丰三年,由福州东禅等觉禅

① 详见《中国大百科全书》宗教卷,中国大百科全书出版社,1988 年,第 513 页。
② 元代曾在西藏刻印(1297 年开始),现存的印本包含明清之际补译重刻的部分。

院住持冲真发起募捐雕刻，共 580 函，1440 部，6108 卷）、“毗卢藏”（始刻于北宋政和二年，由福州开元寺僧人本明等发起募捐，得到蔡俊臣等人的支持刻印，共 595 函，1451 部，6132 卷）、“圆觉藏”（也称为思溪版藏经，始刻于北宋政和末年，由密州观察使等出资，湖州思溪圆觉禅院刻制，共 548 函，1435 部，5480 卷）、“碛砂藏”（始刻于南宋宝庆至绍定年间，由平江府碛沙延圣禅院开刻，后经战火，至元代才刻成，共 591 函，1532 部，6362 卷）。在这五种藏经中，“开宝藏”是宋代官刻性质的大藏经，其余四种是私刻版本的藏经。“开宝藏”是中国后来汉文藏经刻印的一个最初范本。

辽代刻印的汉文大藏经是“契丹藏”，该藏始刻于兴宗重熙时，是在“开宝藏”的基础之上增刻一些佛典而成的，共 579 帙，目前仅有一些残卷。

金代的大藏经始刻于金熙宗皇统九年，由潞州比丘崔法珍断臂劝募，在山西解州天宁寺刻印，最初的刻本主要为“开宝藏”的复刻本，元代补刻的版本约 6900 余卷，现存的主要是所谓“赵城藏”，即 1933 年在山西省赵城县广胜寺发现的部分“金藏”印本，现存的补刻本共 4957 卷。“赵城藏”较多地反映了“开宝藏”的本来面目，又包含一些“开宝藏”中没有的佛典，有较高的史料价值。

元代的官刻汉文藏经仅存 1982 年在云南发现的 32 卷残本。民间私刻的藏经主要是“普宁藏”，该藏始刻于元世祖至元十四年，由杭州余杭县南山大普宁寺刻印，约 6000 卷。元代还刻印过西夏文大藏经，该藏经主要以汉译佛典为翻译底本，确切始刻时间不明，在元大德六年刻成，共 3620 卷，但现在全文多数不存。

明代较重视大藏经的刻印，先后有三次官刻和两次私刻。

三种官刻藏经是:“洪武南藏”(始刻于洪武年间的金陵,共1600部,7000多卷)、“永乐南藏”(始刻于永乐年间的金陵,共1610部,6331卷)、“永乐北藏”(始刻于永乐十九年的北京,共1621部,6361卷)。两种私刻藏经是:“万历藏”(约始刻于万历十七年,刻处不明,共1659部,6234卷,现缺失一些部)、“嘉兴藏”(始刻于万历十七年的五台山等地,清代有续刻,由嘉兴楞严寺发行,最后成型时收佛典2090部,12600余卷)。

清代的官版大藏经是所谓“龙藏”,此藏始刻于雍正十三年,完成于乾隆三年,所收佛典内容基本同于“永乐北藏”,略有增加,共有正藏485函,续藏239函。清代还翻译刻印了满文大藏经。此藏始刻(编译)于乾隆三十八年,完成于乾隆五十五年,所收佛典不多,主要是汉文藏经中的部分“经”和“律”等,共108函。

汉文大藏经除了在我国流传外,还传播到其他一些国家。一些亚洲国家在参考了中国编集保存下来的藏经的基础上,进一步收集整理汉文佛典,编集了新的汉文大藏经。这类藏经中较著名的是“高丽藏”、“缩刷藏经”、“续藏经”和“大正藏”。

“高丽藏”① 最初由朝鲜古代高丽王朝在1011年刻印,以中国宋代“开宝藏”为底本。最初的“高丽藏”毁于战火,高丽王朝于1236—1251年又根据“开宝藏”和“契丹藏”重新修订刻印了“高丽藏”,共639函,1521部,6589卷,现在通行的“高丽藏”即是后刻的这一版本。

“缩刷藏经”② 是日本1880—1885年由岛田蕃根等人编印,东京弘教书院出版的汉文大藏经。该藏以“高丽藏”和中国宋、元、明本藏经为底本,进行标点校勘后编集而成,共1918部,

① 全称《高丽大藏经》。
② 全称《大日本校订缩刷大藏经》。

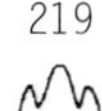

8539卷。1913年，中国上海频伽精舍曾删去了"缩刷藏经"中的校勘，翻印出版了"频伽藏"[1]。

"续藏经"[2]是日本1905—1912年由前田惠云等编印，京都藏经书院出版的汉文大藏经。该藏主要把此前汉文藏经中未收入的印度、中国和日本的一些佛教撰述[3]编集在一起，共1756部，7144卷。由于该藏经收有不少一般汉文藏经中未收的佛典，因而有重要的史料价值。

"大正藏"[4]是日本1922—1934年由高楠顺次郎等人组织的大正一切经刊行会出版的汉文大藏经。该藏以中国宋、元、明本藏经及"高丽藏"为主要底本，并参考敦煌、梵、巴利等文本的有关佛典，加以标点校勘后编集而成。"大正藏"共100卷[5]，包括3360部，13520卷佛典，是目前世界上使用较多的汉文大藏经。

当代中国也在编集出版汉文大藏经，即《中华大藏经》。这一工作在台湾和大陆都有开展。

台湾从1956年开始编集《中华大藏经》。召集人为屈映光，总编审为蔡运辰。计划编为四部分：选藏（收入先前所出的三十二种汉文大藏经所包含的佛典[6]）、续藏（收入先前三十二种汉文藏经中未收的佛典）、译藏（收入近百年译为外文的佛典，并进一步翻译补充）、总目录（收入各种藏经目录）。但仅出版了选藏部分的前三辑及总目录，其余计划的编集工作因故停止。

---

① 全称《频伽精舍校勘大藏经》。

② 全称《大日本续藏经》。

③ 多数文献为中国撰述，而且其中不少是中国先前佚失的佛典。

④ 全称《大正新修大藏经》。

⑤ 包括"正篇"55卷（含印度、中国和日本撰述的佛教文献），"续篇"30卷（含日本撰述的佛典、敦煌古遗文和一些疑伪书等），"别卷"15卷（含图像和《昭和法宝总目录》）。

⑥ 去掉重复的。

大陆从1982年开始编集《中华大藏经》。主持人为任继愈。计划编集出版汉文与藏文等中国文字的大藏经。汉文藏经计划编为三部分：历代正藏（收入以赵城藏为主的历代汉文藏经中所载佛典[①]）、续藏（收入房山石经、续藏经、大正藏等中所有的历代正藏未收的佛典）、新编入藏（收入先前藏经未收的藏外逸典和近现代佛教著述）。此外，还计划出版索引目录一册（包含经籍名称首字汉语拼音和笔画索引、译撰人姓名及其译著索引等）。目前汉文正藏部分已出版了许多册，完成了计划中的不少工作。其余工作的开展还在筹划运作中[②]。

---

① 赵城藏中没有的佛典以高丽藏及宋以后历代汉文藏经及房山石经等中的一些佛典补充。

② 以上藏经部分的许多统计数字等情况采用了《中国大百科全书》宗教卷中童玮撰写的“汉文大藏经”中的记述。关于国外汉文藏经及《中华大藏经》等的一些情况参考了蓝吉富主编的《中华佛教百科全书》（中华佛教百科文献基金会，1994年）中介绍的有关情况。

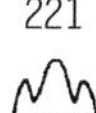

第四章 戒律论

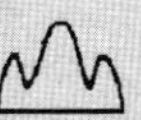

佛教的戒律是其作为一种文化形态的重要组成部分，是佛教教团得以存在和发展的基础。佛教产生在古代印度，它最初的教团形成于印度，最初的戒律自然也形成于印度。但佛教后来在中国有重要发展，它的典籍被大量译成汉文，佛教戒律方面的许多文献也与其他佛教文献一起传入中国。这方面的内容对佛教发展成为一个世界性宗教起了很大作用，因而很有研究价值。佛教戒律方面的内容极其丰富，也极为复杂，此处仅就印中佛教戒律的基本内容及其主要发展线索进行初步探讨。

一、佛教最初戒律的形成

佛教的“戒”与“律”严格来说是有区别的。“戒”的原文为“śīla”，主要指发自内心或自觉遵守的行为准则；“律”的原文为“vinaya”，主要指必须遵守的规定，包括具体的行为规则及违反它时的惩罚方式。但实际上，后来无论是在印度还是在中国，人们对这二者并不严格区分，汉文佛典中的“戒”通常包含“律”的含义，二者经常相提并论。笔者此处所谓“戒律”也是如此，主要指上述的“律”，但也包含上述“戒”的含义。

任何一个社会团体要想存在与发展都必须有一些约束成员行为的要求或准则，一个宗教组织则更是如此。佛教建立最初的传教组织后自然会有相应的教团纪律或成员的行为规范。这方面的内容在佛教中属于所谓“律藏”。但从情理上分析，早期或原始佛教时期的佛教戒律与后来流行的佛教戒律会有不少差异，佛教较完整的律藏是逐步形成的。早期佛教教义的传布主要通过口耳相传的方式进行。佛教在形成之初在戒律方面的情况由于当时的直接材料缺乏，因而不是十分明了。目前流传下来的较早的佛教的"律"分属于不同的佛教部派，是佛教发展到一定规模后所定型的，其中自然有不少早期或原始佛教时期佛教戒律的成分，但相当成分应当是后来产生的，这两种成分混合在一起。

尽管如此，我们对于早期佛教戒律的形成情况，还是要依赖于部派佛教时期的材料来了解。根据佛教一些"律"的记述，佛教的律藏最初是通过所谓"结集"进行整理并成型的。佛教的第一次结集和第二次结集都与佛教戒律的形成有关。佛教中的其他一些结集不少也与戒律问题有关。

佛教举行第一次结集是在释迦牟尼圆寂的当年。在这次结集上，佛的大弟子优婆离（优波离）根据佛生前的一些言行，诵出了佛教的有关戒律。在此基础之上，经过其他佛教僧侣的整理修订，形成了最初的所谓律藏（比尼藏）。记述这次结集情况的佛教文献不少，《五分律》卷三十中描述了结集律藏的有关内容："迦叶即问优波离：佛于何处制初戒？优波离言：在毗舍离。又问：因谁制？答言：因须提那迦兰陀子。又问：以何事制？答言：共本二行淫。又问：有二制不？答言：有，有比丘共猕猴行淫。迦叶复问：于何处制第二戒？答言：在王舍城。又问：因谁制？答言：因达腻吒。又问：以何事制？答言：盗瓶沙王材。迦叶复问：于何处制第三戒？答言：在毗舍离。又问：因谁制？答言：因众多比丘。又问：以何事制？答言：自相害命。迦叶复问：于何处制第四戒？答言：在毗舍离。又问：因谁制？答言：因婆求摩河诸比丘。又问：以何事制？答言：虚称得过人法。

迦叶作如是等问一切比尼已，于僧中唱言：此是比丘比尼，此是比丘尼比尼，合名为比尼藏。”[①] 由此类材料可以看出，佛教最初戒律的形成并不是一开始就制定一种较完备的法规，而是佛多次就一些具体事情来约束教徒的行为，这种事例积多了，渐渐为信徒所注意和总结，逐步形成共同遵守的戒律。依据上述材料，佛最初制定的戒律包括戒除杀、偷、淫、妄语等行为。这些行为在古代印度其他宗教（如婆罗门教、耆那教）中也是被禁止的。在佛教最初的僧团中被确立为基本戒律是很自然的。佛教后来的戒律极为复杂，尽管不少佛典中谈到是佛亲自制定的戒律，但从情理上来看，一些内容是要晚一些时候在佛教僧团中被逐步确立的。

佛教的第二次结集则更是主要因为戒律问题而起。在释迦圆寂百年时，居住在毗舍离附近的一些比丘出现了放松戒律，违反教规的情况，具体表现在所谓“十事”上。根据《善见律毗婆沙》卷第一的记载，所谓“十事”是：“一者盐净，二者二指净，三者聚落间净，四者住处净，五者随意净，六者久住净，七者生和合净，八者水净，九者不益缕尼师坛净，十者金银净。”[②] 也就是说，毗舍离的比丘认为向人收取金银等事是合法的。这种情况被耶舍等比丘发现，他们认为“十事”是非法的，因而在比丘中产生了对戒律问题的不同看法。这导致在毗舍离举行的由七百比丘参加的第二次结集。这次结集在耶舍等比丘的主持下宣布“十事”为非法。但毗舍离的比丘对这一决议并不

① 记述这次结集情况的佛教文献很多，除《五分律》卷第三十之外，《四分律》卷第五十四、《摩诃僧祇律》卷第三十二等中均有记载，但具体内容有一些差异。

② 关于“十事”的内容，不同佛教文献中的记述有一些差异。如《十诵律》卷第六十中说“何等十事？一者盐净，二者指净，三者近聚落净，四者生和合净，五者如是净，六者证知净，七者贫住处净，八者行法净，九者缕边不益尼师檀净，十者金银宝物净。”另外，还可参见《四分律》卷第五十四等。

接受，由此导致了统一佛教的分裂，形成了所谓上座部和大众部①。从以上“十事”可以看出，在佛圆寂百年时，佛教的戒律已经较为细致，因为在第二次结集前的佛教戒律中，已有了关于饮食、行住、财物等方面的较具体的规定。但十分明显的是，这些规定仍是处在变动中的。这主要与佛教的发展有较大关系，一些早期形成的佛教戒律随着佛教传播地域的扩大以及周围社会经济环境的变化会被一些教徒认为过时或束缚自身发展，他们提出变革这方面规定的要求，因而在教徒中产生矛盾就是不可避免的了。

总之，佛教的戒律是在该教产生和发展中逐步形成的，早期的戒律与当时一般的宗教团体对信众的要求接近，内容较为简略。后来随着时间的推移，戒律的内容逐渐变得复杂。戒律问题在佛教产生的最初阶段就为教团首领及众多信众所瞩目，在佛教内部常常是讨论或争论的焦点，这种讨论或争论对佛教的发展有重要影响。

二、佛教戒律的主要种类

佛教对不同的信奉者在戒律方面有不同的要求。如对在家者要求三皈五戒，对沙弥、沙弥尼要求受十戒，对式叉摩那要求受六法戒，对正式出家的比丘、比丘尼要求受具足戒。另外，不同部派或不同地区所传的戒律有不同，小乘佛教与大乘佛教的戒律也有差别。

在家的信徒一般应当实行所谓“三皈五戒”，即皈依佛、

① 认为统一佛教分裂缘于“十事”，主要是依据南传史料(《岛史》、《大史》等)所说，根据多数北传史料(如《异部宗轮论》等)，佛教的根本分裂是由于所谓“大天五事”引起的(具体参见《异部宗轮论》和《大毗婆沙论》卷第九十九)。

法、僧以及戒除杀生、偷盗、邪淫、妄语、饮酒。

信众不满二十岁但年满十四岁（特别场合为七岁）时可以出家，一般受持所谓“十戒”，即小乘沙弥、沙弥尼应受持之十戒，又称为沙弥戒、沙弥尼戒等，具体指不杀生、不偷盗、不淫、不妄语、不饮酒、不涂饰香鬘、不歌舞及观听、不坐高广大床、不非时食、不蓄金银财宝。

沙弥尼年满十八岁时（式叉摩那）要修持“六法戒”，通常指不淫（不以染心触于男子之身）、不盗（不盗人四钱）、不杀（不断牲畜生命）、不妄语（小妄语）、不非时食、不饮酒。

正式出家的教徒要遵守所谓“具足戒”。受持具足戒就正式取得了比丘或比丘尼的资格。关于具足戒，不同来源的戒本内容有一定差别。根据《四分律》等佛典，比丘的具足戒有二百五十条，比丘尼的具足戒有三百四十八条[①]。比丘与比丘尼的戒一般分为八大类，即：波罗夷、僧残、不定、舍堕、单堕、波罗提提舍尼、众学、灭诤。

波罗夷（pārājika）指戒律中的根本罪或极大之罪。这种罪属于比丘的有四种，即杀、盗、淫、妄语[②]；属于比丘尼的有八种，即在上述四波罗夷之上再加上摩触[③]、八事成重[④]、覆藏他重罪[⑤]、随顺被举比丘[⑥]。犯了波罗夷戒[⑦]的人要被逐出僧团，并被认为死后要下地狱。

僧残（saṃghāvaśeṣa）指比波罗夷轻一些的罪行，即犯此类

---

① 《四分律》的卷第一至卷第二十一论及了比丘戒，卷第二十二至卷第三十论及了比丘尼戒。

② 这四波罗夷中的盗和妄语应指程度较严重的。

③ 指以淫心摩触男子。

④ 即捉男子之手、捉衣、入屏处、共立、共语、共行、身相倚、共期行淫之处。

⑤ 指隐瞒包庇其他犯戒者。

⑥ 指随顺有罪比丘。

⑦ 四波罗夷和八波罗夷也被称为四重八重。

戒者相对于犯波罗夷戒者还有残余的法命。这种戒属于比丘的有十三种，如故出精戒、摩触女人戒、与女人粗语戒、向女人叹身索供戒、媒人戒、破僧违谏戒等；属于比丘尼的有十七种，如媒人戒、言人戒、度贼女戒、受漏心男食戒、助破僧违谏戒等。

不定（aniyata）是指最终所达到的犯戒程度尚未明确，但已经是犯戒的行为。此戒为比丘所受持，分为屏处不定戒及露处不定戒两种。屏处不定戒指比丘不可单独与女人共坐于屏处、覆处、障处等处所说非法语；露处不定戒指比丘不可与女人在露现之处说粗恶语。

舍堕（naiḥsargika-prāyaścittika，尼萨耆波逸提）是为比丘与比丘尼所制定的防止由于贪心而追求财物等的戒律。属于比丘和比丘尼的各有三十条。如在比丘的三十条舍堕中，有长衣戒、离衣戒、乞衣戒、畜钱宝戒、贩卖戒、乞钵戒、乞缕戒、夺衣戒、雨浴戒等。在《四分律》中，比丘尼的舍堕有十八条与比丘的舍堕不同，十二条相同。违犯这类戒会堕入恶道，只有舍去有关的财物等方能表示忏悔并免于堕入恶道。

单堕（śuddha-prāyaścittika）指单纯对他人忏悔即可得清净的堕罪。如犯小妄语[①]以及杀畜生等罪，如果在布萨僧中进行了忏悔，就可以获得清净。根据《四分律》，比丘的单堕有九十条，比丘尼的单堕有一百七十八条。比丘与比丘尼有六十九项单堕是相同的。单堕和舍堕也常混为一类，称为“波逸提”。

波罗提提舍尼（pratideśanīya，意译为“向彼悔”或“悔过”等）是轻微的过失，主要涉及的是佛教关于饮食等方面的规定。有此过失者仅需对一清净僧忏悔即可。根据《四分律》及《有部毗奈耶》等，此类戒属于比丘的有四条，属于比丘尼的有八

① 说小的谎。

条。比丘的四条是：从非亲尼取食戒、食尼指授戒、学家受食戒、兰若受食戒[①]；比丘尼的八条是：无病乞酥戒、无病乞油食戒、无病乞蜜食戒、无病乞黑石蜜戒、无病乞乳食戒、无病乞酪食戒、无病乞鱼食戒、无病乞肉食戒[②]。

众学（saṃbahulāḥ śaikṣa）是较轻的过失，所涉及的是有关服装、食事、威仪等极细微的事情，其规则众多，稍不注意就可能触犯，要经常习学，因而称为众学。根据《四分律》等，此类戒属于比丘和比丘尼的均为一百条。举例来说，这类戒有：当齐整着三衣、不得跳行入白衣舍、不得跳行入白衣舍坐、不得白衣舍内蹲坐、不得以饭覆羹更望得、不得大张口待食、不得含饭语、不得遗落饭食、不得污手捉饮器、不得水中大小便涕唾、不得立大小便、不得为叉腰者说法、不得为骑乘者说法、不得在佛塔下埋死尸、不得佛塔下大小便、不得向佛塔舒脚坐、人坐已立不得为说法、不得携手在道行，等等[③]。

灭诤（adhikaraṇa-śamatha）是止灭僧尼中所生诤论之法。因比丘和比丘尼都有七种，因而也称为七灭诤。七种止灭僧尼诤议的方法，又称七灭诤法、七止诤法等，是为裁断有关僧尼犯戒等之诤议而设的七种方法。诤有四种，即言诤、觅诤、犯诤、事诤。所谓七灭诤，即： 现前毗尼[④]、忆念毗尼[⑤]、不痴毗尼[⑥]、

---

① 具体内容参见《四分律》卷第十九、《有部毗奈耶》卷第四十九等。

② 参见《四分律》卷第三十、《有部苾刍尼毗奈耶》卷第二十等。

③ 参见《四分律》卷第十九至卷第二十一。

④ 指使争论双方当众对决，说明具体情况，采用引证三藏之教法或引证戒律条文等方法来决定是非。

⑤ 指在确定罪过有无时，问当事人的记忆中是否有，若无记忆则无过。但适用此项的仅限平生为善或以善知识为友者。

⑥ 指得癫狂等病，精神异常，因而犯有过失。这类人在病愈后，僧团可令其悔罪后恢复原有身份。

自言毗尼[①]、觅罪相毗尼[②]、多人觅罪相毗尼[③]、如草覆地毗尼[④]。七灭诤是比丘与比丘尼共通的戒律[⑤]。

关于佛教的戒律，后来一般也常概括为所谓"五篇七聚"。五篇是：波罗夷、僧残、波逸提、悔过、突吉罗。"七聚"亦称"七聚罪"，指在"五篇"之上加入偷兰遮[⑥]和恶说[⑦]。这里面的突吉罗是具足戒之中轻罪的总称。两种不定、百种众学、七种灭诤都属于突吉罗。

除了上述这些戒律外，佛教的律藏中还常记述有关受戒、布萨[⑧]、安居等的具体实施方法、僧团内日常生活中的一些规定及对违戒现象的处罚等，即所谓"犍度"。如在《四分律》中有所谓"二十犍度"，即：受戒犍度、说戒犍度、安居犍度、自恣犍度、皮革犍度、衣犍度、药犍度、迦稀那衣犍度、俱睒弥犍度、瞻波犍度、呵责犍度、人犍度、覆藏犍度、遮犍度、破僧犍度、灭诤犍度、尼犍度、法犍度、房舍犍度、杂犍度[⑨]。

以上叙述（特别是关于具足戒的叙述）主要依据来自部派佛教中法藏部的《四分律》。但佛教律藏的来源有多种，除《四分律》之外，来自早期或部派佛教的律还有《十诵律》、《五分律》、《摩诃僧祇律》、《解脱戒经》以及巴利律藏等。

《十诵律》是部派佛教中说一切有部所传的律。该律中有比丘戒二百五十七条，比丘尼戒三百五十五条。比丘戒和比丘

---

① 指僧尼犯罪时，令其自白，再作处罚。

② 指在犯戒者不说实话时，举证其罪状，给以不得度人或受人依止等处罚。

③ 指在互相争持不下时，召集有德之僧，根据多数人的意见决定是非。

④ 指争论者互悟其非，如草伏地，争端平息，互相道歉或忏悔。

⑤ 关于灭诤，可参见《四分律》卷第四十七等。

⑥ 即犯波罗夷和僧残罪未遂者及其他一些"五篇"未包含的重罪。此罪中有程度的差别，但最甚者严重程度仅次于波罗夷和僧残。

⑦ 口说无意义或不当说的话。

⑧ 佛教等宗教派别所举行的说戒、忏悔或斋戒等的聚会。

⑨ 具体参见《四分律》卷第三十一至卷第五十三。

尼戒也分为八大类，在细目的数量上多数同于《四分律》。如在比丘戒中，也是四波罗夷、十三僧残、二不定、三十舍堕法、九十波逸提（单堕）、四波罗提提舍尼、七灭诤，只是众学法为一百零七条。在比丘尼戒中，许多内容与《四分律》中的比丘尼戒是类似的，如《十诵律》中也有八波罗夷、十七僧残、三十舍堕、一百七十八单提（单堕）等。在比丘戒和比丘尼戒之外，《十诵律》中也有相当于《四分律》中的“犍度”部分。

《五分律》是部派佛教中化地部（弥沙塞部）所传之戒律。化地部是自上座部系统分出来的部派。该律由五部分组成，因而称为《五分律》。论及比丘戒的是第一部分（卷第一至卷第十），共二百五十一戒，包括四波罗夷法、十三僧残、二不定、三十舍堕、四悔过（波罗提提舍尼）、百众学、七灭诤，只是堕法（单堕）为九十一条。论及比丘尼戒的是第二部分（卷第十一至卷第十四），共三百七十戒，包括八波罗夷、十七僧残、三十舍堕、二百零七堕法（单堕）、八悔过、百众学等。《五分律》其余三部分的内容相当于《四分律》中的“犍度”部分，并论及了五百结集和七百结集。

《摩诃僧祇律》是部派佛教中根本大众部所传之戒律，由于大众部与大乘佛教的关系较密切[①]，因而该律真正成型的时间不会很早。《摩诃僧祇律》与上述来自上座部的律有较多差别。如该律讲述七百结集时，认为乞金银钱是合法的，提出五种净法（五种开许方便），这表现出大众部戒律不同于上座部系统戒律的特点。该律卷第一至卷第二十二论述了比丘戒，共二百一十八条，包含四波罗夷、十三僧残（僧伽婆尸沙）、二不定、三十舍堕（尼萨耆波夜提）、九十二单堕（波夜提）、四悔

① 该律引用了不少大乘佛典，较多使用大乘的术语或概念。

过（波罗提提舍尼）、六十六众学、七灭净。卷第三十六至卷第四十论述了比丘尼戒，共二百七十九条，包含八波罗夷、十九僧残（僧伽婆尸沙）、三十舍堕（尼萨耆波夜提）、一百四十一单堕（波夜提）、八悔过（波罗提提舍尼）、六十六众学、七灭诤。该律卷第二十三至卷第三十五主要论述了相当于《四分律》中的"犍度"部分。

《解脱戒经》被认为是所谓"五部律"[1]之一，属于迦叶遗部（饮光部），但该律内容极为简要，论述了四波罗夷、十三僧残、二不定、三十舍堕、九十堕法（单堕）、四悔、九十六众学、七灭诤。

巴利律藏指南传斯里兰卡的上座部系统所传的律藏。也称为"南传上座部律"或"铜鍱律"。该律以巴利文记述，内容主要由三部分组成，即：经分别、犍度、附随。在经分别里，论述了比丘戒和比丘尼戒。比丘戒（比丘分别）有二百二十七戒（称为大分别），分为八聚，包括四波罗夷、十三僧残、二不定、三十舍堕、九十二波逸提、四波罗提提舍尼、七十五众学、七灭诤。比丘尼戒（比丘尼分别）有三百一十一戒，分为七聚，包括八波罗夷、十七僧残、三十舍堕、一百六十六波逸提、八波罗提提舍尼、七十五众学、七灭诤。犍度部分中包括布萨、安居及对违戒僧众的处罚方法或规定等，而且也论及了第一次结集和第二次结集等，这方面的内容与《四分律》等类似。附随出现的时间可能比经分别和犍度要晚，它是对经分别和犍度的进一步说明和补充，具体论述了一些戒律的形成，并对比丘戒与比丘尼戒的一些内容进行了比较。巴利律藏与汉译的《五分律》等

① 佛圆寂后百年，付法藏第五祖优婆鞠多下面有五弟子（昙无德等），同时从律藏发展出五个部派的律，即属于昙无德部的《四分律》、属于萨婆多部的《十诵律》，属于弥沙塞部的《五分律》，属于摩诃僧祇部的《摩诃僧祇律》（关于此部派的律，一些史料中有些不一致或较含糊的记述，据《出三藏记集》卷第三载，婆嗟富罗部即为摩诃僧祇部），属于迦叶遗部的《解脱戒经》。合称为"五部律"。

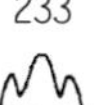

在比丘戒、比丘尼戒及犍度等方面虽有一些差别，但相同处是主要的。在巴利律藏中，经分别和犍度与汉译的有关版本的相应部分较多，附随则较少。

大乘的律是后来形成的，有不少和小乘律共通的部分。内容相对小乘律要简单一些。其中最主要的是《梵网经》、凉译《菩萨戒本》、唐译《菩萨戒本》和《菩萨璎珞本业经》等。主要针对在家信众的此类佛典则有《优婆塞戒经》和《受十善戒经》等。

《梵网经》是影响最大的论述大乘戒律的佛典。该经共两卷，上卷主要论述了十发趣心、十长养心、十金刚心及十地等。明确论述大乘戒律的是下卷。大乘戒律主要也就是所谓菩萨戒，该经列举十重禁戒、四十八轻戒。所谓十重禁戒指戒除十波罗夷罪，即：杀戒、盗戒、淫戒、妄语戒、酤酒戒、说四众过戒、自赞毁他戒、悭惜加毁戒、瞋心不受悔戒、谤三宝戒。所谓四十八轻戒指不敬师长、饮酒、食肉、食五辛、懈怠不听法、不看病、放火烧、恃势乞求、无解作师、不习学佛、不善和众、瞋打报仇、损害众生、不供养经典、说法不如法等相对轻一些的罪。《梵网经》的内容在体系上与小乘律差别不小，有特色之处是此经之戒无出家、在家的分别，是信众所依照的共通之戒。

凉译《菩萨戒本》是把昙无谶译的《菩萨地持经》中的"戒品"部分摘出后独立命名而成的。该戒本中提到了"四波罗夷"，但内容与小乘的"四波罗夷"不同，其主要内容是：为贪利而自赞毁他；悭惜财法，不施与贫穷者或求法者；瞋恚出恶言并残害别人，结恨不舍；谤乱正法。另外还提到了四十一轻戒[①]，其中有许多内容与《梵网经》中的四十八轻戒的内容相似，如不敬

① 也有人将其中的第二十六戒分为两项，认为合计为四十二轻戒。

师长（不敬上座有德）、瞋打报仇（瞋者报瞋，打者报打）、不习学佛（于世典外道邪论，爱乐不舍）、不供养经典等。

唐译《菩萨戒本》是把玄奘译的《瑜伽师地论》中的“菩萨地戒品”部分摘出后独立命名而成的。该戒本论述了四种重戒（四波罗夷）和四十三种轻戒[①]。四种重戒与凉译本的内容相同。四十三种轻戒与凉译本及《梵网经》的有关内容也大同小异。

《菩萨璎珞本业经》中提到了大乘佛教戒律的三聚净戒[②]，即：摄律仪戒（指十波罗夷）、摄善法戒（指修持一切善法）、摄众生戒（指用慈悲喜舍等使众生安乐）。这三聚净戒后来在大乘佛教的戒律中影响较大。

《优婆塞戒经》主要是对在家菩萨说的入道之法，它论述了六重法、二十八失意等。六重法是不杀生、不偷盗、不虚说、不邪淫、不说四众过、不酤酒。二十八失意中的内容与《梵网经》中的一些内容相近，如不供养师长、饮酒、不照顾病患等。

《受十善戒经》与《优婆塞戒经》性质相同，它论及了十善（不杀生、不偷盗、不邪淫、不妄语、不两舌、不恶口、不绮语、不贪、不瞋、不痴）、八戒斋（不杀、不盗、不淫、不妄语、不饮酒、不坐高广大床、不歌舞作乐、不过中食）及违犯十善戒的报应等。

由于大乘戒或菩萨戒是为一切发菩提心的人所受的戒，不分在家出家，也不论佛弟子七众[③]的类别差异，均可受持，因而上述《梵网经》等涉及的范围较宽，是所谓“通戒”。

---

① 关于轻戒，由于后人计算方法的差异，在数目上有不同说法。

② 这种概括是较晚出现的，但基本内容则在此经等一些印度佛典中即已存在。

③ 指比丘、比丘尼、沙弥、沙弥尼、式叉摩那、优婆塞、优婆夷。这里面前五为“出家五众”，后二为“在家二众”。

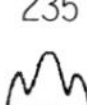

三、佛教戒律在中国发展的基本线索

佛教传入中国后,戒律方面的典籍也逐渐在中国被译出,并逐渐在中国佛教发展史上发生影响,以至于在中国形成了以弘传律藏为主的佛教宗派,出现了许多在律学方面颇有造诣的高僧,从而在这方面推动了佛教的发展。

一般认为,中国汉地翻译佛教戒律并实行戒律是从三国时期开始的。具体来说,是在魏嘉平年间(249—253),中天竺昙柯迦罗来洛阳,见到中国僧人只落发而未受戒,于是译出《僧祇戒本》,作为持戒的依据。另外,还请天竺僧人立了受戒方式的具体规定[①]。此后,印度佛教律藏中的几部重要的律被逐渐译为汉文。

《摩诃僧祇律》是在东晋时期译出的,由佛陀跋陀罗和法显在义熙十四年(418)共译,汉译本为40卷。《摩诃僧祇律》的这一译本虽不是印度几部主要律中最早的汉译本,但在此之前的三国魏嘉平二年(250)曾有昙柯迦罗译《僧祇戒本》,东晋咸康中又有僧建于月支国得《僧祇尼羯磨》及《戒本》,于升平元年(357)在洛阳译出。但这些译本均已佚散[②]。法显在东晋隆安三年(399)与一些同学自长安出发去天竺求取律藏,获得《摩诃僧祇律》原本。《高僧法显传》中说:"法显本求戒律,而北天竺诸国,皆师师口传,无本可写。是以远涉乃至中天竺,于此摩诃衍僧伽蓝得一部律,是摩诃僧祇众律,佛在世时,最初大众所行也。于祇洹精舍传其本。"此律是汉地较早传来的印度戒律,曾流行一时,但无注疏流传于世,后来《四分律》在中

① 参见中国佛教协会编《中国佛教》一,知识出版社,1989年,第285页。

② 参见中国大百科全书总编委会《宗教》编委会编《中国大百科全书》宗教卷,中国大百科全书出版社,1988年,第270页。

国盛行,它的影响逐步减小。

《十诵律》是后秦弘始六至七年(404—405)间,由弗若多罗、鸠摩罗什共同翻译的。弗若多罗和鸠摩罗什在长安译《十诵律》时,并无写出的梵本,而是由弗若多罗口诵该律梵文,鸠摩罗什将其译为汉文。后来昙摩流支来到长安,才带来了《十诵律》的梵本。现存的汉译本六十一卷,并非全由弗若多罗和鸠摩罗什所译,其中包括昙摩流支等人补译的部分。鸠摩罗什等译的《十诵律》与后来陆续译出的根本说一切有部各律不完全相同,它是有部律中较为古老的。此律译出后,在汉地曾十分盛行。《高僧传》卷第十一中说:"自大教东传,五部皆度。始弗若多罗诵出十诵梵本,罗什译为晋文。……虽复诸部皆传,而十诵一本最盛东国。以昔卑摩罗叉律师本西土元匠,来入关中,及往荆陕,皆宣通十诵。"《十诵律》的注释书据记载有智称的《十诵义记》八卷、僧祐的《十诵义记》十卷、昙瑗的《十诵义记疏》十卷等,但现今都已不存[①]。《十诵律》虽是在汉地较早盛行的戒律,但在唐朝中宗后,此律的影响明显衰弱。

《五分律》是刘宋景平元年(423),罽宾律师佛陀什等人译出的,汉译本三十卷。具体的翻译工作是:佛陀什口译,于阗沙门智胜笔受,竺道生、慧严等参与译事。据《高僧法显传》所载,该律原本是法显西游时在师子国所得[②]。在汉地所翻译的几部印度律中,《五分律》是在中国影响较小的一部。一般认为《五分律》在内容上与巴利律藏最为接近。

《四分律》一般认为是姚秦时佛陀耶舍与竺佛念共同翻

① 参见慈怡主编《佛光大辞典》,佛光文化事业有限公司,1988年,第497页。

② 《高僧法显传》中说:"法显住此国(师子国)二年,更求得弥沙塞律藏本。"

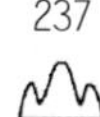

译的[①]，译出的时间在弘始十年（408）。此汉译本现通行分为六十卷。《四分律》在中国古代的注疏很多，重要的被认为是所谓“四分三要疏”，即：北魏慧光的四卷本《四分律疏》（一般称为“略疏”，现已不存）、唐法砺的十卷本《四分律疏》（一般称为“中疏”）、唐智首的二十卷本《四分律疏》（一般称为“广疏”，现仅存第九卷）。此外，影响较大的还有唐怀素写的《四分律开宗记》（二十卷）、唐道宣的《四分律删繁补阙行事钞》（十二卷）、宋元照的《四分律行事钞资持记》（十六卷）等。《四分律》译出时，在中国较流行的是《十诵律》。而在《四分律》译出六十多年后，北魏法聪律师开始大力弘扬此律，道覆、慧光等也各为《四分律》作疏。特别是慧光，他对《四分律》所作的疏，积极促进了此律在中国的传播。慧光将《四分律》视为大乘律，这对中国后来出现的律宗基本观念的形成起了重要作用。在唐中宗时，《十诵律》被明令禁用，《四分律》开始盛行，成为中国古代佛教界影响最大的戒律。一直到现代，此律仍是汉地佛教沿用的主要戒律。

佛教的戒律在中国较全面地翻译和传播后，对中国佛教界产生了重要影响，出现了一些专门研究佛教律藏的僧人。随着此类僧人的增多，中国形成了专门弘扬佛教律藏的宗派，即所谓律宗。

律宗作为一个中国佛教宗派主要是在唐代形成的，它的实际创宗人是唐代的道宣（596—667）。在道宣之前，中国传入的各种印度律以及对这些律的解说或弘扬，是律宗形成的理论基础。印度佛教虽有几种不同的律，但内容相同部分居多，因而这些律在中国的翻译和弘扬对推动中国佛教戒律制度的

① 但据《宋高僧传》卷第十四“昙一传”中说：“四分律者，后秦三藏法师梵僧佛陀耶舍传诵中华，与罗什法师共为翻译。”

形成和戒学思想的发展都有促进作用。中国律宗的形成虽然受到了印度不同来源的律的影响，但作为基础的律则是《四分律》。因而律宗也称为四分律宗。北魏时的法聪是较早弘传《四分律》的，有人认为是他开创了四分律宗。唐代对《四分律》的研究很有规模，发展方向也并不单一。所谓的四分律宗后来主要发展出三个派别，即南山宗、相部宗和东塔宗。

南山宗是因道宣而命名的，道宣曾入终南山弘传律学，律宗因此也称为南山宗。如上所述，印度传来的律，除《四分律》之外，其他的律（《十诵律》、《五分律》、《摩诃僧祇律》等）流行的时间有限，它们在中国历史上或无专门注疏，或虽有注疏却没有流传下来。而《四分律》则弘扬者众多，注疏众多。在道宣之前，就有所谓"四分三要疏"。至道宣时，则又有所谓"五大疏"，即：《四分律删繁补阙行事钞》（十二卷）、《四分律含注戒本疏》（八卷）、《四分律删补随机羯磨疏》（八卷）、《四分律拾毗尼义钞》（六卷，现存四卷）、《四分律比丘尼钞》（三卷）。道宣以《四分律》为基本戒律依据，用《四分律》的基本戒律学说来融通大乘佛教。他受当时流传的唯识思想影响，表明了其心识种子戒体观念，例如他在《四分律删补随机羯磨疏》（卷第三）中说："欲了妄情，须知妄业，故作法受，还熏妄心，于本善识，成善种子，此戒体也。"这实际上也是继承了《楞伽经》、《摄大乘论》等大乘佛典中的有关思想，把心法作为戒体，从而把佛教戒律的学说与大乘佛教的主流思想相融合。道宣还主张用《四分律》的学说来融通佛教的"三学"，他把佛教分为"化教"和"制教"。化教指"三学"中的定学和慧学，制教指戒学。道宣还将大乘三聚净戒的思想与《四分律》的学说联系起来。这些使得戒律理论与佛教的其他义理有机地结合起来，在中国佛教史上进一步扩大了律学的影响。道宣门下有弟子千人，较著名的有大慈、文纲、周秀、怀素、恒景等 。著名的鉴真和尚是道宣的再传弟子,鉴真是由道宣的弟子恒景授戒的。

相部宗的创立者是唐代法砺(569—635)。由于法砺居住在相州(今河南安阳),因而此宗称为相部宗。法砺十五岁就出家,很早就学习了《四分律》和《十诵律》,撰有《四分律疏》、《羯磨疏》、《舍忏仪轻重叙》等著作。法砺认为戒学兼具定、慧二学,他把止恶和为善(止持和作持二法)作为根本,并受《成实论》的影响,认为戒体是非色非心的。法砺的主要弟子有明导、昙光、道成等。道成的弟子有怀素、满意等。

东塔宗为唐代怀素(634—707)所创立,因为怀素居住在长安崇福寺东塔,因而此宗称为东塔宗。怀素曾先后向玄奘、道宣及道成学习过佛教经论及戒律学说,对《四分律》颇有研究。他对法砺的许多律学说法不甚满意,写了著名的《四分律开宗记》。此书列举了法砺的十卷本《四分律疏》中的种种过失,提倡新义。此书相对法砺的疏而言被称为“新疏”。对于怀素的新疏或新义,也有人表示反对,如满意①之弟子定宾就破斥怀素的新疏,肯定法砺的解说。怀素的主要弟子有法慎、义嵩等。

按照道宣等人著作中的观点,佛教的戒可分为戒法、戒体、戒行和戒相。戒法就是佛所制的种种戒律;戒体是指在授受戒法时所产生的防非止恶功能,也就是所发生的领受于自心中的法体;戒行是持戒的行为,即随顺戒体,防止三业罪恶的如法行为;戒相是持戒所表现于外的相状。一般认为,由四分律宗发展出来的上述三宗在理论上的分歧主要表现在其戒体论上。相部宗法砺主非色非心的戒体论;东塔宗怀素主色法戒体论;道宣的南山宗主心法戒体论②。

① 他与东塔律师怀素是同门,被称为西塔律师。

② 参考中国佛教协会编《中国佛教》一,第289页。

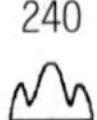

在四分律宗的发展中，相部宗和东塔宗最终影响消失，只有南山宗一家长久流传。因此，现今所谓四分律宗，可以说主要是特指南山宗 。

在唐代之后，律宗或佛教律学的思想仍有不同程度的发展。

五代时期仍有四分律宗里三家的区分。这一时期较著名的律师有贞峻（847—924）、澄楚（889—959）、慧则（835—908）、希觉（864—948）等。一些律师与朝廷关系密切，如澄楚就曾为皇室成员落发授戒。

宋代律宗主要传的是南山宗。其中较重要的人物是赞宁（919—1001）。赞宁以编撰《宋高僧传》而著称，但对佛教律学也很有研究，有"律虎"之称，曾著有《四分律行事钞音义指归》（已不存）。此外，较著名的律师还有允堪（1005—1061）、元照（1048—1116）等。允堪对道宣的律学理论很有研究，曾对道宣的《四分律删繁补阙行事钞》等著作有大量注释。元照对道宣的著作也颇有研究，写过一些有关的注释。

辽代律学也有一定发展，一些统治者在朝廷内建坛授戒。较著名的律师有非觉（1006—1077）、等伟（1051—1107）等人。律学方面的重要著作有《四分律删繁补阙行事钞详集记》、《自誓受戒仪》[①] 等。

金代较著名的律师有悟铢（？—1154）、法律（1099—1166）、广恩（1195—1231）等人。

元代统治者也很重视戒律，新皇登基前要从帝师受戒。著名的律师有法闻（1260—1317），他对大乘佛教的一些经典及《四分律》很有研究。

① 前者的作者是澄渊，后者的作者是思孝。参见中国佛教协会编《中国佛教》一，第92页。

明代律宗也有流传，较著名的律师有如馨（1541—1615）和寂光（1580—1645）等人。如馨在南京古林寺传戒，寂光在南京宝华山传戒。形成古林和宝华两家。这一时期的律学方面的主要著作有《传戒规范》、《四分律如释》、《四分律名义标释》[①]等。

清代亦有不少重要律师，如海华（1608—1679）、书玉（1645—1721）、福聚（1686—1765）、源谅（1705—1772）等人。书玉继承了宝华山的戒律传统。福聚则为法源寺的第一代律师祖。源谅传戒于北京潭柘寺，并著有《律宗灯谱》[②]。

佛教的戒律是随佛教的产生而产生，随佛教的发展而发展的。佛教传播的地域不止古代印度和中国，它在亚洲和世界的不少其他地区都有传播。戒律在这些地区也有重要发展或不同的表现形态。本文所述的内容仅限于古代印度和中国汉地戒律的一般情况。而且，即便是这一范围里的内容，实际上也极为丰富和复杂，还有待于更深入的研究。

① 《传戒规范》的作者是见月，《四分律如释》和《四分律名义标释》的作者是弘赞。参见中国佛教协会编《中国佛教》一，第117、130页。

② 参见中国佛教协会编《中国佛教》一，第130、131页。

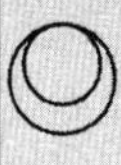

第五章 禅思想

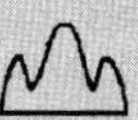

"禅"在古代东方和现代世界的许多地区都极为流行,但对它的理解或定义却有多种。本文中将其限定在佛教等宗教的一种体悟或修持方法上,重点讨论这种方法在印度和中国的形成、发展及主要特点。

一、"禅"的原文与主要含义

现一般认为,"禅"一词的梵语原文为"dhyāna",古印度俗语的原文为"jhāna"。从发音上看,这一词主要应来自古印度俗语,显然是一个音译词,而且是一个缩略了的音译词。原文译全了应为"禅那"。"禅"是把原文后面的一个元音"a"省略后译出的结果[①]。

在汉文中,"禅"一词经常与"定"合用,称为"禅定"。"定"有时是上述"禅"的原文的意译,然而多数情况是"定"另有一梵语原文"samādhi"。"禅"和"定"在古代和现代有时分开用,或有一定区分。在一般情况下,二者多混用。一些佛教典籍中谈及二者的区别或关联,但说法并不完全一致。

《大智度论》卷第二十八中说:"一切禅定亦名定,亦名三昧。四禅亦名禅,亦名定,亦名三昧。除四禅诸余定亦名定,亦名三昧,不名为禅。"据此来看,禅可以称为定,定却不一定都能称为禅。

① 参考镰田茂雄著《简明中国佛教史》(中译本),上海译文出版社,1986年,第243页。

《坛经》(坐禅品)[1] 中说:“何名禅定?外离相为禅,内不乱为定。外若著相,内心即乱。外若离相,心即不乱。……外禅内定,是为禅定。”从这段话看,“禅”和“定”虽侧重点有所不同,但却紧密相关,很难严格区分。

在实际上,无论是古代还是现代,“禅”和“定”互相替代使用的情况都有,以其中一词代二词相连时意义的情况也有。本文中为叙述方便,也对二者不严格区分。

那么,“禅”的主要含义究竟是什么呢?为了便于把握,我们再举一些印中佛教文献中的说法来考察。

《长阿含经》卷第八中在论述四禅时说:“复有四法,谓四禅。于是比丘除欲恶不善法,有觉有观,离生喜乐,入于初禅。灭有觉观,内信一心,无觉无观,定生喜乐,入第二禅。离喜修舍念进自知身乐,诸圣所求,忆念舍乐,入第三禅。离苦乐行,先灭忧喜,不苦不乐,舍念清净,入第四禅。”在这里,禅主要是对人情感和意念的控制或抑制。

《妙法莲华经》卷第四中提到:“文殊师利言:有娑竭罗龙王女,年始八岁,智慧利根,善知众生诸根行业,得陀罗尼,诸佛所说甚深秘藏,悉能受持,深入禅定,了达诸法。”从这段话看,禅或禅定是认识诸法的必要条件。

隋代慧远在《大乘义章》卷第十三中说:“禅者,是其中国之言。此翻名为思惟修习,亦云功德丛林。思惟修者,从因立称,于定境界,审意筹虑,名曰思惟。思心渐进,说为修习,从克定名,思惟修寂。亦可此言,当体为名,禅定之心,正取所缘,名曰思惟。思心增进,说为修习。功德丛林者,从果为名,智慧神通,四无量等,是其功德,众德积聚,说为丛林,定能生之,因从

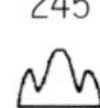

① 曹溪原本(以下有关《坛经》的引文均用此本)。

果目，是故说为功德丛林。”在解释禅之前，慧远还提及了禅的其他几种名称，即定、三昧、正受、三摩提、奢摩他、解脱等。他对这些名称的来由也做了简要的说明。从这段话来看，禅主要是一种思维修习的方法，由它能产生智慧，产生神通，产生功德，获得解脱等。

宗密在《禅源诸诠集都序》卷上之一中解释禅时说："禅是天竺之语，具云禅那，中华翻为思惟修，亦名静虑，皆定慧之通称也。”在论述禅的种类时他说："禅则有浅有深，阶级殊等。谓带异计欣上厌下而修者，是外道禅；正信因果，亦以欣厌而修者，是凡夫禅；悟我空偏真之理而修者，是小乘禅；悟我法二空所显真理而修者，是大乘禅。若顿悟自心，本来清净，元无烦恼，无漏智性，本自具足，此心即佛，毕竟无异，依此而修者，是最上乘禅，亦名如来清净禅，亦名一行三昧，亦名真如三昧。此是一切三昧根本。若能念念修习，自然渐得百千三昧。达摩门下，展转相传者，是此禅也。达摩未到，古来诸家所解，皆是前四禅八定。诸高僧修之，皆得功用。”这段话对禅的种类做了系统划分，提出了外道禅、凡夫禅、小乘禅、大乘禅、最上乘禅的概念。

但对禅的划分还有不同的说法，如天台宗的智顗在《妙法莲华经玄义》卷第四上中说："定圣行者略为三：一世间禅，二出世禅，三上上禅。”在这里，禅主要又被分为了三种，是属于“定圣行者”。

对禅的解释或种类划分在印中佛典中还能举出许多。

综合这些佛典中的主要部分的叙述以及印度与中国禅思想的实际情况，大致可以对禅的主要含义做这样的归纳或概括：

禅主要是人的一种精神修持方法，是信奉者的一种体悟真理或最高实在的方法，是其摆脱外界干扰，保持内心平静的方法，是其明心见性的方法，是其思维修炼的方法，是其获得神通,获得功德,获得智慧,获得解脱的方法。禅有不同层次或等级。禅主要是佛教内的,也有佛教外的。

这样来归纳或概括恐怕较为抽象,以下我们结合印度与中国的实际情况来具体考察。

二、禅思想在印度的形成和主要特点

"禅"在佛教中颇为盛行,在中国发展十分迅速。但作为一种精神修持的方法,它最初产生于印度,而且其思想渊源应追溯到佛教产生之前的印度其他宗教。

如上所述,禅的一个重要方面是摆脱外界干扰,保持内心平静。这和印度历史上的瑜伽修行有很大关联。而瑜伽修行在佛教产生前的印度已存在很长时间了,印度具有瑜伽修行的宗教派别很多,佛教仅是其中之一。

由于瑜伽修行的许多内容与禅的修持内容相同,还由于瑜伽修行的最初内容在印度比佛教产生早,因此,印度古代瑜伽中的不少成分实际上是佛教中禅的最初形态。这样,佛教中禅的思想来源就应到瑜伽中去寻找。

据考古发掘证明,瑜伽在印度河文明时期就存在,在印度河文明遗址考古发掘的物品中,一些印章的神像上就有瑜伽修行的坐法[①]。印度的许多古老的文献典籍,如奥义书、史诗《摩诃婆罗多》等中都提到过瑜伽。

在较早的奥义书中,就已提到了作为瑜伽重要内容的"静虑"(dhyāna,定)。如《歌者奥义书》(Chāndogya Up.)中曾用"静虑"来形容比喻天地山水等的静止不动状态,还提到静虑

① 参考金仓圆照著《印度哲学史》,平乐寺书店,1963年,第117页。

大于心，小于识[①]。

《鹧鸪氏奥义书》（Taittirīya Up.）中明确提到了“瑜伽”（yoga）一词。该奥义书把瑜伽与信仰、真实等相提并论[②]。

《迦塔奥义书》（Kaṭha Up.）中把感觉器官的认识功能的不起、意识的安宁等看作瑜伽[③]。

《慈氏奥义书》（Maitrī Up.）则称瑜伽为：统一呼吸与心及感觉器官，漠视一切存在现象[④]。

《慈氏奥义书》还对瑜伽做了具体分类，认为瑜伽有六种，即：调息、制感、静虑、执持、观慧、三昧[⑤]。

此外，大量奥义书中提到的对最高实在梵的体悟也可以看作是一种属于瑜伽的禅定或冥想。

奥义书中的这些关于瑜伽修行的内容，主要反映了早于佛教而产生的婆罗门教的宗教修行方面的理论。它谈的主要是保持人的内心的平静，控制人的感觉器官的活动，不受外界干扰，甚至达到观慧和精神凝定的状态。这些与佛教的禅或禅定的内容是一致的。

史诗《摩诃婆罗多》中关于瑜伽的材料也非常丰富，它有关于精神修炼方面的内容，如其中提到了静虑、执持、观慧、三昧等瑜伽修行的禅定阶段；也有关于瑜伽修行所产生的神通力，如提到了微细、轻妙、偏满、远到、随所欲、支配、尊胜、通贯等具体的神通力的种类[⑥]。这些在佛教禅思想的发展中都能找到相应或相近的内容。

---

① 参见《歌者奥义书》7,6,1—2。
② 参见《鹧鸪氏奥义书》2,4,1。
③ 参见《迦塔奥义书》2,6。
④ 参见《慈氏奥义书》6,25。
⑤ 参见《慈氏奥义书》6,18。
⑥ 参见木村泰贤《印度六派哲学》丙午出版社，1919 年，第 243—247 页。

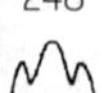

印度婆罗门教哲学中的瑜伽派的基本经典《瑜伽经》是印度历史上第一部专门论述瑜伽修行的经典。它收集整理了先前分散的瑜伽修行的内容,在理论上做了系统的概括和归纳。《瑜伽经》对"瑜伽"下了定义,认为"瑜伽是对心作用的抑制"[①]。《瑜伽经》还对三昧的种类进行了划分(论及了有想三昧、无想三昧、有种三昧、无种三昧、有寻等至、无寻等至、有伺等至、无伺等至等[②]),提出了瑜伽的八支行法(禁制、劝制、坐法、调息、制感、执持、静虑、等持[③]),描述了瑜伽神通力的主要种类,指明了通过瑜伽修行和智慧达到解脱的途径。《瑜伽经》的许多内容与佛教的禅或禅定有着惊人的相似。

上述这些奥义书、史诗及《瑜伽经》中的关于禅或禅定的内容,与佛教禅思想的形成和发展有着重要的关联。

从佛教禅思想的形成方面来说,影响大的主要是奥义书。现存奥义书中有一部分是在佛教产生之前出现的,如前面提到的《歌者奥义书》和《鹧鸪氏奥义书》中的主要内容形成于佛教出现之前,大致在公元前800—500年之间[④],因而可以说其中的有关静虑(定)或其他的瑜伽修行方面的成分会对早期佛教禅思想的形成有影响。关于史诗的年代,因为它的早出部分和晚出部分时间跨度很长,现很难给出具体时间,但较早的部分中也不能排除对早期佛教禅思想形成影响的可能性。

从佛教禅思想的发展方面来说,晚出的奥义书、史诗和《瑜伽经》应该说都对其起了重要作用。因为从时间上看,佛教与晚出的奥义书、史诗在禅思想上可以互相借鉴、互相吸收,

① 参见《瑜伽经》1,2。
② 参见《瑜伽经》1,17—51。在这些种类中,有些在内容上是重合的。
③ 参见《瑜伽经》2,29—55;3,1—8。
④ 参考金仓圆照著前引书,第25—26页。

很难说哪个就一定只是源，或只是流。《瑜伽经》的最初部分有可能是在公元前150年左右形成的，而现存《瑜伽经》则约在公元300—500年之间定型[①]。因而它和佛教在禅思想上也应是一种互相借鉴吸收的关系。实际上，《瑜伽经》第四卷中借鉴吸收了不少佛教的内容，而《瑜伽经》前三卷中的关于三昧和瑜伽修习方法等的一些内容也可能被佛教所吸收[②]。

就印度佛教本身来看，禅思想自该教产生时起就成为该教中的一个重要组成部分。在原始佛教最初的教理中，有所谓"八正道"的理论，而这八正道之一的"正定"，说的就是这方面的内容。《分别圣谛经》在解释"正定"时说："诸贤，云何正定？谓圣弟子念苦是苦时，集是集，灭是灭，念道是道时，或观本所作，或学念诸行，或见诸行灾患，或见涅槃止息，或无著念。观善心解脱时，于中若心住禅、住顺、住不乱不散，摄止正定，是名正定。"从中可以看出，"正定"是佛弟子在学习佛教基本教理，追求解脱过程中的一种必有的心态，修行者要摄止住自己的心作用，要"不乱不散"。

在论述早期佛教的禅定时通常举出所谓"四禅"[③]。关于"四禅"，《杂阿含经》卷第十七中说："初禅正受时，言语止息；二禅正受时，觉观止息；三禅正受时，喜心止息；四禅正受时，出入息止息。"根据这段引文，四禅的四个阶段是分别抑制言语、觉观、喜心和出入息的。这与前面文中所引《长阿含经》卷第八中所说在细节上不尽相同，但总的意思是相同的，即要逐步控制人的感觉、情感、思想等，也就是控制人的心作用。这样实

---

① 参见姚卫群编著《印度哲学》，北京大学出版社，1992年，第53页。

② 详见姚卫群撰《钵颠阇利与〈瑜伽经〉》，载《南亚研究》1991年，第4期。

③ 还有所谓"四禅八定"之说。即属于色界的"四禅"加上属于无色界的"四无色定"（空无边处定、识无边处定、无所有处定、非想非非想处定）。

际上也就是达到了八正道中说的“不乱不散”的状态。这与奥义书和《瑜伽经》中的瑜伽修持观念是类似的。

除了“正定”或“四禅”之外，早期佛教还提出了其他一些涉及禅定的概念，如“三解脱门”和“四无量心”等。三解脱门指空（体悟事物的空性）、无相（不执着于事物的假相）、无愿（无所愿求）。四无量心指慈（给众生快乐）、悲（除众生痛苦）、喜（见众生快乐而喜）、舍（舍弃错误观念）。在这两组概念中，三解脱门明显是属于禅定自身的内容[①]，因为空在早期佛教里主要指的就是“空定”；无相就是禅定中的离相；无愿是一种不动心的态度。这三者实际很难严格区分，它们密切相关，都是禅定范围内的东西。四无量心主要是为进入禅定所做的准备性工作或修行者所需要的基本条件。这和《瑜伽经》里八支行法中的前两支有些类似，它要表明的是：若要作瑜伽或入禅定，必须遵守一些起码的行为准则或道德要求，如果对众生充满仇恨，对事物充满了贪婪或无知，就无法达到修持目的。

早期佛教的禅思想促使佛教教义里三个主要部分（戒、定、慧）中定学的形成。印度后来的小乘佛教和大乘佛教都在不同程度上保存了早期佛教中所形成的这方面的内容。但在佛教的发展中，禅思想的一个发展趋势是越来越和佛教的其他学说密切结合，特别是注重把禅定与对事物的实相或最高实在的体悟结合起来。而且，在佛教中，逐步把对事物的实相或最高实在的体悟看成是最高层次的禅的境界。这种趋势在大乘佛教中表现得较为突出[②]。

---

① 三解脱门亦称三三昧。

② 这种趋势一方面与大乘佛教的理论特点或发展趋势有关，另一方面与婆罗门教哲学的影响也有关。婆罗门教哲学的主流思想也是把对最高实在的体悟看成是最高层次的冥想。

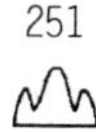

大乘佛教也有自己的定学，这方面的内容主要体现在大乘所强调的所谓“六度”中的“禅那波罗蜜”上。禅那波罗蜜自然也有与小乘定学相同的内容，但二者也有差别。在小乘中，定学要求修行者思虑集中，彻底摆脱世间凡尘的种种杂念烦恼，认为修这种禅定能产生最佳的宗教修行效果，绝对肯定这种禅定的意义。但在大乘佛教中，受大乘总的理论指导思想的影响，特别是受初期大乘佛教及中观派的“无所得”观念和“中道”思想的影响，大乘对禅定的看法与小乘有一些不同。如在般若类经中，大乘佛教论述禅时说：“菩萨摩诃萨行禅那波罗蜜时，应萨婆若心，于禅不味不著，……于一切法无所依止，亦不随禅生。”[①] 还说：“菩萨摩诃萨以应萨婆若心，自以方便入诸禅，不随禅生，亦教他令入诸禅，以无所得故，是名菩萨摩诃萨禅那波罗蜜。”[②] 显然，在大乘佛教看来，对一切东西都不能执着，因为事物都是“无所得”的，禅也不例外，也不能执着，不能把修禅绝对化，而且修禅也不能像一些小乘佛教那样要求绝对与外部事物分离。

大乘佛教的这种对待禅的态度与其关于世间和涅槃关系的理论等有关。龙树在《大智度论》中说：“一切世间法中皆有涅槃性。”[③] 这也就是说，不能通过完全脱离世间来达到佛教的解脱。这类理论对大乘佛教的禅观念是有影响的。既然不能通过完全脱离世间来达到佛教的解脱，那么也就不能通过绝对化地“离相”来获得最高层次的禅的境界。

大乘佛教发展到瑜伽行派时更为重视禅定，此派禅定的内容较先前的佛教禅思想有很大变化，更为丰富，更为复杂。

① 《摩诃般若波罗蜜经》卷第四。
② 《摩诃般若波罗蜜经》卷第五。
③ 《大智度论》卷第三十二。

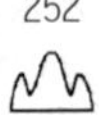

瑜伽行派的理论实际上是止观并重，把本派的禅定方面的学说与其关于诸法本质的理论密切结合在一起。此派的主要著作《瑜伽师地论》有五部分（本地分、摄决择分、摄释分、摄异门分、摄事分），其中的本地分论述了瑜伽禅观的境界，即所谓十七地，包括五识相应地、意地、有寻有伺地、无寻唯伺地、无寻无伺地、三摩呬多地、非三摩呬多地、有心地、无心地、闻所成地、思所成地、修所成地、声闻地、独觉地、菩萨地、有余依地、无余依地。其余几部分对十七地中涉及的一些问题进行了进一步探讨，通过这种探讨展示了瑜伽行派对诸法的基本看法。因此，瑜伽行派的禅观是一种思辨性很强的理论体系，它与此派的其他学说是融为一体的。

密教对禅定的重视体现在其关于瑜伽的理论上，密教吸收了瑜伽行派等大乘佛教的不少思想，认为瑜伽就是通过传统的调息、制感、摄心等手法使自己与最高实在（或事物的实相、或佛性、或本尊佛等）相应。《大日经》等密教经典中提到有相瑜伽（有相法）和无相瑜伽（无相法），前者将有形相者作为禅定或专注对象，后者将无形相者（事物的本质或心真实等）作为禅定或专注对象。密教认为无相瑜伽是深奥的，高级的，而有相瑜伽是为劣慧之人所说的[①]。

总之，禅思想在印度一直伴随着佛教的发展而发展。在原始佛教中，在小乘佛教和大乘佛教中，在印度佛教发展的各个主要阶段中，都存在着禅思想。甚至在印度佛教外的一些主要宗教中，相当于禅思想的宗教修持也相当发达[②]。只是在印

---

① 《大日经》卷第七中说："甚深无相法，劣慧所不堪，为应彼等故，兼存有相说。"但也有一些文献中提到密教对"有相"有"浅略之有相"和"深秘之有相"两种区分。参见慈怡主编：《佛光大辞典》，佛光文化事业有限公司，1988 年，第 2436—2437 页。

② 在婆罗门教或印度教中，甚至形成了专门弘扬这方面内容的瑜伽派。

度佛教中，没有形成一个专门以禅思想为主要弘扬内容的佛教流派或宗派。但在佛教传入中国后，情况发生了变化。

三、禅思想在中国的变化和主要特点

佛教的禅思想传入中国后，一开始并没有立即形成一个独立的佛教宗派。禅宗形成后，中国的禅思想则主要表现为禅宗的发展。

禅宗的形成按照该宗自己的一些法系传承的说法，有许多"祖师"。有所谓"西天二十八祖"和"东土五祖"。所谓"东土五祖"是：初祖菩提达摩，二祖慧可、三祖僧璨、四祖道信、五祖弘忍。此后，慧能被禅宗的南宗定为六祖。

禅宗的分派主要是在慧能时期，但在道信时期，就已形成了一个支派。一些资料[①]记述说，道信的一个弟子法融创立了牛头宗。此宗后来影响极小，在唐末时灭。弘忍的弟子众多，其中最著名的是慧能和神秀。这两人分别成为禅宗里的两个派别——南宗和北宗的代表人物。

禅宗在后来有较大发展的主要是南宗。而南宗后来又先后形成三个系统，即：菏泽神会系统、南岳怀让系统、青原行思系统。

在晚唐五代时期，禅宗从南岳系统和青原系统分化出五个支派，称为禅宗的"五家"，即：沩仰宗、临济宗、曹洞宗、云门宗、法眼宗[②]。

禅宗的"五家"到宋代时沩仰宗衰亡，其余各家都有发展。其中的临济宗则分出两个支派：一是黄龙宗（派），另一是杨岐

① 主要是刘禹锡的《融大师新塔记》及宗密的《禅门师资承袭图》等的记述。

② 在这"五家"中，沩仰宗和临济宗产生于南岳系统，曹洞宗、云门宗和法眼宗产生于青原系统。

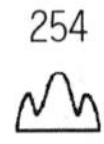

宗(派)。这两宗与原来的“五家”被称为禅宗的“五家七宗”。

若从东土初祖菩提达摩算起,禅宗在南北朝时期就形成了。但实际上,禅思想在中国历史上真正形成一个有较大影响的宗派是在唐朝之后,特别是在慧能之后。在此之前,禅思想还是没有形成较大的宗派规模。

禅思想传入中国最初主要是通过翻译一些论述这方面理论的佛典实现的。较早翻译成汉文的这方面的主要佛典[①]有安世高译的《安般守意经》、大小《十二门经》,支娄迦谶译的《般舟三昧经》、《首楞严三昧经》等。这些经典属于小乘方面的主要叙述的是印度禅思想中的制感、调息以及控制心作用等内容的成分,具体有“四禅”、“四无色定”、“四无量心”等。属于大乘方面的主要叙述的是对佛的冥想,以及通过对大乘佛教根本观念体悟而达到禅的境界等内容,具体有“佛现前定”、“一切事竟定”等[②]。总的来说,引入的思想主要是印度佛教中的一些基本的禅的内容。

在隋唐之前,禅宗东土“祖师”里在禅法方面影响较大的是菩提达摩开创的方法,即所谓“二入四行”。“二入”指“理入”和“行入”。“理入”说的是依靠智慧或真理而入佛道,按禅宗的说法是所谓“籍教悟宗”,也就是借助佛教的经典文字等逐渐悟入无自无他、凡圣等一、寂然无为的禅的境界。“行入”说的是依靠正确的修行或处世态度而入佛道,具体来讲又有四种,就是所谓“四行”,即:抱怨行[③]、随缘行[④]、无所求行[⑤]、称法

① 这些经典许多没有流传下来,但据当时或后来曾见过该典的人的介绍(经序等)可知其主要内容。

② 参考杜继文、魏道儒著《中国禅宗通史》,江苏古籍出版社,1995年,第6—16页。

③ 正确对待先前行为所得业果,无怨憎。

④ 得失随缘。

⑤ 不贪婪地求取。

行[1]。这种"二入四行"的方法在本质上说和印度禅思想中存在的一些方法能找到对应之处,如"理入"接近于印度宗教中的"观慧","四行"在本质上是对自己行为的抑制或控制,与上述"禁制"、"劝制"、"制感"类似。

中国禅思想的发展后来逐步走上了重视"心性"理论、"佛性"理论的道路,认为"见性"了就"悟"了,也就成佛了。禅宗的核心思想成了如何见性的问题。见性的问题成了修禅者的首要问题。把禅思想和心性或佛性问题紧密结合在一起,这是中国禅思想的一个特色。

印度佛教中很早就讲"心性本净"或"自性清净心"。这与佛性观念虽不完全是一回事,但却也有很大关联。"心性"或"自性"的观念是"佛性"观念形成的一个基础。因为在佛教理论中,人能否成佛与心的本性(心性)有关,与人自身的本质(自性)有关。佛性问题直接涉及人的本性问题,而所谓"心性"在实质上又是人的一种本性。在佛教看来,成佛与净或清净是一致的,人的心或自性不净则不能成佛。因而"心性"或"自性"的观念与"佛性"观念就联系在了一起。在印度,这一问题的讨论在小乘和大乘一般的流派中都存在,不过并没有与禅思想有什么特别的关联。但在中国,禅宗则将讨论的重点放在能否和如何见到人的自性清净心或佛性之上。

心性问题或佛性问题在禅宗兴起之前的中国佛学界就曾热烈讨论过,如慧远、竺道生及一些地论师和摄论师等都曾积极参与。禅宗产生后吸收、借鉴和发展了印中佛教在这方面的思想。禅宗认为,人们的心性本来就是清净的,但一般的人或凡夫由于执着于不实在的事物,被迷妄所遮覆,因而处于无

① 认识诸法无我等事物的真理。

明状态。只有用“般若慧”来认识自己的清净本性，才能觉悟。禅宗要求“直指人心”、“见性成佛”等，其理论基础或前提就是“心性本净”。

禅宗里与心性问题相关的另一个重要观念是“觉悟不假外求”。禅宗认为众生自己身上都有佛性，众生都可能成佛。这种思想在《大般涅槃经》、《大乘起信论》等许多佛教经论中都提到过。禅宗也把其作为基本观念。既然佛性在自己身上，那么要禅定或“悟”的对象就不应向外，而应向内。也就是说，要获得觉悟不是要到身外去求取，而是要在自身中下功夫，发现自身中本有的佛性。在禅宗看来，所谓解脱，就是认识本心（“若识本心，即是解脱”）。把禅定的重点放在自身内部，这也是禅宗的一个特色或倾向。

在禅宗里，无论是南宗还是北宗，都承认“自性清净”的观念，都注重向内体悟或发现自己的本性或佛性。但在如何实现这一目的或完成这一过程的问题上二者的见解或做法有差别。这种差别通常被概括为“南顿北渐”。所谓“南顿”指南宗“顿悟成佛”的方法。南宗认为，一旦认识了自己的本性（清净本性或本有的佛性），就可在一刹那的时间内觉悟。《坛经》（般若品）中说：“若起真正般若观照，一刹那间，妄念俱灭。若识自性，一悟即至佛地。”《坛经》（般若品）中还说：“前念迷即凡夫，后念悟即佛；前念著境即烦恼，后念离境即菩提。”这就是说，人获得觉悟，不过在一念之间，在前念和后念的一刹那。所谓“北渐”指北宗主张“渐悟成佛”的方法。在北宗看来，体悟佛教的真理或认识自己的本性，不是一下子就可以完成的，应该“凝心入定，住心看净”，因而觉悟是一渐进的过程。

禅宗强调佛教的修行活动不能脱离世间，这也是它的一个重要特色。用禅宗自己的话概括就是“佛法在世间”。《坛经》

(般若品)中说:“佛法在世间,不离世间觉。离世觅菩提,恰如求兔角。”如上所述,印度禅思想在最初主要是要求人们保持内心的平静,控制人的感觉器官的活动,不受外界干扰,达到观慧和精神凝定的状态。这和小乘佛教的一些要求是一致的,小乘佛教追求摆脱生死轮回后所达到的一种涅槃境界,这种境界与世俗世界(世间)完全不同。世俗世界存在着情感、欲望等,而涅槃境界则摆脱了人的情感、欲望等。涅槃境界与世俗世界是决然分离的。印度的大乘佛教否定小乘佛教的这种追求脱离世间的涅槃观念。认为“涅槃与世间,无有少分别。世间与涅槃,亦无少分别”。[①]认为“诸法实相即是涅槃”。[②]这些思想对禅宗有很大影响。禅宗在中国特定的文化背景之下,更为强调它。中国以儒家为主要代表的传统文化通常要求人们积极参与社会生活,在社会生活中体验真理,通常不要求人们脱离社会[③]。禅宗立足于中国文化的大背景,吸收印度大乘佛教的有关思想。禅宗,特别是南宗系统,并不追求那种与世俗世界完全不同或毫无关联的涅槃境界或清净世界,而是认为不能离开世俗社会去追求涅槃境界。禅宗的“不离世间觉”就是强调修行不能脱离社会生活,要在现实世界中去追求对自身心中佛性的认知。尽管禅宗的这方面学说是在吸收了一些印度佛教经论的思想之后提出的,但它把作禅与参与社会生活如此紧密地联系在一起,应该说是有所创新的。

禅宗以接引学人、禅理教说的方法奇特而著称。在接引学人时采取“棒喝”等手法,单刀直入,机锋峻烈。所谓“棒喝”指在接待参禅者时或以棒打,或大声呼喝,以期使人迅速警醒,

① 《中论》卷第四。
② 《中论》卷第三。
③ 当然,也有不同的,如道家或道教中的一些思想。

明了禅宗的根本精神。这种方法在印度禅中没有见到,但若追其思想来源,应该说与印度思想也有关联。它是把一些佛教经论的要求推向极致的表现,或说是禅宗为实践这类思想所提出的具体手法。印度佛教的许多经论要求人们不要执着于一些固定的概念,包括佛教学说中常常使用的名相概念,因为这些名相概念只是认识佛教真理过程中所借助的东西,而不是佛教真理本身,佛教真理本身需要人们去体悟。《金刚经》中说:"所言一切法者,即非一切法,是故名一切法。""说法者,无法可说,是名说法。"[①]在这里,如来所说或所言,都只是手段,不能执着,要在否定具体的名相概念中来体悟佛教的真理。《金刚经》中提到的"筏喻"也是要向人们显示,如同乘筏渡水,上岸后筏要抛弃一样,一般的言语,甚至佛的言说都只是手段,只能借助它们来体悟事物的真实本质,达到目的后,这些手段要抛弃,不能总是执着。禅宗的"棒喝"以及后来一些著名的公案等所要达到的目的是促使人警醒,中断一般的思维方式,顿悟成佛。客观地说,这些内容还是依照佛教经典中的基本思路,加以发挥,但在手法上有创新,形成了一些自身的特色。

在后来,禅宗在这方面走得更远。作为一个佛教宗派,禅宗,特别是后来的禅宗对待佛教创始人、佛教经论,甚至对待本宗祖师的态度十分引人注目。临济宗著名禅师义玄曾说:"大善知识,始敢毁佛毁祖,是非天下,排斥三藏教,骂辱诸小儿。"他还说:"向里向外,逢着便杀;逢佛杀佛,逢祖杀祖,逢罗汉杀罗汉。"[②]《古尊宿语录》中记载说:"王常侍一日访师,同师于僧堂前看,乃问:这一堂僧还看经么?师云:不看经。侍云:还学禅么?师云:不学禅。侍云:经又不看,禅又不学,毕竟作个什

① 《金刚般若波罗蜜经》(罗什译本)。
② 转引自杜继文主编《佛教史》,中国社会科学出版社,1991年,第321页。

么？师云：总教伊成佛作祖去。”[1] 这类记述就是禅宗里的所谓“呵佛骂祖”“非经毁行”。这种做法或态度在印度没有见到，印度的禅思想也没有直接要求修行者这样做，应说是禅宗在发展过程中提出的。不过，在这里仍然可以看出禅宗有继承和发展印度佛教思想的一面。我们知道，印度大乘佛教是十分强调“空”的，强调不能执着于任何东西。而从逻辑上说，如果将这种“空”观推向极端，那么就要否定任何东西的实在性，佛和祖师自然也应包括在内。如果将不能执着于任何东西的要求推向极端，那么就要否定任何东西的权威性，佛教的经典和修行自然也应包括在内。禅宗恰恰就是这样做的，在它看来，这才真正符合佛教的根本精神。这种极端化的做法也形成了中国禅思想中的一个特色。

禅思想是印中两国佛教文化中的重要内容。它产生于印度，从印度发展至中国，在融汇印中两国文化要素的基础上形成了一个独立的佛教宗派，对印中两国的佛教以至其他宗教的发展影响极大。它由最初的控制人的感官活动，使人心神安宁的精神修持方式，发展成为一种体悟真理的方式，一种思维方式。“禅”不仅在古代东方为人们所重视，而且在现当代被世界上许多地区的人们所广泛喜爱。在当代，它在大量佛教寺庙中仍是僧众的基本修持手段，同时也被众多普通人作为一种修身养性的锻炼方式。因此，当代的“禅”既有宗教性的一面，也有超越宗教的一面。总的来说，是在朝着积极适应社会前进的方向发展。

① 《古尊宿语录》卷第四。

第六章 空观念

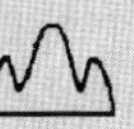

佛教是思辨性较强的一个宗教。它的理论体系博大精深，内容丰富，其中涉及对世界和人生看法的一个重要理论是其有关“空”的观念。此处对佛教的这一观念在历史上的主要表现形态及在当代社会中的影响等问题做一简要考察。

一、早期与小乘佛教中的“空”观念

佛教在产生时提出的一些基本理论中就包含了“空”的观念，如论及不少早期佛教重要思想的《杂阿含经》中说：“一切行无常，一切法无我，涅槃寂灭。”[①] 这里提到的“无常”、“无我”和“寂灭”实际就是“空”的观念。

所谓“无常”主要指世间事物是变化的，没有一个永恒不变的东西；所谓“无我”主要指在人生现象中没有一个主体；所谓“寂灭”主要指人跳出轮回后(包括死后)所达到的一种状态。“无常”、“无我”和“寂灭”这三个观念是一致的或密不可分的。因为既然没有永恒不变的东西，那么作为控制人生命现象(包括人的生理活动、心理活动等)的不变主体的“我”当然也不能存在，而所谓“寂灭”在早期佛教中就包含着人死后或解脱后没有永恒不变的“我”一类东西的意思。

早期佛教提出的“无常”、“无我”和“寂灭”的观念与该教同婆罗门教的对立有关。佛教在产生之初主要反映了印度社

① 《杂阿含经》卷第十。

会中部分属吠舍和刹帝利种姓的人的思想意识。这些人对婆罗门种姓在印度社会中的统治地位是不满的，对婆罗门教的一些基本哲学理论也是反对的。婆罗门种姓阶层为了达到长久保持其统治地位的目的，在政治上提出婆罗门至上的主张，在哲学上则提出存在着常恒不变的主体（大我或“梵”）的理论。佛教正是在这样的背景之下提出了“无常”、“无我”、“寂灭”的观念，其目的显然是要证明世界上不存在一种永恒不变的主宰之物，婆罗门种姓也不是永远居于主导地位的社会阶层（至少在客观上起了这种作用）。这应当说是佛教“空”观念产生的基本历史背景。

早期佛教中的其他一些理论也包含着“空”的观念，如缘起观、五蕴理论、空定思想等。

缘起观认为，事物（特别是人生现象）是由各种因缘条件相互作用而产生的，“此有故彼有，此起故彼起”[①]、“若有此则有彼，若无此则无彼，若生此则生彼，若灭此则灭彼”。[②] 这也就是说，事物或人生现象中不存在一个主体或根本实体，具体事物或现象的存在都以他物的存在为条件，没有完全绝对自立自在的东西。

五蕴理论在早期佛教中基本也是用于论证无我观念的。所谓“五蕴”即色、受、想、行、识。色蕴指一切有形态、有质碍的事物，即地、水、火、风及其构成物，接近于我们现在说的物质现象；受蕴指感受，即由感官接触外物所生之情感等；想蕴指表象、观念等；行蕴指意志一类的心作用；识蕴指总的意识活动，如区别与认识事物等。早期佛教用五蕴理论来说明世人（或外道）所谓的“我”实际是五蕴的和合，这种“我”并不存在。

① 《杂阿含经》卷第十二。

② 《中阿含经》卷第二十一。

在早期佛教中，除了上述佛教基本理论中包含的“空”的含义外，“空”一词也有出现，但该词主要是在讲“空定”理论时提出的。如《中阿含经》中的“小空经”把“空”观作为一种包含一系列内容的禅定修习，要求“莫念村想”、“莫念人想”、“莫念无量识处想”[①]，等等。因而，“空”观在这里实际是等同于对虚妄之“想”的排除。这种排除是逐步的，“空定”是有阶段层次的。“小空经”中的“空定”观念是早期佛教对禅定阶段划分的理论之一。在《中阿含经》的“大空经”中，早期佛教又提出了“三空”说（内空、外空、内外空）[②]。这“三空”谈的主要还是“空定”，即要人们“念不移动”与“心不移动”，在内、外、内外三方面或三个阶段内进行禅定。这实际上是要人们消除通常的观念、意识或情感，也就是反对人们进行虚妄的“分别”。当然，这“空定”在逻辑上与早期佛教的许多基本理论是相通的，修炼“空定”自然要排除“我”的观念和“我所”的观念，只有这样，“空定”才能真正实现。然而这种关系早期佛教经典自身并没有明确地说出来。将早期佛教的许多基本理论（如“无常”、“无我”等）与“空”这一概念直接明确地等同起来在佛教中要晚一些。

佛教发展到小乘部派时期，该教的“空”观念呈现出一种较为复杂的状态。部派佛教中对所谓“我”和“法”的态度很不一致。有些部派认为“我”是“空”的，而“法”是“有”的，如说一切有部。有些部派认为“我”和“法”都不“空”，如犊子部。有些部派则对“我”和“法”进行具体地分析，不笼统地说“空”与“不空”，如大众部等一些部派就认为三世法中只有现在法实在，过去法和未来法则不实在。

① 参见《中阿含经》卷第四十九。

② 同上注。

部派佛教中有一较特殊的派别，不在传统上说的十八部或二十部的范围之内，这就是方广部。通常认为此派出自大众系，由其分化而来，活动区域主要在斯里兰卡，属南传佛教的系统。此派的"空"观后人称之为"恶趣空"。这种"空"观认为一切事物空无所有，可以看作是真正的虚无主义。如《大智度论》中说"更有佛法中方广道人言：一切法不生不灭，空无所有，譬如兔角龟毛常无"。[①]《大方广佛华严经疏》中说："方广道人自以聪明，读佛十喻，自作义云：不生不灭，如幻如化，空幻为宗。"[②] 方广部的"空"观把"空"说成是"空无所有"，比喻为"兔角龟毛"，是"常无"的。这就割裂了"空"观念与传统佛教基本教理（如缘起等理论）的联系，是其他一般佛教派别都不能接受的。

小乘佛教对"涅槃"和"世间"的看法与"空"观念关系较大。早期佛教就不大注意涅槃状态和世间的关联问题，有一种将涅槃与世间完全割裂的倾向。到小乘部派时期，涅槃仍然被看作是一种与世间状态完全分离的状态。《俱舍论》中在谈到"涅槃"时说："如灯涅槃，唯灯焰谢，无别有物，如是世尊，心得解脱，唯诸蕴灭，更无所有。"[③] 总之，小乘佛教一般把涅槃描述成"灰身灭智，捐形绝虑"的状态，并经常把涅槃看作是一种彻底死亡的代名词。这种观念实际上既表示出了小乘佛教在涅槃问题上所具有的一种"空"的观念，也表示出了他们对世间性质所持的一种观念。

从总体上说，早期佛教和小乘部派佛教的"空"观念虽然较复杂，但也有一些总的倾向，或基本的特点。此处仅提及两

① 《大智度论》卷第一。
② 《大方广佛华严经疏》卷第二十八。
③ 《俱舍论》卷第六。

点，一是所谓“相空”的特点，二是所谓“分析空”的特点。

所谓“相空”中的“相”指现象、表象、相状等，相对于“体”而言。早期佛教的“空”观明显表现在其无我论上。而无我论是指“诸法无我”，指人生现象中无主体。因此，这种“空”实质上是现象之“空”，是现象中无主体之“空”。这种“相空”无论是从与无我论关系密切的缘起观看还是从五蕴说看都是如此。从缘起观看，早期佛教只是表明事物（人生现象）由缘而起，相互依存，变化无常，无常恒永在之物。从这些现象是变化的而非常住的角度可说缘起观有“空”观念的基础，但早期佛教并未说这些“缘”或构成现象的基本要素自性是“空”。从五蕴说看，早期佛教并未说五蕴本身是“空”，“空”的是五蕴聚合在一起形成的人或人生现象，因而亦是“相空”。在大多数部派佛教那里，“空”观亦可说是“相空”。这有两个方面：一是“我”的方面；另一个是“法”的方面。从“我”的方面看，部派佛教中许多派别都是在表面上讲“无我”，如根本上座部、经量部、初期大众部等（甚至犊子部虽大力宣扬“补特伽罗”之说，但也不直接反对早期佛教的无我论）。因而，这些部派在“我”的问题上的“空”观是表面的，现象上的，可归入“相空”之列。从“法”的方面看，部派佛教多把“法”分为现在法、过去法和未来法。有些派别认为过去法和未来法“空”（不实）；有些派别则认为三世法均“空”（都是“言说”）。其中认为过去法和未来法“空”的派别相对稍多一些。但无论何种“空”观，把“法”在时间上做三世的划分，实质上就是把它们在现象上进行划分，说“空”（不实）实际是指现象的不实。部派佛教一般并不从事物的本性（自身）上来论述“法”空。因而是主“相空”，而非“体空”。

所谓“分析空”亦称“析空观”或“析空法”。主要指论证“空”的一种角度，或得出“空”观念的一种方法。这也是早期佛教及绝大多数部派佛教“空”观的重要特征之一。早期佛教的一些基本教理中潜存着后来佛教“空”观发展的思想要素。较显露的“空”观是所谓“我空观”,表现为无我论。这种“空”观并不认为事物的本性或本身是“空”,而仅认为由诸要素积聚出的东西或现象是“空”,即所谓“相空”。这“空”是“分析”出来的。如早期佛教将人或人的作用的构成分析为五蕴,并未说五蕴(一个一个的要素)本身是不实在或“空”的,但认为五蕴构成的整体(人或其作用)由于是无常的和无主体的,因而是“空”(无我)。这种说“空”的角度或方法是强调事物的整体由部分构成(或果由因构成),整体不可能永远不变(无常),整体本身中无永恒的主宰体,而且有可能解体。从这个意义上看,事物(整体或果)是“空”的。显然,这种论证角度和方法对事物的“空”的处理是停留在表面上的,对事物的本质是否为“空”有很大保留,因而是不彻底的。部派佛教论“空”的角度和方法大多也是“分析空”。许多部派至少在形式上讲“我空”(无我),其依据仍是“五蕴”说。认为人由五蕴和合而成,这和合体不实(由部分组成,无常恒主体),故“无我”。但又认为轮回解脱理论需要一主体,因而抬出“补特伽罗”一类起着“我”的作用的概念。犊子部认为,“补特伽罗”与蕴非一非异,但实有。因此,用“分析”的方法并不能让所有人都认为合成物或生成物不实。对“法空”的论证亦是如此,也属“分析空”。一般的部派都认为事物由因缘和合而成(这因缘可是“极微”,或是别的什么基本构成因),由于事物是“无常”的,因而总有变化,表现在时间上就有过去、现在和未来法之分。在不少部派看来,现在法由于因缘正构成此物,因而应说实有;过去法由于因缘离散了,转变成别的东西了,因而不实在;未来法由于因缘还没有聚合故也不实在。据此认为三世法中仅现在法“有”,过、末则"无"。部派佛教(一部分)用这种"分析"的方法得出的"空"观是不彻底的。因为这种"分析"在说事物"空"的论证中并没有把"缘起观"贯彻到底,一般只是谈及由"五蕴"的合成物或聚合体不实,无主体;或仅谈及由部分(因)而构成的整体(果)不实(不能长久),至于"五蕴"中的各个构成要素或构成整体(果)的部分(因)是否"空",这些东西本身是否也有缘起空的问题(即事物的本性是否"空"的问题)则不谈了。因而,早期与小乘部派佛教的"分析空"总的来说达到的还是"相空",没有达到"体空"。

二、大乘佛教的"空"观念

大乘佛教兴起后,佛教的"空"观念有了很大的变化和发展。早期大乘经中对"空"的论述极多。其中最引人注目的是般若类经中的论述。如上所述,佛教"空"的概念(该词)最初是在修行理论中提出的,具体表现为"空定"。后来才逐步依据早期佛教的一些基本教理,从中引出"空"的理论,成为佛教关于世间或人生现象的一种基本看法。在早期佛教与小乘部派佛教时期,佛教"空"观的重要特色是所谓"分析空"及"相空"。而当大乘佛教兴起之后,佛教"空"观的一个重要变化是出现了所谓"体空"观念,这具体(最初)就表现在般若类经典之中。在般若类经的作者看来,"分析空"的"空"既是建立在离散而空的基础之上,那么,若构成事物的要素不离散的话,事物就不"空"了。这是导致不少小乘部派认为现在法有实体(不空)的原因之一,因为所谓现在法就是指构成该事物的要素在现时仍聚合在一起,没有离散,因而该事物实有不空。从这样的角度(早期与小乘部派佛教的角度)来论证"空",这"空"观自然要大打折扣，因为如果说现在法不“空”能够成立，那么在逻辑上就等于承认过去法有不“空”之时，未来法亦将有不“空”之时。而这样一来，事物在本性上是否为“空”确实就成了问题，这种“空”观是动摇的，缺乏说服力的。如果佛教的“空”观念靠不住，所谓事物之“空”仅是表面现象（相空），而非本质性的，或事物的“空”仅局限于某些条件之下（如“分析空”中的事物构成因离散的场合），那么佛教的一切说教的可靠性就成问题了。般若学说对佛教“空”观的新贡献就在于说明“空”不仅仅表现在现象上（不仅仅是“相空”），事物也并不是通过其构成要素的离散才“空”。它强调了事物在本质上即“空”；强调了事物的构成要素不离散它们依然是“空”。这即是般若类经中所说的“色不异空，空不异色。色即是空，空即是色。受想行识亦复如是”，[①] 或“幻不异色，色不异幻。幻即是色，色即是幻。幻不异受想行识”。[②] 般若类经中的体空观明确强调了事物并非仅现象空，并非仅由构成因离散才空。

中观派“空”观的主要学说是“缘起性空”。从缘起的理论出发，表明事物不实在，在早期佛教中就有，只是在早期佛教中，讲“缘起”时并不明确讲“空”一词（“空”一词一般用在“空定”上）。再有，在早期佛教中，讲“缘起”时所隐含的“空”义，主要指“我空”（无我）、“果空”（由构成因组成的聚合物不实），而通常不指“法空”（一切事物均不实在），也不指“因空”（组成聚合物的构成因自身就不实）。到了小乘部派佛教时，不少部派也从“缘起”的角度讲“法空”，但不彻底。早期和小乘部派佛教讲“空”时，对事物及其构成物是否都是缘起的（构成整体的部分是否也是缘起的）问题，讲得不是很明确。方广部主

① 《般若波罗蜜多心经》。

② 《小品般若波罗蜜经》卷第一。

张“一切皆空”，但此派讲的“空”与后来的大乘佛教及一般的小乘佛教的“空”义明显不同。中观派在论证“空”时，一方面吸收了早期般若类经以来的大乘“空”观的许多思想，肯定事物自身即“空”的观念，肯定“性空”的观念，但在事物自身为何“空”或为何“性空”的问题上，论证手法与般若类经多少有差异，中观派非常重视通过分析、推导来论证事物是“空”。此派讲“空”时重视分析主要表现在其“缘起”说上。中观派的“缘起”说较原始及小乘部派佛教彻底，较般若类经亦有内容上或侧重点上的不同。它从“缘起”理论出发论证的“空”观较突出。《中论》中说：“未曾有一法，不从因缘生，是故一切法，无不是空者。”[①] 这段文字明确肯定一切事物毫无例外地都是由因缘而生的。因此，一切事物（包括由因构成的果及构成果的因）也就毫无例外地是“空”的。按中观派的观点，只要是构成因组成之物，就不是实在的，就是“空”。这种“缘起性空”说所表明的“空”在实质上也是一种“体空”。由于这种理论强调无论是一般的事物还是构成事物的“因”都是缘起的，都无自性，因而它与早期和小乘部派佛教中显示的“空”义或“分析空”是不同的（小乘的“分析空”理论对构成事物的“因”是否也“空”态度不明确）。

中观派有关“空”观的论述有一层意义应特别强调，即：“空”与“缘起”是分不开的，离开“缘起”讲“空”就成了“恶趣空”，“空”即是“缘起”，即是“假名”。中观派的“缘起性空”说的主要目的是要否定事物有自性，但其否定的也仅此而已。通过缘起说，此派实际既有否定也有肯定。否定的是事物有自性，肯定的是存在着假有。这里面所贯穿的“中道”精神是很明显的。

① 《中论》卷第四。

中观派中与“空”观关系较密切的一个理论是“涅槃”与“世间”的关系理论。中观派反对那种把“涅槃”与“世间”绝对化地“分别”的做法，如龙树在《中论》中说:“涅槃与世间，无有少分别。世间与涅槃，亦无少分别。”[①] 中观派所强调的涅槃是与世间有关联的一种精神或认识境界。在这种境界中，认识到诸法毕竟空，但又不执着于任何偏见(包括“偏空”的观念)。但这种境界不是一种脱离了世间而达到的另一个独立的更高级的境界，而是对世间或事物“实相”的认识。因此，在中观派看来，世间的本来面目就是佛教所谓涅槃境界的那个样子，二者没有什么绝对化的区别。“凡夫”(或小乘等)之所以把二者作绝对化的区分，就是因为有“执着”或有“分别”，不能认识世间的本来面目，即不能达到事物的“实相”。而如果按《中论》等的观点行事，认识了事物的本来面目或“实相”，那么也就进入了涅槃境界。因此，中观派在这种意义上说“诸法实相即是涅槃”。

从这一理论也可看出，中观派所谓的“空”不是绝对的虚无，它并不认为世间事物是绝对不存在的。

大乘佛教中另一影响较大的派别是瑜伽行派。此派的“空”观与先前的小乘佛教及中观派都有不同，有着自己的特点。此派在“空”的观念问题上主要吸取了般若类经外的大乘经(包括早期的和续出的大乘经)的思想。它反对先前的大乘佛教中多少存在的那种偏于讲一切空的倾向。虽谈“空”但并不完全否定“有”。具体说，此派要“空”的是“境”，要肯定的是“识”。也可以说，此派主张“体”有(心识为主体，此体实在)，“相”空(境为外相，此相虚假不实)。主张“相”由心识(想)而起，

① 《中论》卷第四。

“相”空而心识不空。这与般若类经和中观派是不同的，般若类经和中观派认为心识（想）亦不实在，而瑜伽行派则（大多数）对心识（想）有所肯定①，从一切事物是识的幻现来论述事物空。这是二者在空有问题上的差别。在有关境空或相空的理论中，瑜伽行派提出了“二无我”（人无我、法无我）的理论，亦提出了“三无性”（相无性、生无性、胜义无性）的理论等。这些都是此派“空”观的具体内容。当然，瑜伽行派是一个包括许多思想家，有几百年发展史的派别，此派中的不同思想家，甚至同一思想家的不同时期的著作在“空”观问题上的理论是完全有可能不一致的。

佛教的“空”观的基本理论在印度确立后，不久就传入中国等亚洲许多国家，在印度国外有重要影响和发展。在中国佛教史上，著名的“六家七宗”里涉及的主要就是“空”观的问题。僧肇的《不真空论》讨论的主要也是“空”观问题。但客观地说，中国佛教中居于主导地位的佛教“空”观念仍是在印度就形成的基本思想。特别是大乘佛教的“空”观在中国影响较大。以禅宗（南宗系统）为例，此宗就反对世间是绝对的虚无的观念，强调要在现实生活中达到解脱（成佛）。这种思想倾向的形成虽有中国原有传统文化观念影响的因素，但受印度般若中观思想直接的影响应当说也是一个不可忽视的主要因素。

三、“空”观念在当代社会中的影响

佛教关于世界本质的看法，关于人的本质及人生现象本质的看法，在很大程度上表现在其所谓“空”的观念之中。因此，

① 在瑜伽行派中，对心识的肯定程度也有差别。如《成唯识论》卷第二中就谈到对“识”也不能执着，否则也是一种法执。

佛教“空”的观念对于现代人如何认识与对待世界及人生就自然是有借鉴或探讨意义的。而且,历史上的佛教的这方面观念在当代社会中仍发生着重要的影响或作用。

这里首先遇到的一个问题是当代人如何理解佛教关于“空”的观念。在佛教传入中国后,古代的中国人有一个如何理解佛教教义(如“空”的观念)的问题。现代的人仍然有一个如何理解佛教教义的问题。综合来看,当代人对佛教“空”的观念至少有三种理解:

第一种理解是把佛教的“空”理解为纯粹的虚无主义。有不少人持这种观念。在他们看来,佛教就是把世界和人生都看成是虚无的,一无所有的。在历史上,确实有把佛教的“空”作虚无主义解释的佛教派别,如上述印度佛教中的方广部就是如此,该派认为一切事物都是虚无的,没有任何东西,事物都如龟毛兔角,是根本不存在的。方广部这种观念受到了佛教内部的绝大多数派别或绝大多数思想家的批驳,很快就被压了下去,未形成什么气候。在佛教历史上占主导地位的“空”的理论显然不是这种虚无主义的理论。因此,可以说这种理论是不符合佛教根本教义的。

第二种理解是把佛教的“空”或佛教有关世界或人生本质的理论说成是“唯心主义”,即认为佛教主张精神或意识是唯一实在的或根本性的东西。过去有不少人在批判佛教时常这样指责它。这种理解或概括至少是不全面的。如上所述,佛教中主张事物是“心识”变现的主要是瑜伽行派,并不是所有佛教派别都这样认为。佛教中说的“空”显然不是一个意识或精神实体。因而,这种解释也不合佛教“空”观念的本义。

第三种理解把“空”解释为事物的缘起,或解释为事物本身就不实在(但又不是绝对的虚无),或解释为事物不是一成不变的(无永恒不变的实体)。这种解释大致符合历史上占主导地位或影响较大的佛教派别的观念。它主要是当代社会中一些对佛教理论较有素养的研究者或佛教僧侣的理解。

佛教“空”观念在当代社会中的影响并不一定是佛教在历史上占主导地位的“空”观念的影响。由于人们对佛教“空”观念的理解不同,因而所受的影响也不同。

持第一种理解的人在当代社会中所占的比例相当大。不少人在社会中遇到挫折、重大打击或理想破灭时就认为一切事物都是虚无的,并认为这就是佛教的真理,萌发了要“遁入空门”的念头,有相当一部分出家人进入佛门时也是持此观念而来的。应当说,这种理解既不符合历史上佛教的占主导地位的“空”的观念,也不利于社会的和谐发展,而且对当代佛教本身的发展也不利。试想,如果人们都确信世间事物或人生是虚无的,实质上是一无所有的,那么人们在社会中的努力与奋斗又有什么意义呢?这种观念对于人类的进步、社会的发展的阻碍作用是十分明显的。而且,如果一切都是虚无的,实质上是一无所有的,那么佛教自身或与佛教有关的一切自然也应如此。若是这样,出家皈依佛门又有什么意义呢?佛教的教义、佛教的修持、佛教的理想又有什么意义呢?因此,这种理解或观念无论对于世俗的社会还是对于佛教来说,所起的作用都是负面的。

持第二种理解的人在过去不少,现在情况有很大变化,这样理解的人不是很多了。这与人们对宗教的总体观念的变化有关。过去许多人把包括佛教在内的宗教看成完全是消极的,看成完全是人们主观意识臆造的产物,看不到佛教中的合理要素,没有也不愿意对佛教进行客观的实事求是的考察。而持这种理解的人实际上恰恰是受较典型的唯心主义思维方式影响而对佛教进行不恰当评价的。

持第三种理解的人目前显著地有所增加。这种理解既符合历史上佛教的主要思想或占主导地位的观念，又适应当今人类社会发展的总的趋势；既有利于对佛教感兴趣的人在社会生活和工作中积极进取，也有利于佛教的僧侣或僧团积极与世俗社会沟通，促进佛教本身的兴旺发达。

过去人们在讨论佛教的"空"观念时往往强调其对当代社会的负面影响。实际上，负面的影响主要来自上述对佛教中此观念的第一种理解，而关于佛教"空"观念（历史上占主导地位的"空"观念）的正面影响，以前似乎没有多少人讨论过，笔者在此试归纳出几点：

其一，在一定程度上引导人们看到事物的不断变化的本质，有着辩证的思想要素。如上所述，佛教的所谓"空"，在佛教史上占主导地位的派别一般是立足于缘起理论而说的。这种理论否定世间事物中有什么不变永在的东西，无论是一般的物体，还是人自身，或与人相关的事物，都是不断变化的。正是在这一意义上，佛教中占主导地位的派别或思想主张"空"的观念，或者说，佛教的"空"的最主要意义就表现在这一点上。而这种观点在我们现在看来，是有其合理成分的，即反对那种事物是一成不变的形而上学观念。从这一角度说，佛教的"空"观念在当今社会的精神文明建设中还是有积极意义的。

其二，引导人们豁达地对待世间的得失。人们生活在社会中，不可能事事如意，总是一帆风顺。在当今社会中，人们之间的竞争激烈，冲突难免。而有竞争和冲突就会有失败者。在这样的情况下，佛教的"空"观念就有某种减轻人们精神痛苦的作用。因为这一观念强调事物是不断变化的，没有永恒不变的世间事物。这实际上能起到一种鼓励人们豁达地对待失败的作用，给人们一种希望，即失败是暂时的，不利的情况一定会变化。这对于促进社会的和谐发展，促使人们在当代社会中保持良好的心态是有积极意义的。

其三，促进僧俗间的交流和彼此的了解。既然佛教等宗教的存在是长期的，我们就要努力促使佛教多为人类的文化发展和进步起积极作用，而佛教的“空”观念及与之相关的涅槃与世间观念在这方面能起到积极作用。在大乘佛教形成后，佛教就特别强调该教的最高理想“涅槃”与世俗社会的关联，否定有脱离世俗社会的“涅槃”。这实际也是反对把世俗社会看成是虚无或毫无意义的观念。这种思想对于佛教徒来说，可鼓励他们在现实社会中积极利乐有情，造福众生。对于一般的关注佛教的人来说，也能促使他们与佛教积极接触，了解佛教，消除对佛教的种种误解，使和谐的僧俗关系推动或有益于当代社会的和平与发展。

第七章 心识观念

“心识”在佛教里是含义相当复杂或包含内容相当丰富的观念。“心”和“识”在一些场合使用时意义相同,因此并用,而在另外一些场合使用时则意义有差别。这里在初步区分有关概念的差别后,侧重论述它们并用时的含义,探讨其在历史上的一些主要发展形态。

一、“心识”观念的主要含义及基本发展线索

先考察与本文中所谓“心识”观念相关的几个概念,主要是在汉译或汉文佛典中经常出现的“心”、“意”、“识”这三个概念。

“心”多译自梵语“citta”[①]。它一般是意识或精神的总称,其主要含义有时指能积集各种意识或精神作用的意识或精神的自体,有时指积集各种种子产生诸法的根本体。“心”有时译自梵语“hṛdaya”[②],有心脏、中心、核心、精髓[③]等义。

“意”多译自梵语“manas”[④]。它一般指认识活动中的一种要素,能起某种完成认识过程的作用。在佛教中,它常与眼、耳、鼻、舌、身并列,是一种内部的认识器官或功能,有时起认识的“思量”作用,被称为“末那识”。

“识”多译自梵语“vijñāna”[⑤]。它一般指对事物或外境的认

---

① 音译为“质多”等。

② 音译为“肝栗大”、“汗栗驮”、“干栗多”、“干栗陀多”、“纥哩陀耶”、“讫利驮耶”等。

③ 如《般若波罗蜜多心经》中的“心”即是此意。

④ 有时此梵语意译为“心”,音译为“末那”。

⑤ 音译为“毗阇那”、“毗若南”等。

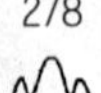

识、识别或了别等。

从以上几个与“心识”观念相关的概念的基本含义来看，所谓“心识”主要指意识或精神现象。在印度宗教哲学中，它或指认识的“体”，或指认识的“用”，或指认识的“体”与“用”的统一体。也可以说，它或指精神或意识的一种表现或作用，或指精神或意识的多种表现或作用，或指精神或意识的总体表现或作用。

在印度历史上，人们很早就开始注意意识或精神现象。在较早记述印度哲学思想的奥义书中，就可以看到古代印度哲人关于意识或精神现象的论述。如《他氏奥义书》（Aitareya Up.）中说：“一切都由识指引，由识确立。世界由识指引，支撑物是识。”[①] 此处提到的“识”，原文为“prajñā”，有认识、识别、知识、智慧等义。这一词后来多被用于智慧之义，但在奥义书中，它的主要含义还是指广义的认识，也就是所谓“心识”观念。

佛教在印度不是出现最早的宗教派别，一般也不是印度历史上占主导地位的思想流派。它与一般的印度宗教哲学流派同样受到了奥义书思想的重要影响，在“心识”观念问题上也是如此。佛教后来对意识或精神现象有越来越细致的分析，然而这些分析或论述有不少内容是在借鉴或改造奥义书或早期婆罗门教有关思想的基础上产生的。如佛教在论述“识”时提到的“根”与“境”在奥义书或早期婆罗门教中就有提及。佛教中论述的“意”，在奥义书及婆罗门教哲学考察认识过程时也被作为一个基本要素提出。奥义书或早期婆罗门教哲学中的这类概念对佛教“心识”观念的形成有重要作用。

在佛教发展的不同阶段，“心识”观念的含义及其所起的

① 《他氏奥义书》3,3。

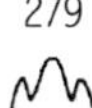

作用是经常有不同或有变化的。

在早期佛教中，佛教的一些基本教理中就包含着对“心识”观念的论述或探讨。这些论述或探讨对人的精神或意识形态有了一些最初的分类，但此时的佛教对“心识”的分析还不是很细致，和后来的佛教相比，显然是处在初级阶段。

在小乘部派佛教中，一些部派开始对“心识”做细致的分类，如佛教的说一切有部等，在这方面提出的许多理论初步显示出了佛教作为一个思辨性宗教的明显特征。但小乘佛教在总体上没有把“心识”特别突出地加以强调，这是显而易见的。

大乘佛教形成之初，佛教对“心识”的重视程度明显加强。一些早期大乘经及中观派中的一些思想家曾把“心识”作为世间事物的根本，但这方面的思想在初期大乘佛教中论述的频率还不是很高。在这一时期已可看出佛教“心识”观念的基本发展趋势，大乘佛教后来关于“心识”观念的基调此时已确定了下来。

续出的一些大乘经及瑜伽行派对“心识”观念的发展达到了佛教史上的高峰。这从瑜伽行派被称为唯识派就可看出来。瑜伽行派吸收和进一步丰富了说一切有部等有关“心识”基本分类的理论，同时接受了早期大乘经和中观派对“心识”的基本看法，将二者结合起来，创立了佛教的最为系统完善的“心识”理论。这对印度哲学的发展做出了重要贡献。以下对佛教“心识”观念在各个时期的表现形态进行具体分析。

二、早期佛教中的“心识”观念

早期佛教没有把“心识”观念专门提出来加以强调，但并不是未探讨“心识”问题。在佛教最初创立的一些基本理论中，

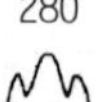

人们还是可以看到此时佛教对“心识”的一些基本分析。例如，早期佛教在对“五蕴”和“十二因缘”的论述中,就包含了此教有关“心识”的一些观念。

从文字上或狭义上说,“五蕴”中的识蕴直接属于“心识”观念。但在实际上或从广义上说,五蕴中除了色蕴之外,其余四蕴,都涉及了意识或精神现象问题。《杂阿含经》中说:“云何受受阴？谓六受身。何等为六？谓眼触生受,耳、鼻、舌、身、意触生受,是名受受阴。……云何想受阴？谓六想身。何等为六？谓眼触生想,乃至意触生想,是名想受阴。……云何行受阴？谓六思身。何等为六？谓眼触生思,乃至意触生思,是名行受阴。……云何识受阴？谓六识身。何等为六？谓眼识身,乃至意识身,是名识受阴。”①

这四蕴中的受蕴指感受,而感受与人的认识器官的活动是分不开的,认识器官的活动通常又要涉及某种对象。也就是说,只有感官接触了认识对象才有可能产生感受或情感等。

想蕴指对事物的表象、观念等。这实际上也是要经过某种认识过程才能产生的。人们对某种事物的表象或观念不是凭空产生的,表象或观念也是要相关的事物作用于人的器官才能产生。因而表象或观念问题说到底也是认识问题。

行蕴指意志一类的心作用或“思”的作用。因而也是属于“心识”范围内的问题。感觉器官接触外境,人才能产生相应的意志一类的心作用。

识蕴指总的意识活动,即区别与认识事物等。这也离不开人的认识器官。识蕴是五蕴中多少具有精神或意识自身意味的成分。

① 《杂阿含经》卷第三。

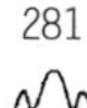

在“十二因缘”中，涉及“心识”观念的成分更是不少。从无明至爱都或多或少地涉及了意识或精神现象问题。《杂阿含经》中说：“缘无明行者，彼云何无明？若不知前际，不知后际，不知前后际；不知于内，不知于外，不知于内外；不知业，不知报，不知业报；不知佛，不知法，不知僧……，痴暗无明大冥，是名无明。缘无明行者，云何为行？行有三种：身行、口行、意行。缘行识者，云何为识？谓六识身：眼识身、耳识身、鼻识身、舌识身、身识身、意识身。缘识名色者，云何名？谓四无色阴：受阴、想阴、行阴、识阴。云何色？谓四大、四大所造色，是名为色。此色及前所说名，是为名色。缘名色六入处者，云何为六入处？谓六内入处：眼入处、耳入处、鼻入处、舌入处、身入处、意入处。缘六入处触者，云何为触？谓六触身：眼触身、耳触身、鼻触身、舌触身、身触身、意触身。缘触受者，云何为受？谓三受：苦受、乐受、不苦不乐受。缘受爱者，彼云何为爱？谓三爱：欲爱、色爱、无色爱。”[①]

无明主要指心的迷暗无知，是一种不能认识事物本来面目的状态，这自然也是属于意识现象。

行主要指心的动向，即由于无明而引生的种种作为。这实际上亦是心的形态引发的。

识主要指认识或识别作用，这和五蕴中的识蕴是相当的，即多少具有精神或意识自身的意味。识分为六识(眼识、耳识、鼻识、舌识、身识、意识)。

名色中的名指精神要素，相当于五蕴中除色蕴外的其他四蕴。它与物质要素(色)相结合，构成人的个体[②]。

六处是六种感觉器官(眼、耳、鼻、舌、身、意)，它们和认识

① 《杂阿含经》卷第十二。

② 名色实际上也就是五蕴。

的形成关系密切。

触是六处促成心识活动的具体行为，随器官的不同而分为六种触。

受分为苦、乐、不苦不乐三种，与五蕴中的受蕴相同。

爱分为欲爱、色爱、无色爱三种。爱虽然不是直接的认识活动，但它是认识过程中人的一种情感或行为表现。

早期佛教论及"心识"观念时实际上多是回避或较少直接谈论人认识的主体问题，它一般不直接提这各种认识形态的主宰者或控制者，也就是所谓"我"或"阿特曼"，因为无我论是早期佛教的一个基本观念。这和婆罗门教等所谓"外道"及后来的一些大乘佛教流派的观念是不同的。

三、小乘有部等的"心识"观念

佛教分裂后，出现了许多部派。部派佛教对"心识"问题的重视程度远甚于早期佛教。其中又以说一切有部最为突出，特别是说一切有部所制作的《大毗婆沙论》和《俱舍论》等著作对"心识"问题的分析尤为细致。

《大毗婆沙论》归纳了佛经中对"心意识"的一些解释。如该论中写道："契经说：心意识三，声虽有异而无差别。复有说者，心意识三亦有差别，谓名即差别，名心名意名识异故。复次，世亦差别，谓过去名意，未来名心，现在名识故。复次，施设亦有差别，谓界中施设心，处中施设意，蕴中施设识故。复次，义亦有差别，谓心是种族义，意是生门义，识是积聚义。复次，业亦有差别，谓远行是心业。""契经说：苾刍当知，识能了别种种境事。复次，滋长是心业，思量是意业，分别是识业。"①

① 《大毗婆沙论》卷第七十二。

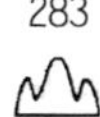

《俱舍论》中也有这方面的记述。该论中写道:"论曰:集起故名心,思量故名意,了别故名识。复有释言:净不净界种种差别故名为心,即此为他作所依止故名为意,作能依止故名为识。故心意识三名所诠,义虽有异,而体是一。"[1]

这些记述表明,在《大毗婆沙论》等著作制作之前,佛教思想家对于精神或意识问题存在着不同看法,但主要的意见是认为它的"体"是"一",而所起的作用则有不同,"心、意、识"的名称的差别主要是随其作用的不同而产生的。

说一切有部的著作的突出特点之一是对所谓"法"的认真分析研讨,而在"法"的几个主要部类中,"心识"方面的成分占了很大比重。在说一切有部的重要著作《品类足论》中,心和心所法已被作为法的主要部类来论述,《大毗婆沙论》中也同样对心和心所法等做了区分[2],《俱舍论》则在此基础上对意识或精神现象进行了比以往更为细致的分类。

在《品类足论》中,心法有六种,心所法有二十七种(去掉重复的),心不相应行法有十六种[3]。该论中说:"有五法:一色,二心,三心所法,四心不相应行,五无为。……心云何?谓心意识,此复云何?谓六识身,即眼识、耳识、鼻识、舌识、身识、意识。心所法云何?谓若法心相应,此复云何?谓受、想、思、触、作意、欲、胜解、念、定、慧、信、勤、寻、伺、放逸、不放逸、善根、不善根、无记根,一切结缚随眠,随烦恼缠,诸所有智,诸所有见,诸所有现观,复有所余如是类法与心相应,总名心所法。心不相应行云何?谓若法心不相应,此复云何?谓得、无想定、灭定,无想事、命根、众同分,依得事得处得生、老、住无常性,名

---

① 《俱舍论》卷第四。

② 参见《大毗婆沙论》卷第十六。

③ 参考吕澂著《印度佛学源流略讲》上海人民出版社,1979 年,第 56 页。

身、句身、文身,复有所余如是类法,与心不相应,总名心不相应行。”①

在《俱舍论》中,心法有一种,即心王,它是精神或意识作用的“体”。《俱舍论》中说:“颂曰:心意识体一,心心所有依。有缘有行相,相应义有五。论曰:集起故名心,思量故名意,了别故名识。”②

心所法有四十六种,它又可分为六类,即:十种大地法,包括受、想、思、触、欲、慧、念、作意、胜解、三摩地;十种大善地法,包括信、勤、舍、惭、愧、无贪、无瞋、不害、轻安、不放逸;六种大烦恼地法,包括无明、放逸、懈怠、不信、昏沉、掉举;两种大不善地法,包括无惭、无愧;十种小烦恼地法,包括忿、覆、悭、嫉、恼、害、恨、谄、诳、憍;八种不定地法,包括恶作、睡眠、寻、伺、贪、瞋、慢、疑。《俱舍论》中说:“颂曰:心所且有五,大地法等异。论曰:诸心所法且有五品,何等为五?一大地法,二大善地法,三大烦恼地法,四大不善地法,五小烦恼地法。……若法大地所有名大地法,谓法恒于一切心有。彼法是何?颂曰:受、想、思、触、欲,慧念与作意,胜解三摩地,遍于一切心。……若法大善地所有名大善地法,谓法恒于诸善心有。彼法是何?颂曰:信及不放逸,轻安、舍、惭、愧,二根及不害,勤唯遍善心。……若法大烦恼地所有名大烦恼地法,谓法恒于染污心有。彼法是何?颂曰:痴、逸怠、不信,惛、掉恒唯染。……若法小烦恼地所有名小烦恼地法,谓法少分染污心俱。彼法是何?颂曰:忿、覆、悭、嫉、恼,害、恨、谄、诳、憍,如是类名为小烦恼地法。……如是已说五品心所,复有此余不定心所:恶作、睡眠、寻、伺等法。……言不善见相应心者,谓此心中或有邪见,或有见取,

① 《品类足论》卷第一。

② 《俱舍论》卷第四。

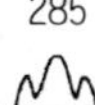

或戒禁取，于四不善贪、瞋、慢、疑烦恼心品，有二十一心所俱生。”[①]

心不相应行法有十四种，即：得、非得、众同分、无想果、无想定、灭尽定、命根、生、住、异、灭、名身、句身、文身。《俱舍论》中说：“颂曰：心不相应行，得、非得、同分、无想二定、命，相名身等类。论曰：如是诸法心不相应非色等性，行蕴所摄，是故名心不相应行。”[②]

从以上的叙述中可以看出，小乘说一切有部已看到了意识或精神现象的多样性，也看到了这些现象中的有作为“体”的作用（心识自身），看到了现象与“体”的关联性。但这一部派学说的重点不是要否定一切事物，而是要说明“法有”，在肯定法有的前提下对包括心识在内的一切事物进行尽可能细致地分析说明。至于心识与其他各种现象的关系问题，说一切有部并没有再作做一步的深入分析，或者说此派与大乘佛教的分析是不同的。

小乘佛教中论述“心识”观念的当然不止说一切有部。例如大众部就提出过一些“心性本净”的思想等。有关的论述还有不少，但影响最大或对“心识”观念分析最细的还是说一切有部。

四、一些早期大乘经与中观派的“心识”观念

一般而言，早期大乘佛教对“心识”的具体分析相对于说一切有部和后来的大乘佛教来说不是很多或不是很复杂。但也并不能说早期大乘佛教对此问题不关注或没有论述。在实

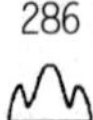

① 《俱舍论》卷第四。
② 同上注。

际上，早期大乘佛教对“心识”问题是有基本看法的，而且这种基本看法决定了大乘佛教心识观念的主要发展方向。

一些般若类经是较早出现的佛教大乘经。在这类经典中，就有关于“心识”的论述。

《摩诃般若波罗蜜经》中说：“但有名字，故谓为菩提；但有名字，故谓为菩萨；但有名字，故谓为空。……名字是因缘和合作法，但分别忆想假名说。是故菩萨摩诃萨行般若波罗蜜时，不见一切名字，不见故不著。”[①] 此经中的“分别忆想”实际上就是“心识”或其作用。

《金刚般若波罗蜜经》中说：“一切有为法，如梦幻泡影，如露亦如电，应作如是观。”此经中的“如梦幻”等也是指人的意识或意识的作用，把外物的存在与人的意识联系起来。

《维摩诘所说经》中说：“诸法皆妄见，如梦如炎，如水中月，如镜中像，以妄想生。”[②] 此处谈到了事物都是“妄见”，事物是“妄想生”。“妄见”或“妄想”都是意识或精神现象。这里已经有了一些唯识理论的初步观念。

《维摩诘所说经》中还说：“若菩萨欲得净土，当净其心，随其心净，则佛土净。”[③] 在这里，该经把“心”放在了一个主导一切的地位上。

在早期大乘经中突出讲“心识”重要作用的是华严类经。

较早汉译的华严类经《渐备一切智德经》中说：“其三界者，心之所为。其计于斯十二缘起，五趣所归，如来至真之所解畅。又此一切一种一心，同时俱成。”[④]

---

① 《摩诃般若波罗蜜经》卷第一。

② 《维摩诘所说经》卷上。

③ 同上注。

④ 《渐备一切智德经》卷第三。

六十卷本的《华严经》中说:“三界虚妄,但是心作,十二缘分,是皆依心。”①

八十卷本的《华严经》中说:“三界所有,唯是一心, ……十二有支,皆依一心。”②

从华严类经的上述论述中可以看出,此类经在这里的说法和后来大乘佛教唯识系统的典型论述是一样的。“心”被置于一个很高的地位。华严类经中关于“心”的这类论述,对于印度后出的大乘经及瑜伽行派的形成和发展有着重要的作用。

中观派主要是在吸收和改造般若类经典思想的基础上形成的。它在对待“心识”观念的问题上与般若类经的态度大致相近,而且在有些方面还吸收了其他一些早期大乘经的有关思想,因而一些论述比般若类经典的论述要更深入。

中观派是侧重讲“空”的一个佛教派别,但在论述“空”时的一个重要手法是从人的主观认识方面来进行论述。

中观派的主要代表人物龙树在《中论》中论及事物(法)的“生住灭”时说:“如幻亦如梦,如乾达婆城,所说生住灭,其相亦如是。”③ 青目对该偈的释中说:“如梦中所见不应求实,如乾达婆城日出时现而无有实,但假为名字,不久则灭。生住灭亦如是,凡夫分别为有,智者推求则不可得。”这里说的“如幻亦如梦”、“凡夫分别”、“智者推求”都是意识活动或其作用。

圣天(提婆)在《广百论本》中亦说:“诸法如火轮,变化梦幻事,水月慧星响,阳焰及浮云。”这里说的“变化梦幻事”等也是人的认识现象,是人在思想上不能正确认识诸法的实相。

这样,事物的形态(包括生住灭等态)也就又都是人的不

① 该经卷第二十五。
② 该经卷第三十七。
③ 《中论》卷第二。

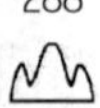

正确认识的产物，展现出来的都是假名，假名总是短暂的（不久则灭）。但假名又不等于虚无，因为它是缘起之“空”。

龙树在《大智度论》中说：“三界所有，皆心所作”[①]。这和华严类经及后来的瑜伽唯识经论的论述几乎没有多少差别了。

总之，一些早期大乘经和中观派强调事物仅是“假名”或“名字”，诸法在本质上是人的幻觉或妄想产生的。这在逻辑上就必然使人强调“心识”的作用。后来的大乘佛教即沿着这条道路继续走了下去。

五、瑜伽行派的“心识”观念

尽管一些早期大乘经及中观派等中的思想家已开始注意从人的主观认识方面来说明外部事物的存在，但他们在多数情况下并不把意识实体化，或者说进行这种实体化的频率很低。突出地把意识实体化或反复强调这种实体化，是从一些续出的大乘经开始的。而把意识明确实体化，并对其做全面的细致论述，则是由瑜伽行派完成的。

续出的大乘经中在这方面最有代表性的是《解深密经》。《解深密经》在理论上的最重要之处是对心意识的分析，把事物的根本称为了阿陀那识（ādāna-vijñāna）或阿赖耶识（ālaya-vijñāna），认为该识是一切的种子。眼识、耳识、鼻识、舌识、身识、意识的存在依于此识。由于此识，色、声、香、味、触等积集滋长。

《解深密经》认为作为事物根本的识可以保存人过去的记忆、经验，还可以保存人们过去行为产生的业，它因而被称为阿

① 《大智度论》卷第二十九。

赖耶识或藏识;此识还是生死轮回的种子,是人生存的根源,生命存续的主体,能"于身随逐执持",具有"执持"作用,它因而也被称为阿陀那识或执持识。

《解深密经》在论述这种心意识时极力将其与有我论划清界限。如该经的"心意识品"中说:"阿陀那识甚深细,一切种子如瀑流。我于凡愚不开演,恐彼分别执为我。"这里的阿陀那识作为轮回的种子是不断变化的,与婆罗门教的本身不变的"我"不同。但一般人(凡愚)很难将其区分清楚,容易将二者相混,导致有我论,因而佛对一般人是不讲这种甚深秘义的,但在《解深密经》中却讲了。在实际上,此经中讲的"阿陀那识"或"阿赖耶识"虽然不能等同于婆罗门教中讲的"我",但确实起了一个轮回主体的作用。这是该经的一个特色[①]。

《解深密经》中提出的三相[②]和三无自性的观念,对诸法的本质做了多角度、多层次的分析,实际上是认为诸法本身是不实在的,它们不过是人的假名施设,要依赖于其他的缘,因而没有自性。这也是大乘佛教的一种空观。但该经的空观与先前的一些大乘经或中观派的空观并不完全一样。因为该经还强调所谓"阿陀那识"或"阿赖耶识",认为它是一切的种子,诸法要依赖于它。因而该经的这种空观是在唯识观念基础上的空观。先前的一些大乘经和中观派中虽然也谈到"识"的作用(如在《华严经》和《大智度论》中),但毕竟不像《解深密经》这样自始至终将整个理论基础放在"识"之上,做系统的唯识论证。

---

① 该经中的"心意识"起轮回主体的作用,这和部派佛教中的犊子部等的"补特伽罗"一类观念有相似之处,而且该经中的"心意识"作为轮回主体的作用更明确。《解深密经》在此问题上与《大般涅槃经》的努力方向一致,但这"心意识"与《大般涅槃经》中讲的"我"也并不相同,《解深密经》并不想明确主张有我论。参考平川彰著《印度佛教史》下卷,春秋社,1997 年,第 81 — 83 页;参考吕澂著《印度佛学源流略讲》,第 182 页。

② 即三种性相或三性。

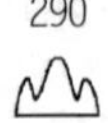

除了《解深密经》之外,在续出的大乘经中较重要的还有《大乘阿毗达磨经》、《大般涅槃经》、《胜鬘经》、《楞伽经》、《密严经》等。

《大乘阿毗达磨经》的原本未能流传下来,其内容主要从其他一些佛典的引用中得知。该经中提到了"阿赖耶识"、"三性"等重要的唯识思想,与《解深密经》所起的作用类似。

《大般涅槃经》讨论的重点问题是众生有无佛性的问题。这一问题实际上涉及了"心性"问题。在解决了"心性本净"和"自性清净心"的问题后才能解决"众生悉有佛性"的问题。因而该经中实际也牵扯到了"心识"观念的问题,只是对"心识"观念的探讨在此经中相对而言不是很直接或很经常。

《胜鬘经》在论述"如来藏"思想时涉及了许多问题。具体来说,它对"如来藏"的表述中包含了"心性本净"、"佛性本有"、"众生皆能成佛"等观念。所谓"如来藏",主要指佛性或成佛的可能性,它是众生的自性清净心,但通常被众生的贪、瞋、痴等烦恼所遮覆。若去除了这种遮覆,达到了本净的心性,即可成佛。

《楞伽经》中提到了"如来藏"、"自性清净心"、"阿赖耶识"等概念,涉及了"心识"观念的问题。

《密严经》中也对"如来藏"与"阿赖耶识"进行了分析。

这些续出的大乘经对瑜伽行派的系统"心识"观念的形成起了重要作用。有许多人把这些论述唯识思想的大乘经直接看成就是瑜伽行派的经典。

瑜伽行派对以往的佛教经论或派别中关于"心识"的观念进行了吸收和总结,提出了自己最为细密的有关意识或精神现象的理论。

关于先前佛教典籍中提到的"心意识",《成唯识论》中说:

"薄伽梵处处经中说心意识三种别义:集起名心,思量名意,了别名识,是三别义。如是三义虽通八识,而随胜显。第八名心,集诸法种起诸法故;第七名意,缘藏识等恒审思量为我等故;余六名识,于六别境粗动间断了别转故。"①

但瑜伽行派对意识或精神现象最多的称谓还是"识"。它对"识"分析的有特色的理论是所谓"一切唯识"和"三类八识"。

瑜伽行派极为看重"识",认为"我"与"法"都不实,是"识"所变,主张所谓"一切唯识"。但"识"是如何"变"的呢?它的基本表现形态又是什么?根据《唯识三十论颂》等典籍,此派将这种能变"外境"的"识"分为三类。《唯识三十论颂》中说:"由假说我法,有种种相转。彼依识所变,此能变唯三,谓异熟、思量及了别境识。"②

这里提到的三类识中的"异熟"指"阿赖耶识",它也称为"种子识",蕴藏着生出世间现象的"种子",由这些种子生出的世间现象又可以"熏习"阿赖耶识。这些"种子"还有自类相续的能力,可以"种子生种子"。《成唯识论》中在谈到阿赖耶识时说:"此识具有能藏、所藏、执藏义故,……能引诸界趣生善不善业异熟果故,说名异熟。……此能执持诸法种子令不失故,名一切种。离此余法能遍执持诸法种子不可得故,此即显示初能变识所有因相。""阿赖耶识因缘力故,自体生时内变为种及有根身,外变为器。即以所变为自所缘,行相仗之而得

① 《成唯识论》卷第五。

② 《成唯识论》卷第二中说:"为对遣愚夫所执实我法,故于识所变假说我法名。识所变相虽无量种,而能变识类则唯三:一谓异熟,即第八识,多异熟性故;二谓思量,即第七识,恒审思量故;三谓了境,即前六识,了境相粗故,及言显六合为一种。此三皆名能变识者,能变有二种:一因能变,谓第八识中等流异熟二因习气。等流习气由七识中善恶无记熏令生长,异熟习气由六识中有漏善恶熏令生长;二果能变,谓前二种习气力故,有八识生现种种相。"

起故。”[1]

这里提到的三类识中的“思量”指“末那识”。《唯识三十论颂》中说:“次第二能变,是识名末那,依彼转缘彼,思量为性相。”文中所谓“彼”指“阿赖耶识”;“依彼转”意为“末那识”要依靠“阿赖耶识”产生和运作;“缘彼”意为“末那识”要以“阿赖耶识”为认识(作用)对象;该识的性相是进行“思量”。那么,“末那识”思量些什么呢?它主要把“阿赖耶识”思量为“我”,并伴随着四种关于“我”的“烦恼”。《唯识三十论颂》中说:“四烦恼常俱,谓我痴我见,并我慢我爱。”

这里提到的三类识中的“了别境识”指六种识,即眼识、耳识、鼻识、舌识、身识、意识。《唯识三十论颂》中说:“次第三能变,差别有六种,了境为性相。”此处所谓“了境为性相”意即六识的作用为“了境”。了什么境呢?眼以色为境,耳以声为境,鼻以香为境,舌以味为境,身以触为境,意以法为境。也就是说,六识可以分别把握属于自己认识范围内的东西。

这就是瑜伽行派的所谓“三类八识”。它是此派对“识”的一种最基本的分类。在这“八识”中,最根本的是“阿赖耶识”。当阿赖耶识发生作用时,末那识与前六识亦开始活动,三类识共同参与转变过程,展示出世间万象。八识中的阿赖耶识既是万象的根源,亦是其他识的根源,而且还是业报轮回或生命相续过程中的主体。

在叙述瑜伽行派的“一切唯识”或“唯识无境”理论时,有一个问题值得研究,即此派是否真的把“识”看成是一种实在的“有”或是一种不变的最高实体了呢?瑜伽行派的大量著作中直接谈及此问题或明确表明态度的不多。但《成唯识论》中

① 《成唯识论》卷第二。

却有一段话对此问题做出了明确的回答。该论中说:"为遣妄执心心所外实有境故说唯有识。若执唯识真实有者,如执外境,亦是法执。"[①] 从这段话来看,我们可以这样来理解:外境只是人们虚妄认识的产物,从这个意义上说,这种认识(识)是一切事物产生的因。但这并不等于说有一实有的作为事物最高本体或实体的"识"。这"识"也不过是为了遣除对外境的妄执而说的,若将其看作是实在的,就和执着于外境没什么区别了。从这一点上来看,瑜伽行派的基本思想与般若中观系统的基本思想是一致的。

除了上述"一切唯识"和"三类八识"的理论外,瑜伽行派还有一些对"识"的重要分析,如"三性和三无性"、"四分"、"转识得智"、"五位百法"等。这里只能简要地列举其要点。

"三性和三无性"的理论在《解深密经》及《大乘阿毗达磨经》中已经提出,瑜伽行派接受和完善了这种理论。三性是:遍计所执性(指人们不能认识到唯识无境,因而从各个方面来"周遍计度",虚妄地想象出外部世界的种种现象,执着于事物的种种差别,认为它们实有)、依他起性(指事物皆由缘而起,依条件而生,一切事物都如幻事一样,是"非有似有")、圆成实性(是达到的最高"真如"境界,即看到了"遍计所执性"和"依他起性"的"假名施设"或"性空",这空所显示的识的真性是一种圆满成就的实在状)。三无性是:相无性(由于人们"周遍计度"的认识是虚妄的,因而这种认识所执有的"相状"实际就是无)、生无性(由"缘"生起的东西不能有真正的自性或主体)、胜义无性(依圆成实性而说,由于远离了遍计所执而看到"相无性",由于认识到依他起的事物"生无性",因而达到了最高

① 《成唯识论》卷第二。

的“无自性”意识）。

“四分”的理论是瑜伽行派中影响较大的一种“心分”理论。主要是此派中护法等人的理论。“四分”是：见分（指认识的主体方面，即能向外缘取的方面）、相分（指认识的对象，它不是独立于认识之外或有别于认识的东西，而是认识自身的变现）、自证分（认识自体对“见分”作用于“相分”的证知）、证自证分（指认识自体对“自证分”作用的“证知”，“证自证分”可以证知“自证分”，而它自身的作用则可由“自证分”证知）[①]。

“转识得智”是瑜伽行派对“八识”理论的进一步发展。此派认为，“八识”有“有漏”和“无漏”之分，要通过此派的修行方法使有漏的八识转化成无漏的八识，以达到不同层次的智慧。他们由此提出了“转识得智”的理论。具体来说就是：在将前五识由有漏转成无漏时，获得成所作智（欲利乐诸有情，能在十方现种种变化）。在将第六识由有漏转成无漏时，获得妙观察智（善观诸法自相、共相，无碍而转，能现无边作用差别，皆得自在）。在将末那识由有漏转成无漏时，获得平等性智（观一切法或自他有情悉皆平等，大慈悲等，恒共相应，随诸有情所乐，示现受用身土影像差别）。在将阿赖耶识由有漏转成无漏时，获得大圆镜智（离诸分别，所缘行相细微难知，不妄不愚，一切境相，性相清净，离诸杂染，如大圆镜，现众色相）。

“五位百法”是瑜伽行派在总结吸收小乘佛教有关学说的基础上，对一切事物和现象进行的分类。在这方面，世亲的《大乘百法明门论》中论及的“五位百法”较有代表性。“五位”是心法、心所有法、色法、心不相应行法、无为法。“百法”是分属“五位”的一百种“法”。具体内容是：心法八种：眼识、耳识、鼻

① 除护法等的四分说外，瑜伽行派的一些论师还有三分说、二分说、一分说。

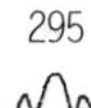

识、舌识、身识、意识、末那识、阿赖耶识。心所有法五十一种：作意、触、受、想、思、欲、胜解、念、定、慧、信、精进、惭、愧、无贪、无瞋、无痴、轻安、不放逸、行舍、不害、贪、瞋、慢、无明、疑、不正见、忿、恨、恼、覆、诳、谄、憍、害、嫉、悭、无惭、无愧、不信、懈怠、放逸、惛沈、掉举、失念、不正知、散乱、睡眠、恶作、寻、伺。色法十一种：眼、耳、鼻、舌、身、色、声、香、味、触、法处所摄色。心不相应行法二十四种：得、命根、众同分、异生性、无想定、灭尽定、无想果、名身、句身、文身、生、老、住、无常、流转、定异、相应、势速、次第、方、时、数、和合性、不和合性。无为法六种：虚空无为、择灭无为、非择灭无为、不动灭无为、想受灭无为、真如无为。"五位百法"中虽然有色法和无为法，但由于此派主张"一切唯识"，因而它们在本质上并不能是非意识或与意识无关的成分。

若仔细分析可以看出，瑜伽行派的系统唯识学说是在吸收和改造小乘有部学说和早期大乘经及中观派的有关"心识"观念的基础上形成的，这主要表现在：

瑜伽行派的"五位百法"等细致精密的学说直接来源于说一切有部等对法的分类学说。尽管有部的诸法等并不都是精神或意识现象，但瑜伽行派借用了这种分类方法，把诸法都纳入到一个完整的结构体系之中，而且这个结构体系要比有部的体系庞大和完善，并且对其做了完全唯识的解释。因而瑜伽行派的这个体系与有部的体系虽有某种渊源关系，但也有着性质的不同。

瑜伽行派在吸收小乘有部的学说时也吸收了早期大乘经和中观派的一些重要思想。瑜伽行派的基本唯识思想从实质上说，是早期大乘经和中观派的一些重要观念发展的结果。如前面提到的早期般若类经中提到的"分别忆想"、"妄见"、"妄想"，《维摩诘所说经》中提到的"心"，《华严经》中提到的"三界所有，唯是一心”或“三界虚妄，但是心作”，《大智度论》中提到的“三界所有，皆心所作”，等等，都不可能不对瑜伽行派产生影响。

瑜伽行派所作的主要工作是把先前佛教中所有的关于“心识”的观念加以综合提炼，特别是吸收改造有部和般若中观等佛教系统中的“心识”观念，将其有机地结合起来，创立了印度佛教史上最丰富系统的关于意识或精神现象的学说体系。

这一学说体系大大促进了佛教理论思辨学说的发展，对印度哲学史或思想史做出了重要的贡献，是人类古代东方文化乃至世界文化中的宝贵遗产。

第八章 中道观念

“中道”是佛教理论体系中的基本观念。它严格来说是一种思维方法,极典型地表明了佛教哲学的特色。在佛教的产生和发展过程中,“中道”观念一直起着作用,只是在不同时期,它的具体内容和影响程度或范围有所不同。此外,佛教“中道”观念的提出与印度其他宗教思想(特别是先于佛教而产生的婆罗门教思想)也有一些关联。以下对“中道”观念的形成及其在印度佛教史上的两个主要发展阶段进行初步的考察。

一、“中道”的思想渊源

“中道”在思想史上主要是以佛教的基本观念而著称的。如果把这一观念作为一种思维方法来考察,而不仅仅局限于“中道”一词的提出来探讨,那么,客观地说,它的思想渊源可追溯到佛教产生之前。

在现存最早的印度宗教历史文献吠陀中,就可多少看到一些与“中道”观念有关的思想。如吠陀中著名的《无有歌》[①]中说:“那时,既没有无,也没有有;既没有死,也没有不死。……这造作是从哪里出现的?或是(他)造的,或不是。他是这(世界)在最高天上的监视者,仅他知道,或(他也)不知道。”在这里可以看出,作者把“有”与“无”、“死”与“不死”等对举,都加以否定,力图表明:否定了其中一个概念,并不等于肯定另一与之完全相反的概念。这与佛教的“中道”观念是相似的。如

① 《梨俱吠陀》10,129。

佛教中一些流派对有无、断常、一异、生灭等概念的处理方式亦是如此，并不因为否定了一个概念，就自然肯定另一个与之完全相反的概念。在以上的吠陀引文中，对一些概念的否定，与佛教在表述"中道"时同时否定完全对立的概念（两端）的情形是类似的。

奥义书是印度较早记述该国哲学思想（特别是婆罗门教的哲学思想）的文献（广义的吠陀文献也包括奥义书）。奥义书为数众多，其中一些文献中的哲学理论与佛教的"中道"观念亦有关联。如较早出现的《广林奥义书》（Bṛhadāraṇyaka Up.）中说："（不灭者梵）不粗，不细，不短，不长，……无内，无外。"[①]《广林奥义书》中还说："那阿特曼（或梵）应被描述为'不是这个，不是这个'。"[②]《迦塔奥义书》（Kaṭha Up.）中说："（阿特曼或梵）不生（亦）不死。他不从任何东西中产生。任何东西（亦不从他那里产生）。（阿特曼或梵）是不生的，常住的，持久的（和）原初的。当身体毁坏时，他不毁坏。"[③]《广林奥义书》中的这种对粗与细、短与长、内与外的同时否定，与佛教的不着两边的"中道"观念是类似的。奥义书中甚至把任何确定的正面描述都看成是极端，因而用不断的否定（"不是这个，不是这个"）来表述事物的客观存在。这与"中道"的精神也是一致的。《迦塔奥义书》出现的时间晚一些（公元前500—公元前200年），但一些表述很难说对佛教"中道"观念的形成没有影响。《迦塔奥义书》中描述的阿特曼或梵的不生不死状态与佛教表明"中道"时常用的"不生不灭"的言论是一致的。

在众多的奥义书中，较为突出的哲学理论是"梵我同一"

① 《广林奥义书》3,8,8。
② 《广林奥义书》4,5,1。
③ 《迦塔奥义书》1,2,18。

或“梵我一如”（“梵”一般被认为是宇宙万有的本体。“我”则被认为是人生命现象的主体，后也被理解为现象界[①]）。这种理论只承认梵与我在表面上的（非真实的）差别，而不承认梵与我在本质上的差别。因此，它在一开始就有“不二”或“无分别”观念的含义（奥义书中最初的叙述较散漫，不系统，后来的叙述趋于成熟）。而“不二”或“无分别”的观念对佛教“中道”观念的形成是有影响的。佛教的“中道”反对执着于“两边”，反对虚幻的“分别”。这和奥义书中表露的主要属于婆罗门教的哲学思想有着相同之处。

当然，佛教的“中道”观念在形成过程中虽然吸收了吠陀、奥义书中的一些思想材料，虽然受到了婆罗门教思想的启发和影响，但“中道”一词的明确提出是在佛教产生之后。把与“中道”有关的思想加以归纳、提炼，使之成为一种引人注目的思维方式，这主要是佛教思想家完成的工作。

二、早期佛教的“中道”观念

佛教的“中道”观念在该教产生之初已明显表现出来。早期佛教的“中道”观念主要表现在以下几个方面：苦乐中道、无记中道、有无中道、断常中道。这几种“中道”关系密切，有时很难严格区分开。但其各自的侧重点是有不同的。

1. 苦乐中道

苦乐中道相传为释迦牟尼创立佛教时最初传法的具体内容，是佛教“中道”观念的最早形态。这一观念的提出与当时印度思想界中一些派别对待人生或世间生活的两种态度有

① 此处的“梵”亦称“大我”。“我”指“小我”。

关。一种态度在佛教看来是偏于享乐，另一种态度则偏于苦行。前者的主要代表是顺世论，后者的主要代表是耆那教。

顺世论在印度哲学各派中是以反对禁欲主义著称的。此派肯定人在现实世界中追求幸福生活的合理性。如商羯罗（Śaṅkara）在《摄一切悉檀》（Sarva-siddhānta-saṃgraha）8—9中记述顺世论的观点为："没有不同于此（世）的世界，没有天堂，没有地狱。……天堂中的享乐就在于：吃好吃的东西，与年轻的女人在一起，享用精美的衣服、香料、花环、檀香糊等。"摩陀婆（Mādhva）的《摄一切见论》（Sarva-darśana-saṃgraha）中这样记述顺世论的观点："人的唯一目的就是通过感官的快乐进行享受。……当生命还存在时，让人快乐地生活。"顺世论的观点在早期佛教看来是一种极端，是"乐"的一端。

耆那教被认为是另一极端的代表。此教偏于苦行。苦行在印度的历史非常久远，许多宗教派别都推崇，但耆那教较为突出。《中阿含经》中记述说："有沙门梵志，裸形无衣，……或修蹲行，或有卧刺，以此为床。……或有事水，昼夜手抒；或有事火，竟昔然之。"[①]《杂阿含经》中记述说："我师尼犍子灭炽然法，……行苦行。""（耆那教徒）裸形拔发，乞食，人间游行，卧灰土中。"[②]这是"苦行"的一端。

释迦牟尼在出家前是印度北部迦毗逻卫国的太子，自然经历过王族子弟的生活，对享乐是很熟悉的。但他后来却对人世的种种痛苦有了感受，实际是认识到了享乐并不能长久（无常），因此，脱离了这一端。然而他又走向另一端，到尼连禅河附近的林中修炼苦行，经六年修炼后并无结果，认识到这一端亦不能实现他的理想，亦应否定。即最后是两个极端（苦乐）

① 《中阿含经》卷第三十六。

② 《杂阿含经》卷第二十一。

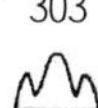

都放弃了。据说此后他在菩提树下静坐冥观,悟得了佛教的一些教理,创立了佛教。相传他最初是在鹿野苑向乔陈如等五人传法,讲述佛教的最初教理。《中阿含经》中有一段对早期佛教“苦乐中道”的论述:“五比丘当知,有二边行,诸为道者所不当学:一曰著欲乐贱业,凡人所行;二曰自烦自苦,非贤圣求法,无义相应。五比丘,舍此二边,有取中道,成明成智,成就于定,而得自在,趣智趣觉,趣于涅槃,谓八正道,正见乃至正定,是谓为八。”[①] 这种“苦乐中道”,根据以上引文后面的内容亦有人称为“八正道中道”。

2. 无记中道

早期佛教的“中道”观念还表现在所谓“无记”上。在释迦牟尼创立佛教时,印度不少其他思想派别提出了种种问题(不少是思辨性较强的问题)。所谓“无记”指释迦牟尼对这些问题均不给予明确的答复,或认为这些问题是不能用一般的方式解决的。关于“无记”,佛教史料中有多种记载,有“十无记”说,亦有“十四无记”说。“十无记”说提到的十个问题是:世间常住、世间无常、世间有限、世间无限、我身是一、我身是异、如来死后有、如来死后无、如来死后亦有亦无、如来死后非有非无[②]。“十四无记”说涉及的十四个问题与“十无记”的问题大同小异[③]。对于这些问题,佛陀均不作明确的答复。在他看来,这些问题的两种相反答案都不能表明事物的实际情况,都有片面性。若肯定一种或为否定一种而肯定另一种,都将是极端。因而佛陀对这些问题采取“不为记说”(不予回答)的态度。这种态度也就是一种“中道”的态度。但这些问题是当时

---

① 《中阿含经》卷第五十六。

② 参见宫本正尊著《中道思想及其发达》,法藏馆刊行,昭和十八年,第 206 页之后数页。

③ 参见《杂阿含经》卷第三十四等。

印度思想界各派讨论的重要问题，不给出明确答案也要对此态度有所解释，因而有了《中阿含经·箭喻经》中的一些记述。在该经中，佛陀力图表明：对这些问题的讨论不会有什么结果或无意义。解决这些问题不是当务之急。如同一个中箭的人应立即拔箭治疗，而不是讨论中箭人的身份或弓箭的构成等问题[①]。然而，佛陀所"不为记说"的问题是有范围的，并不是对所有问题均"无记"。他对一些基本教理问题还是明确提出看法的。因此，在原始佛教中，"中道"的观念只是初步产生。在一些场合，这种观念表现得很明显，而在另一些场合，则表现得不明显，甚至相反。

3. 有无中道

"有无中道"的观念在"十无记"或"十四无记"中已有表露。如在这二种"无记"中，都有如来死后有、如来死后无、如来死后亦有亦无、如来死后非有非无的内容。即在早期佛教看来，对如来死后的问题，无论是有、是无或是对它们的同时肯定与同时否定均不能避免偏执。只有对有与无"不为记说"才符合"中道"。当然，在早期佛教中，"有无中道"的含义不限于对如来死后问题的回答。早期佛教的"有无中道"观念主要是针对所谓"外道"的种种偏执而说的。而在佛教产生时，"外道"数目众多，因而所谓"有"与"无"的含义就较复杂，内容较多。从总体上看，"有"与"无"涉及的主要是有关世界有没有一个主宰体（根本因或创世神）的问题。对这个问题，在"外道"中就有种种看法，如婆罗门教就有"梵"为世界根本因说，亦有造世神（自在天）之说，这是主"有"的；顺世论则认为一切现象是自然而有的，没有"神"一类造物主，没有"梵"或"阿特曼"（小

① 参见《中阿含经》卷第六十。

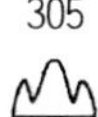

我)一类的主体,因而是主“无”的。佛教则持“有无中道”的观念,即把诸“外道”提出的“有”与“无”的理论均看成极端,并提出本派的不同于这些“有”与“无”观念的居“中”的理论。实际上,早期佛教也并非不执“有”与不执“无”,只是它的“有”与“无”的观念与“外道”在这方面的观念有重要差别,因而早期佛教所追求的“中”只是相对而言,绝对的“中”是不可能的。如早期佛教提出要“离有无二边”,虽要离“无”,但又主“无我”;虽要离“有”,但又认为有涅槃境界等。这些都要具体分析。佛教与顺世论都主张“无我”,从形式上看都是“无”见,但二者说“无我”的内容并不完全相同。在佛教看来,顺世论的“无我”是极端化的,因为这种“无我”是在否定因果报应、轮回解脱基础上的“无我”,而早期佛教的“无我”则并不否定轮回与解脱的理论,佛教的轮回与解脱理论在逻辑上需要有一个相当于“我”的东西。因而早期佛教“无我”论之“无”还与“有”存在着某种联系,并没有走极端。总之,早期佛教要离的“有”与“无”是外道的“有”与“无”,它所说的“中”也就体现在对这类“有”与“无”的离之中。

4. 断常中道

“断常中道”与“无记中道”及“有无中道”都有密切关系。如“十无记”中的世间常无常、我身一异及如来死后的有无等问题都涉及了“断常中道”。相对于“有无中道”,“断常中道”涉及的面窄一些。或者说,“有无中道”中论及了“断常中道”的问题,但在某一方面不如“断常中道”探讨(叙述)得细致。

所谓“断”与“常”所牵连的主要是在世间事物或人生现象中有无一个常恒永在的主体(或主宰体)的问题。认为世间事物或人生现象中有一常恒永在主体的一般为“常见”,认为没有的一般为“断见”。关于“断常中道”,一些佛典中有记述,如《杂阿含经》中说:“佛告阿难:我若答言有我,则增彼先来邪见;若答言无我,彼先痴惑,岂不更增痴惑!言先有我从今断灭,若先来有我则是常见,于今断灭则是断见。如来离二边处中说法。”[①]《别译杂阿含经》中说:“复次,阿难,若说有我,即坠常见;若说无我,即坠断见。如来说法,舍离二边,会于中道。”[②]

如按是否认为有一常恒不变的主体来理解“常见”与“断见”,则印度哲学宗教中主要的派别大致可做这样分类:婆罗门教因主张梵或阿特曼永在,因而属“常见”;耆那教因主张有“命我”,因而亦属“常见”;顺世论因反对存在一个意识现象的主体(阿特曼),因而属“断见”。

早期佛教的“断常中道”是要离开“外道”的“断”和“常”,而它自身实际又在“外道”的学说中吸收了不少成分,但在吸收后又有自己的创新或特色。如佛教虽也与顺世论同样讲“无我”,但并不否认有轮回和解脱;佛教虽与婆罗门教同样讲轮回与解脱,但又不承认“阿特曼”的存在。这种状况在佛教看来就达到了“中”。至于早期佛教是否确实达到了“中”,因各家的判定标准不同,结论自然也不会相同。

三、大乘佛教的“中道”观念

“中道”观念虽然在早期佛教中就已提出,但客观地说,在佛教中突出起来并占有显要地位还是在大乘佛教兴起后。早期佛教虽然讲“中道”,但在处理许多问题时,往往并不能严格坚持“中道”的思想方法,实际上执行得不彻底。到了部派佛教时期,佛教分成许多派别,各部派都程度不同地有偏执的问

① 《杂阿含经》卷第三十四。
② 《别译杂阿含经》卷第十。

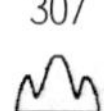

题,“中道”之说更是流于形式,无法实施。大乘佛教为了克服部派佛教的种种偏执,为了更好地与“外道”进行思想斗争,开始认真地强调“中道”的观念。发展到中观派时,“中道”观念影响极大,真正成为佛教理论中的核心观念。

大乘佛教中较早明确强调“中道”观念的是小本(小品)《宝积经》。因该经出现时间早于中观派的主要论著,因而为学界所特别重视。从该经的论述中可以看出,作者已发现在佛教中存在着一种过分强调“空”的倾向。这种倾向在小乘部派,如方广部中就有,但方广部的“恶趣空”偏执极为明显,在一般的佛教派别中或思想界中是受抵制的,影响不大。影响大的是另外一些大乘思想家(包括般若类经的某些作者)。小本(小品)《宝积经》认为,这些思想家的理论是“著空”。本来,说一切有部等派别主张的“实有论”是佛教中有影响的一种理论,大乘佛教兴起后,般若思想家对其进行了猛烈的批驳,将“实有论”的势力压了下去。这样,在佛教界又形成了新的时尚。小本(小品)《宝积经》最早反对这种时尚,认为它是“著空不得脱”[①]。在反对这种倾向时,经的作者认为这种倾向比“有”见还危险,强调如果走上这种极端就“不得脱”,是“我所不治”[②]。小本(小品)《宝积经》对“中道”的强调不仅表现在对“空”的解释上,还表现在对其他一系列概念的解释上,如该经列举了有我与无我、有真实心与无真实心、不善法与善法、世间法与出世间法、有诤法与无诤法、有漏法与无漏法、有为法与无为法、有秽污法与白净之法等,认为它们是“二边”的,但又反对执着这二边的分别,认为“无所有亦不可得”,倡导“中道真实观法”[③]。

① 参见《佛说遗日摩尼宝经》。
② 参见《佛说摩诃衍宝严经》。
③ 同上注。

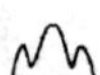

《维摩诘经》对“中道”观念的发展与小本(小品)《宝积经》有相似处,但该经不像小本(小品)《宝积经》那样直接扣住“中道”一词进行论述,在具体的论证方式上也较小本(小品)《宝积经》更为生动。该经曾举出许多事例来表明如何采用“中道”的方法,如该经中说:“在于生死,不为污行;住于涅槃,不永灭度。”[①]类似的言论在该经中不胜枚举。《维摩诘经》的“中道”观念还表现在其“不二法门”的理论中,不二法门直接讲的是“无分别”的观念,但实际上按其要求所达到的“不二”或“无分别”的状态,也就是一种对“中道”精神深入贯彻所达到的境界。《维摩诘经》论述“中道”在时间上未必有小本(小品)《宝积经》早,但它的影响(尤其是在中国)则要比小本(小品)《宝积经》大得多。

除了小本(小品)《宝积经》和《维摩诘经》外,早期大乘经中的《法华经》和《华严经》也程度不同地表现出了“中道”的观念。《法华经》在总体上是兼顾了“性空”和“假有”两方面,在思想方法上是注重“中道”观念的。《华严经》对“中道”观念的发展主要体现在其对不同(相关)概念组的处理上,如从对“一”、“多”观念的论述中就可以看出,该经认为从“一法”中可以“解众多法”,从“众多法”中可以“解了一法”[②],表现出了不把相关概念(对立或相反概念)的区分绝对化的思想。由此可知作者对“中道”观念的重视。

中观派是佛教“中道”观念的主要倡导者和最有代表性的派别。它在借鉴、吸收先前佛教此方面学说的基础上,将“中道”观念在印度的发展推向一个高峰。中观派“中道”观念的一个突出表现是其“八不”理论,故它的“中道”常被称为“八

① 参见《维摩诘经》卷中。
② 参见《华严经》(六十卷本)卷第二十九。

不中道”。另外,从此派最主要的论著《中论》来看,中观派的“中道”学说也突出地发挥了佛教般若理论的“无分别”思想和“无所得”思想,因而用“无分别中道”或“不可得中道”亦可表明此派“中道”学说的特色。“无分别中道”或“不可得中道”的思想不仅体现在“八不”之中,而且贯穿于整个《中论》,成为中观派论述佛理的基本出发点。“八不”理论中讨论(否定)的生灭、常断、一异、来出四组概念实际上是一般小乘或“外道”对宇宙和人生本质(实相)问题的几组可能的回答。在中观派看来,这些回答都是偏执的,不正确的。那么正确的答案是什么呢?能用一般的概念、观念来正面陈述吗(这些概念、观念能有绝对的真理性吗)?中观派认为不能。因为若作了这种陈述,那么它在本质上就必定是偏执。真正可行的是进行不断的否定。至于“实相”是什么,则只能在这种否定中去体验,即所谓只能意会,不可言传。《中论》中的这种以否定形态的思维方式显示“中道”之处体现在许多方面。在《中论》中,每当要对具体问题的不同答案(如有无、有边无边等)作选择时,回答总是“不”或“非”,以体现“中道”的精神。总之,这种“中道”实际要告述人们,用世俗的概念、判断是不能得到事物之实相的,只有采用中观派的“无分别中道”方法,才能把握实相。此外,中观派在许多其他理论上亦体现出“中道”精神,如对世间和出世间、真谛和俗谛、性空和方便等这些问题都依据“中道”精神来解决。

和般若类经相比,中观派对“中道”观念的发展一方面表现在纠正般若类经的某些叙述中多少存在的“偏空”倾向,进一步强调“沤和”或“方便”,另一方面表现在它把“中道”的观念真正上升到普遍的思想指导原则或方法的高度上。般若类经主要是在“沤和”或“方便”问题上对“中道”观念有所表露,但没有对许多概念组作“中道”的解释，而中观派则除进一步强调“沤和”或“方便”外，还在对一系列概念组的分析中强调或突出“中道”。当然，中观派是在借鉴小本（小品）《宝积经》等大乘经的有关思想的基础上这样做的，同时也是在借鉴以往原始与小乘部派佛教中的“中道”观念的基础上这样做的。但中观派对“中道”观念的发展也是有其自身特色的。首先，相对于小本（小品）《宝积经》等，中观派在《中论》等著作中对一系列重要概念的分析更为深入，对“中道”的论证更为系统，整个理论叙述具有很强的逻辑力量。其次，相对于原始佛教和部派佛教，中观派的“中道”是贯彻始终的，而前者只是在若干问题上讲“中道”，在总体上则实际又常常放弃它。再有，中观派在大乘佛教的发展中影响较大，龙树等一批重要大乘佛教思想家撰写了大量佛教论著，其影响远非小本（小品）《宝积经》等可以相比。如《中论》中对“中道”的著名定义（后人所谓“三是偈”或“三谛偈”）在佛教思想史上的重要地位也不是小本（小品）《宝积经》等可以替代的。

“中道”观念在大乘佛教中的另一主要派别瑜伽行派中亦有表现。此派从“唯识”的根本立场出发，在某些方面对“中道”思想有一定发挥。这从此派的许多具体理论中都可以看出来。如瑜伽行派论述了非空非有的中道说或三性三无性的中道说等。有无问题许多佛教派别都论述，并在这个问题上表现出各自的“中道”立场。瑜伽行派亦是如此。《成唯识论》中说：“是故一切皆唯有识，虚妄分别有极成故。唯既不遮不离识法，故真空等亦是有性。由斯远离增减二边，唯识义成，契会中道。”“决定不离心及心所。此等正理诚证非一，故于唯识应深信受。我法非有，空识非无。离有离无，故契中道。慈尊依此说二颂言：虚妄分别有，于此二都无，此中唯有空，于彼亦有此，故说一切法，非空非不空，有无及有故，是则契中道。”[①] 显然，瑜伽行派是要表明，所谓“空”指“我”与“法”（外境）不实在（我法非有），此即“真空”。所谓“有性”指“真空”与“识”非无（“空识非无”，“真空等亦是有性”）。这样，就成了“非空非有”的“中道”。这种“中道”，说到底，是一种“唯识中道”。三性三无性中道说实际是换一种角度来具体论证非空非不空中道说。因为无论是在三性说中还是在三无性说中，论证时都离不开空（无）与有，都要以“中道”精神来处理二者（或说在对二者的表述中体现“中道”精神）。首先看三性：遍计所执性，指从各个方面对事物进行虚妄的“分别”，认为“法”与“我”是实有的，而实际上事物（法与我）是不实的，这表明了“空”（无）。依他起性，指一切现象都要依因缘而起，依缘而起的现象则无自性，这也表明了“空”，但同时亦表明了“不空”（有）的一面，因为既是缘起就不是绝对的虚无。圆成实性，指根据事物的“依他起”而认识“遍计所执”的不正确，从而把握事物的实相，达到一种圆满成就的认识，这种认识实际是非空非有的认识。“非有”的是“我”与“法”，也就是“境”，“非空”的是“识”或“心”。这三性说中就体现出了“中道”。再看“三无性”。三无性与三性是对应和一致的，实质上是另一种表述。相无性，指世俗之人“遍计所执”，对事物进行虚妄的“分别”，认为有“实我”、“实法”，而实际上事物的这些“体相”是没有的，这还是说的“我”与“法”的“空”。生无性，指事物是“依他起”的，既然是依他起，就没有实在性，即因缘所生之物必无实在性，此亦表明了“境”无或空，但并不是否定一切。胜义无性，指远离了“遍计所执”的虚妄分别，认识到“依他起”的“法”之不实及“我”之

① 《成唯识论》卷第七。

不实，领悟并接受了“圆成实性”，达到所谓“真如”境界。这种境界在瑜伽行派看来也就是非有非空的境界。非有的是“境”（法与我），非空的是“识”或“心”，非有与非空并举，“中道”精神就显示出来了，只是这种“中道”精神不同于其他各派，而是“唯识中道”。

“中道”观念在后期佛教中亦有不同程度的表现，具体事例不胜枚举。此外，“中道”观念也随佛教的其他思想传入中国，在中国形成的许多佛教宗派中有重要体现，如中国佛教中的三论宗、天台宗等都对这一观念有一定发展。

第九章 二谛理论

"二谛"是佛教在发展中提出的重要理论,对佛教的传播起了巨大作用。它是佛教整个学说中不可缺少的成分。二谛理论在小乘佛教中就有,但在大乘佛教中得到更为充分的发展,它在大乘佛教中对佛教学说体系的重要性也最为显著。佛教传到中国后,这一理论也受到了中国佛教僧侣的高度重视,成为中国佛教思想的重要组成部分。

一、印度大乘佛教的"二谛"理论

佛教中说的二谛通常指"真谛"和"俗谛"。"真谛"来自梵语"paramārthasatya"(亦译"第一义谛"或"胜义谛",常简称为"第一义"或"胜义");"俗谛"来自梵语"samvṛtisatya"(亦译"世俗谛"或"世谛",常简称为"世俗")。二谛的概念大小乘佛典中都有,但相对来说,小乘佛典中出现得少一些,论述得也简略或不很充分;大乘佛典中则出现得频率较高,论述得也详尽一些。

大乘佛教形成的重要标志是早期大乘经的出现,而在早期大乘经中,般若类经占有重要地位。这类经中就有不少对二谛的论述。

般若类经中讲到二谛时,一般谈到"真谛"的两种含义:

真谛的一种含义指"性空"。如摩诃般若波罗蜜经》中说:"第一义相者,无作、无为、无生、无相、无说,是名第一义,亦名性空,亦名诸佛道。是中不得众生,乃至不得知者、见者,不得色、受、想、行、识，乃至不得八十随形好。何以故？菩萨摩诃萨非为道法故求阿耨多罗三藐三菩提。是性空，前际亦是性空，后际亦是性空，中际亦是性空。常性空，无不性空时。”[①] 从这段论述中可以看出，在般若类经中，“性空”的具体表现就是所谓无作、无为、无生、无相、无说等。或者说，在最根本的意义或真实的意义上，佛教中通常所说的众生、知者、见者是“不可得”的，而且佛教里所说的“五蕴”和佛所具有的“八十随形好”也是“不可得”的。这可以说是彻底的“空”观了。这种“空”观就是此类经中的“真谛”或“第一义谛”的主要含义。

真谛的另一种含义指超越一切言语等的真理性认识或最高思想境界（即所谓“无分别”）。如《摩诃般若波罗蜜经》中说：“最第一义过一切语言、论议、音声。”[②] 所谓“过一切语言、论议、音声”就是指佛教的真义从本质上讲是不能用一般的言语等从正面直接陈述的。换言之，佛教的真义严格来讲，只能用佛教所有的特殊方式来体悟，任何对它的正面陈述都不可能完全地表明其特质（即言语等不具有绝对的真理性）。

般若类经把“俗谛”主要解释为是佛以“方便力”借助“言语”等为众生进行的“说法”。《摩诃般若波罗蜜经》中说：“是一切法皆以世谛故说，非第一义。……世谛故说名菩萨，说名色、受、想、行、识。”[③] 该经中还说：“此名强作，但假施设。……菩萨摩诃萨行般若波罗蜜，以方便力，故为众生说法。”[④]

按照般若类经的作者们的观点，佛教中说的菩萨、五蕴、一切种智、诸法等都是“空”。既然是“空”，那么有关它们的言

① 《摩诃般若波罗蜜经》卷第二十五。
② 《摩诃般若波罗蜜经》卷第二十六。
③ 《摩诃般若波罗蜜经》卷第二十五。
④ 《摩诃般若波罗蜜经》卷第二十四。

论或概念岂不是成了“空”话吗？为什么还说呢？《摩诃般若波罗蜜经》中说：“须菩提白佛言：世尊，若一切法如梦如声如影如焰如幻如化，众生在何处住，菩萨行六波罗蜜而拔出之？须菩提，众生但住名相虚妄忆想分别中，是故菩萨摩诃萨行般若波罗蜜，于名相虚妄中拔出众生。……须菩提，一切和合法皆是假名，以名取诸法，是故为名。一切有为法，但有名相，凡夫愚人于中生著。菩萨摩诃萨行般若波罗蜜，以方便力，故于名字中教令远离，作是言：诸众生是名，但有空名，虚妄忆想分别中生，汝等莫著虚妄忆想，此事本末皆无，自性空故，智者所不著。如是须菩提，菩萨摩诃萨行般若波罗蜜，以方便力，故为众生说法。……是菩萨摩诃萨行般若波罗蜜，以方便力故，教众生远离是相著。”[①]

这段引文中多少暗含了这样一些意味：世俗之人不明白“一切皆空”或“诸法皆空”的“第一义”，他们执着于“名相虚妄忆想分别”。而大乘思想家们仅自己认识到“空”还不行，还要使众生认识到，使众生解脱。要达到这一目的，就要根据具体的情况来化导众生。要使众生脱离“名相虚妄忆想分别”，就要使用或利用“名相”。因而文中说“是故菩萨摩诃萨行般若波罗蜜，于名相虚妄中拔出众生”、“菩萨摩诃萨行般若波罗蜜，以方便力，故于名字中教令远离”、“以方便力故，教众生远离是相著，”此处的“以方便力”就是指借助“俗谛”。换言之，“性空”的道理菩萨和众生都应知道，但要使众生明白“一切皆空”这一事物的“真谛”，就要考察诸法，在考察时，就要使用“俗谛”。

《摩诃般若波罗蜜经》中的另一段论述对“俗谛”的作用

① 《摩诃般若波罗蜜经》卷第二十四。

说得更直接一些,如该经中说:"佛言,菩萨摩诃萨以世谛故,示众生若有若无,非以第一义。世尊,世谛第一义谛有异耶?须菩提,世谛第一义谛无异也。何以故?世谛如,即是第一义谛如,以众生不知不见是如故,菩萨摩诃萨以世谛示若有若无。"[①] 根据经中的这段话可知,在作者看来,"世谛"是"菩萨摩诃萨"用来直接对众生说的,对众生不能直接用"第一义谛",而要借助"世谛",通过"世谛"使众生把握事物的本来面目,这也就是使众生领悟了"第一义谛"。从这个意义上说,"世谛"与"第一义谛"是相即的。

在其他的早期大乘经中,有些也涉及二谛观念。一些经在论述与二谛有关的思想时不一定直接提到二谛一词,但有这方面的思想。

中观派是佛教思想发展史上较全面阐明二谛内容和意义的派别。此派把二谛理论放在显要地位,它对二谛的解释与此派的其他理论结合得极为紧密。

中观派发展和强调二谛说与其在当时同其他派别进行思想交锋的需要有关。此派在理论上一方面(也是主要的方面)要批驳小乘有部的实有论,主张本派的空观,另一方面又要批驳方广部一类派别主张的虚无论,表明假有说。换言之,中观派一方面要批绝对化的"有见",另一方面要批绝对化的"空见"。此派虽两"见"都批,但也不是力量平均使用,重点还是放在批"有见"上(在这方面中观派与般若类经一致,只是中观派在总体上对"中道"原则贯彻得好一些,对"空"、"有"的关系处理得较般若类经更妥当一些)。因而在论述时反"有"论"空"的言论难免多一些。这样,此派就被许多派别(包括有部

① 《摩诃般若波罗蜜经》卷第二十二。

等小乘部派，甚至“外道”）指责为“虚无”主义。为了对付这样的指责，中观派就从“中道”的基本思想出发，抬出二谛的理论作为武器，反驳有部等不知佛的二谛说，强调本派所谓的“空”与方广部等的“恶趣空”不同，是仅指“缘起”（缘起无自性），也就是“假有”。假有与性空是一致的。或者说，“真谛”与“俗谛”是一致或相即的。中观派有“二谛相即”的观念，并突出了这种观念在本派学说体系中的重要性。

中观派有关二谛的较有代表性的论述是在《中论》中。龙树在该论中说：“诸佛依二谛，为众生说法，一以世俗谛，二第一义谛，若人不能知，分别于二谛，则于深佛法，不知真实义。”①青目的释为：“世俗谛者，一切法性空，而世间颠倒，故生虚妄法，于世间是实。诸贤圣真知颠倒性，故知一切法皆空无生，于圣人是第一义谛，名为实。诸佛依是二谛，而为众生说法。若人不能如实分别二谛，则于甚深佛法，不知实义。若谓一切法不生是第一义谛，不须第二俗谛者，是亦不然。”接下去，龙树在《中论》中又说：“若不依俗谛，不得第一义。不得第一义，则不得涅槃。”青目的释为：“第一义皆因言说，言说是世俗，是故若不依世俗，第一义则不可说。若不得第一义，云何得至涅槃，是故诸法虽无生，而有二谛。”

由这些论述可以看出，中观派是依“真谛”说“空”（性空），依“俗谛”说“有”（假有）。但二者又有联系，即“俗谛”虽说“有”，但离了它，则“不得第一义”；而“真谛”所要表明的意思则不是绝对的空无，与“俗谛”说的“有”（假有）又有密切关联。二谛是一体两面，缺一不可的。另外，从以上《中论》的论述中可以看出，中观派强调佛是依二谛说法的（不是一谛），这

① 《中论》卷第四。

与上面所引般若类经的解释有所不同,后者突出“菩萨摩诃萨以世谛故,示众生若有若无,非以第一义。”从这种差别中可以看出,中观派把二谛都看作是佛对众生说法的言教。在中观派中,无论是“俗谛”还是“真谛”,都不被绝对化。而在般若类经中,“真谛”(特别是“真谛”所具有的性空之义)一般具有更突出的重要地位。中观派的二谛理论带有很浓厚的“中道”色彩,此派的“真谛”实际上具有“实相”或“实相涅槃”的含义。中观派和般若类经的这种在二谛问题上的不同解释或思想反映了“中道”观念在二者中的重视程度的差别。当然,上述分析是就般若类经与中观派论著中的一般叙述而言的,由于无论是在般若类经中还是在中观派的论著中,与上述引文不同的说法还是可能存在的,因而这里只是说的一般情况。

大乘佛教的瑜伽行派亦有二谛理论,但这方面的内容在该派中的地位不如在中观派中那样显要。此派典籍中有关二谛的含义与中观派的也不同。大致来说,在瑜伽行派中,依一般世俗观念建立的人的意识活动或认识事物为“俗谛”,而依佛教道理或智慧(此派的“智慧”)提出的学说或有关认识内容、对象则为“真谛”。如《瑜伽师地论》中说:“云何世俗道理建立?谓依世俗道理建立诸心差别转义……云何名为胜义道理建立差别?谓略有二识:一者阿赖耶识,二者转识。阿赖耶识是所依。转识是能依,此复七种,所谓眼识乃至意识。譬如水浪依止暴流,或如影像依止明镜,如是名依胜义道理建立所依能依差别。”[①]《显扬圣教论》中则更明确地说:“世俗谛者,谓名句文身及彼义一切言说,及依言说所解了义,又曾得世间心及心法,及彼所行境义。”“胜义谛者,谓圣智及彼所行境义,及彼

① 《瑜伽师地论》卷第六十三。

相应心心法等。"[①] 根据以上引文可知,瑜伽行派的"真谛"与中观派的"真谛"是有差别的:中观派的"真谛"一般突出"性空"的含义,而瑜伽行派上述的"真谛"主要指其唯识理论(具体说,指其有关心识及其转变的理论)。显然,瑜伽行派的二谛理论与其整个学说体系的倾向直接相关。

二、印度大乘佛教和小乘佛教"二谛"理论的主要区别

如上所述,佛教的二谛观念在小乘佛教和大乘佛教中都有。仅就提及真俗二谛的名词概念而言,在大乘出现前的一些佛教典籍中就有。但这种名词概念在这些典籍中一般没有明确展开论述,含义不是很清晰。小乘佛教有代表性的明晰论述多出现在大乘佛教产生后所形成的一些小乘佛典里。如在《俱舍论》和《成实论》中就有较明确的论述。从这些论述中,我们可以把握小乘佛教在二谛理论上的基本观念,从而也就能够看清大乘佛教和小乘佛教在二谛理论上的主要区别。

《俱舍论》是属于大乘佛教产生后的小乘说一切有部的著作。说一切有部所讲的"空"可以说是一种"分析空",他们论证事物不实在或事物为"空"的手法多是通过"分析"实现的。即认为现在存在的东西(聚合体)会分解,所谓"空"也就是指事物的可分解的特性。他们在二谛上的观念也与其"空"观有关。

《俱舍论》中说:"彼物未破析时,以世想名施设为彼,施设有故名为世俗。依世俗理说有瓶等,是实非虚名世俗谛。若物

① 《显扬圣教论》卷第二。

异此名胜义谛，谓彼物觉，彼破不无，及慧析馀彼觉仍有，应知彼物名胜义谛。如色等物碎至极微，或以胜慧析除味等，彼觉恒有，受等亦然。此真实有故名胜义。依胜义理说有色等，是实非虚名胜义谛。"[①]

在这里，说一切有部实际上是把那种看不到由部分聚合的东西最终会毁灭，以为聚合体是实有（实在）的观念称为俗谛；把那种看到聚合体会分解，但认为分解后剩下的（不可分的）部分是实有（实在）的观念称为真谛。

《成实论》是佛教典籍中较特殊的一部论著。它的汉译本出现后，在中国佛教史上曾对其是大乘佛典还是小乘佛典有过争论。现在一般都已承认其为小乘佛典。在笔者看来，此典若确切地说，是一部受到大乘般若思想影响的小乘佛教的论著。也就是说，它的理论基本上是属于小乘性质的，但在一些方面又受大乘佛教的影响，其学说与一般的小乘佛教又有一定差别。在二谛理论方面亦是如此。具体来说，《成实论》中有关二谛的思想有些来自（或近于）小乘说一切有部的二谛观念，也有些来自（或近于）大乘般若中观系统的观念。

《成实论》中说："佛说二谛：真谛、俗谛。真谛谓色等法及泥洹，俗谛谓但假名，无有自体，如色等因缘成瓶，五阴因缘成人。"[②]

如果《成实论》有关"空"、"有"的论述就讲到这一程度即告完结，那么，它就是完全依据了说一切有部的观点，二者没有什么差别，因为说一切有部即把由因构成的聚合体看作是"假名"（施设），称其为"俗谛"；而构成因本身由于不可分，则为实在，称其为"真谛"。然而，《成实论》又明显受了般若思想的

---

① 《俱舍论》卷第二十二。
② 《成实论》卷第十一。

影响,观点与说一切有部又有不同。客观地说,《成实论》此处的“真谛”的地位既不同于说一切有部中“真谛”的地位,亦不同于般若中观系统中说的“真谛”的地位。《成实论》中除了上述“真谛”外,还有一“第一义”(与上述“真谛”并不等同),而这“第一义”才是相当于其他佛教派别中“真谛”或“胜义谛”的概念。

《成实论》中说:“五阴实无,以世谛故有。所以者何?佛说诸行尽皆如幻如化。……第一义者,所谓色空无所有,乃至识空无所有。”[①]《成实论》中还说:“虽说五阴,非第一义。”[②]

从这段话中可以看出,不仅由构成因组成的聚合体(如“人我”或“瓶”等“假名”)是不实的,而且构成因本身(如“五阴”、“色”等“法”)也是不实的。这里所表明的“真谛”(“第一义”)的观念明显与说一切有部的“真谛”观念不同。

《成实论》的二谛理论与大乘般若中观系统二谛理论的主要不同表现在对“真谛”或“第一义(谛)”的理解上。《成实论》中对“真谛”或“第一义(谛)”的叙述并不总是一致的(这与其“空”观的否定层次划分有关。《成实论》中提出的“灭三心”之说以不同层次的演进,否定了由构成因组成的聚合体的实在性,否定了构成因自身的实在性,还否定了执着于事物不实在的“空”观念的实在性)。当该论在一些阶段把“真谛”理解为组成聚合体的构成因(即“实法”或“法”)时,它的“真谛”明确与般若中观学说中的“真谛”不同。而当把“真谛”(第一义谛)理解为纯粹的“空无”时,亦与般若中观学说有所不同。如《成实论》中说:“第一义门者,皆说空无”[③]。该论中还说:“若

① 《成实论》卷第十二。
② 同上注。
③ 《成实论》卷第二。

第一义谛故说无”[1]。前面说过，般若类经中对二谛中“真谛”或“第一义谛”一般有两种解释，或理解为“性空”，或理解为“无分别”（超越一切言语等的真理性认识或最高思想境界）。《成实论》与之相比，有接近处，与般若类经中把“真谛”解释为“性空”相近，但无般若类经中对“真谛”所作的另一种解释的含义。即与般若类经中“真谛”的含义有同有异。而相对于中观派来说，《成实论》中的“真谛”说就明显不同了。中观派中的“真谛”或“第一义谛”的实际含义是指对“诸法实相”（或“性空假有”）的认识。而《成实论》中的“真谛”或“第一义谛”（非有部观点的解释）则将含义仅限于“空”或“空无”，并无中观派中“真谛”或“第一义谛”的“实相”之义。问题的关键还是在于有无“中道”观念。中观派的二谛说是以“中道”原则为指导的，而《成实论》的二谛说则没有这种指导。

印度大乘佛教和小乘佛教对二谛的解释虽有差别，但这两种解释在不同程度上都反映了佛教对自身教义与世俗观念之间的矛盾进行调和的努力。而他们在二谛问题上的观念差别，则主要反映了他们（大乘和小乘）在世界本质问题上看法的差别。后者决定了前者。

三、“二谛”理论在中国的发展

二谛理论与佛教的其他重要理论同样传入了中国，在中国佛教史上成为一个受人关注的理论。中国佛教史上论及二谛的僧侣或宗派很多，此处仅讨论一些较显著的。

如上所述，二谛理论主要是在大乘佛教形成后才变得显

① 《成实论》卷第十。

著或突出起来的。佛教在中国最初真正引起思想界重视的是大乘的般若学说,而二谛理论是般若学说的重要组成部分。因此,中国较早出现的一大批般若学者,大多讨论二谛问题,仅东晋和南北朝时期就可列出不少人,如慧远、支道林、法开、道一、道邃、僧肇、宝亮等都有关于二谛的论述。这些人对二谛的解释多是依照他们对印度传来的佛典(主要是般若中观系统的佛典)中有关论述的理解展开的。具体来说,主要是围绕"空"或"有"的观念展开。他们对二谛的解释与印度原有二谛理论的差距一般也随他们对"空"、"有"问题的见解与印度般若中观系统的有关论述的差距而定。总起来说,在东晋南北朝时期,对二谛的解释极多,也很难说有哪一种观念受到了当时佛学界的较一致或全面的肯定。这里需要提及的是在二谛理论方面影响稍大一些的所谓梁代的"三大法师"(即开善寺的智藏、庄严寺的僧旻和光宅寺的法云)。三大法师继承和发展了小乘佛教特别是《成实论》的一些基本观念,其理论的特色是侧重从"境"和"理"方面来解释二谛。他们一般认为,无论是"真谛"还是"俗谛"都是指"境"和"理"来说的,世俗之人认识到的真实为"俗谛",而出世之人认识到的真实为"真谛",真俗二谛是相关联的,都是在同一境上所见之理,只是见有不同,二谛应当统一起来。这种认为二谛是有特定的"境"或"理",认为无论是真谛还是俗谛都说的是某一范围内的道理,表明了某种特定的真理的二谛理论一般被称为"境理二谛"或"约理二谛"。

进入隋唐之后,中国形成了一些较有影响的佛教宗派。各宗学说一般也都涉及二谛理论,但论述较多的是三论宗和天台宗。

三论宗的代表人物吉藏就极为注重二谛问题,曾专门写

过《二谛章》和《二谛论》等。在其主要著作《三论玄义》、《大乘玄论》等中也有这方面的论述。

吉藏曾在《三论玄义》中批驳过“毗昙”（有部等）的二谛观念，认为“毗昙”是所谓“丧圆旨”，即“虽知俗有，不悟真空，既惑真空，亦迷俗有，是故真俗二谛俱并丧。”既然“毗昙”是“真俗二谛俱并丧”，那么按吉藏的观点，真俗二谛应如何来解释呢？

在《大乘玄论》中，吉藏说：“他但以有为世谛，空为真谛，今明：若有若空，皆是世谛，非空非有，始名真谛。三者，空有为二，非空有为不二，二与不二，皆是世谛；非二非不二，名为真谛。四者，此三种二谛，皆是教门，说此三门，为令悟不三，无所依得，始名为理。”[①] 此处，吉藏对二谛的解释明显是要强调“无分别”的观念，他的理论（四重二谛）虽与般若类经和中观派有差别，但基本思路在般若中观系统中就有表现。前面已经说过，般若类经中对“第一义谛”的解释很多，主要的可概括为两种，即“性空”和“无分别”。吉藏的说法与后一种解释在基本精神上是一致的。吉藏将二谛的说法分为几重，并对前三重逐次进行否定，无非就是要表明：即便是讲说佛教的重要义理，其表述形式由于采用了言语观念等，因而就不可能不偏执。只有对各种言语观念等进行不断的否定，才是实行“中道”。否定前三重二谛说只是表明其“无分别”或“无所得”观念的一种手法。“无分别”或“无所得”的观念也就是“中道”的思想方法。因此，可以说吉藏的二谛理论是在般若中观系统基本观念（强调“无分别”或“无所得”观念）的基础上对传统二谛理论在形式上的一种发展，其基本特征是一种所谓“言教二谛”或“约教二

① 《大乘玄论》卷第一。

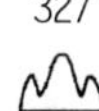

谛”,即认为无论是“真谛”还是“俗谛”都是佛的方便说教,都不能执着。

天台宗对二谛问题也极为重视,有不少这方面的论述。如智颐在《四教义》中说:“二谛有二种:一者理外二谛,二者理内二谛。若真谛非佛性,即是理外之二谛;真谛即是佛性,即是理内之二谛也。”[①] 智顗在这两种二谛之下又有“相即”和“不相即”等细致的分类,分别来解释藏、通、别、圆四教[②]。天台宗虽然在其二谛的具体理论的细节上提出了许多印度佛典中所不曾提到的观念,但在基本思想上仍是以印度般若中观系统的思想为指导,特别是以“中道”的思想为指导,强调不仅要坚持“空”,而且要重视“俗谛”,根据真俗二谛中所包含的不同意义或关系来解释其理论体系的不同组成部分。使二谛理论有机地融入其总的理论体系之中。天台宗的二谛理论从类型上说也是属于所谓“言教二谛”,正如智顗在《四教义》中所说的:“今明真俗说为谛者,但是方便,实非谛也[③]。”

除上述两宗外,慈恩宗等亦有不少关于二谛的理论[④]。而且,即便是三论宗和天台宗,不同思想家,甚至同一思想家的不同著作,对这一理论的叙述亦有差别,不止以上所述。

唐朝之后,中国佛教思想家当然还有这方面的论述,但就其重要性或影响的程度来说,已不能与唐朝及其前相比了。

---

① 《四教义》卷第二。

② 详见智颐《四教义》卷第二,并参考吴汝钧编著《佛教大辞典》,商务印书馆国际有限公司,1995年,第26页。

③ 《四教义》卷第二。

④ 参见丁福保编《佛学大辞典》,文物出版社,1984年,第45、46页。

四、"二谛"理论在佛教发展史上的主要作用和历史意义

佛教的二谛理论之所以在历史上受到许多著名佛教思想家或佛教派别(宗派)的重视,与其在佛教发展史上所起的重要作用有极大关系,这种作用主要表现在三个方面:

首先,二谛理论起着一种缓和佛教学说与世俗社会观念冲突的作用。或者说,二谛理论可以在一定程度上化解佛教徒既要坚持佛教的出世性,又不得不参与世俗生活(对其有所肯定)这二者间的矛盾。佛教是一种宗教,而宗教就有强调出世的特性,但佛教徒又是生活在现实世界中的,否定现实世界再彻底也只能是在口头上。而在实际上,离开了现实生活,离开了对人最基本生活需求的满足,佛教徒是不能生存的,佛教是不能存在的。因此,佛教徒在坚持宗教的出世性和不得不参与世俗生活(对其有所肯定)方面存在着矛盾。而二谛理论恰恰是调和这种矛盾的有力工具。根据许多佛教思想家的二谛理论,坚持出世性,如否定世间现象的实在性,是"第一义谛";而在一定程度上(以某种方式)肯定世间现象的实在性,是"俗谛",二者是一致的,并不矛盾。因此,这种二谛理论为佛教徒对整个佛教学说(教义)体系做出了圆满的解释,为佛教徒既能大力从事宗教教义的传播,又能无所顾忌地参与世俗生活提供了重要的理论依据。

其次,二谛理论起着一种调和不同佛教理论之间矛盾的作用。佛教的理论体系是一个历史发展的产物。佛教理论不是一人所作,亦不是短时间内形成的。因此,这就决定了佛教理论体系各部分间、不同思想家所提出的观点间(甚至同一思想家不同时期的观点间)、不同历史时期形成的理论间会有不

一致或十分矛盾之处。佛教理论体系中的引起不一致或矛盾的诸成分往往对整个体系都是必要的，或都有重要的历史背景。因而，对后来的佛教徒来说，对不一致或矛盾的部分进行取舍是十分困难的。而二谛理论则恰好解决了后来佛教徒的这一难题。他们可以把佛教体系中那些不一致或有矛盾的部分划分成不同层次的理论，言明其都是佛说，只是使用场合、适用对象不同。如佛教史上的有关“有”的理论（如小乘有部等的理论）和有关“空”的理论（如一些初期大乘佛教的理论），在后来的不少佛教思想家那里或被称为“俗谛”，或被称为“真谛”。二谛理论的这种作用，与后来在中国十分突出的“教判”理论极为相似。“教判”理论与二谛说的内容不同，所起的整体作用也不同，但基本精神是相近的。二谛理论之所以在原始佛教时期未明确提出，在小乘部派佛教时仅有初步发展，在大乘兴起后（特别是在中观派产生后）得到重要发展，地位突出，是与佛教的发展需要和发展水平密切相关的。在原始佛教时期，佛教文献有限，佛教理论也并不十分复杂，相对来说体系中矛盾少一些，克服起来也容易一些。到了小乘部派时期，佛教文献越来越多，各种说法越来越多，佛教体系内的矛盾也就越来越多，但小乘佛教在初期并未能找到解决这一问题的有效办法（初期小乘佛教对二谛这一概念极少提及，中后期的小乘佛教才开始较多论及这一概念）。只是在大乘佛教兴起后，情况才有明显的变化。中观派看到了佛教体系中日益加深的理论矛盾（既有小乘不同派别间的理论矛盾，更有大乘佛教与小乘佛教间的理论矛盾），因而把先前佛教中的有关理论进一步整理，提出了较有深度，对佛教发展较实用的二谛理论。

最后，佛教的二谛理论对于破除佛教内部的盲目崇拜，促进佛教的理论发展，起了重要的作用。一般来说，宗教都是要讲究崇拜的，佛教当然也不例外。但佛教的高明之处在于它也有不盲目崇拜的成分。这在二谛理论中就有明显的表现。不少佛教思想家都认为不仅世俗认为真实的东西不能执着，不能当真，甚至认为连“佛说”也仅仅是言教，不能执着。认为二谛中的“真谛”也不过是言教(或仅是工具)，不具有最终真理的意义，不能执着。这在客观上促使历史上众多佛教思想家大胆思考，不盲目因循守旧，在理论上提出新的见解，新的思想。这对于佛教的发展具有重要的历史意义。

第十章 无分别观念

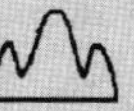

"无分别"观念在大乘佛教理论中占有重要地位，但就其形成、发展和影响而言，这一观念存在或贯穿于整个佛教史。从"无分别"观念的思想渊源方面来看，它与原始及小乘部派佛教有密切关联，而且与印度的早期婆罗门教思想相涉。这一观念不仅在印度佛教的发展中起着重要作用，对中国佛教亦有巨大影响。

一、婆罗门教与小乘佛教中的"无分别"观念

如同不少佛教理论的思想渊源要到早期婆罗门教思想文化中去找一样，"无分别"观念的最初思想萌芽也可在早期婆罗门教学说中探寻。具体地说，是在婆罗门教有关梵的理论之中。婆罗门教认为，梵是一种最高的实体，也是唯一的实在。万物万象的根本是梵，万物万象在本质上与梵一体不二。但世俗之人由于认识不到这点，追求与梵不同的世间万象的实有（如追求个人生命的长存，财富地位的常有），因而陷入痛苦，陷入生死轮回中不能解脱。在婆罗门教看来，人的痛苦，人之所以有轮回，在很大程度上是由于人有"虚妄的分别"，即把梵与世间事物或现象相"分别"，认识不到"梵我一如"[①]。奥义书中反复强调梵（或阿特曼）是不能用世俗的概念来描述的，用这些概念来描述就只能陷入谬误。如《广林奥义书》

① 此处，"梵"指最高的本体，"我"指无数个体生命灵魂及其生存环境，也就是后来哲学中常说的现象界。

（Bṛhadāraṇyaka Up.）中说："那阿特曼（应被描述）为'不是这个，不是这个'。（阿特曼）不被领悟，因为（他）不能被领悟；不被毁灭，因为不能毁灭；不被系缚，因为不能被系缚。（他）是自由自在的。"[①]《由谁奥义书》（Kena Up.）中说："那些（说他们）理解了（梵或阿特曼）的（人）并没有理解（它）；那些（说他们）没有理解（梵或阿特曼）的（人）却理解了（它）。"[②] 奥义书还反复强调"梵"是唯一不二的。如《歌者奥义书》（Chāndogya Up.）中说："这整个世界（都是梵）。"[③]"'有'怎么能生于'无'？……（与此相反），最初仅是'有'，唯一不二。"[④]"阿特曼确实就是所有这（世界）。看到这（的人），想到这（的人），领悟到这（的人）就在阿特曼中（有）快乐，在阿特曼中（有）高兴，在阿特曼中（有）欢喜。"[⑤]《他氏奥义书》（Aitareya Up.）中说："阿特曼确实是这（一切）。最初，唯一不二。"[⑥]《迦塔奥义书》（Kaṭha Up.）中说："那个（一切的）控制者，一切事物的内我（阿特曼），使（自己的）形态呈现为多种。"[⑦]

"无分别"观念的思想萌芽还表现在各种早期瑜伽中。瑜伽行者一般要求冥思禅定、修炼身心。这里面就包含"无分别"的思想因素。最早的瑜伽至少可以上溯到吠陀时期。在当时的印度，"静坐冥观"的宗教实践已经出现，不过吠陀时期的宗教实践虽要求修行者心神安宁、冥思专注等，但总的来说是更注重身体的修炼，而精神修炼方面的内容则是在奥义书之后才逐渐被强调，并盛行的。在为数众多的奥义书中，较早提到

---

① 《广林奥义书》4,5,15。
② 《由谁奥义书》2,3。
③ 《歌者奥义书》3,14,1。
④ 《歌者奥义书》6,2,2。
⑤ 《歌者奥义书》7,25,2。
⑥ 《他氏奥义书》1,1,1。
⑦ 《迦塔奥义书》2 ,2,12。

"瑜伽"一词的是《鹧鸪氏奥义书》(Taittiriya Up.)[①]。但它对瑜伽的具体特征未作解释。对瑜伽下确切定义的奥义书是《迦塔奥义书》和《慈氏奥义书》(Maitri Up.)。《迦塔奥义书》把坚定地对感官进行控制称为瑜伽;《慈氏奥义书》则称瑜伽为:统一呼吸及心和诸感官,漠视一切存在现象。《慈氏奥义书》还对瑜伽作了较细的分类,认为瑜伽有六种:调息、制感、静虑、执持、观慧、三昧[②]。印度早期的瑜伽内容虽多,或有不少差别,但基本精神是一致的,即要否定人的一般思虑作用,对人的思想观念加以抑制。这些是佛教"无分别"观念的重要思想来源。

佛教在产生初期,就有强调"分别"的一面,也有讲"无分别"的一面。早期佛教没有般若类经那样的"体空观",而是看重对事物的分析、辨别。早期佛教所强调的许多重要理论,如四谛、八正道、五蕴、无常、无我等均为对世间万象进行分析的产物。这些理论都要借助于言语来表明。在当时,尚没有后来大乘佛教中那种明确的"二谛"观念,因而,对事物进行合理的"分别",充分肯定佛陀及其弟子的言语、观念,对早期佛教来说是重要的。然而,若说早期佛教完全是讲"分别",而不讲"无分别",则就不正确了,如从早期佛教有关佛陀的"十四无记"或"十无记"的记述中就多少可以看出后来佛教"无分别"观念的雏形。根据《杂阿含经》卷第三十四等中的记载,在佛教产生之初,印度思想界的一些教派提出了十四个问题。佛陀对此均不作明确的回答,实际上是对每一个问题,无论是正面的答案还是反面的答案均作否定。认为对这类问题的任何回答都将是"分别",都将陷入偏见或邪执之中。可以采取的

① 参见木村泰贤著《印度六派哲学》,丙午出版社,大正八年,第229页。

② 参见《迦塔奥义书》2,3—11;《慈氏奥义书》6,25;6,18。并参见木村泰贤著前引书,第217页。

只能是“无记”的态度，而“无记”就是不作回答，也就是不作“分别”。

部派佛教也与早期佛教类似，有不少讲究“分别”的表现，如记述小乘有部学说的《大毗婆沙论》等中就有不少有关“分别”的议论。《大毗婆沙论》等中一般将“分别”分为三类：自性分别（指以“寻”、“伺”为本质的分别作用）；随念分别（指随过去印象记忆而想起的识别判断的作用）；计度分别（指对诸法的自相、共相进行分别）。有时还将“分别”细分为七种，即有相、无相、任运、寻求、伺察、染污、不染污[①]。这些“分别”中实际多少有属于世俗一般认识的“分别”（如对世间事物的一般的分析、判断等），亦有用于表述或论述佛教智慧的“分别”（如对诸法的自相和共相等的“分别”）。也就是说，部派佛教从总体上说，并不突出地反对对事物进行“分别”。在他们看来，有些“分别”属于依据佛教圣智而进行的正确“分别”；有些则属于世俗的被染污了的不正确的“分别”。小乘佛教（特别是有部等）感兴趣的主要是对“法”进行分析、分类等。至于对“分别”自身的本质问题却一般并不作进一步深入的论述，即一般并不极为强调“分别”的虚妄性，即便是强调“无分别”的观念，也主要是反对非佛教的世俗认识中的“分别”，与大乘佛教（特别是大乘的般若中观学说）中那种较彻底的“无分别”观念还是不同的。因此，在大乘产生前，佛教的“无分别”观念只是初步的，在该教中并不占有十分显要的地位。

① 参见宫本正尊著《中道思想的发达》，法藏馆刊印，东京都，昭和18年，第154、155页。

二、印度大乘佛教的“无分别”观念

佛教的“无分别”观念在大乘佛教中表现得极为突出，而且在般若类经中最为明显。如《摩诃般若波罗蜜经》中说：“众生但住名相虚妄忆想分别中，是故菩萨行般若波罗蜜，于名相虚妄中拔出众生。……一切和合法皆是假名，以名取诸法，是故为名。……诸众生是名，但有空名，虚妄忆想分别中生，汝等莫著虚妄忆想，此事本末皆无，自性空故，智者所不著。”[①]《大般若波罗蜜多经》中说：“菩萨摩诃萨如是修行般若波罗蜜多，不见生，不见灭，不见染，不见净。何以故？但假立客名，分别于法而起分别。假立客名，随起言说。如如言说，如是如是生起执着。菩萨摩诃萨修行般若波罗蜜多时，于如是等一切不见，由不见故不生执着。”[②]般若类经中已有“二谛”之说，而所谓“无分别”是指“第一义谛”而言的，如《放光般若经》中说：“于第一最要义者无有分数。何以故？是法常寂，无所分别，亦无所说。五阴亦无生灭，亦无著断，用本空末空故。”[③]《摩诃般若波罗蜜经》中亦说：“第一义无有相，无有分别，亦无言说。所谓色乃至有漏无漏法，不生不灭相，不垢不净，毕竟空，无始空故。”[④]

根据般若中观学说的“中道”思想，“第一义谛”也不能绝对化，否则也是“偏见”。因而在大乘佛教中，虽讲“无分别”，但也不是完全彻底地否定“分别”的一切意义，因为还要讲“俗谛”。

---

① 《摩诃般若波罗蜜经》卷第二十四。
② 《大般若波罗蜜多经》卷第四百二。
③ 《放光般若经》卷第十八。
④ 《摩诃般若波罗蜜经》卷第二十四。

"无分别"的观念与大乘禅法亦关系密切,或者说大乘禅法也是般若"无分别"观念的一种表现。大乘禅法中有所谓"般舟三昧"和"首楞严三昧"。如《般舟三昧经》和《首楞严三昧经》就论述了这方面的内容。《道行般若经》中说有"六万三昧门"[①]。《小品般若波罗蜜经》中提到有"六百万三昧"[②]。这些三昧尽管名目繁多,但根本精神是一致的,即要否定人们一般的思虑、观念的作用。尽管有的大乘禅法中讲佛的变化、心的作用,但一从般若空观这根本的思想出发来评述这些内容时,它们(心、佛)的实在意义就都动摇了。根本的要求还是"无念"(无想)或"无分别"。

般若类经较明确地倡导"无分别"观念后,此种观念在随后而产生的其他早期大乘经中亦逐渐突出起来。有的甚至在某些方面有新的发展。《维摩诘经》就较典型。此经的"无分别"观念主要表现在其"不二"理论上。它提出的有关事例在"无分别"思想的深度上有些甚至超过了般若类经的思想。如《维摩诘经》在谈论"不二法门"时分析了许多组相反(或相关)的事物或概念,如常与生灭、垢与净、有漏与无漏、有为与无为、世间与出世间、生死与涅槃、明与无明、色与空、正道与邪道、实与不实等[③]。佛教中虽然经常对这些概念组进行区分,但在《维摩诘经》看来,对他们的"分别"仍然属不实虚妄,即若依佛教圣智仔细体验,这些概念组都可以是"不二"的,如世间与出世间,在一般的人或小乘佛教看来是"二",但若认识到世间性空,则世间也就是出世间,两者不二。再如生死与涅槃,在一般的小乘佛教看来是"二",但若认识到生死的本性则无生死,达到无

① 《道行般若经》卷第九。
② 《小品般若波罗蜜经》卷第十。
③ 参见《维摩诘经》卷中。

缚无解不生不灭，这样生死和涅槃也就不二了。色与空也是一样，在一般的小乘佛教看来，色与色空为“二”，但若认识到“色即是空，非色灭空，色性自空”，那么色与色空就不二了。这也就是说，对各种事物的“分别”，从本质上看都不实在，不仅世俗的“分别”不实在，佛教（主要是小乘佛教）对事物（法）的传统“分别”也不具有绝对的真理性。《维摩诘经》中说：“若于佛法出家，有所分别为不如法；若无所分别是则如法。”[①]《维摩诘经》还分析了佛教里“有分别”和“无分别”的适用范围，认为佛教义理中的“分别”是佛为那些自以为得“圣道”而实际未得之人说的，而“无分别”则是佛为那些无此自以为是毛病之人说的。该经说：“佛为增上慢人说离淫怒痴性为解脱耳。若无增上慢者，佛说淫怒痴性即是解脱。”[②]。因此，“分别”是较低层次的，非佛之根本教义，只有“无分别”才是最高层次的。《维摩诘经》强调“无分别”时特别表明言说文字即是“分别”，认为任何言说文字都不能表达出佛教的最高智慧，不能达到最高层次的真正解脱，认为“法无名字，言语断故”、“智者不著文字”[③]。该经对言语文字的“虚妄分别”作用极为敏感，以至于为防止出现这种“分别”，经中多次提到世尊等对别人的问题“默然而止”[④]或“默然不答”[⑤]。当被问及为何“默然”时，解释是“解脱者无所言说”[⑥]。在《维摩诘经》看来，不用言语文字等来“分别”认识事物，表面上看来似“无所得”，但实际上这种“无所得”则是“有所得”，即得到了佛教的最高智慧。正如该经中所说：

---

① 参见《维摩诘经》卷中。
② 同上注。
③ 《维摩诘经》卷上。
④ 同上注。
⑤ 《维摩诘经》卷中。
⑥ 同上注。

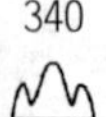

“无所得故而得。”[①]《维摩诘经》中的这种“无分别”思想固然受到了般若类经的“无分别”观念的直接影响，但从思想渊源上来看，最早的根子仍在奥义书中。上述该经的“无所得故而得”很容易使我们联想起《由谁奥义书》中的那段话：“那些（说他们）理解了（梵或阿特曼）的（人）并没有理解（它）；那些（说他们）没有理解（梵或阿特曼）的（人）却理解了（它）。”二者有很明显的相似之处。

“无分别”的观念在《法华经》中亦有反映，只是远不如般若类经和《维摩诘经》中那样突出。般若类经和《维摩诘经》的空观虽不同于“恶趣空”，但在总体上是强调“性空”的否定面，强调“无所得”，不执着于任何东西。《法华经》也谈空，但在总体上却是强调“妙有”的肯定面。《法华经》与般若类经及《维摩诘经》都较注重探讨事物的实相，并注重通过借助评述事物的差别来表明事物的实相。但它们在对差别的实在性的否定上是有程度不同的。《法华经》不如般若类经和《维摩诘经》那样不厌其烦地强调差别（分别）的虚妄，而是对“无分别”虽涉及，却不很强调。尽管如此，在谈到《法华经》时，还是要承认该经中有“无分别”的观念。如《法华经》中说：“观诸法如实相，亦不行不分别，是名菩萨摩诃萨行处。……观一切法空，如实相，不颠倒，不动，不退，不转，如虚空无所有性，一切言语道断，不生，不出，不起，无名无相。”[②]

《华严经》重视“无分别”的观念。在此经看来，世间现象表现为种种差别，但这些现象在本性上则是没有差别的。即差别的只是现象，不是本质。如《华严经》中说：“譬如种种数，皆悉是数法，诸法亦如是，其性无别异。譬如数法十，增一至无量，

① 《维摩诘经》卷中。
② 《法华经》卷第五。

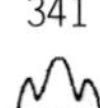

皆悉是本数,智慧故差别。"[①] 该经中还说:"三界虚妄,但是心作。十二缘分,是皆依心。"[②] "一切法性,一切法相,有佛无佛常住不异。一切如来不以得此法故说名为佛;声闻辟支佛,亦得此寂灭无分别法。"[③] 此外,该经中亦提到正法的性是远离一切言语之道的[④]。《华严经》虽与般若类经同样讲"无分别",但二者在某些方面还是有不同的。般若类经讲"无分别"是较彻底的否定,对任何概念、观念,包括一些佛教学说中的概念,均加以否定,即便在各种否定后面实际有肯定,但绝不用言语、观念正面表达出来,而是以否定的形式表现出来。因此,般若类经的"无分别"是否定性很强的"无分别"。但《华严经》的"无分别"则与般若类经的"无分别"有着程度的差别。《华严经》不像般若类经那样在形式上否定一切。它明确(公开)肯定一些东西,如"心"、"法身"、"如来智"等[⑤]。这样,它所说的各种差别是要统一在这些实体之上。此外,《华严经》亦强调一与多或同与异等的"相即"。从"无分别"的观念出发,虽然多或异等在逻辑上应是虚妄,但《法华经》似更突出它们是本质与现象的关系,强调一或同等要通过多或异等表现出来。因而,从这个角度看,《华严经》的"无分别"观念较般若类经的"无分别"观念的否定程度低一些。

中观派在继承和发展般若类经的思想时,亦很重视"无分别"的观念。这种观念可以说贯穿于中观派的整个思想体系。中观派的最主要论著《中论》中就较明显地表现出这一点。讲"分别"就要使用概念、观念或言语,否则就无所谓"分别"。龙

---

① 《华严经》(东晋译本)卷第十。
② 《华严经》卷第二十五。
③ 《华严经》卷第二十六。
④ 《华严经》卷第三十四。
⑤ 参见任继愈主编《中国佛教史》第三卷,中国社科出版社,1988 年, 第 205—210 页。

树在《中论》中讲“无分别”就是从破除人们对事物作最一般的判断时所使用的概念或观念入手的,即要先破除人们描述事物时最常使用的一些概念或观念。这就是《中论》一开头提出的“八不”中的四组概念:生灭、常断、一异、来出。这些概念有不少是佛教贬称为“外道”的其他印度宗教或哲学流派对世间万有下判断时所使用的,也有的是小乘佛教中的一些流派使用的。从世俗的角度看问题,这是四个各自包含两个相反成分的概念组,在对特定问题(如事物是常还是断等)下判断时,若作为答案的一个概念被否定时,则另一个反面的概念就应被肯定。但中观派反对这种“非此即彼”的思维模式,而是对每一个作为判断内容的概念都进行否定。通过对这些基本概念(或基本判断)的否定,中观派力图表明,任何具体的确定的概念,都不能对事物的本质或实相进行描述。也就是说,事物的本质或实相是不能用世俗的方法进行“分别”的。若要进行这种“分别”,则所提出的理由或判断必定为“戏论”。中观派这种以“八不”表现“无分别”观念的手法明显取自般若类经,般若类经中有所谓“六不”,只是“六不”中的几组对立概念不如“八不”中的概念更具理论上的重要性。中观派在论证“无分别”观念时除受般若类经的影响外,还明显受到了《维摩诘经》的影响,特别是接受或借鉴了《维摩诘经》中的“不二”思想。如《中论》中说:“涅槃与世间,无有少分别。世间与涅槃,亦无少分别。涅槃之实际,及与世间际,如是二际者,无毫厘差别。”[①] 这种世间与涅槃无异的说法,显然借鉴了《维摩诘经》,中的世间与出世间不二、生死和涅槃不二的说法,成为中观派构筑其“实相涅槃”说的重要成分。然而,中观派有关“无分别”

① 《中论》卷第四。

的理论并不就此为止。此派是一个极为强调中道思想的派别，也是一个对任何执着都要加以反对（或否定）的派别。在处理任何问题时，包括对待自己所倡导的许多基本观念或学说时，此派都要坚持中道，反对执着。对待“无分别”观念也是如此：既要充分表明用世间一般的言语、观念进行“分别”的虚妄性或谬误性，但又不能把对这“分别”的否定推向极端，若推向极端则成了偏执，有违中道精神。因而此派在反对“分别”时又要借用“分别”，这就体现在二谛理论上。如《中论》在叙述二谛理论时所说：“若人不能知，分别于二谛，则于深佛法，不知真实义。若不依俗谛，不得第一义。不得第一义，则不得涅槃。”[1]不难看出，中观派对待“分别”或“无分别”问题实际采取的是一个否定之否定。首先对“分别”进行否定，极力说明用各种言语、观念进行“分别”的虚妄性，用以表明“无分别”的观念。但又恐对这“分别”的否定走过了头，就再来一个否定，抬出俗谛，表明认识佛法真义离开了言语、观念不行，极端的“无分别”也要反对。

在印度佛教续出的大乘经中，“无分别”观念亦有一些影响，只是其表现与前述般若类经和中观派有所不同。

《大般涅槃经》与般若中观理论的基本思想有一定差异。它在否定任何概念或范畴方面不如般若中观理论突出，如对“佛性”等实体就不置任何相对、怀疑之词。《大般涅槃经》的“无分别”观念主要表现在其不二理论上。该经在不少地方都列举各种“二边”性的概念组[2]。对这些概念组，作者认为不能用一般（世俗）的认识来作判断或认知，而是采用不二中道的

① 《中论》卷第四。

② 参见《涅槃经》（北本）卷第二，第十八，第三十三。

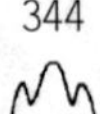

方法来处置[①]。

《解深密经》亦接受了般若中观理论中的“无分别”观念，但该经在接受般若“无分别”观念时，亦在此问题上提出了新的观点，即它既肯定“无分别”的“空”，同时又肯定“识分别”的“有”。这也是《解深密经》在构筑新的佛教理论时对佛教传统“中道”理论的一种应用[②]。《解深密经》较早地论及了瑜伽行派的许多基本理论。它的出现对该派形成有直接推动作用。此经关于“无分别”的观念和“识分别”的观念为瑜伽行派所继承和发展。

瑜伽行派在理论体系上与直接继承般若类经学说的中观派有很大不同。般若中观的学说重视的是以何种方式揭示世间万有的实相或最高本质问题，主张无所得，反对任何执着，反对世间万有中有任何最高实体。而瑜伽行派的理论重点是放在对宇宙万有的性相的探讨上，注意对诸法进行分类或分析，而且特别强调“识”（心）的作用，有将其实体化的倾向。由于二者有这种差异，因而它们在对待“无分别”观念的问题上亦产生了差异。瑜伽行派与《解深密经》的态度类似，虽讲“无分别”，但同时还讲“识分别”，认为识为一切的根本，识有“分别”作用，而且种类极多。瑜伽行派虽一般也像般若中观那样讲“分别”的“虚妄”，但仍然不厌其烦地进行“分别”，可见还是认为“分别”有其意义。这种现象只能用此派在“二谛”问题上的观点去解释，即“分别”属俗谛，而“无分别”属真谛。

瑜伽行派的一些重要著作中对识的诸种“分别”及般若“无分别”对某些“分别”的“对治”有大量记述。如《大乘庄严经论》中说：“次说求远离分别。偈曰：无体体增减，一异自

① 参见宫本正尊著前引书，第400—405页。

② 参见宫本正尊著前引书，第717—720页。

别相,如名如义者,分别有十种。释曰:有十种分别。一者无体分别,二者有体分别,三者增益分别,四者损减分别,五者一相分别,六者异相分别,七者自相分别,八者别相分别,九者如名起义分别,十者如义起名分别。般若波罗蜜经中为令诸菩萨远离此十种分别故说十种对治:为对治无体分别故,经言有菩萨;为对治有体分别故,经言不见菩萨等;为对治增益分别故,经言舍利弗色自性空;为对治损减分别故,经言非色灭空;为对治一相分别故,经言若色空非色;为对治异相分别故,经言空不异色,色不异空,空即是色;为对治自相分别故,经言此色唯名;为对治别相分别故,经言色不生不灭非染非净等;为对治如名起义分别故,经言名者作客故如名义不应著;为对治如义起名分别故,经言一切名不可见,不可见故如义名不应著。"[①] 无著在《大乘阿毗达摩集论》中说:"云何虚妄分别?谓略有十种:一根本分别,二相分别,三相显现分别,四相变异分别,五相显现变异分别,六他引分别,七不如理分别,八如理分别,九执着分别,十散乱分别。"[②] 由上述引文中可以看出,瑜伽行派所提到的不少"分别",在般若类经中已受到相应的"对治"(至少瑜伽行派认为是如此),因而这些"分别"中许多不是瑜伽行派最初提出的,而是小乘佛教或"外道"提出的。

小乘佛教或"外道"中确实有不少"分别"的议论。但像瑜伽行派这样将"分别"的内容集中起来,而且明确归到识分别这"根本分别"之下的情况在此前还未曾见到。尽管瑜伽行派在其论著中将这些"分别"说成是"虚妄"的或列为般若"无分别"观念的"对治"内容,但仍不难看出此派对"识分别"的兴趣。

① 《大乘庄严经论》卷第五。
② 《大乘阿毗达摩集论》卷第七。

在般若类经中观派那里，破除了“分别”的虚妄后，显示的主要是“性空”，是无所执着，无所得(至少在形式上是如此)。而在瑜伽行派那里，在对“分别”作细致分类并加以破除后，显示的实际主要是“妙有”（此派不少典籍说显示的是“空”，但此“空”即为“妙有”）。“识分别”的虚妄是指“分别”的虚妄，识的作用并不能完全否定，万法唯识，一切唯识，瑜伽行派的这一根本思想决定了它对“分别”的否定与般若类经中观派的“无分别”观念的意义并不完全相同。

“无分别”的观念在印度后期佛教中仍受到重视，只是其主要含义与般若类经中观派的观念有一定差距。相对来说，与瑜伽行派的有关理论接近处多些。

三、“无分别”观念在中国佛教中的影响

佛教传入中国后，般若“无分别”的观念亦传入中国，并在中国佛教史上发生了重要的影响。无论是中国思想界的一般知识分子还是佛教思想家，理解或接受“无分别”的观念都不很困难。因为在佛教传入前的中国传统文化中，已有与之类似或有关的思想。如《庄子·天道》中说:“语之所贵者，意也，意有所随。意之所随者，不可以言传也。”《易传·系辞》中也提到孔子认为“书不尽言，言不尽意”。[①]这类记述实际是提出“言语”（也就是概念、观念）不能表达或不能完全表达“意”（人的真正意思或事物的真正特性）。这种对“言”的作用的看法与般若对言语的看法是相近的。因而可以说，“无分别”观念的思想基础在中国传统文化中就有，只是佛教般若思想传入后，

① 参见《中国大百科全书》哲学卷，第1062页，楼宇烈撰“言意”条。

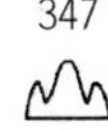

更推动了这一观念的发展、传播。关于佛教般若思想是否影响过中国早期玄学的问题，学界一般持否定态度，但也不是无任何异议。如吕澂先生就认为玄学（王弼）受般若思想的影响是可能的[①]。佛教传入中国前的中国传统文化的典籍中讲"言不尽意"，也讲"得意忘言"，这与玄学的"得象在忘言"、"得意在忘象"[②]的思想脉路大致相同。"言不尽意"是说言语不能完全表达人的意思或事物的真正特性；"得意忘言"和"得象在忘言"则主要指言语有一定的帮助人理解事物的作用，事物理解了，言语也就无用了。中国这些说法在否定言语本身能如实表达真理方面与印度的"无分别"观念是一致的。在肯定言语的一定程度上的表述真理作用方面与般若中观的"俗谛"理论也接近。这样看来，中国思想史上或佛教史上的"无分别"观念就不能说完全由印度传播而来，中国佛教中的这类思想既有本国原有的传统观念的成分，亦有印度传来的成分。当然，后者的比重更大一些。

支娄迦谶译了《道行般若经》，还译了论述大乘禅法的《般舟三昧经》和《首楞严经》。因而，般若"无分别"的观念在中国最初流传时的一个重要表现形式是"三昧"或对禅定的追求。此后，支谦对支谶的一些译本又进行了改译。他与支谶对般若"无分别"观念的传播都起了推动作用。支谦在传播这种观念时，一方面可能对般若中的二谛思想已有所领悟，另一方面也可能是受中国原有文化中"得意忘言"思想的影响，已提出了"由言证已，当还本无"[③]的观点。

---

① 认为在时间上存在着受影响的可能性，在思想内容上也有一些受了影响的迹象。参见吕澂著:《中国佛学源流略讲》，中华书局，1979 年，第 33、34 页。

② 《周易略例·明象》。参见吕澂著《中国佛学源流略讲》，第 32 页。

③ 参见吕澂著《中国佛学源流略讲》，第 293、294 页。

在支谶和支谦后，对传译印度佛教经典做出重要贡献的是竺法护。他译的大乘经种类较多，较全，除般若类经外，宝积类经、华严类经、法华类经等都译了。在他译的多数佛经中，"无分别"的观念都有。一般认为他译籍中较突出的是"无想"般若。如《修行道地经·并序》中在表明这一特点时说："解空归无众想为宗。"①。他所说的"无想"既有世俗的观念，亦有小乘的思想。这些"想"在他看来也就是虚妄的"分别"，都要加以否定。

"无分别"观念在中国的东晋十六国及南北朝时期获得了进一步的发展。这主要是在鸠摩罗什译出了新的般若类经和龙树中观派的论著之后。在鸠摩罗什之前中国原有文化中虽有与"无分别"观念相近的思想，但与般若中观的"无分别"观念还是有差距。在鸠摩罗什之前虽有一些般若经典译出，但在译文方面，由于译者的理解程度和文字水平，不能把印度般若类经的原意完全表达出来。因此，在鸠摩罗什的译经出现前，中国佛教僧侣对印度般若学说的真义把握得并不很准确，对般若"无分别"观念也是如此。当时（鸠摩罗什译籍出来前）中国佛教界研究般若思想的有所谓"六家七宗"。其中与"无分别"观念较有牵连的主要是所谓"心无宗"。此宗按僧肇的话说是："无心于万物，万物未尝无"②。即主张心不执着于事物，至于事物是否确实为"空"，则实际是另外一个问题。这种观点从表面上来看，确也是一种"无分别"的主张，因为它讲究"无心"，"无心"即是心不起妄念，不把事物执为实有，也就是不对事物作错误的"分别"。但心无宗的"无分别"与般若思想的"无分别"有着明显的差别。因为般若的"无分别"并不把言语观念等作绝对化的否定，还要讲"俗谛"的作用，而心无宗则绝对

① 参见任继愈主编《中国佛教史》第二卷，中国社科出版社，1985 年，第 71 页。
② 参见《肇论》中的《不真空论》。

排斥这种作用。此外,般若中观的“无分别”观念主要是反对种种“边见”或“邪执”,其目的是要让佛教徒们达到“性空假有”的认识。而心无宗的理论中则完全没有这样的含义。

鸠摩罗什译了大量大乘佛教典籍,但本人著述不多,而且所著佚失的也不少。《大乘大义章》中记载了他本人对佛教理论的看法,非常重要,有一定代表性。此外,僧肇对《维摩诘经》注释中的“什曰”的内容也较有代表性地表述了罗什本人的思想。僧肇著作中关于“无分别”观念的表述是对印度佛教般若中观理论中这一观念的准确解释。

僧肇的代表作是主要由《物不迁论》、《不真空论》、《般若无知论》和《涅槃无名论》等文组成的《肇论》。在《肇论》的这几篇文章中,涉及般若“无分别”观念较多的是《般若无知论》和《涅槃无名论》。而其对《维摩诘经》所作的注则对该经原有的“无分别”观念做了进一步发挥。

在《般若无知论》中,僧肇先引了般若类经的有关内容:“放光云:般若无所有相,无生灭相。道行云:般若无所知,无所见。”这就把般若“无分别”观念的基本思想点了出来。般若作为佛教最高的智慧(亦即事物的本质、实相)是没有世间一般事物那种相状的,如生灭之相。般若智慧(事物的本质、实相)不能用世间一般的观念、概念去“知”或“见”。那么,般若智慧(事物的本质、实相)“无所有相”是否就不能把握了?它不能用世间一般的观念、概念去“知”或“见”是否就不能体悟了?这当然不是。该论依据般若的基本观点所要否定的是般若智慧(事物的本质、实相)具有一般可见之相,但并不否定般若智慧本身;反对的“知”或“见”是世俗的“知”或“见”,但并不反对用般若学所要求的特殊思维方式去领悟最高智慧或把握事物的实相。因此该论中说:“夫有所知则有所不知。以圣心无知，故无所不知。不知之知，乃曰一切知。故经云：圣心无所知，无所不知。”还说：“是以般若可虚而照，真谛可亡而知，万物可即而静，圣应可无而为，斯则不知而自知。”“圣人以无知之般若，照彼无相之真谛。”该论中说的这种方法就包含着“无分别”的观念。所谓“有所知则有所不知”是说如执着于世俗一般的观念、概念去认识（分别）般若智慧（事物的本质、实相）就不能认知这一智慧。所谓“无知，故无所不知”是说若不执着于世俗一般的观念、概念去认识（分别），而是在排除虚妄分别的过程中去体证事物的实相，那么就可以认识般若的智慧。般若的智慧是最高的智慧，因而也就达到了“无所不知”的境界。僧肇对于般若学的二谛和中道思想也是很有领悟的，知道对“无分别”亦不能过于执着，否则就将走另一极端，成为偏执，因此《般若无知论》中写道：“经云般若义者，无名无说，非有非无，非实非虚。虚不失照，照不失虚。斯则无名之法，故非言所能言也。言虽不能言，然非言无以传，是以圣人终日言而未尝言也。……是以知即无知，无知即知。”这里，僧肇完全是按照般若中观理论来谈对佛教最高真理的认识：佛教最高真理（般若智慧或事物的实相）本是“无名无说”，不能用世俗一般的名相言说来分别认知的，名相言说本身是不具绝对真理性的，但若绝对不用名相言说，则又“无以传”，人们也不能认识。办法是“终日言而未尝言”，即要借用名相言语来认识表达，但又不能执着于名相言语。因而，僧肇所理解的“无分别”是贯穿着二谛与中道精神的“无分别”。

《涅槃无名论》对般若“无分别”的观点论述得较直接、明确。该论中说：“夫涅槃之为道也，寂寥虚旷，不可以形名得；微妙无相，不可以有心知。超群有以幽升，……然则言之者失其真，知之者反其愚，有之者乖其性，无之者伤其躯。所以释迦掩室于摩竭，净名杜口于毗耶，须菩提唱无说以显道，释梵约听而雨华，斯皆理为神御，故口以之而默。……论曰：涅槃非有，亦复非无，言语道断，心行处灭。”不难看出，《涅槃无名论》把“无分别”的观念视为佛教的一个根本原理，强调这种观念是从释迦开始至大乘时佛教中诸圣人都遵奉的。该论以涅槃为分析对象，进行论述。涅槃是佛教修行的最高境界，但“微妙无相，不可以有心知……言之者失其真”。即对它也是不能用世俗的观念来认知的，《涅槃无名论》特别指出有余涅槃和无余涅槃的“分别”也是假名，认为：“有余无余者，盖是涅槃之外称，应物之假名耳。”因此，任何“分别”实际都是执着或有得，是虚妄不真的。

“无分别”的观念在隋唐后兴起的中国佛教各宗中也很受重视。三论宗是印度佛教般若中观理论的最直接继承与发展者，因而在论述其思想学说时不可能不涉及“无分别”观念。三论宗的主要代表人物吉藏对般若“无分别”观念亦很有体会，非常强调。他也认为事物的“实相”是不能用言语或思虑来表述的。吉藏的主要著作《大乘玄论》和《三论玄义》中对此问题均有论及。《大乘玄论》中说：“虚空非有非无，言语道断，心行处灭，即是实相。”[①] 这与印度般若中观的理论及中国僧肇的说法没有什么差别。《三论玄义》中在谈及对“外道邪言”的“破”与“收”时亦表达了这种观点，认为“诸法实相，言忘虑绝，实无可破，亦无可收。”这样，从“无分别”的观点出发，般若中观及三论宗的“破”在诉诸言语、思虑时，亦不能有所执着。另外，从吉藏提出的四重二谛理论中亦可看出他对“无分别”观念的重视。《大乘玄论》中说：“他但以有为世谛，空为真

① 《大乘玄论》卷第四。

谛。今明:若有若空皆是世谛,非空非有始名真谛。三者,空有为二,非空有为不二,二与不二,皆是世谛,非二非不二名为真谛。四者,此三种二谛,皆是教门,说此三门,为令悟不三,无所依得,始名为理。”并说:“言忘虑绝,方是真谛。”[①] 总之,在吉藏看来,无论是说有,说空,说非有非空,说二,说不二,说非不二都是有“言”有“虑”,都是在作虚妄的“分别”。只有做到“言忘虑绝”,按般若“无分别”观念的要求去体证事物的实相,才是“第一义”。

天台宗亦受印度般若中观理论的影响较大,只是程度不如三论宗,因而在“无分别”或“无所得”观念方面也不像三论宗那样极其强调,但这方面的观念并非没有。天台宗是讲究止观并重或定慧双修的。该宗的主要创立人智顗在《摩诃止观》中说:“发菩提心即是观,邪僻心息即是止。”[②] 此处,“邪僻心息”的“止”即是要求人们不去作虚妄的“分别”。此外,从天台宗的重要理论“一心三观”或“圆融三谛”中亦可看出其“无分别”的观念。如《佛祖统记》中记述慧文的话说:“诸法无非因缘所生,而此因缘,有不定有,空不定空,空有不二,名为中道。”[③]《摩诃止观》认为“三谛偈”的三个概念是:“虽三而一,虽一而三,不相妨碍。”[④] 因而,在天台宗看来,一般的概念、观念,包括佛教的一些重要观念、概念并不具有绝对的意义,是“不定”的,因而不可执着。联系到此宗对“止”的重视,应说它对“无分别”观念也还是重视的。

华严宗以印度《华严经》为立教的根本经典。对于“无分

① 《大乘玄论》卷第一。
② 《摩诃止观》卷第一上。
③ 《佛祖统记》卷第六。
④ 《摩诃止观》卷第一下。

别”观念虽不如印度般若中观理论及三论宗那样重视，但也有所涉及。不少华严宗人受印度《华严经》的影响，不否定“心”或“识”（体）的分别作用，认为它是“因”。如《华严义海百门》中说：“尘是心缘，心为尘因，因缘和合，幻相方生。”[1]此外，华严宗的“无分别”观念亦表现在其对相反或相关概念之差别的否定理论方面。如《华严义海百门》在分析“大”和“小”的观念时说：“通大小者，如尘圆相是小，须弥高广为大。然此尘与彼山，大小相容，随心回转。而不生灭，且如见高广之时，是自心现作大，非别有大；今见尘圆小之时，亦是自心现作小，非别有小。”在这里，大和小的概念被看作是“心现作”的，不是客观的，因而大小的分别自然是虚妄不实的。再如《华严义海百门》在分析“一”和“多”的概念时说：“一全是多，方名为一。又多全是一，方名为多。多外无别一，明知是多中一；一外无别多，明知是一中多。”在这里，“一”与“多”几乎被完全等同起来，因而概念的区分实际成了多余的，连互相对立的概念尚且如此，那么其他的概念又能怎么样呢？用不同概念对事物进行“分别”能有效吗？华严宗不仅对人们日常生活中的概念（如一、多、大、小等）的差别进行否定，而且对佛教中一些重要理论中的概念的区分亦认为实际是“一”或“无异”。如认为“三性”（遍计所执性、依他起性、圆成实性）是“三性一际同无异也”[2]。诸如此类的例子在华严宗中举不胜举。

禅宗是中国特色较浓的佛教宗派。虽有中国特色，但还不能否定其在理论上的印度渊源成分。“无分别”的观念无论是在禅宗兴起之初，还是在其后来的发展中，都在该宗中有表现。

---

① 不过华严宗五祖宗密认为：“所变之境既妄，能变之识岂真？”“心境皆空，方是大乘实理。”（《原人论》）。

② 《华严一乘教义分齐章》卷第四。

如被禅宗视为“东土初祖”的菩提达摩就对此观念有所论及。据道宣《续高僧传》中记述，菩提达摩认为入道主要有两种，一种是“理入”，另一种是“行入”。关于“理入”，他认为：“藉教悟宗，深信含生同一真性，客尘障故，令舍伪归真，凝住壁观，无自无他，凡圣等一，坚住不移，不随他教，与道冥符，寂然无为，名理入也。”[①] 此处，菩提达摩的“藉教悟宗”指要借助佛教传统的教义来进行修定，体悟到“含生同一真性”、“无自无他，凡圣等一”。这实际上也就是一种“无分别”的状态。因为只有在主观上或心中对“自他”、“凡圣”等种种概念不作“分别”，才能“凝住壁观”（心如壁立），“坚住不移”、“与道冥符”。另外，相传为禅宗三祖僧璨所作的《信心铭》中也强调了“无分别”的观念，提出“万法一如”。要修持者不对事物（境界）作“有”或“无”的分别，息除各种妄见。他说：“绝言绝虑，无处不通，……不用求真，唯须息见”[②]。相传为禅宗五祖弘忍所作的《最上乘论》中说：“身心本来清净，不生不灭，无有分别。”弘忍的弟子神秀据说也是“禅灯默照，言语道断，心行处灭，不出文记。”[③] 禅宗在慧能之后，更为强调“见性成佛”，不怎么强调出家，并反对旧的坐禅方式，连经也不怎么念了。《坛经》（据曹溪原本）中说：“道由心悟，岂在坐也。”《古尊宿语录》中记载说：“王常侍一日访师，同师于僧堂前看，乃问：这一堂僧还看经么？师云：不看经。侍云：还学禅么？师云：不学禅。侍云：经又不看，禅又不学，毕竟作个什么？师云：总教伊成佛作祖去。”[④] 这种变化当然使佛教与世俗世界接近了。但并不能因此说慧能后

---

① 《续高僧传》卷第十六。

② 参见吕澂著《中国佛学源流略讲》，中华书局，1979 年，第 374 页。

③ 参见吕澂著前引书，第 215 页。

④ 《古尊宿语录》卷第四。

禅宗重视世俗观念,不再强调"无分别"观念了。恰恰相反,这说明此种观念在禅宗里更加突出了。因为在慧能前,禅宗还要"藉教悟宗",遵奉佛教的经教,要求"无分别"的内容主要是世俗的"妄念"或"边见"等。而在慧能后,连禅定、经教的作用都不能强调,否则就被看成是执着。这应当说是"无分别"观念又进了一步。

在宋代之后,中国佛教除禅宗、净土宗外,一般已不如先前兴盛。"无分别"的观念在佛教中虽无多少新的表现形式,但却一直存在着,被人们视为佛教的基本教理。

第十一章 佛性观念

"佛性"是佛教理论中的基本观念。这一观念在印度佛教、中国佛教及许多国家的佛教发展史上都具有重要影响。不少佛教经典中对佛性观念有论述,许多重要佛教流派或宗派对佛性观念也有种种解释。它的含义十分丰富,内容极为复杂。以下仅就佛性观念的形成、印中两国历史上佛性观念的主要含义及一些主要佛教流派的解释进行简要的考察。

一、佛性观念的形成

"佛性"一词的原文是什么?在印度何时最早出现?要确切无疑地回答这样的问题并不容易。如从汉译的"佛性"一词倒译回梵语,一般将这一词译为"buddhatā 或 buddhatva"。但据一些学者研究,上述的译法并不一定是历史上的实际情况。佛性一词的原文主要有三个:一为"buddha-dhātu"(有"佛界"之义);二为"buddha-gotra"(有"佛种性"之义);三为"buddha-garbha"(有"佛藏",也就是"如来藏"① 的意思)②。这种对佛性原文的解释有一定根据。

现在虽然不能确定佛性一词在印度出现的确切时间,但可以确定的是,在小乘佛教中此概念已出现,这在一些佛教文献中有相关材料。不过在早期佛教的文献中一般不讨论它。

---

① 即"tathāgatagarbha"。

② 据蓝吉富主编《中国佛教百科全书》(中华佛教百科文献基金会,1994年)"佛性"条介绍,这种解释主要是据现存梵本《究竟一乘宝性论》得出的,可参考霍韬晦著《佛性与如来藏》、高崎直道著《如来藏思想の形成》第一篇第二章等。

这也是很自然的,因为在早期佛教中,通常认为除释迦牟尼等极少数人能成佛外,一般的修行者最多只能达到阿罗汉的果位。由于普通的修行者不存在成佛的可能,因而一般的早期佛教文献是不探讨佛性问题的。

然而,也不能说早期佛教完全没有佛性的观念。客观地说,早期佛教中有形成佛性观念的一些理论基础。特别是早期佛教中的种姓平等理论中就包含着一些后来佛性观念产生的思想因素。这在一些主要阐明早期佛教思想的经典中有表现。如《别译杂阿含经》中说:"不应问生处,宜问其所行,微木能生火,卑贱生贤达。"[①]《长阿含经》中也说:"汝今当知,今我弟子,种姓不同,所出各异,于我法中出家修道,若有人问:汝谁种姓?当答彼言:我是沙门释种子也。"[②]这里提到的"释种子"就多少表现出了些佛性的意味。因为佛教修行者可以是"所出各异",但却都是"释种子"。或者说,只要出家来修佛道的人就都有"释种子"。古印度是一个通常婆罗门种姓占据主导地位的国度或地区。佛教作为当时新兴的一个宗教派别,反对当时印度社会中盛行的森严的种姓等级差别,主张一定程度上的种姓平等观念,认为不论出身如何,都可以出家修习佛教。从这个意义上看,可以说早期佛教认为众生都可以成为"贤达"。只要努力,或真正愿意,无论身份如何卑贱,都可修佛道。这里虽然未说能"成佛",但却提出"释种子",说可以成为"贤达",可以达到佛教修行的目的。这就等于说出家人身上都有某种佛教修习所需的共同的东西。这东西当时虽未称为"佛性",但却为后来佛性观念的出现提供了一些思想材料或理论初阶。

---

① 《别译杂阿含经》卷第五。

② 见《长阿含经》中的"小缘经"。

小乘佛教中虽然不强调佛性，但不少派别或经典中却论及“心性本净”或“自性清净心”。这与佛性观念虽不完全是一回事，但却也有很大关联。可以说“心性”或“自性”的观念是“佛性”观念形成的一个基础。

在部派佛教时期，小乘的一些派别就讨论过“心性”是否本净的问题。这在《大毗婆沙论》《舍利弗阿毗昙》《成实论》等不少小乘佛教的典籍中都有记述。

如《大毗婆沙论》中就提到了分别论者主张“心本性清净，客尘烦恼所染污故相不清净”。并对这种观点进行了批判，找出了这种观点的矛盾或不能成立之处[①]。《舍利弗阿毗昙》在论述时提到，确实是“心性清净，为客尘染”，但问题出在凡夫和圣人的差别上，凡夫不知这一点，也无修心；圣人则能认识，并有修心[②]。《成实论》中则详细记述了主张“心性本净，以客尘故不净”之人的主要理由和反对者的观点[③]。

在小乘佛教中，许多人极为关心修佛道之人如何达到修道目的和修道成功的可能性问题。虽然主要谈的是心性问题，但不久就过渡到了佛性问题上。因为论证心性本净观点的论据能很容易地被用来论证一切众生都有佛性的观点。另外，佛性观念说到底也是要探讨人的一种本性的问题，而所谓“心

---

① 《大毗婆沙论》卷第二十七中说:“或有执心性本净，如分别论者。彼说心本性清净，客尘烦恼所染污故相不清净。为止彼执，显示心性非本清净客尘烦恼所染污故相不清净。若心本性清净，客尘烦恼所染污故相不清净者，何不客尘烦恼本性染污与本性清净心相应故其相清净？若客尘烦恼本性染污，虽与本性清净心相应而相不清净，亦应心本性清净不由客尘烦恼相不清净，义相似故。又此本性净心为在客尘烦恼先生？为俱时生？若在先生，应心生已住待烦恼，若尔应经二刹那住，有违宗失。若俱时生，云何可说心性本净？汝宗不说有未来心可言本净。为止如是他宗异执及显自宗无颠倒理故作斯论。”

② 《舍利弗阿毗昙》卷第二十七中说：“心性清净，为客尘染。凡夫未闻故，不能如实知见，亦无修心。圣人闻故，如实知见，亦有修心。心性清净，离客尘垢。凡夫未闻故，不能如实知见，亦无修心。圣人闻故，能如实知见，亦有修心。”

③ 详见《成实论》卷第三(心性品第三十)。

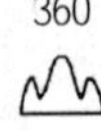

性”在实质上讲的也是人的一种本性。二者探讨的都是修习佛教者这种人的一种本性，因而是相通或相关的。小乘佛教中的心性问题的讨论对佛性观念的形成起了促进作用。

小乘佛教中不仅讲“心性”，也有直接的佛性观念。如天亲在《佛性论》中对小乘佛教直接的佛性观念就有论述，该论中说：“小乘诸部，解执不同。若依分别部说，一切凡圣众生，并以空为其本。所以凡圣众生，皆从空出故，空是佛性。佛性者，即大涅槃。若依毗昙萨婆多等诸部说者，则一切众生，无有性得佛性，但有修得佛性。”①

依据以上这段材料可知，小乘分别部认为“空是佛性”，而有部等部派则认为众生只有“修得佛性”。

不过，我们现在对佛性观念的了解，主要是来自大乘佛教的文献。在佛教中，佛性观念的主要论述者或发展者，还是大乘佛教。

二、印度大乘佛教的主要佛性观念

印度大乘佛教和小乘佛教的重要区别之一是：小乘佛教一般认为普通修行者（如声闻等）的最高修行果位是阿罗汉，众生不能像释迦牟尼那样成佛。而大乘佛教则多数认为，佛有许多，不仅释迦牟尼可以成佛，不少修行者也有可能成佛。但在是否人人都能成佛的问题上，不仅大乘佛教徒与小乘佛教徒之间有分歧，大乘佛教徒之间也有分歧。因而，与这种分歧直接相关的佛性问题就成为大乘佛教兴起后佛教内讨论的热门话题。

① 《佛性论》卷第一。

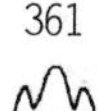

印度大乘佛教的不少经论都论述佛性问题,但较突出地讲佛性的则是《胜鬘经》、《大般涅槃经》、《佛性论》、《入楞伽经》、《佛地经论》等。

《胜鬘经》中的佛性思想主要表现在该论中重点论述的"如来藏"问题。所谓如来藏主要指佛性或成佛的可能性,它是众生的自性清净心,是被众生的贪、瞋、痴等烦恼所遮覆的法身或佛性。《胜鬘经》中说:"如来藏者,是法界藏、法身藏、出世间上上藏、自性清净藏。此性清净如来藏,而客尘烦恼上烦恼所染,不思议如来境界。"[①] 显然,如来藏思想涉及佛教中的不少重要概念。但这一思想中包含的主要内容还是"心性本净"、"佛性本有"等观念。该经把先前佛教中关于"心性"的理论吸收到如来藏思想中,力图表明:众生的心是本净的,只是由于有"客尘",才被染污,去掉染污,即可解脱。这样看来,一切众生都具有如来藏,那么众生就均有成佛的可能或潜力了。一般人的清净心性或佛性只是由于被烦恼或客尘所遮覆,才不显示出来。修行者若能去掉烦恼等的遮覆物,若能空掉遮覆在如来藏上的烦恼或客尘,看到如来藏上的空性智慧,就可以看到人的清净心或佛性,可以觉悟(成佛)。《胜鬘经》中说:"世尊,生死者依如来藏。以如来藏故,说本际不可知。世尊,有如来藏故说生死。……世间言说故有死有生。死者,谓根坏;生者,新诸根起。非如来藏有生死。如来藏者,离有为相。如来藏常住不灭,是故如来藏是依、是持、是建立。"在这里,《胜鬘经》把如来藏看成是一切的基础,这实际也就是把佛性看成是众生的存在基础,是一切佛教徒修行成功的基础。《胜鬘经》中的这种佛性思想,为大乘佛教的人人都可成佛的宗教信条提供

① 本文中的引文取自南朝宋求那跋陀罗译的《胜鬘师子吼一乘大方便方广经》(下同)。

了重要的理论依据。

《大般涅槃经》是讨论佛性和成佛问题较著名的一部大乘经典。该经的主要部分在吸收改造先前佛教关于佛性理论的基础上明确提出或强调了众生悉有佛性的观念。北本《大般涅槃经》中说："譬如金矿，淘炼滓秽，然后消融，成金之后，价值无量。善男子，声闻缘觉菩萨亦尔，皆得成就同一佛性。何以故？除烦恼故，如彼金矿除诸滓秽。以是义故，一切众生，同一佛性，无有差别。"[①] 北本《大般涅槃经》中的一些叙述甚至明确提出"一阐提"也能成佛，如该经中说："断善根人有佛性者，是人有如来佛性，亦有后身佛性。是二佛性障未来故，得名为无；毕竟得故，得名为有。"[②] 这段引文中提到的"断善根人"即指"一阐提"，文中说的"毕竟得"是指最后能见到佛性，这实际上说的也就是成佛[③]。这种理论后来成为大乘佛教中的一种较流行的理论，在佛教史上占有重要地位。《大般涅槃经》提出的这种众生在有佛性上无差别的理论对提高佛教徒的修行信心，促进佛教发展，起了重要作用。《大般涅槃经》虽然在总体上认为众生有佛性，但关于是否一切人都毫无例外地能成佛的问题，在该经的一些译本中说得并不完全一样，甚至在北本《大般涅槃经》本身中也有前后叙述不一致的现象。这主要是由于组成该经的各部分经文的产生时间并不都相同。不同时期产生的经文反映了不同时期佛教的发展情况或佛教徒在这方面的不同观念。

《佛性论》专门讲述佛性问题。该论第一卷中记有小乘佛教佛性观念的一些情况，提供了重要的历史材料。第二卷中

① 《大般涅槃经》"如来性品"。

② 《大般涅槃经》"迦叶菩萨品"。

③ 参见任继愈主编《中国佛教史》第三卷，中国社科出版社，1988年，第185—188页。

提出了作者关于佛性种类划分的重要理论，该论中说："复次，佛性体有三种，三性所摄义应知。三种者，所谓三因三种佛性。三因者，一应得因，二加行因，三圆满因。应得因者，二空所现真如，由此空故，应得菩提心，及加行等，乃至道后法身，故称应得。加行因者，谓菩提心，由此心故，能得三十七品、十地、十波罗蜜助道之法，乃至道后法身，是名加行因。圆满因者，即是加行，由加行故，得因圆满，及果圆满。因圆满者，谓福慧行；果圆满者，谓智断恩德。此三因前一则以无为如理为体，后二则以有为愿行为体。三种佛性者，应得因中具有三性：一住自性性，二引出性，三至得性。记曰：住自性者，谓道前凡夫位；引出性者，从发心以上，穷有学圣位；至得性者，无学圣位。"[①] 在这段引文中，作者提出了三种佛性的理论。这三种佛性的理论实际要表现的思想是：佛性本有，但有隐显或是否证得状态之别。"住自性性"说的是凡夫未修道之前就有佛性，这种佛性并没有显现出来，凡夫不知；"引出性"说的是通过修道逐渐使佛性显现出来这一过程中的佛性；"至得性"则是修行达到无学圣位时真实显现出来的佛性。《佛性论》的第三卷中阐述了人认识佛性的程度或种类的划分，该论中说："是佛性中，分别众生，自有三种：一者不证见佛性，名为凡夫；二者能证见佛性，名为圣人；三者证至此理究竟清净，说名如来。"这种理论把对佛性的证见状态与人的身份或地位直接挂钩，充分强调了证见佛性的重要性。《佛性论》的第四卷强调了佛性本身的常住不变，讲到了"如来性"或"法身"的六种"无异"，该论中说："一无前后际变异，二无染净异，三无生异，四无转异，五无依住异，六无灭异。"这种理论实际也是用来说明众生原本都是有佛性的。

① 《佛性论》卷第二（显体分第三中三因品第一）。

但并不是所有大乘经论都认为人人悉有佛性或众生均有成佛可能的。除《大般涅槃经》的一些本子或部分中有不同看法外，一些其他的经论中也有不同意见，认为人在是否有佛性或成佛的潜能上是有差别的。

《入楞伽经》中就提出了所谓“五种乘性证法”，该经中说：“我说五种乘性证法，何等为五？一者声闻乘性证法，二者辟支佛乘性证法，三者如来乘性证法，四者不定乘性证法，五者无性证法。”[①] 这里面的前四种，可以修行达到一定程度的佛教果位，或可达到小乘的解脱境界，或可达到大乘说的佛的境界，或处于二者的不定状态中。但第五种则与前四种完全不同，该经解释说：“何者无性乘？谓一阐提。大慧，一阐提者，无涅槃性。何以故？于解脱中不生信心，不入涅槃。”按照此经的说法，就不是人人都有佛性，也就谈不上人人都能成佛了。

《佛地经论》中也提出了类似的思想。该论中说：“无始时来一切有情有五种性：一声闻种性，二独觉种性，三如来种性，四不定种性，五无有出世功德种性。如余经论，广说其相，分别建立。前四种性，虽无时限，然有毕竟得灭度期，诸佛慈悲巧方便故。第五种性，无有出世功德因故，毕竟无有得灭度期。诸佛但可为彼方便示现神通，说离恶趣生善趣法。彼虽依教，勤修善因得生人趣，乃至非想非非想处，必还退下堕诸恶趣，诸佛方便复为现通说法教化，彼复修善得生善趣，后还退堕受诸苦恼，诸佛方便复更拔济。如是展转穷未来际，不能令其毕竟灭度。虽余经中宣说一切有情之类皆有佛性，皆当作佛，然就真如法身佛性，或就少分一切有情方便而说，为令不定种性有情，决定速趣无上正等菩提果故。”[②] 这段话里清楚地论述了“五性

① 《入楞伽经》卷第二。
② 《佛地经论》（玄奘译本）卷第二。

各别”的理论，也解释了为什么其他佛教经论中有“一切有情之类皆有佛性，皆当作佛”说法的原因。

与上述两经论观点类似的佛典还有不少。但总的来说，在佛教经论中，众生都有佛性，均可成佛的理论，对于鼓舞佛教信徒修行，扩大佛教影响还是能起较大作用的。

三、中国佛教宗派的主要佛性观念

佛教传入中国后，随着各种佛教典籍被译成汉文，佛性观念也传入中国。中国佛教的主要宗派对这一观念极为重视。佛性观念逐渐成为中国佛教界或思想界的一个引人注目的观念，在中国有了新的发展。

佛性观念在中国引起人们注意，最初是在东晋南北朝时期。它与一些经论的翻译直接相关。

如上所述，印度的《大般涅槃经》较多地论及了佛性问题。这类经典译成汉语直接在中国引进了佛性观念。在中国，较早译出的是六卷本的《泥洹经》，该经的译者之一是佛驮跋陀罗。但东晋名僧慧远在六卷本的《泥洹经》译出前曾写过《法性论》，只是该论没有流传下来，只有梁《高僧传》中“慧远传”等文献中引述了该论的一些片段，这里面涉及不少佛性观念，但详情已不可考。

在中国佛教史上，最初以讨论佛性问题而著称的人是竺道生。竺道生对当时已译出的六卷本《泥洹经》做了细致研究，对其中涉及的佛性观念极为关注，在研究了经文后得出了一阐提也有佛性的结论。这在当时引起了人们的非难，因为一阐提有佛性的理论在六卷本的《泥洹经》中没有直接提到，该经在有的段落中甚至说:“一切众生皆有佛性，……除一阐提。”[①] 但竺道生在认真推敲该经的整个佛性理论后,大胆地提出了自己的看法,认为一阐提也有佛性。他因此被逐出建康的佛教僧团。但后来昙无谶译的北本《大般涅槃经》传到建康后,人们对竺道生的看法就改变了。因为昙无谶译本虽然存在前后论述不一致的问题,但却有明确提到了一阐提有佛性之处。如该经卷第二十八中说:“一切众生,乃至五逆、犯四重禁及一阐提,悉有佛性。”道生由于在佛性问题上有这种超前的领悟力,再加上他在其他佛教义理方面的造诣,因而成为中国佛教史上的一个著名人物。

在南北朝时期,中国出现了许多佛教的“师说”或“学派”。他们中的许多人对佛性问题也很关心,其中较突出的是地论师和摄论师。

地论师分为“南北二道”,他们在佛性问题上的看法不一致,争论的焦点是所谓“当常”和“现常”问题。北道地论师主张“当常”说,认为众生的佛性不是一开始就有的,而是要当将来修成佛果时才有[②]。南道地论师则主要持“现常”说,认为佛性是本来就有的。不过,南道地论师的关于佛性是“当常”还是“现常”的观念后来也有改变,有些人也主张“当常说”[③]。

摄论师的佛性观念接近北道地论师。他们的这方面的理论与其对“识”的分析紧密相关。摄论师认为,第八识阿黎耶识主要是一种妄识,但这一识中有“染”的部分,也有“净”的

① 该经卷第四。

② 这里,“常”指涅槃,也就是佛性,因为涅槃有“常”的性质,并且涅槃了也就是成佛,“常”也就成了佛性。“当”主要指将来。所谓“当常”主要的意思是指将来成佛果时佛性显示出来。

③ 关于地论师南北二道对佛性的“当常”和“现常”或“本有”和“始起”的争论,参见中国佛教协会编《中国佛教》一,知识出版社,1989年,第253—255页;吕澂著《中国佛学源流略讲》,中华书局,1979年,第120—123页。

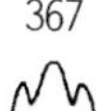

部分。通过修行，阿黎耶识中的“净”的部分可以发展，对治其中的“染”的部分。由“净”的部分证入第九识——“阿摩罗识”（无垢识），这时也就成佛了[①]。这样看来，佛性最开始应该是存在于染净都有的第八识中，后来第九识中才只有纯净的佛性。

中国佛教宗派形成后，对佛性问题也较重视，如三论宗、天台宗、华严宗、慈恩宗、密宗、净土宗、禅宗等都有这方面的理论。中国佛教宗派的佛性理论通常也是在吸收改造印度佛教有关经论思想的过程中提出的。

三论宗的代表人物吉藏对佛性观念很注重。他曾对佛性问题做过全面研究。吉藏在《大乘玄论》中说：“经中有名佛性、法性、真如、实际等，并是佛性之异名。”[②]他还特别研究了“正因佛性”问题。所谓“正因佛性”，大致来说，讲的是成佛的根本或佛性的本体。但它究竟指什么或确切的内涵是什么，却有不同看法。

吉藏在《大乘玄论》中总结了先前关于“正因佛性”的十一种观点：“古来相传释佛性不同，大有诸师。今正出十一家，以为异解。就十一师皆有名字，今不复据列，直出其义耳。第一家云，以众生为正因佛性，故经言正因者，谓诸众生。缘因者，谓六波罗蜜。既言正因者，谓诸众生，故知以众生为正因佛性。又言一切众生悉有佛性，故知众生是正因也。第二师以六法为正因佛性，故经云，不即六法不离六法。言六法者，即是五阴及假人也，故知六法是正因佛性也。第三师以心为正因佛性，故经云，凡有心者，必定当得无上菩提，以心识异乎木石无情之物，研习必得成佛，故知心是正因佛性也。第四师以冥传不朽为正因佛性，释异前以心为正因。何者？今直明神识有冥传不

① 参见中国佛教协会编《中国佛教》一，第259页。

② 《大乘玄论》卷第三。

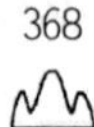

朽之性，说此用为正因耳。第五师以避苦求乐为正因佛性，一切众生，无不有避苦求乐之性，实有此避苦求乐之性，即以此用为正因，然此释复异前以心为正因之说，今只以避苦求乐之用为正因耳。故经云，若无如来藏者，不得厌苦乐求涅槃，故知避苦求乐之用为正因佛性也。第六师以真神为正因佛性，若无真神，那得成真佛？故知真神为正因佛性也。第七师以阿梨耶识自性清净心为正因佛性也。第八师以当果为正因佛性，即是当果之理也。第九师以得佛之理为正因佛性也。第十师以真谛为正因佛性也。第十一师以第一义空为正因佛性，故经云，佛性者，名第一义空，故知第一义空为正因佛性也。”①

吉藏作为三论宗的代表人物，继承的是中观派的基本思想，赞成所谓“中道佛性”。他在总结后接下去又说：“但河西道朗法师与昙无谶法师，共翻涅槃经，亲承三藏，作涅槃义疏，释佛性义，正以中道为佛性。尔后诸师，皆依朗法师义疏，得讲涅槃乃至释佛性义。”这种中道佛性的观念，实际上把历来的其他各种佛性观念看成是不完全的或不是真正的佛性正因。在三论宗看来，不能把佛性单纯地理解为因，也不能单纯地理解为果，也不能理解为其他的一些具体的什么东西或概念，而是只能在对各种不正确观念的否定中来体证。这就是三论宗佛性观念的实质，如果一定要说，也就是所谓中道佛性。

天台宗是中国佛教宗派中佛性观念较丰富的一派。此派的代表人物智顗主张所谓“三因佛性”的观念。所谓“三因佛性”指正因、缘因、了因。作为名词概念，它们最初来自北本《大般涅槃经》（卷第二十八），但该经中一般又把缘因与了因等同，

① 《大乘玄论》卷第三。

因而是二因。智顗在《金光明经玄义》中明确叙述了三因的区别和统一的关系，具体的解释是："云何三佛性？佛名为觉，性名不改，不改即是非常非无常，如土内金藏，天魔外道所不能坏，名正因佛性。了因佛性者，觉智非常非无常，智与理相应，如人善知金藏，此智不可破坏，名了因佛性。缘因佛性者，一切非常非无常，功德善根资助觉智，开显正性，如耘除草秽，掘出金藏，名缘因佛性。"[①] 在这种三因佛性的观念中，正因指众生本来就具有的佛性，了因指现在通过智慧认识了的佛性，缘因指通过修行，将来由功德圆满善根资助显现出的佛性。这三者虽有侧重点的不同，但实际是统一的，不可分离的。

天台宗的佛性理论中还有两点也值得注意：一是"性具善恶"的观念，再一个是"无情有性"的观念。所谓"性具善恶"是说天台宗认为众生的心性之中本来就具有善和恶。此宗把善恶分为性中善恶和修中善恶两种。性中善恶是根本的，本来就有的，不可断的；修中善恶来自性中善恶，它是后来产生的，可断的。佛可以断修恶，一阐提可以断修善。但"性"中原有的善和恶则是不能变的[②]。《法华玄义》中说："如来藏理含一切法。"[③] 这在逻辑上等于容许众生悉有佛性的观念。所谓"无情有性"是说天台宗认为不仅一切众生（或"有情"）有佛性，而且所有"无情"（无情识无意识的东西）也有佛性。这一理论主要是天台宗里的湛然提出的。《金刚錍》中说："我及众生皆有此性，故名佛性。其性遍造遍变遍摄，世人不了大教之体，唯云无情，不云有性，是故须云无情有性。"湛然的这一理论把佛

① 《金光明经玄义》卷上。

② 参考陈兵编著《新编佛教辞典》，中国世界语出版社，1994 年，第 118 页；参考杜继文主编《佛教史》，中国社会科学出版社，1991 年，第 265 页；参见《观音玄义》卷上。

③ 《法华玄义》卷第三。

性概念与法性概念完全等同了起来，在当时有一定特色，但在佛教中这种观点并不是人们都同意的。

华严宗的佛性思想有借鉴《涅槃经》等佛典中有关思想的成分，但也有自己的一些新的观念。法藏在《华严经探玄记》中说："若三乘教，真如之性通情、非情，开觉佛性唯局有情。故涅槃云：非佛性者谓草木等。若圆教中，佛性及性起皆通依正，如下文辨，是故成佛具三世间，国土身等皆是佛身，是故局唯佛果，通遍非情。"① 法藏在这里区分了两种情况，一是在三乘教中，是"开觉佛性唯局有情"。而在圆教中，则"成佛具三世间、国土身等"、"通遍非情"。

澄观在论及佛性理论时在不少场合不大同意"无情有性"的观点。他在《大方广佛华严经随疏演义钞》中说："若以第一义空为佛性者，唯是正因者，拣异智慧性也。然涅槃云：佛性者，名第一义空。第一义空，名为智慧。此二不二以为佛性。然第一义空是佛性性，名为智慧，即佛性相。第一义空不在智慧，但名法性。由在智慧，故名佛性。若以性从相，则唯众生得有佛性，有智慧故。墙壁瓦砾无有智慧，故无佛性。若以相从性，第一义空无所不在，则墙壁等皆是第一义空。"② 由此看来，包括众生在内的一切事物都有第一义空的法性，但墙壁瓦砾等无情则没有佛性，因为他们没有"智慧"。华严宗的理论在总体上强调圆融相即的观念，因而，澄观能否始终把佛性与法性有所区分，主张无情无佛性，还是值得研究的。

慈恩宗是中国佛教宗派中继承印度佛教思想较多的一派。在佛性问题上，他们的主要思想来自印度的有关经论。主要的观点是认为不是任何人都能成佛或具有成佛的可能。他

① 《华严经探玄记》卷第十六。

② 《大方广佛华严经随疏演义钞》卷第三十七。

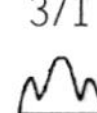

们对所谓的“性”做出了区分①。主要的立场是坚持由印度传来的“五性各别”的观念。这方面的观点在《成唯识论掌中枢要》卷上本、《成唯识论述记》卷一本等慈恩宗的重要文献的有关章节中都有论述。

密宗也是中国佛教宗派中较直接引入印度相关思想的宗派。在佛性问题上,密宗亦认为众生悉有佛性。密宗信奉的主要经典《大日经》中有一句概括密教基本宗旨的话:“菩提心为因,悲为根本,方便为究竟。”② 密教认为,世间一切事物为大日如来的显现,大日如来为教化众生而表现为多种佛身,他的悟性或智慧以菩提心为因,以大悲为根本,以方便为究竟。这里的“菩提心”就是觉悟之心,也可以看作是佛性。密宗的重要人物一行在《大日经疏》中说“自性清净心金刚宝藏,无有缺减,一切众生等共有之。”③ 在《大日经疏》中,他还借用《大般涅槃经》的观点说:“一切有心者,悉有佛性。”④ 显然,密宗的这些佛性思想有不少是在吸收大乘佛教有关思想的基础上形成的。为了吸引较多的信众,密宗宣传众生悉有佛性的思想是坚定的。

净土宗承认人有往生佛国净土的可能。但关于往生佛国净土主要是凭借自己的力量(自力),还是主要依靠阿弥陀佛的力量(他力),在此宗里有不同看法。不过这个问题并不重要,在实际上,应是这两种力量的结合,因为按照净土宗的经典,没有佛的帮助,是难以到达佛国净土的,而如果没有个人的努力或个人的愿望,人也不会被非自愿地送到佛国净土。鸠摩

① 如窥基就直接提及了“理性”(理佛性)和“行性”(行佛性)的概念,他在《成唯识论掌中枢要》卷上本中说:“总而言之,涅槃据理性及行性中少分一切唯说有一。”

② 《大日经》卷第一。

③ 《大日经疏》卷第一。

④ 《大日经疏》卷第六。

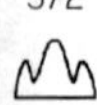

罗什译的《佛说阿弥陀经》中说:“若有善男子、善女人,闻说阿弥陀佛,执持名号,若一日,若二日,若三日,若四日,若五日,若六日,若七日,一心不乱,其人临命终时,阿弥陀佛与诸圣众现在其前。是人终时,心不颠倒,即得往生阿弥陀佛极乐净土。”从这里可以看出:首先,个人要努力,要执持佛的名号(也就是说要有主观的愿望)。其次,这里面有佛的因素,佛要“现在其前”(自然是来帮助)。这样信众才能往生净土。《佛说阿弥陀经》是中国净土宗信奉的重要经典之一,该经虽不是主要论述佛性问题,但由此可知,净土宗认为众生只要有愿望,是可以到达佛的境界的,众生是有往生佛国净土的可能性的。

禅宗的支派众多,发展时间长,情况复杂,但其佛性观念从总体上说也很明了,就是一般承认人都有觉悟的可能,佛性在人们自己的心中,人要在日常生活中,在自身中彻见佛性,求得解脱。关于如何来“悟”或彻见自身中的佛性,在禅宗里有不同看法,这里面较著名的方法是所谓北宗的“渐悟”和南宗的“顿悟”。无论是渐还是顿,二者都承认佛性的存在,但影响大的还是南宗系统的顿悟成佛思想。这方面的材料在禅宗的主要文献中记述很多,如关于认识自己本性并达到佛的境地,《坛经》中说:“若识自性,一悟即至佛地。”[①] 这里说的“自性”,自然是指自己的佛性。关于顿悟成佛的思想,《坛经》中说:“前念迷即凡夫,后念悟即佛。”[②] 这么快就能成佛,可见佛性就在自己心中。不过后来禅宗里流行种种“公案”,其主旨是教人要在日常的生活中通过佛教的宗教体验获得觉悟,而不要执着于经教的名言概念;要在禅的境界中彻见真正的佛性,而不要拘泥于所谓佛性的一般含义或文字上的意义。

① 《坛经》般若品。
② 同上注。

以上对佛性观念在印中两国历史上的形成和发展的考察仅是粗线条的,实际内容要更为复杂,更为丰富。佛性问题也确实是一个较重要和难度较大的研究课题,希望在这方面能不断有人进行积极的探索。

第十二章 因果观念

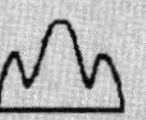

因果观念是佛教中经常讨论的问题，是佛教哲学的基本内容。佛教在产生时对此观念就有所表述。随着佛教的发展，后来的佛教思想家又对此提出新的见解，不断丰富这方面的思想，形成了较为系统的理论。以下对佛教因果观念的形成、主要内容及发展的基本线索进行初步探讨。

一、佛教因果观念的最初形态

佛教的因果观念最初是在批判和吸收婆罗门教的有关思想的基础上形成的。具体来说，佛教早期的因果观念主要体现在其缘起理论和因果报应的思想中。缘起理论是针对婆罗门教的梵一元论提出的，因果报应的思想则是在吸收改造婆罗门教的因果报应思想的过程中提出的。

在佛教形成之前，印度思想界影响最大的是婆罗门教的思想观念。婆罗门教思想家认为，万有的本质是梵，一切事物以梵为根本因，梵作为根本因是唯一的实在，世间万有作为果来自于梵，或只是梵的各种表现。

佛教反对婆罗门教的梵的观念。它认为，不存在一种作为事物根本因的东西，事物是缘起的，认为“此有故彼有，此起故彼起”。[①]“若有此则有彼，若无此则无彼。若生此则生彼，若灭此则灭彼”。[②] 这就是所谓缘起的观念。

① 《杂阿含经》卷第十二。
② 《中阿含经》卷第二十一。

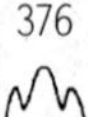

作为缘起观的基本表现形态，佛教提出了因缘的观念和十二因缘的理论。所谓“因缘”一般被区分为“因”与“缘”。“因”一般指产生结果的直接原因或内在原因；“缘”一般指产生结果的助因或外在的间接条件。佛教认为事物是由因缘所产生的，作为果的事物通常要因缘和合才能产生。在原始佛教时期，“因”与“缘”的区分并不明显，通常并用，指事物产生的各种条件或原因。

十二因缘的理论把人生现象或人生过程分析成十二个彼此成为条件或因果关系的环节，即：无明、行、识、名色、六处、触、受、爱、取、有、生、老死。这种理论否定了婆罗门教关于世间事物来自于一个根本因或最高实在的观念，否定了婆罗门教关于有常恒不变的“我”的观念，把人或人生现象看成是由精神要素和物质要素相互作用而形成的状态或过程，说明人由于无明而去追求世俗世界，产生痛苦，只有破除无明，斩断这种因果系列，才能摆脱痛苦。

从最初的十二因缘，佛教又提出了“三世两重因果”的理论。这种理论认为，在十二因缘中，无明和行是过去的因，识、名色、六处、触、受是现在的果，受、取、有为现在的因，生、老死为未来的果。这种理论直接与轮回转世或因果报应的观念联系起来，体现了佛教哲学的宗教特性。但三世两重因果理论的提出时间不是在原始佛教时期，而是在后来出现的一些小乘佛教的学说中。

在印度，因果报应的思想不是佛教所独有的，最初也不是由佛教所提出来的。这种思想可以说是印度宗教一般都具有的观念。它最初来自奥义书中的一些论述，是婆罗门教的基本观念。如《广林奥义书》（Bṛhadāraṇyaka Up.）中说：“行善者成善，行恶者成恶。"[①]《歌者奥义书》(Chāndogya Up.)中说:"此世行善者将得善生,或生为婆罗门,或生为刹帝利,或生为吠舍。而此世行恶者将得恶生,或生为狗,或生为猪,或生为贱民。"[②]

佛教虽然在许多方面与婆罗门教的观念对立,但在主张"行善者成善,行恶者成恶"方面与婆罗门教是一致的。如《中阿含经》中说:"世尊告诸比丘:随人所作业则受其报。如是,不行梵行不得尽苦。若作是说,随人所作业则受其报。如是,修行梵行便得尽苦。所以者何?若使有人作不善业,必受苦果地狱之报。云何有人作不善业,必受苦果地狱之报?谓有一人不修身,不修戒,不修心,不修慧,寿命甚短,是谓有人作不善业,必受苦果地狱之报。"[③]后来的小乘佛教论藏中也多次提及佛经中说的因果报应思想,如《大毗婆沙论》中说:"世间有情皆由自业,皆是业分,皆从业生。业为所依,业能分判诸有情类,彼彼处所高下胜劣。"[④]《成实论》中说:"善业得乐报,不善业得苦报,不动业得不苦不乐报。"[⑤]后来的大乘佛教也有类似的说法。

佛教和婆罗门教都讲因果报应理论,都讲善因有善果,恶因有恶果,但所谓"善"和"恶"的具体内容两教是不完全相同的。另外,对形成因果报应的具体环节,两教的看法也是不同的。就佛教而言,修习梵行(离欲清净等)就是善因,就会有善果,而不修梵行,或按上述所说,不依佛教要求来修身、修戒、修心、修慧,就会有恶果。就婆罗门教而言,按照印度种姓制的要求来行事,就是善,会有善果。反之,则是恶,会有恶果。关于

---

① 《广林奥义书》3,2,13。
② 《歌者奥义书》5,10,7。
③ 《中阿含经》卷第三。
④ 《大毗婆沙论》卷第一百二十四。
⑤ 《成实论》卷第八。

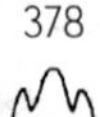

因果报应的形成要素，佛教和婆罗门教都认为人的行为会产生业力，这是由因生成果的一个必不可少的环节。二者的主要差别是：婆罗门教主张有“我”（阿特曼），而佛教（特别是早期佛教）主张无我。

二、说一切有部的主要因果观念

小乘佛教各部派都有关于因果的观念，但其中说一切有部的这方面的理论较为突出。说一切有部由于对因缘理论有细密的分析，因而被称为“说因部”。该部学说中涉及因果观念的主要是所谓“六因”、“四缘”、“五果”。

六因是说一切有部等在分析三世善恶果报的各种条件或作用时提出的概念。它们是：能作因、俱有因、同类因、相应因、遍行因、异熟因。

能作因指某物产生时，一切不对其产生有阻碍作用的事物。《俱舍论》中说：“如眼色等于眼识等生，饮食于身，种等于芽等。”[1]

俱有因或指互为因果的事物，或指构成同一物的几个因。《俱舍论》中说：“若法更互为士用果，彼法更互为俱有因。其相云何？如四大种更互相望为俱有因。如是，诸相与所相法，心与心随转，亦更互为因。……造色与诸大种，心随相等与心等法，皆不相离应互为因。若谓如三杖互相依住，如是俱有法因果义成。”[2]

同类因指能产生在善恶方面有相同性质的果的事物。而且，同类因经常涉及事物的异时因果关系。《俱舍论》中说：

① 《俱舍论》卷第六。

② 同上注。

"同类因者,谓相似法与相似法为同类因,谓善五蕴与善五蕴展转相望为同类因,染污与染污、无记与无记五蕴相望,应知亦尔。"[①]《俱舍论》中还提到:"发智论说:云何同类因?谓前生善根与后生自界善根及彼相应法为同类因。如是,过去与余二世,过去现在与未来等皆应广说。"[②]

相应因指在认识形成时,心和心所要相应合作,同时生起,相互依靠[③]这种关系。《俱舍论》中说:"唯心心所是相应因。若尔,所缘行相别者,亦应更互为相应因。不尔,所缘行相同者,乃可得说为相应故。……谓要同依心心所法,方得更互为相应因。"[④]

遍行因指能作为一切染污法之因的烦恼[⑤],即先前的一些烦恼法,如无明、邪见等具有普遍产生染污的因性。《俱舍论》中说:"遍行因者,谓前已生遍行诸法,与后同地染污诸法为遍行因。"[⑥]

异熟因指能招致三世果报的善或恶的业因。《俱舍论》中说:"唯诸不善及善有漏是异熟因,异熟法故。何缘无记不招异熟?由力劣故,如朽败种。何缘无漏不招异熟?无爱润故,如贞实种无水润沃,又非系地,如何能招系地异熟!余法具二,是故能招,如贞实种水所沃润。异熟因义如何可了?为异熟之因名异熟因,为异熟即因名异熟因。"[⑦]

四缘[⑧]是一切有为法产生时的因,是从一般的果的产生角度来进行分析时所做出的对因的分类,它与侧重分析善恶业

---

① 《俱舍论》卷第六。
② 同上注。
③ 即在所依、所缘、行相等方面相应、相望。
④ 《俱舍论》卷第六。
⑤ 也就是"遍行"于一切染污法的烦恼。
⑥ 《俱舍论》卷第六。
⑦ 同上注。
⑧ 四缘是在上座部论藏之一《法集》提出的二十四缘的基础上形成的。

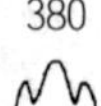

报产生条件的上述六因在考察范围或角度方面有所不同。四缘是:因缘、等无间缘、所缘缘、增上缘。

因缘指产生事物的最直接或内在的原因,如某种植物的种子就是这种植物的因缘。说一切有部一般认为上述六因中的俱有因、相应因、同类因、遍行因、异熟因可以作为因缘。《俱舍论》中说:“于六因内除能作因,所余五因是因缘性。”[①]

等无间缘(亦称次第缘)指意识或思想形成过程中的一种接续不断的关系。在意识的这种接续不断的过程中,后念的产生以前念之灭为条件(缘),再后的意念的形成和发展以此类推。《俱舍论》中说:“除阿罗汉临涅槃时最后心心所法,诸余已生心心所法是等无间缘性。此缘生法等而无间,依是义立等无间名。由此色等皆不可立等无间缘。”[②]

所缘缘(亦称缘缘)指意识或思想的对象。这种对象是意识存在的条件,没有这种对象,意识也就不能成立。《俱舍论》中说:“所缘缘性,即一切法望心心所随其所应,谓如眼识及相应法以一切色为所缘缘。如是,耳识及相应法以一切声,鼻识相应以一切香,舌识相应以一切味,身识相应以一切触,意识相应以一切法为所缘缘。”[③]

增上缘指上述三缘之外的能促使事物产生的条件,或不阻碍事物产生的条件。如对于植物来说,空气、阳光等可为增上缘,其他的不阻碍其生长的事物亦可为增上缘。《俱舍论》中说:“增上缘性即能作因,以即能作因为增上缘故。此缘体广,名增上缘,一切皆是增上缘故。既一切法亦所缘缘,此增上缘何独体广?俱有诸法未尝为所缘,然为增上故。唯此体

---

① 《俱舍论》卷第七。
② 同上注。
③ 同上注。

广，或所作广，名增上缘，以一切法各除自性与一切有为为增上缘故。”[①]

五果是因缘所生[②]或道力所证之果，它们是异熟果、等流果、士用果、增上果、离系果。

异熟果指由前世的善恶业所生的苦乐等果。一般认为是由六因中的异熟因而来[③]。《俱舍论》中说：“言后因者，谓异熟因，于六因中最后说故。初异熟果此因所得。……应知唯是有记所生，一切不善及善有漏能记异熟，故名有记，从彼后时异熟方起。”[④]

等流果指与因的性质相似的果，即由先前的善或恶因可生出以后的同性质的善或恶的果。一般认为由六因中的同类因和遍行因而来。《俱舍论》中说：“似自因法名等流果，谓似同类遍行二因。若遍行因亦得等流果，何不许此即名同类因？此果但由地等染，故与因相似，不由种类。若由种类，果亦似因，此果所因乃名同类。”[⑤]

士用果指人实施力用而造作之果，一般认为由六因中的俱有因和相应因而来。《俱舍论》中说：“俱有相应得士用果，非越士体有别士用，即此所得名士用果。此士用名为目何法？即目诸法所有作用，如士用故得士用名。……若法因彼势力所生，即说此法名士用果。”[⑥]

增上果指由一切对其产生有促进作用或虽无促进作用但亦无阻碍作用的事物所产生的果，一般认为由六因中的能作

① 《俱舍论》卷第七。
② 特别是六因所生。
③ 异熟因相当于四缘中的因缘。
④ 《俱舍论》卷第六。
⑤ 同上注。
⑥ 同上注。

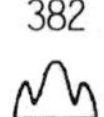

因而来。《俱舍论》中说："言前因者，谓能作因，于六因中最初说故，后增上果此因所得，增上之果名增上果。唯无障住有何增上？即由无障得增上名，或能作因亦有胜力。如十处界于五识身，诸有情业于器世界，耳等对于眼识生等，亦有展转增上生力。"[①]

离系果指摆脱一切烦恼的系缚后所得的果，即达到涅槃状态。此果不由六因生。《俱舍论》中说："除前诸相，由慧尽法，名离系果。灭故名尽，择故名慧，即说择灭，名离系果。"[②]

说一切有部的因果理论的实际含义与其对"法"和"我"的基本分析密切相关。有部认为无论是有为法还是无为法均有实体，主张所谓"法体恒有"，并认为过去、现在和未来这三世法都是实在的，但认为"我"是五蕴合成的，没有一个轮回主体。即有部在总体上主张所谓"我空法有"的观念。因此，有部的因果理论在很大程度上是认为事物中有实在的因果关系，因或缘是有实在意义的因或缘，果是有实在意义的果。这种理论在小乘佛教中有一定代表性，但在大乘佛教中，解释却与此有明显差别。

三、中观派的因果观念

印度出现早期般若类经典是大乘佛教开始形成的标志之一，而中观派则是佛教中较早发展般若类经典等的大乘思想的佛教派别。般若类经和中观派在理论上强调事物无自性，即所谓"空"，但也否定绝对虚无的观念，讲"假有"。特别是中观派，十分强调这两方面的结合，突出所谓"中道"。但无论是般

① 《俱舍论》卷第六。
② 同上注。

若类经还是中观派,都很注重宣传无自性或空观,中观派的因果观念中也体现了这种倾向或特征。

中观派的因果观念是在其对"外道"等的因果理论的批驳过程中展示出来的。在古代印度,许多佛教外的其他派别都有关于因果的理论,其中影响较大的是数论派等的因中有果论和胜论派等的因中无果论。

因中有果论认为:结果实际上不过是原因的转变,在原因中即已包含了结果,或者说结果潜藏于原因中,原因与结果仅仅是相同事物的因位和果位。

因中无果论认为:结果是由各个原因结合而产生的,原因与结果有着本质的区别,结果在产生前并不潜藏于原因之中,结果不可以独立存在,而原因却可以独立(不包含结果)存在。

无论是因中有果论还是因中无果论,都承认实在的因果关系,认为因真实,果也真实。这类理论与小乘佛教的因果论虽有不同,但在肯定因果及因果关系方面有相同之处,与中观派的基本理论是不同的。

中观派否定有实在的因果关系,认为因(或缘)不实在,果也不实在,因中有果论不能成立,因中无果论也不能成立。中观派为了论证其一切法空的基本理论,极力说明因果关系的非实在性。

关于因或缘,龙树在《中论》中就曾否定其实在性。如《中论》中提到:"未曾有一法,不从因缘生"[①]。这在实际上就是说,任何因都要从因缘生,因而因本身就不实在,是"空"。龙树在《十二门论》的"观缘门"中又对"四缘"进行了分析,认为实际上没有果能从这四缘产生,而且,"果不生故缘亦不生"。

① 《中论》卷第四。

关于果，龙树除了通过否定因或缘不生果外，还主要通过具体否定因中有果论和因中无果论来进行否定。如在《十二门论》的“观有果无果门”中，龙树说：“先有则不生，先无亦不生，有无亦不生，谁当有生者？”

所谓“先有则不生”是对因中有果论的批驳。龙树的具体论证是：“若果因中先有而生，是则无穷。如果先未生而生者，今生已，复应更生。何以故？因中常有故。从是有边，复应更生，是则无穷。……复次，有已先成，何用更生？如作已不应作，成已不应成，是故有法不应生。复次，若有生，因中未生时果应可见，而实不可见。……复次，若因中先有果生者，是则因因相坏，果果相坏。何以故？如叠在缕，如果在器，但是住处，不名为因。何以故？缕器非叠果因故。若因坏果亦坏，是故缕等非叠等因。因无故果亦无。……复次，若因中有果而不可得，应有相现，如闻香知有华，闻声知有鸟，闻笑知有人，见烟知有火，见鹤知有池。如是，因中若先有果应有相现，今果体亦不可得，相亦不可得，如是当知因中先无果。”

所谓“先无亦不生”是对因中无果论的批驳。龙树的具体论证是：“若谓因中先无果而果生者，是亦不然。何以故？若无而生者，应有第二头、第三手生。何以故？无而生故。……复次，若因中先无果而果生者，则一一物应生一切物，如指端应生车马饮食等。如是，缕不应但出叠，亦应出车马饮食等物。何以故？若无而能生者，何故缕但能生叠，而不生车马饮食等物？以俱无故。若因中先无果而果生，则诸因不应各各有力能生果。如须油者要从麻取，不笮于沙。若俱无者，何故麻中求而不笮沙？若谓曾见麻出油，不见从沙出，是故麻中求，而不笮沙，是事不然。何以故？若生相成者，应言余时见麻出油，不见沙出，是故于麻中求，不取沙。而一切法生相不成故，不得言余时见麻出油，是故麻中求，不取于沙。……复次，若先因中无果而果生，诸因相则不成。何以故？诸因若无，法何能作？何能成？若无作无成，云何名为因？如是，作者不得有所作，使作者亦不得有所作。”

中观派还考虑了因中有果和因中无果理论之外的可能，即分析了“因中先亦有果亦无果而果生”的情况。龙树在《十二门论》的“观有果无果门”中说：“若谓因中先亦有果亦无果而果生，是亦不然。何以故？有无性相违故。性相违者，云何一处？如明暗、苦乐、去住、缚解不得同处。是故因中先有果先无果二俱不生。”也就是说，这第三种情况实际还是或主张因中有果，或主张因中无果。

中观派否定因的实在性，否定果的实在性，否定因中有果论，否定因中无果论，实际都为了一个目的，就是要否定事物有产生的观念，即主张所谓“不生”。这和此派在《中论》中所强调的“八不”是一致的。“八不”虽有不生、不灭、不常、不断、不一、不异、不来、不出，但其中最主要的或最根本的还是“不生”。否定了事物的因果关系，也就否定了事物的产生和实际存在，也就证明了所谓“空”观。《十二门论》“观有果无果门”中这样推导出“空”观：“先因中有果亦不生，无果亦不生，有无亦不生。理极于此，一切处推求不可得，是故果毕竟不生。果毕竟不生故，则一切有为法皆空。何以故？一切有为皆是因是果。有为空故，无为亦空，有为无为尚空，何况我耶？”

四、瑜伽行派的因果观念

瑜伽行派与中观派都属大乘佛教，在理论上有不少相似之处，但也有重要差别。在因果观上，两派也是如此。如瑜伽行派的著名论师护法就很重视或弘扬中观派的因果理论。他在《大乘广百论释论》中就曾用中观派的观点既破因中无果论，也破因中有果论[①]。这是瑜伽行派与中观派在因果观上同的地方，而异的方面则更为突出。

瑜伽行派在理论体系上与中观派的不同之处是极为强调"识"的作用[②]，认为世间事物的根本是"阿赖耶识"。在以阿赖耶识为根本的前提下，承认事物中存在的因果关系，特别是在人生现象中存在的善恶行为之因与善恶报应之果间的关系。

瑜伽行派与说一切有部等小乘佛教同样对因果理论作细致的分析，也讨论与说一切有部等理论体系中相同或类似的一些基本概念或范畴，但在解释时却赋予了它们不同的含义，如说一切有部[③]讨论六因、四缘、五果，瑜伽行派则讨论十因、四缘、五果。

瑜伽行派讨论的"十因"是：随说因、观待因、牵引因、摄受因、生起因、引发因、定别因（定异因）、同事因、相违因、不相违因[④]。

随说因指言说思想等能表明事物，即能说之语是所说之因。《瑜伽师地论》中说："一切法名为先故想，想为先故说，是名彼诸法随说因。"[⑤]《成唯识论》卷第八中说："一语依处，谓法名想所起语性，即依此处立随说因，谓依此语随见闻等说诸义故，此即能说为所说因。"[⑥]

---

① 参见《大乘广百论释论》卷第九（破有为相品第七）。

② 般若类经和中观派也在一定程度上论述"识"，且时间更早，但瑜伽行派对"识"的强调则极为突出，分析更为细致，提出了一些般若类经和中观派中不曾提到的观点。

③ 本文中的说一切有部理论主要以《俱舍论》中的论述为代表或为主。

④ 这"十因"的概念出自《瑜伽师地论》（卷第三十八）、《成唯识论》（卷第八）等瑜伽行派的论著。

⑤ 《瑜伽师地论》卷第三十八。

⑥ 《成唯识论》卷第八。

观待因指某事物形成等所需(所依赖)的某种条件[①]。《瑜伽师地论》中说:“观待此故此为因,故于彼彼事若求若取,此名彼观待因。如观待手故手为因,故有执持业,观待足故足为因,故有往来因。”[②]《成唯识论》中说:“二领受依处,谓所观待能所受性,即依此处立观待因,谓观待此,令彼诸事或生或住或成或得,此是彼观待因。”[③]

牵引因指能在遥远的未来引生自果的种子。《瑜伽师地论》中说:“一切种子望后自果名牵引因。”[④]《成唯识论》中说:“三习气依处,谓内外种未成熟位,即依此处立牵引因,谓能牵引远自果故。”[⑤]

摄受因指除种子之外的其他诸缘。其他诸缘可以互相摄受而生果。《成唯识论》中提到等无间缘、所缘缘等六种这类成分[⑥]。《瑜伽师地论》中说:“除种子外所余诸缘名摄受因。”[⑦]

生起因指能引生不远的自果的种子。《瑜伽师地论》中说:“诸种子望初自果名生起因。”[⑧]《成唯识论》中说:“四有润种子依处,谓内外种已成熟位,即依此处立生起因,谓能生起近自果故。”[⑨]

引发因指能引起同类胜行和能引得无为法的因。《瑜伽师地论》中说:“初种子所生起果望后种子所牵引果名引发因。”[⑩]《成唯识论》卷第八中说:“十一随顺依处,谓无记染善现种诸

---

① “观待”指条件性。
② 《瑜伽师地论》卷第三十八。
③ 《成唯识论》卷第八。
④ 《瑜伽师地论》卷第三十八。
⑤ 《成唯识论》卷第八。
⑥ 同上注。
⑦ 《瑜伽师地论》卷第三十八。
⑧ 同上注。
⑨ 《成唯识论》卷第八。
⑩ 《瑜伽师地论》卷第三十八。

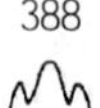

行能随顺同类胜品诸法,即依此处立引发因,谓能引起同类胜行及能引得无为法故。”[①]

定别因(定异因)指有为法具有的种种异类个别因缘,它们能产生各自之果并且不产生混乱。《瑜伽师地论》中说:“种种异类个别因缘,名定别因。”[②]《成唯识论》中说:“十二差别功能依处,谓有为法各于自果有能起证差别势力,即依此处立定异因,谓各能生自界等果及各能得自乘果故。”[③]

同事因指各种因都能成果,它们合起来可称为同事因。《瑜伽师地论》中说:“若观待因,若牵引因,若摄受因,若生起因,若引发因,若定别因,如是诸因总摄为一,名同事因。”[④]《成唯识论》中说:“十三和合依处,谓从领受乃至差别功能依处,于所生住成得果中有和合力,即依此处立同事因,谓从观待乃至定异皆同生等一事业故。”[⑤]

相违因指事物产生时出现障碍之因。《瑜伽师地论》中说:“于所生法能障碍因,名相违因。”[⑥]《成唯识论》中说:“十四障碍依处,谓于生住成得事中能障碍法,即依此处立相违因,谓彼能违生等事故。”[⑦]

不相违因指事物产生时不产生障碍之因。《瑜伽师地论》中说:“此障碍因若阙若离名不相违因。”[⑧]《成唯识论》中说:“十五不障碍依处,谓于生住成得事中不障碍法,即依此处立不

① 《成唯识论》卷第八。
② 《瑜伽师地论》卷第三十八。
③ 《成唯识论》卷第八。
④ 《瑜伽师地论》卷第三十八。
⑤ 《成唯识论》卷第八。
⑥ 《瑜伽师地论》卷第三十八。
⑦ 《成唯识论》卷第八。
⑧ 《瑜伽师地论》卷第三十八。

相违因,谓彼不违生等事故。”[1]

瑜伽行派的四缘理论与小乘说一切有部等的四缘理论有相似处,也有不同处。关于因缘,瑜伽行派和说一切有部等都认为是产生事物的直接原因,有差别的是,瑜伽行派中的因缘主要指所谓“种子”,即阿赖耶识所具有的能生起“现行”的种子,同时也指可以熏习种子的现行。关于等无间缘,瑜伽行派和说一切有部等都认为是意识或思想形成过程中的一种接续不断的关系,有差别的是,瑜伽行派强调八识各自所具有的接续不断的关系。关于所缘缘,瑜伽行派和说一切有部等都认为是意识或思想的对象,有差别的是,瑜伽行派中的所缘缘作为认识的对象,它本身也是意识。关于增上缘,瑜伽行派和说一切有部等都认为是指上述三缘之外的能促使事物产生的条件,或不阻碍事物产生的条件,有差别的是,瑜伽行派中的增上缘作为事物产生的条件,是在唯识观念基础上的诸种其他条件。

瑜伽行派的五果理论与说一切有部等的五果理论有许多相似或相同之处,但内容也有一些差别。如说一切有部等的五果与六因联系紧密,而瑜伽行派的五果与十因联系紧密。根据《成唯识论》的论述,瑜伽行派认为五果与十因的关系如下:

异熟果可来自牵引因、生起因、定异因、同事因、不相违因。《成唯识论》中说:“此五果中若异熟果,牵引、生起、定异、同事、不相违因增上缘得。”[2]

等流果可来自牵引因、生起因、摄受因、引发因、定异因、同事因、不相违因。《成唯识论》中说“若等流果,牵引、生起、

① 《成唯识论》卷第八。
② 同上注。

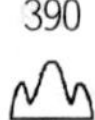

摄受、引发、定异、同事、不相违因初后缘得。”[①]

离系果可来自摄受因、引发因、定异因、同事因、不相违因。《成唯识论》中说："若离系果，摄受、引发、定异、同事、不相违因增上缘得。”[②]

士用果或可由观待因、摄受因、同事因、不相违因获得，或可由观待因、牵引因、生起因、摄受因、引发因、定异因、同事因、不相违因获得。《成唯识论》中说："若士用果，有义观待、摄受、同事、不相违因增上缘得，有义观待、牵引、生起、摄受、引发、定异、同事、不相违因除所缘缘余三缘得。”[③]

增上果可由所有十因获得。《成唯识论》中说："若增上果，十因、四缘一切容得。”[④]

瑜伽行派的因果观念若继续向下陈述或分析，是极为复杂的。上述的十因、四缘、五果中实际包含了此派提出的多种类型的因果关系，涉及了人的行为作为因所产生的种种果，即从佛教的善恶伦理观念出发所描述的因果报应思想，涉及了人的意识的因果变化形态，涉及了因果的同时与异时，因果的变化过程的持续性与阶段性，因果性质的同一与差别，等等。但在考察瑜伽行派的因果观念时，值得注意的是，应把它与此派的基本唯识观念联系起来分析。在此派中，所谓因与果都与“识”或“心”相关联。因与果在本质上是“识”或“心”，在这种意义上，因和果有一定的实在意义。但瑜伽行派的因果观念是否与中观派的因果观念完全不同，这也还要具体来分析。这个问题与瑜伽行派和中观派的基本理论的差别直接相关。具

---

① 《成唯识论》卷第八。
② 同上注。
③ 同上注。
④ 同上注。

体来说，与瑜伽行派对“识”或“心”的解释直接相关。瑜伽行派的“识”或“心”是否就是完全实在的实体？瑜伽行派的不同文献有种种解释。根据《成唯识论》的说法，“为遣妄执心心所外实有境，故说唯有识，若执唯识真实有者，如执外境，亦是法执。”[①] 这样，“识”也不能认为是绝对实在的。由此而做出的推断则是，瑜伽行派的所谓因果的实在性也很难说与中观派所说的因果的实在性有根本的不同。

佛教的因果观念随着佛教的传播和影响的扩大而不断发展，特别是流传到中国后，这方面的理论又增加了不少新的内容，但作为基础性的观念还是上述印度佛教中的那些主要形态。

① 《成唯识论》卷第二。

第十三章 法类别论

"法"是印度宗教哲学中的一个重要概念,不少派别都使用它。在佛教中,这一概念也经常被提到。佛教对"法"的本质等问题有深入讨论。以下我们侧重考察的是佛教关于"法"的类别的基本划分以及各类别中具体概念的主要含义。

一、"法"的主要含义

汉译佛典或印度宗教文献中的"法"一词一般意译自梵语的"dharma"或巴利语的"dhamma"。音译则有"达磨"(达摩)、"昙摩"、"昙无"、"昙"等。有人认为该词原文来自动词语根 dhṛ,其义为"护持"、"维持","dharma"的原意是"护持人间行为的规范"[①]。佛教文献中对这一词有一些解释。另外,在一些汉译印度宗教哲学文献中亦有不少"法"这一概念的使用实例,从中也可看出"法"的含义。

《俱舍论》中说:"能持自相,故名为法。"[②] 按照这个解释,能持有自己特性或能有所表现的东西就是"法"。也就是说,"法"指各种事物或现象。

《成唯识论》中说:"法谓轨持。"[③]《成唯识论述记》对这句话的说明是:"轨谓轨范,可生物解;持谓住持,不舍自相。"[④] 按

① 参见吴汝钧编著《佛教大辞典》,商务印书馆国际有限公司,1995 年,第 312 页。这类说法还可在其他一些书中见到。

② 《俱舍论》卷第一。

③ 《成唯识论》卷第一。

④ 《成唯识论述记》卷第一本。

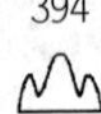

照这种说明,法有两个基本含义:一是指规范事物的根据或规则,由它能产生对事物的解释,或确定事物的含义;二是指保持自己一定特性的东西,实际也就是指有各种特性(自相)的事物或现象。

《大乘义章》中说:"所言法者,外国正音名为达摩,亦名昙无,本是一音传之别耳。此翻名法,法义不同,泛释有二:一自体名法,如成实说,所谓一切善恶无记三聚法等;二轨则名法,辨彰行仪,能为心轨,故名为法。"[①] 此处,"自体名法"和"轨则名法"大体也是指事物和规则,与上述《成唯识论》的解释接近。

由此看来,"法"的两个基本含义是事物和规则。但从这两个基本含义实际又有进一步的区分或有所引申。

《金光明经玄义》中说:"至理可尊,名为法宝。"[②]《金刚经》中说:"所言一切法者,即非一切法,是故名一切法。""说法者,无法可说,是名说法。"这里讲的"法"都指佛法,即佛陀或佛教的理论或学说。上述《大乘义章》中接下去的文字也说:"今三宝中所论法者,轨则名法。"这也明确谈到,"法"是一种"轨则",只是它不同于一般的"轨则",而是特指佛教的理论或学说。这里的"法"就成了理论或学说。

《胜宗十句义论》[③] 中说:"法云何?此有二种:一能转,二能还。能转者,谓可爱身等乐因,我和合,一实与果相违,是名能转。能还者,谓离染缘正智喜因,我和合,一实与果相违,是名能还。非法云何?谓不可爱身等苦邪智因,我和合,一实与果相违,是名非法。"在这里,"法"是一种"我"所具有的性质

---

① 《大乘义章》卷第十。
② 《金光明经玄义》卷上。
③ 印度哲学中胜论派的主要文献之一。

(guṇa)[1],即伴随着人的善行的性质,由于它能造成好的或相对好的人的轮回等状态,因而也是一种因。“非法”也是一种“我”所具有的性质,它是伴随着人的恶行的性质,由于它能造成人的坏的轮回状态,因而也是一种因。在这段引文中,“法”的主要含义是“性质”。“因”的含义是引申出来的。

此外,“法”在因明学中还有特定用法,它被用来说明因明论式中“宗”的主词(有法)的性质,也就是所谓宾词。如在因明推论式中,作为“宗”常举的例子是“声常住”或“此山有烟”。例中的“常住”以及“有烟”就被称为“法”。在这里,“法”也是指一种性质。

总之,若粗分,“法”主要指一切事物或一切现象,以及规范或法则这两方面的含义。若细分,则可进一步分出或引申出学说、理论、佛教教义、善德、原因、性质等含义。

以下主要讨论佛教对作为一切事物或一切现象的“法”的类别划分。

二、早期佛教对“法”的主要分类

佛教在产生之初就主张“缘起”说。它反对传统婆罗门教学说中的“梵”一元论思想,否定世界或人是由单一的根本因创造或生成的,认为“此有故彼有,此起故彼起。”[2] 既然是“缘起”,就要提出构成“缘起”的诸种要素或组成部分,这就促使佛教“法”的分类理论的形成。早期佛教分析万有的重点是在人或人生现象方面。在这方面提出的主要理论有五蕴、十二处、十八界、十二因缘等。

① “法”在《胜宗十句义论》中被作为二十四“德”(性质)之一,“德”是“实”的特性。
② 《杂阿含经》卷第十二。

所谓“五蕴”[1]指五种成分的积聚或和合，即：色、受、想、行、识。色蕴指一切有形态或有质碍的事物；受蕴指感受；想蕴指表象或观念等；行蕴指意志一类的心作用；识蕴指区别与认识事物。关于“五蕴”，各种佛典中记述很多，描述大同小异。《杂阿含经》中说：“有五受阴。何等为五？谓色受阴、受、想、行、识受阴。云何色受阴？所有色，彼一切四大及四大所造色，是名为色受阴。”“云何受受阴？谓六受身。何等为六？谓眼触生受、耳、鼻、舌、身、意触生受，是名受受阴。”“云何想受阴？谓六想身。何等为六？谓眼触生想，乃至意触生想，是名想受阴。”“云何行受阴？谓六思身。何等为六？谓眼触生思，乃至意触生思，是名行受阴。”“云何识受阴？谓六识身。何等为六？谓眼识身，乃至意识身，是名识受阴。”[2]

早期佛教主要用五蕴来解释人或人的作用，分析人或人的作用中的主要构成要素。这种理论与印度婆罗门教的“我”（Ātman，阿特曼）的理论是对立的。婆罗门教认为在人生现象中有一主宰体——“我”，用“我”作为解释人或人生现象的核心概念。早期佛教否定“我”的实在性，主张“无我论”。五蕴说实际是要取代婆罗门教中的“我”的概念，要说明人或人的作用实际就是五蕴的和合，不存在独立的“我”。在早期佛教中，五蕴说主要还不是用来概括整个世界的物质现象和精神现象，而是侧重分析人或人的各种作用这类“法”。

所谓“十二处”[3]也是早期佛教在探讨人生现象时提出的一种对“法”的分类理论。具体来说，指人的六根及其相对应的六境。六根是眼、耳、鼻、舌、身、意。六境是色、声、香、味、触、

---

① “蕴”（skandha）的意思是“积聚”或“和合”等。

② 《杂阿含经》卷第三。

③ 亦称“十二入”。“处”或“入”（āyatana）指“进入的处所”或“进入的事物”。

法。《杂阿含经》中说:"何等为六内入处?谓眼入处、耳入处、鼻入处、舌入处、身入处、意入处。何等为六外入处?色入处、声入处、香入处、味入处、触入处、法入处。"①

十二处的理论主要是从人的身体器官入手,进一步对应地分析其作用对象的不同存在形态,从而说明多样性的世界的基本构成类别。这种分析的着眼点也是人及其与之关系紧密的外部现象。正是由于人的器官及其相应的作用,才有可能产生各种感受或认识,展示人的生命或情感活动,展示整个世界现象(法)。

所谓"十八界"② 指六根、六境以及根缘取境之后所生的六识(眼识、耳识、鼻识、舌识、身识、意识)这十八种涉及人认识的要素或基础。它们是密切相关的,人的感觉器官(六根)作用于各自的对象(六境),产生各自相应的识别或认识(六识)。《杂阿含经》中说:"云何为种种界?谓眼界、色界、眼识界、耳界、声界、耳识界、鼻界、香界、鼻识界、舌界、味界、舌识界、身界、触界、身识界、意界、法界、意识界,是名种种界。……云何种种界?谓十八界:眼界、色界、眼识界,乃至意界、法界、意识界,是名种种界。"③

十八界的理论较全面地论述了早期佛教关于人的认识形成过程中所涉及的各个要素。这种论述实际也就把"法"的基本形态展示了出来。与十二处相比,十八界增加了根取境之后所生的六识,这对认识过程的叙述就较为完整,"法"的内容自然也更为丰富。

五蕴、十二处、十八界主要是早期佛教提出的对"法"的一

---

① 《杂阿含经》卷第十三。
② "界"(dhātu)有"要素"、"种族"、"分界"、"差别"、"基础"等含义。
③ 《杂阿含经》卷第十六。

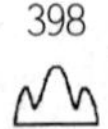

种横向或静态的分析。这三种对"法"的分析是基本的,在佛教中后来被称为所谓"三科"。而十二因缘则是早期佛教提出的对"法"的一种纵向或动态的分析。当然这样说也是相对而言,不能绝对化地说哪种是横是纵,哪种是静是动。而且二者的内容有许多是相融或相通的。所谓"十二因缘"[①]是早期佛教提出的人生现象过程的十二个动态的因果联系的环节,它们是:无明、行、识、名色、六处、触、受、爱、取、有、生、老死。《杂阿含经》中说:"云何无明?若不知前际,不知后际,不知前后际;不知于内,不知于外,不知于内外;不知业,不知报,不知业报;不知佛,不知法,不知僧……,痴暗无明大冥,是名无明。缘无明行者,云何为行?行有三种:身行、口行、意行。缘行识者,云何为识?谓六识身:眼识身、耳识身、鼻识身、舌识身、身识身、意识身。缘识名色者,云何名?谓四无色阴:受阴、想阴、行阴、识阴。云何色?谓四大、四大所造色,是名为色。此色及前所说名,是为名色。缘名色六入处者,云何为六入处?谓六内入处:眼入处、耳入处、鼻入处、舌入处、身入处、意入处。缘六入处触者,云何为触?谓六触身:眼触身、耳触身、鼻触身、舌触身、身触身、意触身。缘触受者,云何为受?谓三受:苦受、乐受、不苦不乐受。缘受爱者,彼云何为爱?谓三爱:欲爱、色爱、无色爱。缘爱取者,云何为取?四取:欲取、见取、戒取、我取。缘取有者,云何为有?三有:欲有、色有、无色有。缘有生者,云何为生?若彼彼众生,彼彼身种类生,超越和合出生,得阴,得界,得入处,得命根,是名为生。缘生老死者,云何为老?若发白露顶,皮缓根熟……,造行艰难羸劣,是名为老。云何为死?彼彼众生,彼彼种类没……,舍阴时到,是名为死。此死及前所说老,

① 亦称"十二缘起"。此处,"缘"(pratyaya)指使他物存在或产生的"原因",也就是"条件"。

是名老死。”[1]

不难看出，十二因缘的理论中包含有上述“蕴”的成分（名色），包含“处”的成分（六处），包含“界”的成分（六处、识）。佛教人生现象的构成和变化的理论是离不开这些基本要素的。

五蕴、十二处、十八界、十二因缘这些“法”在佛教中又被称为“有为法”，即处于相互联系、生灭变化中的事物。与之相对的是“无为法”，即没有因缘关系，不生不灭的东西，如“涅槃”等。早期佛教对“涅槃”等有叙述，但在初期分析不细致，后来的小乘佛教和大乘佛教在这方面的理论相对丰富一些。

早期佛教对“法”的分析构成了佛教对以人生现象为主体的世间事物或现象的基本分类学说，这对佛教在后来的发展影响极大。佛教后来的关于“法”的种类划分理论虽然更为复杂，更为丰富，但却是在这些学说的基础上进一步发展起来的。

三、说一切有部等小乘佛教对“法”的主要分类

印度佛教在释迦牟尼圆寂百年后开始分裂，先是经历了所谓“根本分裂”，后又经历了所谓“枝末分裂”，形成了众多的部派。再到后来，出现了大乘佛教，佛教被分成小乘和大乘，二者并行发展。佛教在这种变化中，理论上有不少调整。总体上来说是学说趋于丰富。这也体现在佛教关于“法”的理论的分类学说方面。

在小乘佛教中，不少部派提出了不同于早期佛教的“法”的分类学说。这些学说的总的特点是，在继承早期佛教关于蕴、处、界等的理论的基础上，增加了一些新的概念，对“法”做

① 《杂阿含经》卷第十二。

了进一步的区分。如多数部派把“法”做了过去法、现在法和未来法的分别，犊子部把“法”分为五类：过去法、现在法、未来法[①]、无为法、不可说法（补特伽罗），大众部把无为法分为九类：择灭、非择灭、虚空、空无边处、识无边处、无所有处、非想非非想处、缘起支性、圣道支性。但最有特色的还是说一切有部的“五位七十五法”的分类理论，这种理论主要是《俱舍论》中所表述的。

“五位”指对“法”所做的五种基本分类，他们是色法、心法、心所法、心不相应行法、无为法。“七十五法”则是在五位之下进一步划分的七十五个更小的法的具体名目。

所谓“色法”主要指物质现象[②]。它有十一种：眼、耳、鼻、舌、身、色、声、香、味、触和无表色。前十种色是身体的五种器官及其相应的作用对象，无表色则主要指不能表示出来的一种色，如产生某种结果的行为之力量或潜势力等。《俱舍论》中说：“颂曰：色者，唯五根、五境及无表。论曰：言五根者，所谓眼耳鼻舌身根。言五境者，即是眼等五根境界，所谓色声香味所触。及无表者，谓无表色。”“无表虽以色业为性如有表业，而非表示令他了知，故名无表。……表业及定所生善不善色，名为无表。”[③]

所谓“心法”是精神作用的主体，即心王。它只有一种。“心”与精神作用是密不可分的。《俱舍论》中说：“颂曰：心心所必俱，诸行相或得。论曰：心与心所必定俱生，随阙一时余则不起。”[④]在《俱舍论》中，“心”与“意”及“识”这几个概念是一体的，

① 这前三种法又被称为“有为法”。

② 《俱舍论》卷第一中在讨论色的特性时说：“变碍名色，理得成就。”这是指色的一般特性，即可以变化，有质碍。

③ 《俱舍论》卷第一。

④ 《俱舍论》卷第四。

不同的名称代表了精神作用之体的几个主要方面。《俱舍论》中说："论曰：集起故名心，思量故名意，了别故名识。复有释言：净不净界种种差别故名为心，即此为他作所依止故名为意，作能依止故名为识。故心意识三名所诠，义虽有异，而体是一。"[1]

所谓"心所法"是心所具有的作用。它有四十六种。《俱舍论》中说："诸心所法且有五品。何等为五？一大地法，二大善地法，三大烦恼地法，四大不善地法，五小烦恼地法。""如是已说五品心所，复有此余不定心所，恶作、睡眠、寻、伺等法。"[2]因此，心所法在《俱舍论》中实际被分为六类。第一类是大地[3]法，指一般的与心相应的心的作用，它们是：受（感受）、想（想象）、思（意向或决意）、触（触觉）、欲（希求）、慧（分别简择）、念（念念不忘）、作意（警觉）、胜解（对事物产生的确定把握或理解）、三摩地（心注一处的入定）；第二类是大善地法，指与一切善心相应的心的作用，它们是：信（使心澄净）、勤（使心勇悍）、舍（使心不执着，住于平等）、惭（对自己的错罪感到耻辱）、愧（对自己的错罪感到羞愧）、无贪（不贪婪）、无瞋（不憎恨）、不害（不伤害）、轻安（使心轻妙安宁）、不放逸（专注修善法）；第三类是大烦恼地法，指与不善心相应或障碍道的心的作用，它们是：无明（愚痴）、放逸（不修诸善）、懈怠（懒散不勇悍）、不信（不信奉与爱乐三宝）、昏沉（心境沉郁）、掉举（心躁动不安）；第四类是大不善地法，指仅与一切不善心相应的心作用，它们是：无惭（对自己的错罪不感耻辱）、无愧（对自己的错罪不感羞愧）；第五类是小烦恼地法，指只与无明相应并仅能单独产生的心作

---

① 《俱舍论》卷第四。

② 同上注。

③ "大地"的"地"指心作用的"行处"，也就是"心"或"心王"。《俱舍论》卷第四中说："地谓行处，若此是彼所行处，即说此为彼法地。大法地故名为大地。此中若法大地所有，名大地法，谓法恒于一切心有。"

用，它们是：忿（对不合己意的人或事产生愤怒）、覆（隐瞒自己的过失）、悭（吝啬财物与教法）、嫉（嫉妒）、恼（坚持己错，并生恼怒）、害（危害他人或他物）、恨（心中不快生怨）、谄（奉承）、诳（欺骗）、憍（傲慢）；第六类是不定地法，指上述心作用之外的心作用，它们是：恶作（后悔所做之事）、睡眠（精神意识昏昧）、寻（粗略思考）、伺（细微伺察）、贪（贪欲）、瞋（憎恚）、慢（自负并轻慢他人）、疑（犹豫不决）。

所谓"心不相应行法"是一种非色法、非心法、非心所法的有为法，为五蕴中的行蕴所摄。《俱舍论》中说："颂曰：心不相应行，得、非得、同分，无想二定、命，相名身等类。论曰：如是诸法，心不相应，非色等性，行蕴所摄，是故名心不相应行。"[1]心不相应行法有十四种：得（指得以形成或获得成就，有两种：一是已失今获，二是得已不失）、非得（未得成就，有时间上的区分，如未来的非得和过去的非得）、众同分（相同性或同类性，分为有情同分和法同分两种，前者是有情众生的同类相似，后者是事物的同类相似）、无想果（在无想天中达到的灭心心所的状态，是修无想定的果报）、无想定（能使心心所灭的一种禅定，能达无想果，它是凡夫或异生所追求并获得的，但不是真涅槃）、灭尽定（在非想非非想处[2]使心心所灭尽的一种禅定，它是圣者所得，非异生所起）、命根（生命或寿命）、生（产生或生起）、住（相续或保持）、异（变异或变化）、灭（坏灭）、名身（名称或概念的复合体[3]）、句身（具有完整意义的句子的复合体[4]）、文身（字

① 《俱舍论》卷第四。

② "非想非非想处"即是作为无色界之第四天的有顶天。

③ "名"指表明一定意义的事物的名称或概念，"身"有"聚集"之义。因此，"名身"指两个以上的名称或概念的复合体。《俱舍论》卷第五中说："名身者，谓色声香等。"

④ "句"指具有完整意思的一个句子，"句身"指两个以上的句子的复合体。《俱舍论》卷第五中说："句身者，谓诸行无常，一切法无我，涅槃寂静等。"

母的复合体[①])。

所谓"无为法"是无生无灭的存在。《俱舍论》中说:"无为法都无有因,是故无为虽实有物,常无用,故无因无果。"[②]无为法共三种:虚空无为(事物存在的场所,不障碍万物,也不被万物所障碍[③])、择灭无为(通过智慧的拣择力来灭除烦恼,从而达到的涅槃或解脱状态[④])、非择灭无为(不由智慧的拣择力而得,而是由缺少自身产生之缘而得的毕竟不生的状态[⑤])。

"五位七十五法"中对"法"的分析已十分丰富,但多数内容也不是完全由世亲提出的,而且《俱舍论》是大乘佛教产生后形成的小乘佛文献。从时间上看,早于《俱舍论》提出这方面理论的部派文献是世友的《品类足论》。《品类足论》中就已提出了六十七法,包括色法十五种,心法六种,心所法二十七种(去掉重复的),心不相应行法十六种,无为法三种[⑥]。只是《俱舍论》的影响在佛教史上较大,"五位七十五法"的理论在小乘佛教中成为较有代表性的对"法"的分类理论。而且这一理论也成为后来一些大乘佛教对"法"的分类学说的一个基础。

四、大乘瑜伽行派对"法"的主要分类

大乘佛教兴起后,小乘部派佛教与大乘佛教并行发展。上述《俱舍论》就是在大乘思想已很兴盛的情况下出现的小乘

① "文"指单一的字母,"文身"指两个以上的字母的复合体。《俱舍论》卷第五中说:"文身者,谓迦佉伽等。"

② 《俱舍论》卷第六。

③ 《俱舍论》卷第一中说:"虚空但以无碍为性,由无障故,色于中行。"

④ 《俱舍论》卷第一中说:"择灭即以离系为性。诸有漏法远离系缚,证得解脱,名为择灭。择谓拣择,即慧差别,各别拣择四圣谛故,择力所得灭,名为择灭。"

⑤ 《俱舍论》卷第一中说:"永碍当生,得非择灭,谓能永碍未来法生,得灭异前,名非择灭。得不因择,但由阙缘。"

⑥ 参见吕澂著《印度佛学源流略讲》,上海人民出版社,1979年,第56页。

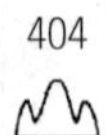

著述。在佛教的发展过程中，大乘佛教和小乘佛教互相影响。在对“法”的分类问题上，大小乘的理论关联极为紧密。

大乘佛教在初期注重对“法”的本质的分析，注重论证“空”、“中道”等决定大乘佛教学说主要发展方向的内容，对“法”的分类理论相对来说论述不多。但在大乘佛教后来的发展中，“法”的分类问题逐步受到重视。在这方面表现突出的是瑜伽行派，而瑜伽行派中最有代表性的则是世亲[①]的《大乘百法明门论》。

《大乘百法明门论》对“法”的分类是所谓“五位百法”，认为“法”在大的类别方面可分为五种：心法、心所有法、色法、心不相应行法、无为法。在这五大类别之下包含有一百个具体名目。关于这百法的具体含义，《大乘百法明门论》本身没有展开解释，但不少瑜伽行派的典籍以及一些中国高僧对该论的注疏中则有许多相关的论述，可以帮助理解。

关于“心法”，《大乘百法明门论》中说：“第一心法，略有八种：一眼识，二耳识，三鼻识，四舌识，五身识，六意识，七末那识，八阿赖耶识。”这八种心法一般又被分成三类：第一类是阿赖耶识，它是“异熟一切种”[②]，即一切果报的种子，世间事物的根本因。此识蕴藏着生出世间现象的“种子”，由这些种子生出的世间现象又可以“熏习”此识。这些“种子”还有自类相续的能力，可以“种子生种子”[③]。第二类是末那识，它以“思量

① 关于世亲，史料中有不同记述，学界也有不同看法。有的认为写《大乘百法明门论》的世亲与写《俱舍论》的世亲为同一人，世亲后来放弃小乘学说转信大乘佛教。有的认为有两个世亲，一个是小乘的世亲，另一个是大乘的世亲。具体论证较复杂，可参考慈怡主编《佛光大辞典》，佛光文化事业有限公司，1988 年，第 1530 页。

② 世亲《唯识三十论颂》。

③ 《成唯识论》卷第二中在谈到阿赖耶识时说：“此识具有能藏、所藏、执藏义故，……能引诸界趣生善不善业异熟果故，说名异熟。……此能执持诸法种子令不失故，名一切种。离此余法能遍执持诸法种子不可得故，此即显示初能变识所有因相。”

为性相”[1]，具体来说，就是末那识把阿赖耶识思量为“我”，据说这时还伴随着四种“烦恼”，即我痴、我见、我慢、我爱[2]。第三类是前六识，它们以“了境为性相”[3]，具体来说，就是眼以色为境，耳以声为境，鼻以香为境，舌以味为境，身以触为境，意以法为境。

关于“心所有法”，《大乘百法明门论》中说：“第二心所有法，略有五十一种。分为六位：一遍行有五，二别境有五，三善有十一，四烦恼有六，五随烦恼有二十，六不定有四。一遍行五者：一作意，二触，三受，四想，五思。二别境五者：一欲，二胜解，三念，四定，五慧。三善十一者：一信，二精进，三惭，四愧，五无贪，六无瞋，七无痴，八轻安，九不放逸，十行舍，十一不害。四烦恼六者：一贪，二瞋，三慢，四无明，五疑，六不正见。五随烦恼二十者：一忿，二恨，三恼，四覆，五诳，六谄，七憍，八害，九嫉，十悭，十一无惭，十二无愧，十三不信，十四懈怠，十五放逸，十六惛沈，十七掉举，十八失念，十九不正知，二十散乱。六不定四者：一睡眠，二恶作，三寻，四伺。”在这些“法”中，第一位“遍行”与第二位“别境”实际上是将《俱舍论》中的“大地法”分成了两类，各分有其中的五种。第三位“善”与《俱舍论》中的“大善地法”相当，但在《大乘百法明门论》中多了一个“无痴”（明解事理）。第四位“烦恼”与《俱舍论》中的“大烦恼地法”虽然数量都是六种，但实际内容却差得很远：二者之间只有“无明”是相同的；贪、瞋、慢、疑在《俱舍论》中是属于“不定地法”中的内容，在《大乘百法明门论》中归入了“烦恼”中；《俱舍论》中属“大烦恼地法”的“不信”在《大乘百法明门论》中

① 参见世亲《唯识三十论颂》。
② 同上注。
③ 同上注。

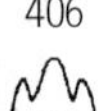

归入了“随烦恼”;《大乘百法明门论》的“烦恼”中新增了一个“不正见”(错误的见解)。第五位“随烦恼”是将《俱舍论》中的“大烦恼地法”、“大不善地法”、“小烦恼地法”这三者的一些内容综合增删后形成的,即原来属于“大烦恼地法”的是不信、懈怠、放逸、惛沈、掉举;原来属于“大不善地法”的是无惭、无愧;原来属于“小烦恼地法”的是忿、恨、恼、覆、诳、谄、憍、害、嫉、悭;新增的是失念(对所缘之境和诸善法不能明白记忆)、不正知(不能正确了知所观之境)、散乱(心在所缘之境流荡不定)。第六位“不定”与《俱舍论》的“不定地法”相当,只是内容仅四项,比《俱舍论》中的“不定地法”少了贪、瞋、慢、疑[①]。

关于“色法”,《大乘百法明门论》中说:“第三色法,略有十一种:一眼,二耳,三鼻,四舌,五身,六色,七声,八香,九味,十触,十一法处所摄色。”这些法中的前十种与《俱舍论》中“色法”的前十种是相同的,不同的是第十一种。《俱舍论》中的第十一种“色法”为“无表色”,而《大乘百法明门论》中则为“法处所摄色”。“法处所摄色”指意识或精神所攀缘的对象,或物质现象的总的集合[②]。

关于“心不相应行法”,《大乘百法明门论》中说:“第四心不相应行法,略有二十四种:一得,二命根,三众同分,四异生性,五无想定,六灭尽定,七无想报,八名身,九句身,十文身,十一生,十二老,十三住,十四无常,十五流转,十六定异,十七相应,十八势速,十九次第,二十方,二十一时,二十二数,二十三和合性,二十四不和合性。”在这些“法”中,与《俱舍论》

① 这四项调入了《大乘百法明门论》的“烦恼”中。

② 《大乘阿毗达磨杂集论》(卷第一)等将“法处所摄色”分为五种:极略色(分析有质碍的根境等物质所至的最小单位“极微”)、极迥色(分析无质碍的虚空颜色光线等所至的最小单位“极微”)、受所引色(即无表业,是人的善恶行为等引起的物质现象)、遍计所起色(对事物虚妄分别所起的幻象或影像)、定自在所生色(由禅定力所显现出的色法)。

的“心不相应行法”的内容相同的是得、命根、众同分、无想定、灭尽定、无想报[1]、名身、句身、文身、生、住;新增的是异生性(凡夫之本性或不同于圣者的生类之特性)、老(相续变异)[2]、无常(生灭变化,非永恒)、流转(相续而起)、定异(确定事物差别的特性,特别是在善恶因果方面的差别)、相应(契合不离)、势速(变化或运动迅速)、次第(顺序)、方(方位)、时(时间)、数(数量)、和合性(事物众多因缘的和合集会特性)、不和合性(事物不能形成的不和合集会特性)。

关于“无为法”,《大乘百法明门论》中说:“第五无为法者,略有六种:一虚空无为,二择灭无为,三非择灭无为,四不动灭无为,五想受灭无为,六真如无为。”在这些法中,前三种与《俱舍论》中的“无为法”是一样的。在新增的三种“法”中,不动灭无为指在色界第四禅天灭除苦乐二受后所达到的不动状态;想受灭无为指在无色界非想天通过灭尽定灭除想与受后所达到的状态;真如无为指根除了一切错误观念后所展示出的事物本来所具有的不虚妄不变易的状态。

瑜伽行派的对“法”的分类理论虽然受到了小乘佛教相关理论的重要影响,但这种理论与小乘说一切有部等的理论有明显不同。这不仅表现在对整个“法”的数量问题二者看法不同,而且表现在对具体的“法”所起的作用问题上二者看法不同。如在《俱舍论》中,色法在四种有为法的排列顺序上一般被放在第一位,心法未受到特别的强调。而在《大乘百法明门论》中,色法在五位的顺序上被放在了第三位,心法被放在了第一位。在《俱舍论》中,心法只有一个,而在《大乘百法明门论》中,心法的内容被加强成了八个,瑜伽行派对心法分析的

① 即无想果。
② 与《俱舍论》的“心不相应行法”中的“异”是类似的概念。

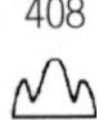

细致程度要远甚于说一切有部。从瑜伽行派的各种论著来看，心法在诸法中确实占据了主导地位，这与说一切有部等是明显不同的。

佛教关于“法”的类别划分理论是佛教学说的重要内容，它展示了古代印度人在理论思维方面所达到的一种高度。在这种分类理论中，佛教表述了它的关于事物基本构成要素的观念，关于精神现象的观念，关于人生现象的观念，关于事物本质的观念。这种分类理论所提出的种种范畴、概念是古代东方哲学的宝贵财富，是人类精神文明的重要遗产，值得我们深入研究。

第十四章 轮回观念

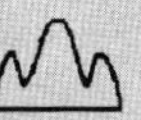

"轮回"是佛教中涉及内容极为广泛的一个观念,它与佛教的关于事物本质观念、事物变化观念、伦理道德观念、修行观念、解脱观念等密切相关。佛教轮回观念的形成与印度早于佛教而产生的婆罗门教等宗教中的轮回观念有重要关联。这一观念传入中国后,对中国文化也有重要影响。以下仅就这一观念在印度的形成、发展及在中国的影响问题做一粗略的考察。

一、佛教轮回观念的思想渊源

在印度宗教中,有轮回观念的不仅佛教一家。印度古代所有的宗教派别都有这种观念。而且,佛教不是这种观念的最早提出者。在印度早期的宗教文献吠陀和奥义书中,就有轮回观念的思想萌芽和最初形态。佛教则在吸收改造这些思想的基础之上提出了自己在这方面的理论。因此,要说明佛教轮回观念的形成,就要联系或回顾佛教产生前的印度宗教的轮回观念。

轮回观念的出现与人们对自己死后的思考有关。在吠陀时期,一些印度人就开始思考人死后的去处。在较早的吠陀文献——《梨俱吠陀》中,已有这方面的表述。《梨俱吠陀》论及了人死后所去的处所,提到了"阎摩"(Yama),认为阎摩是人们死后所去处所之王,还提到最高之天,认为做好事的回报是到这最高之天,如《梨俱吠陀》X,14,7中说:"离开!离开!沿着那古昔之道,我们的祖先在那里逝去。在那里,你将见到奠酒中伐楼那神和阎摩的欢乐。”《梨俱吠陀》X,14,8 中说:“你与祖先聚合,与阎摩聚合,在最高天上得到善行的回报。回家时,所有的不完善离去,与你的身体结合,充满了活力。”

吠陀时期的这类思想表明,当时不少人相信人可以永远存在,人的死亡只是离开出生后生存了一段时间的世界,还存在着另外的世界,即人死后所去的世界。人们看到人死后身体的毁坏,因而想到去另外的世界的应是不同于人身体的东西。这一东西是什么?在吠陀中讲的不多,有的赞歌提到“末那”在人死后达到“阎摩境内”[①]。但对轮回主体的讨论,在吠陀中展开的不多。对轮回境界的描述,也远没有后来印度宗教中那么复杂丰富。

吠陀中的大量赞歌是谈论神的,因而可以说在人们的意识中存在着神的世界的观念。这一世界在当时的人们看来显然要高于人们生存的世界,是人们向往的境界。但一般的人死后并没有被认为都能升到神的世界。阎摩管辖的世界被认为是多数人死后要去的地方[②]。在吠陀中很难见到把神的世界与阎摩的世界作鲜明的对比。吠陀赞歌中人们对神的世界表露出向往,但对阎摩的世界也没有表露出强烈的畏惧,这和后世印度人的观念有很大差别。

后世印度宗教强调轮回状态与人的行为直接相关。这方面的内容在吠陀中有提及(如上述《梨俱吠陀》X,14,8 中的内容),但主要说的是行善者能升天,未见到直接说行恶者入地狱。

奥义书时期印度的宗教和哲学思想有重要发展,轮回观

---

① 参见巫白慧撰《轮回说探源》,载《中国佛学》,第一卷,第 1 期。

② 参考 S·Radhakrishnan and C·A·Moore: “A Source Book in Indian Philosophy”, London,1957, pp. 31—33。

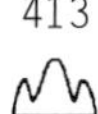

念也渐成体系。这一时期的轮回观念与解脱观念密切相关，与伦理观念也联系得更为紧密。奥义书中的轮回观念较著名的有所谓“五火二道”说。所谓“五火”是指人死后再出生的五个轮回阶段，即人死被火葬后，先进入月亮；再变成雨；雨下到地上变成食物；食物被吃后变成精子；最后进入母胎出生。所谓“二道”是指“神道”（devayāna）和“祖道”（pitṛyāna）。“神道”是人死后进入梵界，不再回到原来生活的那个世界中来的一种道路；“祖道”是人死后根据“五火”的顺序再回到原来生活的那个世界中来的道路[①]。

在奥义书中，已明确区分轮回状态的好坏，有了明确的业报观念[②]，而业报观念又直接与伦理观念相关。关于轮回状态的好坏，根据许多奥义书的解释，与人生前行为的善恶有关。《广林奥义书》（Bṛhadāraṇyaka Up.）中说：“行善者成善，行恶者成恶。”[③]《歌者奥义书》（Chāndogya Up.）中说：“此世行善者将得善生：或生为婆罗门，或生为刹帝利，或生为吠舍。此世行恶者将得恶生：或生为狗，或生为猪，或生为贱民。”[④]此处，所谓行善，一般是指遵守婆罗门教的种种宗教规定，尽各种姓应尽的义务，学习婆罗门教的教义，最高的善就是认识梵我同一。所谓行恶自然是与行善完全相反。

奥义书中在论述轮回观念时，明确提出了轮回的主体，即所谓“我”或“阿特曼”（Ātman）的概念。“我”是人生命现象中的主体，是业报的造作者和轮回中善恶结果的承受者。

---

① 参见《广林奥义书》6,2;《歌者奥义书》5,3 以下；金仓圆照著《印度哲学史》，平乐寺书店，昭和 38 年，第 33 页。

② 在吠陀时期，就已有初步的“业”的观念，但因轮回说不发达，这一观念不是很明晰或很有影响。

③ 《广林奥义书》3,2,13。

④ 《歌者奥义书》5,10,7。

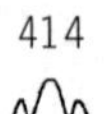

在奥义书中,轮回解脱的理论与梵我关系的理论实际上是密不可分的。根据许多奥义书的观点,业报轮回产生于人的欲望和相应的行为[①]。解脱则要在欲望消除后才能达到[②]。所谓解脱也就是得到关于梵的智慧,领悟到梵我同一。如果真正认识到了一切皆梵,自我即梵,那人对外物的欲望和追求就自然没有意义了。无欲望和行为就无转生,即获得解脱。正如《广林奥义书》中所说:"智者,即梵的认识者,在身体衰亡后,直升天界,达到解脱。"[③]

吠陀和奥义书中的这些轮回观念,对印度后世的宗教流派影响极大,不仅影响了作为正统派的所谓婆罗门教六派哲学,而且影响了作为非正统派的耆那教和佛教。

二、早期佛教的轮回观念

佛教是在批判地吸收改造婆罗门教一些理论的基础上形成的。它的许多观念与婆罗门教的思想有关。在轮回观念上也是如此。佛教在创立其轮回说时吸收了婆罗门教的因果报应观念,吸收了婆罗门教的"业"的理论。不过佛教"业"的理论中的"善"和"恶"的内容与婆罗门教的"善"和"恶"的内容并不完全相同。早期佛教的轮回观念与婆罗门教的轮回观念有着明显的差别,这主要表现在轮回的主体问题上和轮回的具体形态问题上。

早期佛教主张无我论或无主体论,与此相应的是也主张无神论。这与婆罗门教的基本观念是对立的。在婆罗门教看来,

---

① 参见《广林奥义书》4,4,5。
② 参见《广林奥义书》4,4,6。
③ 《广林奥义书》4,4,6。

人的生命现象中有一个“我”,它是轮回中的主体,人的行为由这个主体负责,业报的承受者也是这个主体。但早期佛教学说的一个基本点是否定世间存在一个不变的主体或造物主(神),反对人的生命现象中存在一个“我”。佛教在解释世间现象和人生现象时使用“缘起”的观念,认为事物和人的生命现象是由多种要素或缘构成的,事物或人的生命现象的变化不过就是诸种要素或缘的分分合合,所谓的因果关系也就是诸种要素或缘的相互关联或依存的关系。《杂阿含经》中说:“此有故彼有,此起故彼起”[①];《中阿含经》中说:“若有此则有彼,若无此则无彼,若生此则生彼,若灭此则灭彼”[②]。因此,佛教的轮回也就是诸缘相互作用的结果,其中没有什么主导性的成分或主体。这是佛教轮回说形成时的主要特征。这种情况在佛教后来的发展中有所变化。

十二因缘(十二支)的理论是早期佛教缘起思想的主要表现形态,也是佛教轮回观念的重要理论基础。十二因缘是:无明、行、识、名色、六入、触、受、爱、取、有、生、老死。这十二因缘实际就是人的生命现象(生死轮回)的形成过程。在这十二因缘中,无明是形成这种生命现象链条中的根本原因。人有了无明才会有行,行的本义是造作,它将产生轮回的业。《杂阿含经》中说:“行有三种:身行、口行、意行。”[③] 这三种行包括了人的身心活动的主要类别。由人的各种行为所形成的业力可以招感果报,作为这种果报的重要表现形式是人的生命现象——识。有了这种识才可能有对人自体的识别或认同,这样,又说由识

---

① 《杂阿含经》卷第十二。
② 《中阿含经》卷第二十一。
③ 《杂阿含经》卷第十二。

产生名色，名色相当于五蕴[①]，也就是人这样的生命体。有了名色才有六入，即人的六种身体器官（眼、耳、鼻、舌、身、意）。有了感官自然有触。有了触会有感受。有了感受就可能有爱。有了爱会有对外物的执取或追求。有了这种执取或追求的行为会招感后世相应的果报或生存环境，即所谓有。有了这种生存环境自然会有生，有生必有死。

关于十二因缘，小乘佛教中后有三世两重因果说。这种解释就更是典型的轮回之说了。

根据早期佛教的观念，人死后由于先前业力的缘故还会轮转，如果不消除无明，人的生死轮回就将不断延续下去，而轮回中的痛苦也就不会完结。只有斩断无明才能使人跳出轮回，获得解脱。但早期佛教在这里没有说明在轮回现象中轮转的究竟是什么。若说是诸缘或五蕴，似乎也很难解释清楚为什么业力就附在了这些缘或五蕴之上。如果说只是现象在变化，其中没有主体，那么善恶业又是谁造的？应由谁来承担业报的结果呢？早期佛教对这些问题没有展开讨论。对早期佛教来说，坚持无我论或无常观是极为重要的，这关系到佛教区别于婆罗门教的根本教理。早期佛教宣扬“四姓平等”，反对婆罗门教的婆罗门种姓永远居于社会主导地位的理论，反对自然界或人类社会中有什么一成不变的东西。但引入印度传统宗教中的轮回观念对早期佛教也很重要，因为轮回观念与解脱理论密切相关，佛教要吸引信众，要引导人们行善（当然是以佛教衡量标准的善）就要采用这种观念。如果没有轮回观念，佛教的宗教伦理学说是很难建立起来的，对广大民众就没有吸引力，对信教群众也没有约束力。因此，早期佛教对这两方面

① 色相当于五蕴中的色蕴，即物质性的要素；名相当于五蕴中的其他四蕴，即精神性的要素。

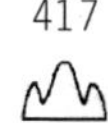

（无我无常观念和轮回观念）都要坚持。至于轮回说中的无主体问题引出的逻辑解释上的困难，早期佛教没有考虑或没有来得及考虑。这在部派佛教和大乘佛教中引起了一些教徒的注意，并对佛教的相关理论做了一些调整或完善。

关于轮回转生的种类，一些记有早期佛教内容的经典已论及“四生”的理论，如《增一阿含经》中说：“尔时世尊告诸比丘：有此四生。云何为四？所谓卵生、胎生、湿生、化生。”[①] 这里面值得注意的是“化生”。该经在解释化生时说：“云何名为化生？所谓诸天、大地狱、饿鬼、若人、若畜生，是谓名为化生。”这里实际提到了“五道”或“五趣”的内容，但未冠以“五道”或“五趣”之名并具体解释。在后来的小乘部派佛教的佛典中，对这方面的内容有详细论述。

三、小乘部派佛教的轮回观念

与早期佛教相比，小乘部派佛教的轮回观念较为系统，内容更为丰富。但小乘部派佛教的轮回观念是在早期佛教相关思想的基础上形成的。

早期佛教的十二因缘理论中包含了轮回观念的基本成分，但并没有对轮回的具体形态做出构想。小乘部派佛教对这一理论进行了改造和发展，提出了“三世两重因果”的轮回理论。所谓“三世”指过去、现在和未来。所谓“两重因果”指无明、行作为过去之二因招感识、名色、六处、触、受这现在五果，还指爱、取、有作为现在之三因招感生、老死这未来两果。《俱舍论》中说：“十二支者，一无明，二行，三识，四名色，五六处，六触，七

① 《增一阿含经》卷第十七。

受，八爱，九取，十有，十一生，十二老死。言三际者，一前际，二后际，三中际，即是过未及现三生。云何十二支于三际建立？谓前后际各立二支，中际八支，故成十二。无明行在前际，生老死在后际，所余八在中际。”“无明爱取烦恼为性，行及有支以业为性，余识等七以事为性，是烦恼业所依事故。如是七事即亦名果。义准余五即亦名因，以烦恼业为自性故。”①

把十二因缘分为“三世”，实际上就是具体展示人的轮回的三个完整环节：人由于前世的无明和行形成现世的投生（识在这里一般被解释为业识投胎，接下来的几支也被描绘成胎儿的发育成长，逐步具有完善的人的功能），出现所谓现世的“八支”，这八支又可以分析为果和因（前五支为过去因的果，后三支为未来果的因），由爱、取、有三因形成来世的生死。但人若在来世还未摆脱无明，就仍要轮转，轮回过程要延续下去，除非破除无明才能停止这个过程。

在小乘部派时期，佛教对于轮回形态的种类及具体内容做了详细论述。这主要表现在所谓“五道”或“六道”的理论方面。一些部派有这方面的论述。

说一切有部一般主张五道（五趣）之说。五道即地狱、傍生、饿鬼、人间、天上。《大毗婆沙论》中在这方面的论述最为详细，该论说：“五趣谓奈落迦、傍生、鬼、人、天趣。”②这里的“奈落迦”（naraka）就是地狱的音译。关于地狱，论中说：“问：何故彼趣名奈落迦？答：是奈落迦所趣处故，以奈落迦为所有故名奈落迦。彼诸有情，无悦无爱无味无利无喜乐故，名奈落迦。或有说者，由彼先时造作增长增上暴恶身语意恶行，往彼生彼，令彼生相续，故名奈落迦。”该论中还有大量对地狱的描述。傍生

① 《俱舍论》卷第九。

② 《大毗婆沙论》卷第一七二。

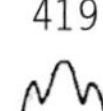

就是指畜生，音译为“底栗车”（tiryañc），傍有不正之义，因行为不正而入此趣。论中说：“问：何故彼趣名傍生？答：其形傍故行亦傍，以行傍故形亦傍，是故名傍生。”“有说彼诸有情由造作增长增上愚痴身语意恶行，往彼生彼，令彼生相续，故名傍生趣。有说彼趣闇钝故名傍生。闇钝者即是无智，一切趣中无有无智如彼趣者。”鬼或饿鬼音译“闭戾多”（preta）。《大毗婆沙论》中说：“问：何故彼趣名闭戾多？答：施设论说，如今时鬼世界王名琰魔，如是劫初时有鬼世界王名秕多，是故往彼生彼诸有情类皆名闭戾多，即是秕多界中所有义。从是以后皆立此名。有说闭戾多者是假名假想，乃至广说。有说由造作增长增上悭贪身语意恶行，往彼生彼，令彼生相续，故名鬼趣。有说饥渴增故名鬼，由彼积集感饥渴业，经百千岁不闻水名，岂能得见，况复得触。或有腹大如山，咽如针孔，虽遇饮食而不能受。有说被驱役故名鬼，恒为诸天处处驱役常驰走故。有说多希望故名鬼，谓五趣中从他有情希望多者无过此故，由此因缘故名鬼趣。”人或人间音译为“末奴沙”（manuśya）。《大毗婆沙论》中说：“问：何故此趣名末奴沙？答：昔有转轮王名曼驮多，告诸人曰：汝等欲有所作应先思惟称量观察。尔时诸人即如王教，欲有所作皆先思惟称量观察，便于种种工巧业处而得善巧，以能用意思惟观察所作事故，名末奴沙。从是以来传立斯号。”“有说先造作增长下身语意妙行，往彼生彼，令彼生相续，故名人趣。有说多憍慢故名人，以五趣中憍慢多者无如人故。有说能寂静意故名人，以五趣中能寂静意无如人者。”天或天上音译为“提婆”（deva），《大毗婆沙论》中说：“问：何故彼趣名天？答：于诸趣中彼趣最胜，最乐最善最妙最高故名天趣。有说先造作增长上身语意妙行，往彼生彼，令彼生相续，故名天趣。”“有说光明增故名天，以彼自然身光恒照昼夜等故。”

一些部派还主张六道（六趣）之说，即在五道之上增加一个“阿修罗”（asura）。如《大毗婆沙论》中提到：“有余部立阿素洛为第六趣。”“问：何故名阿素洛？答：素洛是天。彼非天故名阿素洛。复次，素洛名端政，彼非端政故名阿素洛，以彼憎嫉诸天令所得身形不端政故。复次，素洛名同类，彼先与天相近而住，然类不同故名阿素洛，谓世界初成时诸阿素洛先住苏迷卢顶，后有极光净天寿尽业尽福尽故从彼天殁来生是中，胜妙宫殿自然而出。诸阿素洛心生嫉恚，即便避之。此后复有第二天生，彼更移处，如是乃至三十三天，遍妙高山顶次第而住。彼极瞋恚即便退下。然诸天众于初生时咸指之言：此非我类，此非我类。由斯展转名非同类。复由生嫉恚故形不端政，即以此故名非端政。”[①] 一般认为犊子部等主包括阿修罗在内的六道之说。不过有关的佛典有时也将阿修罗摄入其他道（趣）中，如《正法念处经》中说：“知大海地下天之怨敌，名阿修罗，略说二种。何等为二？一者鬼道所摄，二者畜生所摄。鬼道摄者，魔身饿鬼，有神通力；畜生所摄阿修罗者，住大海底须弥山侧，在海地下八万四千由旬。”[②]

小乘部派佛教也继承了早期佛教中就论及的“四生”的理论。《俱舍论》说：“谓有情类卵生、胎生、湿生、化生，是名为四。生谓生类，诸有情中虽余类杂而生类等。云何卵生？谓有情类生从卵壳，是名卵生，如鹅孔雀鹦鹉雁等。云何胎生？谓有情类生从胎藏，是名胎生，如象马牛猪羊驴等。云何湿生？谓有情类生从湿气，是名湿生，如虫飞蛾蚊蚰蜒等。云何化生？谓有情类生无所托，是名化生。”[③]

---

① 《大毗婆沙论》卷第一七二。
② 《正法念处经》卷第十八。
③ 《俱舍论》卷第八。

部派佛教时期在轮回理论方面的一个重要特点是对轮回主体问题的关注,在这方面提出了一些新的观念。他们明显意识到讲轮回而不承认轮回主体是有一些矛盾的。《异部宗轮论》对部派中在此问题上的观点有记述。在谈到说一切有部时,《异部宗轮论》提到说一切有部认为“定无少法能从前世转至后世。但有世俗补特伽罗,说有转移”。在谈到犊子部时,《异部宗轮论》记述说:“有犊子部本宗同义,谓补特伽罗非即蕴离蕴,依蕴处界假施设名。诸行有暂住,亦有刹那灭。诸法若离补特伽罗,无从前世转至后世。依补特伽罗可说有移转。”在谈到经量部时,《异部宗轮论》记述说:“其经量部本宗同义,谓说诸蕴有从前世转至后世,立说转名,非离圣道,有蕴永灭。有根边蕴,有一味蕴,异生位中亦有圣法,执有胜义补特伽罗。”

在这里,说一切有部,实际上是不承认有真正的轮回主体或“补特伽罗”,但为了解释前世到后世的“移转”,而用“世俗补特伽罗”。因而在此派中这轮回主体是世俗的观念,不能说是实在的。根据《异部宗轮论》此处的记载,犊子部实际也不是坚持明确的有我论,因为它的补特伽罗是“非即蕴离蕴,依蕴处界假施设名”,但佛教史上反对“有我论”倾向的流派多把犊子部看成是主张补特伽罗实有的代表,予以非难。一些材料记载犊子部是主张实有补特伽罗的,如《大毗婆沙论》中说:“或有执补特伽罗自体实有,如犊子部。彼作是说:我许有我,可能忆念本所作事,先自领纳今自忆故。若无我者,何缘能忆本所作事?”[①] 根据《异部宗轮论》,经量部主张“胜义补特伽罗”,即主张真实的“我”。若依此材料,经量部就成了明显的有我论。但一些学者认为《异部宗轮论》在此处的记述是“误

① 《大毗婆沙论》卷第十一。

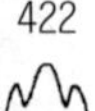

传”,举出一些佛典提到经量部本宗说补特伽罗于胜义中不可得[①]。

无论有关部派在轮回主体问题上怎么说,有一点是一致的,即他们多认为需要有一个东西来说明轮回业报的承受者,否则很难解释轮回现象中前世到后世的移转。至于这个承受者是不是实在的,一般的部派在这个问题上态度暧昧,或不明确讲有我,或倾向于说补特伽罗是施设而有的。这样就避免了与早期佛教确立的无我论的正面冲突,但又能解除轮回无主体说所面临的矛盾。这是部派佛教轮回观念相对早期佛教轮回观念在理论上的一个重要变化。

四、大乘佛教的轮回观念

大乘佛教对早期与小乘部派佛教的轮回观念进行了吸收和发展。在对轮回形态的划分、轮回本质的判定、轮回主体的解释等方面提出了一些新的观念。

在轮回形态的划分方面,大乘佛教增加了一些新的内容,如《大智度论》中说:“复有四种道:声闻道、辟支佛道、菩萨道、佛道。”“复有六种道:地狱道、畜生、饿鬼、人、天、阿修罗道。”[②]这也就是说,在大乘佛教中,除了佛教中传统的五道或六道之外,还增加了由轮回状态趋向涅槃的一些道。声闻道、辟支佛道、菩萨道、佛道就属于这样的一些道。这类理论后来在中国佛教的一些宗派(如天台宗)中被归纳为所谓“十界”。

在轮回本质的判定方面,大乘佛教与小乘佛教的观念有一定差别。传统佛教中有关轮回的许多说法在大乘佛教看来

① 参见吕澂著《印度佛学源流略讲》,上海人民出版社,1979年,第314页。
② 《大智度论》卷第二十七。

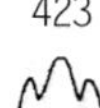

都不是“第一义”的,或不是“了义”之说。大乘佛教中观派主张较彻底的“空”观,对与轮回观念直接相关的因缘或因果的实在性持否定的态度。中观派的《十二门论》在这方面就较典型。该论的“观因缘门”在引述一些佛典时说:“缘法实无生。若谓为有生,为在一心中,为在多心中?是十二因缘法,实自无生。若谓有生,为一心中有,为众心中有?若一心中有者,因果即一时共生。又因果一时有,是事不然。何以故?凡物先因后果故。若众心中有者,十二因缘法则各各别异,先分共心灭已,后分谁为因缘?灭法无所有,何得为因?十二因缘法若先有者,应若一心,若多心。二俱不然。是故众缘皆空。缘空故从缘生法亦空。”这是明确对作为轮回观念基础的“十二因缘”实在性的否定。在早期或小乘佛教中,佛教也讲“空”,但主要讲的是因缘和合之物(或人生现象)无实在之体,也就是认为由缘和合而起之物空,但未明确讲构成事物的“缘”自身亦空。而在大乘中观派这里,不仅缘起之物空,缘本身也空。大乘佛教的中观派对因果的实在性也在逻辑上加以否定,在《十二门论》中,有大量对因果观念实在性的否定论述。该论的“观有果无果门”中说:“因无故果亦无。何以故?因因故有果成,因不成果云何成?”“如是则无因无果。若因果俱无,则不应求因中若先有果若先无果。”中观派对因果问题的看法也表明了他们对由因果报应形成的轮回的真实态度。

既然十二因缘本身是空,因缘或因果是空,那么以此为前提的轮回或因果报应不也是空的了吗?大乘佛教也并不想用空观来完全否定轮回业报的思想,他们在一些场合力图说明二者并不矛盾。如《中论》中说:“若诸法不空,无作罪福者。不空何所作?以其性定故。”“若谓从罪福,而生果报者,果从罪福生，云何言不空？”[1]在这里，中观派是想表明：空的观念与轮回业报的思想是一致的。中观派用的是反推法，即：若说不空，则事物的特性就都是确定不变的了，若事物的性质是确定不变的，那么事物就不可能有变化，也就是说不会有真正的造作。若无真正的造作，就无善恶果报的形成。因此，还要说空，说空才能有变化，才可能从善恶行为生果报。

中观派在业报轮回问题上的态度也体现了此派的“中道”精神，即讲性空又不否定假有。或说讲因缘空但又要讲轮回业报。不过十分明显的是，在此派中，性空说是第一位的，或是“了义”之说。

关于轮回主体问题，大乘佛教由于特别强调无所得，在一般的场合还是主张无我论的。但在一些经论中，对这个问题还是有一些讨论。在有我论中，“我”的概念既涉及轮回问题，也涉及解脱或涅槃问题，因为轮回中的主体如果能消除无明，获得真正的智慧，也就达到了解脱或涅槃。因此，轮回的主体从逻辑上来说与解脱或涅槃中的主体应是同一个。早期和小乘部派佛教一般不讲“我”，虽说一些部派佛教中有“补特伽罗”的观念，但说有补特伽罗与公开讲有我论还是有差别。在大乘佛教中，《大般涅槃经》中明确讲有“我”，只是这我主要是在“大涅槃”中存在的。这种说法虽然未讲轮回状态中有我，但与早期与部派佛教比，毕竟有了重要变化。因为承认在“大涅槃”中有我，在逻辑上就很难否定在轮回状态中也有一个主体。

大乘佛教中瑜伽行派理论体系中的一些概念也与轮回主体问题有关。此派有所谓“八识”之说。其中的第八识“阿赖耶识”就起着轮回主体的作用。“阿赖耶识”，也称为“种子识”，

① 《中论》卷第四。

它蕴藏着生出世间现象的“种子”，由这些种子生出的世间现象反过来又可“熏习”阿赖耶识。这些“种子”还可以自类相续，能“种子生种子”。《成唯识论》中在谈到阿赖耶识时说：“此识具有能藏、所藏、执藏义故，……能引诸界趣生善不善业异熟果故，说名异熟。……此能执持诸法种子令不失故，名一切种。离此余法能遍执持诸法种子不可得故，此即显示初能变识所有因相。”[①] 不过，瑜伽行派也不是公开地讲有我论，此派佛典中也是明确批判有我论的。如《唯识三十论颂》中说：“由假说我法，有种种相转。”这里就明确表示“我”是“由假说”的。《解深密经》在论述“阿陀那识”时也表明了相似的观念，如该经的“心意识品”中说：“阿陀那识甚深细，一切种子如瀑流。我于凡愚不开演，恐彼分别执为我。”在作者看来，这里的阿陀那识作为轮回的种子是不断变化的，与印度宗教（如婆罗门教）中通常说的本身不变的“我”不同。但一般人（凡愚）很难将其区分清楚，容易将二者相混，导致有我论，因而佛对一般人是不讲这种甚深秘义的，只是在《解深密经》中才讲此秘义。在实际上，瑜伽行派的“阿陀那识”或“阿赖耶识”虽然不能等同于印度宗教中一般讲的“我”，但确实起了一个轮回主体的作用。这与早期佛教坚定的无我论是不同的。

五、中国佛教中的轮回观念

轮回观念随佛教的其他思想一起传入中国。中国人对印度传来的这种观念也有一个吸收、消化和改造的过程。中国佛教中的轮回观念与印度佛教中的轮回观念有联系，也有差别。中国佛教中这方面的内容很丰富，此处仅提及某些与印度佛

① 《成唯识论》卷第二。

教轮回观念明显有别的显要之点。

释迦牟尼创立无我说,与其当时反婆罗门教种姓不平等的政治立场有很大关系。但这种无我论与轮回观念确实很难协调。印度后世的佛教派别多是在维持无我论权威的前提下提出一些关于轮回主体的变通说法,借以协调轮回说与无我论之间的关系。但在轮回说传入中国后,中国僧人很难理解印度佛教在这方面存在的困难。因此一些僧人就直截了当地提出有我论或有轮回主体论。在他们看来,讲轮回没有轮回主体是不可思议的。

被不少人认为是中国较早的佛教著述的《牟子理惑论》[①]中就曾论及轮回主体问题。据该论记述,牟子认为:“魂神固不灭矣,但身自朽烂耳。身譬如五谷之根叶,魂神如五谷之种实。根叶生必当死,种实岂有终亡?”这里提出的“魂神”就相当于印度宗教中说的“我”或“阿特曼”。牟子虽未用“我”一词,但这“魂神”实际上就是“我”。

在中国佛教史上,主张轮回中有主体的最著名的代表人物是东晋时期的高僧慧远。慧远在这方面的代表性说法是其“形尽神不灭”的理论。他在《沙门不敬王者论》中说:“夫神者何耶?精极而为灵者也。……神也者,圆应无生,妙尽无名,感物而动,假数而行。感物而非物,故物化而不灭;假数而非数,故数尽而不穷。有情则可以感物,有识则可以数求。数有精粗,故其性各异;智有明暗,故其照不同。推此而论,则知化以情感,神以化传,情为化之母,神为情之根,情有会物之道,神有冥移之功。”“火之传于薪,犹神之传于形;火之传异薪,犹神之传异形。前薪非后薪,则知指穷之术妙;前形非后形,则悟情数之感

① 关于《牟子理惑论》的年代等问题学术界有不少争论,详见吕澂著《中国佛学源流略讲》,中华书局,1979年,第24—27页。

深。惑者见形朽于一生,便以为神情俱丧,犹睹火穷于一木,谓终期都尽耳。”从以上引文中可以看出,慧远认为在人生现象中存在一个“神”,人的躯体可死,但“神”不死,“神”可以“传异形”。这是一种典型的有我论。慧远主张此说,其思想的主要来源是很清楚的。他在《沙门不敬王者论》一文中引用了庄子、黄帝的言论来说明这一问题,论中说:“庄子发玄音于大宗曰:大块劳我以生,息我以死。……文子称黄帝之言曰:形有靡而神不化,以不化乘化,其变无穷。”这种引用十分明确地表明了他的有我论的主要思想来源是中国古代原有的传统文化。

在南北朝时期,围绕人死后是否有不灭的主体问题曾展开争论,如齐梁时的范缜就反对有独立存在的“神”(灵魂),他在《神灭论》中说:“神即形也,形即神也。是以形存则神存,形谢则神灭也。”范缜在这里不是站在佛教无我论的基础上反对有我论,而是反对有轮回之说,他的观点有些类似于印度哲学中顺世论的观点。

不过,在南北朝时,主张人死后存在着一个轮回主体的人还是不少的,如梁武帝在《立神明成佛性义记》中说:“夫心为用本,本一而用殊,殊用自有兴废,一本之性不移,一本者即无明神明。”在《敕答臣下神灭论》中,梁武帝还说:“观三圣[①]设教,皆云不灭,……神灭之论,朕所未详。”南北朝时期的佛教徒曹思文在《难神灭论》中说:“形非即神也,神非即形也。是合而为用者也,而合非即矣。生则合而为用,死则形留而神逝也。”这些观点虽然与印度佛教中传统的无我论不相符合,但却是站在了佛教的立场上来说话,是以肯定有轮回现象的思想为基础的。它反映了不少中国人对佛教轮回观念的理解,是

① 指儒释道。

中国佛教轮回观念区别于印度佛教轮回观念的重要之处。

关于轮回中报应的形式，中国佛教中吸收了不少印度佛教的有关内容，但也有一些自己的特色。如慧远曾写有《三报论》，论述了这方面的内容。他在该论中说："经说业有三报：一曰现报，二曰生报，三曰后报。现报者，善恶始于此身，即此身受。生报者，来生便受。后报者，或经二生三生百生千生，然后乃受。"这里就涉及了现世、来世以及更多或更后的来世的观念。这些记述反映了慧远对轮回报应方式的理解。

隋唐后中国佛教宗派中的一些派别也有不少涉及轮回观念的论述。如天台宗就对轮回的形态有不少论述。此宗在吸收印度佛教中有关经论思想的基础上明确提出了"十界"或"十法界"的观念。《法华经玄义》上说："以十如是约十法界，谓六道四圣也。"[①] 这里面的"六道四圣"或"十法界"即指地狱界、饿鬼界、畜生界、修罗界、人间界、天上界、声闻界、缘觉界、菩萨界、佛界。其中的前六种是纯粹的轮回状态，而后四种则是由轮回趋向涅槃的状态。

轮回观念在中国不仅对一些高僧大德或主要的佛教宗派的理论有重要影响，而且对中国民间也有巨大影响。轮回业报的思想对许多民众的行为起着约束作用。善有善报，恶有恶报的思想深入人心。许多人对佛教的深奥义理并不知道多少，他们行善事求佛拜菩萨就是为了能获得一个好的报应或来世有一个好的归宿。从这个意义上说，业报思想在一定条件下也能起某些正面的作用。不少相信轮回之说的民众基于因果报应考虑而积极行善，力戒为恶，以求趋利避害。这对于社会的安宁和稳定有某些积极意义。就佛教内部来讲，这方面的思想也

① 《法华经玄义》卷第二。

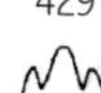

是教团要求信徒遵守戒律，努力修善的有利工具。它对促进或维持佛教的正常发展起了重要的作用。

轮回观念在中国的发展实际上还有许多内容，如这方面的思想在中国的藏族地区影响极大，藏传佛教中形成了独具特色的活佛转世理论和制度。诸如此类的内容应该有另外专门深入的研究。

第十五章　涅槃观念

"涅槃"是佛教修行所要达到的最高目的,是佛教学说的基本观念。这一观念在佛教产生时就提出,在其后来的发展中又被不断丰富,形成一些新的含义。佛教在不同阶段中的涅槃观念与其在该阶段所提出的新的理论或学说是密切相关的。以下对佛教涅槃观念的形成和发展的基本线索进行初步的探讨,主要涉及的范围是印度和中国佛教中的这方面的内容。

一、"涅槃"一词的基本含义

"涅槃"一词的梵语为"nirvāṇa",巴利语为"nibbāna"。汉文涅槃为音译,其他的汉文音译还有涅槃那、泥洹、泥日、涅隶槃那等。汉文的意译则有寂灭、圆寂、灭、寂、寂静、灭度等。

"涅槃"一词的原义是"灭"或"熄灭"[①]。在佛教中,它的主要意思是烦恼的灭除或熄灭,引申出的主要含义是达到了无烦恼的最高境界,即获得了最高觉悟的境界。此外,该词在佛教中还用于称佛的去世,即所谓"圆寂"。

在佛教的众多经论中,有大量对涅槃的解释。

《俱舍论》中在解释涅槃时说:"如灯涅槃,唯灯焰谢,无别有物,如是世尊,心得解脱,唯诸蕴灭,更无所有。"[②]这里所说的"如灯涅槃"就是如灯熄灭的意思,表明了"涅槃"一词原本

① 参见M·Monier-Williams:"A Sanskrit- English Dictionary", Oxford University Press, 1956, p557。

② 《俱舍论》卷第六。

所具有的“灭”或“熄灭”的含义。

《杂阿含经》在论及涅槃时说:“涅槃者,贪欲永尽,瞋恚永尽,愚痴永尽,一切诸烦恼永尽,是名涅槃。”① 此处明确显示出涅槃一词所具有的一切烦恼灭除或熄灭的含义。

《大般涅槃经》中将对涅槃的理解区分为“不了义”和“了义”。该经中说:“若言如来入于涅槃如薪尽火灭,名不了义;若言如来入法性者,是名了义。”② 这里实际是对涅槃的两种基本解释的评判,意思是说不能把佛的去世与常人的死等同起来,佛的涅槃主要是指其达到了认识事物本质(法性)的最高境界。《大般涅槃经》在论及这一问题时还说:“若油尽已,明亦俱尽,其明灭者,喻烦恼灭,明虽灭尽,灯炉犹存。如来亦尔,烦恼虽灭,法身常存。”③

罗什汉译本《中论》中青目的释说:“诸法实相即是涅槃。”④ 此处,认识事物的“实相”(达到对事物本来面目的认识)被看作是涅槃。

在中国佛教僧侣写的一些著述中,对涅槃也有种种解释。《大乘义章》中说:“外国涅槃,此翻为灭。灭烦恼故,灭生死故,名之为灭。离众相故,大寂静故,亦名为灭。”⑤ 此处所谓“灭生死”就是指跳出轮回状态,因为轮回就是充满了烦恼的生死轮转。“离众相”就是摆脱外部纷乱的假相,达到“大寂静”。《肇论》的《涅槃无名论》中说:“泥日、泥洹、涅槃,此三名前后异出,盖是楚夏不同耳。云涅槃,音正也。”“夫涅槃之为道也,寂寥虚旷,不可以形名得;微妙无相,不可以有心知。”在

① 《杂阿含经》卷第十八。
② 《大般涅槃经》(北本)卷第六。
③ 《大般涅槃经》(北本)卷第四。
④ 《中论》卷第三。
⑤ 《大乘义章》卷第十八。

这里,涅槃被说成是一种超言绝相的玄奥境界。

《涅槃无名论》中在论述涅槃时,还提到了它的“灰身灭智,捐形绝虑”、“灯尽火灭,膏明俱竭”的状态。这种表述涉及的主要是印度小乘佛教的一些观念。

在印度,与涅槃一词相当或含义相近的一个概念是解脱(mokṣa 或 vimukti),它主要指人摆脱生死轮回,摆脱痛苦后所达到的至善境界。涅槃也常被称为解脱。在佛教中,摆脱生死轮回达到至善境界多被称为涅槃。而在印度其他宗教哲学派别中,这种境界则一般称为解脱。

以下联系不同时期佛教学说的发展变化来具体考察涅槃概念在历史上的主要表现形态。

二、早期与小乘部派佛教的涅槃观念

佛教在创立时提出了一些基本理论,如四谛、缘起、无常、无我等。这里面有不少内容都涉及涅槃观念。

佛教认为,人世间充满了痛苦,痛苦与人的贪爱或欲望直接相关,而欲望又来自人的无明。在佛教看来,世间事物或人生现象不过是因缘的分分合合。这里面没有什么一种不变的东西。但处于无明中的人却认为有常存永在的事物,并追求自我的永恒存在。但这种追求最终不能实现,因为事物是无常或不断变化的,人生是短暂的,生命现象中没有永恒的主体(我)。当人怀着无明的观念去执着或追求实际上不能获取的东西时,就会有种种贪爱,种种烦恼,这必然要产生痛苦。而佛教最初的所谓涅槃,就是指消除贪爱,消除烦恼的离苦状态。这在“四谛”中就是所谓“灭谛”。“灭谛”也就是灭除贪爱等后达到无苦状态,其具体手法有所谓“八正道”(正见、正思、正语、正业、正命、正精进、正念、正定)。八正道中最根本的内容是"正见",即对事物有正确的见解或认识。在早期佛教中,这些消除无明的正确见解主要也就是佛教的缘起、无常、无我等观点。若认识到了事物或人生现象是缘起、无常、无我的,那么也就消除了无明,就不会再去追求不存在的东西,就不会有贪爱。这样就能灭除烦恼和痛苦,也就达到了所谓涅槃。

小乘佛教一般把涅槃看作是一种与世俗之人的生活环境或境界(世间)有本质区别的境界。在他们看来,所谓涅槃是相对于世间而言的,二者差别分明。世俗世界存在着贪欲、瞋恚、愚痴、烦恼,因而从本质上说是充满痛苦的。而涅槃境界则是摆脱了人的情感、欲望等之后所达到的一种境界,这种境界与世俗世界根本不同。上述《俱舍论》中说的"如灯涅槃,唯灯焰谢,无别有物,如是世尊,心得解脱,唯诸蕴灭,更无所有"就反映了小乘佛教这方面的思想,因为"无别有物"或"无所有"显然不是世俗世界的特征,而是完全摆脱了世俗世界的状态。总之,小乘佛教通常不大注意涅槃与世间之间的联系。

在小乘佛教中,与涅槃观念有关的一个重要理论是所谓"四颠倒"(四倒)。小乘佛教认为,凡夫(或外道)与佛教徒对世间看法的一个重要不同在于:凡夫把世间事物的无常看成常(常颠倒),把世间的诸苦看成乐(乐颠倒),把世间中的不净的东西看成净(净颠倒),把世间中的无我的事物看成有我(我颠倒)。《俱舍论》中说:"颠倒总有四种:一于无常执常颠倒,二于诸苦执乐颠倒,三于不净执净颠倒,四于无我执我颠倒。"[1]按照小乘佛教的看法,四颠倒显然是对世间的不正确的认识,持这种认识自然不能达到涅槃。

① 《俱舍论》卷第十九。

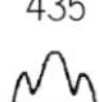

小乘佛教为了消除这种颠倒的意识或脱离不净的世俗世界，在修行方面也有相应的要求。他们认为，若要达到涅槃，就一定要出家，过禁欲的生活，而且特别主张要求取个人的解脱（即所谓“自利”），而对于帮助世间其他人解脱（即所谓“利他”）则并不强调。这也是小乘佛教把涅槃和世间明确（绝对）区分开的一种表现。

佛教中在对涅槃分类时，常提到“有余涅槃”（有余依涅槃）和“无余涅槃”（无余依涅槃）。这两个概念在小乘佛教中提出，后来大乘佛教中也经常论及。在小乘佛教中，所谓“有余涅槃”主要指作为业报之因的烦恼已断，但还有作为果报的现受色身（所受五众之身）存在。所谓“无余涅槃”则主要指不仅作为业报之因的烦恼已断，而且作为业报之果的现受色身也断灭了。《大毗婆沙论》在解释这两种涅槃时说：“云何有余依涅槃界？答：若阿罗汉诸漏永尽，寿命犹存，大种造色相续未断，依五根身心相续转，有余依故，诸结永尽，得获触证，名有余依涅槃界。……云何无余依涅槃界？答：即阿罗汉诸漏永尽，寿命已灭，大种造色相续已断，依五根身心不复转，无余依故，诸结永尽，名无余依涅槃界。”[①]这种分类的基础是把有无现受色身作为涅槃状态的区分标志。在小乘佛教中，摆脱世间是彻底的涅槃。这样，无余涅槃自然是较彻底的涅槃。佛教在后来的发展中对“有余涅槃”和“无余涅槃”的解释与小乘佛教的一般解释有所不同。

佛教的涅槃观念中强调“诸漏永尽”。这里的“漏”自然是指烦恼，“漏”的形成与各种错误的认识直接相关。但在不同时期的佛教发展中，“漏”或错误的认识的内容是不同的。

① 《大毗婆沙论》卷第三十二。

因此，佛教达到涅槃的标准和所使用的手法，在小乘佛教和大乘佛教中也是不同的。

三、印度大乘佛教的涅槃观念

大乘佛教兴起后，提出了不少先前的佛教派别没有的理论，或对佛教中原有的许多重要理论进行了较大变革。在对涅槃的解释方面，大乘佛教也是如此。大乘佛教本身也分为不同的发展阶段。对涅槃的解释是逐步提出新见解的。

大乘佛教在形成之初的一个重要理论特征，就是反对小乘佛教中存在的那种把涅槃与世间绝对对立起来的倾向，强调二者之间的联系或统一。这在一些较早的大乘经中有明显的表现。

《妙法莲华经》中说："常说法教化，无数亿众生，令入于佛道，尔来无量劫，为度众生故，方便现涅槃，而实不灭度，常住此说法，我常住于此。"① 显然，这里说的："方便现涅槃"就是指涅槃并不与世间隔绝，涅槃了还要住于世间，因为还要为众生说法，要教化众生入佛道。大乘佛教和小乘佛教要达到的目的是不一样的：小乘一般求自我解脱，求"自度"，而大乘的目的是不仅求"自度"，还要"度他"。在小乘佛教中，所谓涅槃是要断生死的，也就是说，涅槃就是跳出有生死的轮回状态。但在大乘佛教中，佛或菩萨为了拯救众生，即便达到涅槃了也不能完全脱离世间，因为这样才能"度他"。所以虽然涅槃了但仍"实不灭度"。

《维摩诘经》中的一些论述也很典型。如该经中说："现于

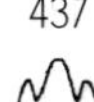

① 《妙法莲华经》卷第五。

涅槃而不断生死。"[①] 这和上述《妙法莲华经》中说的"方便现涅槃,而实不灭度"意思是相同的,即涅槃是在世间的涅槃,而不是完全脱离世间的灭度。在大乘佛教看来,不仅"现于涅槃而不断生死",而且生死和涅槃之间是不能做出绝对化的区分的。如《维摩诘经》中还说"世间出世间为二,世间性空即是出世间","生死涅槃为二,若见生死性则无生死,无缚无解,不生不灭","乐涅槃不乐世间为二,若不乐涅槃不厌世间则无有二"。[②] 在这里,小乘佛教树立在涅槃与世间之间的绝对化的界线被打破。问题的关键在于人的认识,如果达到了大乘佛教的智慧(如"性空"等),则涅槃与世间之间的分别也就没有必要存在了。

早期大乘经中的这方面的思想在中观派中得到了进一步的发展。中观派也反对把涅槃和世间作绝对化的区分。此派认为,认识到诸法的"实相"即达到了涅槃。在中观派看来,不能离开世间去追求超世间的涅槃,如果这样去追涅槃不仅追不上,而且会越追越远,因为涅槃即是认识世间诸法之"实相",达到涅槃不过就是消除无知,认识诸法的本性是"空",是不可言状的"妙有"。龙树在《中论》中说:"涅槃与世间,无有少分别。世间与涅槃,亦无少分别。"[③] 中观派所强调的涅槃是与世间有关联的一种精神或认识境界。在这种境界中,认识到诸法毕竟空,但又不执着于任何偏见(包括"偏空"的观念)。这种境界不是一种脱离了世间而达到的另一个独立的更高级的境界,而是对世间或事物"实相"的认知。因此,在中观派看来,世间的本来面目就是佛教所谓涅槃境界的那个样子,二者没

① 《维摩诘经》(罗什译本)卷中。
② 同上注。
③ 《中论》卷第四。

有什么绝对化的区别。“凡夫”（或小乘等）之所以把二者作绝对化的区分，就是因为有“执着”或有“分别”，不能认识世间的本来面目，即不能达到事物的“实相”。而如果按《中论》等的观点行事，认识了事物的本来面目或“实相”，那么也就进入了涅槃境界。因此，中观派在这种意义上说“诸法实相即是涅槃”。

中观派所说的“涅槃与世间，无有少分别”等，在总的精神实质上，是要强调不能离开世俗世界去追求另一独立存在的世界，是要强调达到涅槃就是对世俗世界的正确认识。但从文字上看，却多少显得有些完全抹杀涅槃与世间二者之间的区别，因为即便从认识了世间的真实本质即涅槃的角度说，也还有一个达到这种认识境界之前和之后的状态区分。因而中观派的这种说法，在大乘佛教中也并不是被各家都完全接受。这在出现略晚一些的大乘经中就有所表现，其中较典型的是《大般涅槃经》。

《大般涅槃经》关于涅槃的观念既与小乘佛教的观念不同，也与中观派等的观念不同。《大般涅槃经》把涅槃分成两种，一种是小乘（二乘）说的涅槃，另一种是大乘（该经中）说的涅槃（大涅槃）。如《大般涅槃经》中说：“二乘所得非大涅槃。何以故？无常乐我净故。常乐我净乃得名为大涅槃也。”[①] 在这里，《大般涅槃经》对小乘佛教中的那种不加区分地讲事物的无常、苦、无我、不净的观点进行了批评，明确地认为在涅槃中有常乐我净（即所谓“涅槃四德”）。这样，看不到涅槃中有常乐我净就成了“颠倒”。因而，佛教中有了“凡夫四倒”和“二乘四倒”的区分。《大般涅槃经》这种对常乐我净适用范围的解释实际上是把涅槃和世间又做了较明确的“分别”。从强调

① 《大般涅槃经》（北本）卷第二十三。

涅槃与世间的差别来看,《大般涅槃经》与小乘佛教关于涅槃的观念有相近之处,但也有不同之处。小乘佛教的涅槃一般指一种完全脱离世间的最高境界,对世俗世界否定,对涅槃境界肯定。《大般涅槃经》对涅槃境界当然肯定,但肯定的方式和内容与小乘不同,它明确肯定涅槃中有常乐我净。中观派学说中的涅槃则强调涅槃境界与世俗世界无本质"分别",不绝对否定和肯定世俗世界。和小乘佛教相比,中观派对世俗世界多了一点肯定的成分,对涅槃境界的肯定则是一种否定形态的肯定,强调涅槃境界也是"性空妙有"。《大般涅槃经》实际上把中观派已打破或淡化了的涅槃与世间的界线又重新确立起来。但它也不是简单地回复到小乘佛教的立场上去,而是提出了新的观念,认为涅槃境界中是常乐我净,不是像小乘佛教那样讲"四颠倒"。

《大般涅槃经》重新确立了涅槃与世间的界线,这对于明确佛教徒所追求的理想与世俗之人所追求的目标的区别是有其作用的,在一定程度上维护了佛教僧团的独立性。但从佛教深入世俗社会的角度来看,它又不如中观派的理论便利,因为中观派的"实相涅槃"理论为大乘佛教深入世俗社会进行宗教活动提供了重要的理论依据。既然"涅槃与世间,无有少分别",那么大乘佛教的信徒就应积极在世间修行,去"即世间即涅槃",努力弘扬佛法,普度众生。

大乘佛教中的瑜伽行派对涅槃观念也有细致分析,此派特别提出了对涅槃的四种分类理论。《成唯识论》中说:"涅槃义别略有四种:一本来自性清净涅槃,谓一切法相真如理,虽有客染而本性净,具无数量微妙功德,无生无灭,湛若虚空,一切有情平等共有,与一切法不一不异,离一切相一切分别,寻思路绝,名言道断,唯真圣者自内所证,其性本寂,故名涅槃。二有余依涅槃，谓即真如出烦恼障，虽有微苦，所依未灭，而障永寂，故名涅槃。三无余依涅槃，谓即真如出生死苦，烦恼既尽，余依亦灭，众苦永寂，故名涅槃。四无住处涅槃，谓即真如出所知障，大悲般若常所辅翼。由斯不住生死涅槃，利乐有情，穷未来际用而常寂，故名涅槃。一切有情皆有初一，二乘无学容有前三，唯我世尊可言具四。"[①] 在瑜伽行派提出的这四种涅槃中，第一种涅槃要表明的是众生都有获得涅槃的可能，即众生从本质上说都有涅槃性。第二种涅槃与第三种涅槃与上述小乘佛教中讲的有余涅槃和无余涅槃类似，即是两种在摆脱业果方面程度不同的涅槃。第四种涅槃则是对任何事物都无所执着的涅槃，它具有大悲的精神，能真正利乐有情，是最高程度的涅槃，非常人或二乘无学所能具有。瑜伽行派在这里说的第四种涅槃虽然与中观派强调的与世间没有"分别"的涅槃不完全一样，但在强调大乘佛教要大慈大悲，利乐有情方面二者还是有共同性的。

四、涅槃观念在中国的发展

佛教传入中国后，逐步扩大影响，经历了一些不同的发展阶段。中国人对佛教学说的理解由不大准确或误解逐渐发展到较为接近印度佛教的本来面目，最后又发展为较有创新性的（中国特色的）佛教，形成了一些中国的佛教宗派。在中国佛教中，不少思想家或佛教宗派对涅槃观念都有论述或在表述思想时有所涉及。这方面的内容很多，此处仅讨论一些较突出的或重要的内容。

① 《成唯识论》卷第十。

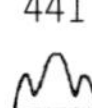

在东晋十六国时，涅槃观念已在佛教界引起人们注目，较早出现的专门论述涅槃问题的著作是《肇论》中收入的《涅槃无名论》一文。该论中引述了不少印度佛教的经论，作者自己的观点很鲜明，即认为涅槃是超言绝相的，认为真正的涅槃应是像印度佛教经论中说的“言语道断，心行处灭”，应该是“不可以形名得”、“不可以有心知”，也就是所谓“无名”。关于“有余涅槃”和“无余涅槃”，作者认为它们的区分不过是“出处之异号，应物之假名耳”。这实际是认为真正的涅槃境界在本质上仅一种，但人们得涅槃的过程还是有阶段差别的，因此有“有余涅槃”和“无余涅槃”这样的“假名”。

在中国佛教史上，佛教涅槃观念的传播与《大般涅槃经》的传入有一定关系。此经的涅槃观念对大乘佛教思想的发展有重要影响。在中国，人们讨论涅槃问题时特别注重其中涉及的佛性问题。中国人的涅槃观念在许多场合是通过讨论所谓“佛性”问题表现出来的。

中国人中较早对涅槃类经有深入研究的是竺道生。竺道生对促进中国佛教发展的主要贡献是其对“一阐提”有佛性观点的强调。在印度传来的不同版本的涅槃类经中，甚至在同样版本的涅槃类经中，对“一阐提”有无佛性问题的阐述本身就有不同或不很连贯的说法。竺道生根据大乘佛教的基本思想和涅槃经的根本精神，明确主张“一阐提”有佛性。这一观点在北本涅槃经传入南方后得到了佛教界的较普遍认同。

在竺道生研习涅槃类经并重点探讨佛性问题后，南北朝时期又有不少佛教学派或论师继续讨论这方面的问题，较典型的是地论师和摄论师。

竺道生主张众生都有佛性，这在北本涅槃经传到南方后已没多大问题了。但这佛性是如何存在的，还要具体解释。地

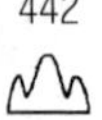

论师南北二道在佛性问题上的争论具体来说是所谓“当现二常”问题之争。“当现二常”即“当常”和“现常”。这里说的“常”指涅槃，也指佛性。因为按涅槃类经的看法，涅槃有“常”的性质，而涅槃了也就是成佛，因而“常”也就是佛性。所谓“当常”主要的意思是指当（将来）成佛果时佛性显示出来。所谓“现常”是指现时或从来就有佛性。北道地论师一般认为，众生的佛性不是一开始就有的，而是要修成佛果后才有，主张“当常”说。南道地论师则一般反对这种看法，在他们看来，佛性是与生俱来的，是本有的。这就是所谓“现常”说。南道地论师的关于佛性是“当常”还是“现常”的观念在后来也有所改变，并不是始终或所有人都主张“现常”说。

摄论师的涅槃或佛性观念接近北道地论师。他们这方面的理论与其对“识”的分析紧密相关。摄论师认为第八识阿黎耶识主要是一种妄识，但这一识中有“染”的部分，也有“净”的部分。通过修行，阿黎耶识中的“净”的部分可以发展，对治其中的“染”的部分。由“净”的部分证入第九识——“阿摩罗识”（无垢识），这时也就成佛了①。

通过东晋南北朝时期佛教界对涅槃或佛性问题的探讨或争论，人们逐步形成了一种共识，即人人都能成佛。有了这样的共识后，人们才能进一步把注意力集中到具体的成佛（涅槃）方式问题上。在隋唐之后，中国佛教的主要宗派形成，一些宗派对佛教的涅槃问题或与之相关的问题有重要表述，如天台宗、三论宗、禅宗等都是如此。

天台宗对涅槃问题有不少论述。此宗的代表人物智顗在《金光明经玄义》中把涅槃分为三种：性净涅槃、圆净涅槃、方

① 参见中国佛教协会编《中国佛教》一，知识出版社，1989 年，第 259 页。

便净涅槃。所谓性净涅槃指认识诸法的实相是不染不净,不生不灭的;所谓圆净涅槃指认识佛教的根本道理,使惑不生,智不灭;所谓方便净涅槃指虽然涅槃了,却要"寂而常照",也就是不脱离世间,通过"方便"来救度众生。《金光明经玄义》中说:"云何涅槃? 性净、圆净、方便净,是为三。不生不灭名涅槃。诸法实相不可染不可净,不染即不生,不净即不灭,不生不灭,名性净涅槃;修因契理,惑毕竟不生,智毕竟不灭,不生不灭,名圆净涅槃;寂而常照,机感即生,此生非生,缘谢即灭,此灭非灭,不生不灭,名方便净涅槃。"①

三论宗在涅槃观念上继承了般若中观学说的根本精神,强调不执着任何"一边",强调大乘佛教讲的"平等不二",认为这才是真正的涅槃。三论宗的代表人物吉藏在《大乘玄论》中说:"一切诸师,不知佛性,各执一边,是非诤论,失佛性也。若知因果平等不二,方乃得称名为佛性。故经云:非因非果名为佛性也。佛性既尔,涅槃亦然。若知生死涅槃平等不二,此乃得称名为涅槃。"②

对禅宗来说,所谓涅槃问题实际上也就是如何觉悟或如何成佛的问题。印度佛教中就存在的涅槃与世间关系问题也受到了禅宗的注意。但禅宗里面又有不同的分支或派别,在这个问题上的观念亦有不同。最初的一些修禅法的僧人是注重佛教传统修习的,一修数年,不大注意与外界(世俗社会)的联系。这种修习在本质上是小乘佛教(甚至一些所谓"外道")中的那种单纯通过抑制心作用的禅定来寻求自身解脱的方式。发展到唐代后,禅宗里有所谓"北宗"和"南宗"。北宗的神秀等强调"拂尘看净"。拂尘看净在大乘佛教理论方面的最主要

---

① 《金光明经玄义》卷上。

② 《大乘玄论》卷第三。

问题是“空”得不彻底，仍有执着。在涅槃与世间的关系问题上，也多少表现出了一种把尘世或世俗世界与涅槃截然分开的倾向。而南宗的慧能、神会系统则提倡心性本净、佛性本有、觉悟不假外求等主张。禅宗在慧能之后有了根本性的变化。在他之后，禅宗特别强调佛法在世间，不离世间觉的观念。《坛经》（曹溪原本）“般若品”后面的偈颂中说：“佛法在世间，不离世间觉。离世觅菩提，恰如求兔角。正见名出世，邪见名世间。邪正尽打却，菩提性宛然。”慧能后的禅宗强调“见性成佛”，看轻一般修行的意义，反对旧的坐禅方式，有的信徒甚至连经也不念了。如《坛经》中说：“道由心悟，岂在坐也。”《古尊宿语录》中记载说：“王常侍一日访师，同师于僧堂前看，乃问：这一堂僧还看经么？师云：不看经。侍云：还学禅吗？师云：不学禅。侍云：经又不看，禅又不学，毕竟作个什么？师云：总教伊成佛作佛去。”[①] 这样，慧能、神会等的禅宗与中国先前的“禅学”相比，已明显注重在世俗世界中成佛（涅槃），强调“直指人心，见性成佛”。这类主张大大削弱了佛教中看重修持形式的风气，使禅宗更加贴近于一般的社会生活。禅宗的这种倾向当然与中国原有传统文化重世间生活的影响有关。但我们也应注意其来自佛教内的原有理论的影响。客观地说，禅宗的这种倾向在理论基础或渊源上与佛教中般若中观派系统的涅槃观念有很大关联。中观派主张“涅槃与世间，无有少分别”，主张“实相涅槃”。这些主张为禅宗中慧能一系的宗教实践提供了理论依据。或者可以说，佛教中般若中观系统的理论，对中国佛教里禅宗（南宗系统）的形成有重要影响。当然，如果客观全面地看，应当说禅宗后来的发展倾向是中国传统文化和印度佛教中般

① 《古尊宿语录》卷第四。

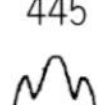

若中观系统关于涅槃的理论这双重影响的产物。

五、佛教涅槃观念的思想渊源

在印度，佛教不是产生最早的宗教。佛教在产生的过程中，借鉴吸收了不少先于它而存在的印度其他宗教的观念，特别是奥义书里婆罗门教学说中的观念。在涅槃观念上也是如此。

如上所述，在印度宗教中，与涅槃一词相当或含义相近的一个概念是解脱。印度一般的宗教思潮或流派都追求解脱。解脱的观念在印度较早出现在奥义书之中。这一观念的出现与印度宗教中的轮回观念密切相关。印度宗教一般认为，处在轮回中的生命是充满痛苦的，而跳出轮回，摆脱痛苦，即为解脱。

在奥义书中，最深层含义的解脱观念与奥义书中婆罗门教哲人所讨论的"梵"与"我"的观念直接相关。所谓"梵"(大我)在奥义书中主要指宇宙万有的本体；所谓"我"（小我）主要指人生命现象中的主体。奥义书哲人多主张"梵我同一"（或梵我一如），认为作为宇宙万有本体的"梵"和作为人生命现象主体的"我"是同一的，真正存在的东西仅是"梵"。但世俗之人认识不到这一点，把"梵"和"我"看成不同的东西，产生无明。这样就会执着于不同于"梵"的"我"或与之相关的世间事物，产生种种欲望和相应的行为，由此导致业报轮回，而轮回中是充满痛苦的。只有消除无明，认识"梵我同一"，才能真正摆脱痛苦，达到解脱。正如《广林奥义书》（Bṛhadāraṇyaka Up.）中所说:"认识梵者,直升天界,获得解脱。"①

佛教在产生时主要反映了印度四种姓中属刹帝利和吠舍种姓中的部分人的思想意识。他们主张"四姓平等",反对婆罗门至上和"梵"或"我"永恒存在的观念。但佛教也讲解脱,即所谓涅槃。佛教的涅槃与婆罗门教的解脱同样都是要跳出轮回,摆脱痛苦。在这方面,佛教的涅槃观念明显借鉴了婆罗门教的解脱观念,但这种借鉴是改造吸收后的借鉴,二者的实际内容有相同处,也有差别处。

佛教与婆罗门教都认为达到涅槃或解脱要消除人的无明,但二者所讲的无明的内容并不一样。在佛教看来,世间事物是缘起的,不存在永恒不变的东西,但世俗之人认识不到这一点,认为存在着永恒的东西,存在着"我"。有了这种无明就会使人产生欲望,对外部事物执着或追求,这就会产生业报轮回,就必然产生痛苦。佛教是在无主体和无常观念基础上讲无明的。而婆罗门教中的无明主要指不能认识到世间事物都是"梵"的显现,把本来唯一不二的"梵"误认为是世间的种种事物,认为每个人都有其实在的自我,由于认识不到外部事物或个人的"我"都仅是"梵",因而产生对不实事物的追求,导致痛苦。婆罗门教是在有主体和有常观念上讲无明的。这类无明的消除是两教所说的达到涅槃或解脱的前提。因此,佛教的涅槃和婆罗门教的解脱严格来讲都是属于"智慧解脱"。二者都认为通过智慧消除无明可使人跳出轮回,达到解脱。

佛教的涅槃观念虽然最初是借鉴了奥义书中婆罗门教的解脱观念,但它的具体内容主要还是根据佛教的基本教义确立的,而且佛教学说在后来的发展中内容不断丰富。佛教早期

① 《广林奥义书》4,4,8。

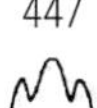

的涅槃观念与后来的涅槃观念有差别，特别是大乘佛教的涅槃观念与早期或小乘佛教有明显不同，而大乘佛教涅槃观念的形成与后来的印度发展了的婆罗门教等其他宗教的解脱观念也有一定关联。大乘佛教中的涅槃观念有吸收后来婆罗门教等的解脱观念的成分。但其他宗教派别也有吸收大乘佛教涅槃观念的成分。也就是说，二者后来在涅槃和解脱观念上是互相吸收借鉴的关系。

第十六章 因明学说

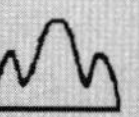

因明学是古印度宗教哲学中以逻辑思想为主要内容的认识理论。它最初在佛教外的一些印度宗教哲学派别中形成，后被佛教所吸收和改造，成为佛教思想体系中的一个重要组成部分。佛教的因明学达到了因明学发展的高峰，成为印度逻辑思想的主要代表，在古代东方哲学的整个发展史上占有重要地位。因明学已成为一个专门的学科，包括的内容极为丰富、复杂。以下仅就因明学说的产生和主要发展线索进行初步的考察。

一、因明学说的产生

"因明"一词的原文是"hetu-vidyā"。"因"指理由、根据，"明"指明了、知识、智慧。二者合起来(因明)则指通过使用推理的理由或根据来获得知识或智慧。因此，所谓"因明"就是借助一些论据来论证论点，通过对论证过程中的主要环节的研究来获得知识，这也就是逻辑推理。尽管就整个因明学来看，里面包含了不少关于辩论、其他一般的认识论观念等方面的成分，但它在总体上主要还是一种逻辑学说。由于佛教关于因明的论述是因明学发展史上的较完善形态，因而不少人也把因明学称为佛教的逻辑学。

佛教是古代印度因明学的集大成者，但它并不是这一学说的最早创立者。因明学的最初思想来源要追溯到佛教之外的一些印度宗教哲学思潮或流派。

印度早期的因明思想萌芽与古代印度婆罗门教关于祭祀规定的辩论有关。婆罗门教在印度的起源极为古老，早期婆罗门教尤其信奉“祭祀万能”。祭祀不仅种类多，而且进行步骤也极为复杂。上古印度传授宗教信条和祭祀程序主要依靠口耳相传。时间长了，在教徒中难免产生记忆差别，如各持己说，便出现辩论。这种辩论在客观上推动人们努力去寻求一种较为固定的推论模式及其相应的逻辑规则。这些推论模式和逻辑规则最初的表现形式就是印度早期的因明学思想。

印度早期的因明思想萌芽也与古代印度早于佛教或与佛教同时兴起的许多思潮或流派的思想交锋有关。具体来说，与沙门思潮间的思想交锋有关。沙门思潮是印度公元前 6 世纪左右出现的非婆罗门教思潮的总称。这些思潮的数目极多，观点极为复杂，不同思想间的撞击表现为范围广阔的争辩，这种争辩为印度因明学的形成创造了适宜的文化思想环境。

此外，印度古代的科学技术及政治学、法学、语言学等的发展，也要求有较为切实可行的逻辑理论来作为工具，这对因明学的形成也起了重要的推动作用。

最初适应历史发展的需要，对创立印度的逻辑或因明学说做出重要贡献的是正理派。正理派是印度婆罗门教系统的六派哲学之一。此派的最早经典是《正理经》。关于《正理经》及其作者的年代，学术界有种种不同看法。有人认为该经的最初部分的年代在公元前 6 世纪[①]；有人认为该经的较早部分的年代在公元前 3 世纪[②]；也有人认为该经的年代在公元 2—5 世纪[③]；还有人认为正理派的成立年代在公元 100—150 年

① 参见 S·Ch·Vidyābhuṣana："Nyāya Sutras of Gotama", New Delhi, 1975, p i-ix &x。

② 参见 S·Radhakrishnan: "Indian Philosophy", Vol.2, Cambridge, 1931, p36—38。

③ 参见 S·Radhakrishnan: "Indian Philosophy", Vol.2, p36。

或公元50—150年，而《正理经》的编撰年代在公元250—350年[①]。总之，现存《正理经》中较早的部分不会晚于公元1世纪。

在《正理经》形成之前或同时，印度已经流传着一些零散的逻辑理论或观念，如耆那教的思想家贤臂（Bhadrabāhu，约公元前433—375）曾提出了“十支论说”，包括宗（命题）、释宗（对命题的解释）、因（理由）、释因（对理由的解释）、异宗（反对者的命题）、遮异宗（对反对者命题的否定）、见边（例证）、质疑、遮疑（对疑惑的应答或否定）、成就（结论）[②]。但这些理论或观念的影响均不如《正理经》大，而且不少成分仅限于被某些古代文献提及，详细内容不是很清楚[③]。《正理经》则是印度古代第一部提出系统逻辑理论的典籍，对印度因明学的形成起了重要作用。

根据《正理经》及其注释，古代正理派的逻辑理论是其“量论”[④]的重要内容。正理派的逻辑理论主要可分为两个部分，一部分是关于推论式的学说，另一部分是关于推论中的谬误的学说。

正理派认为，推论或论证的形式由五部分组成：宗（命题）、因（理由）、喻（实例或例证，分同、异两种）、合（应用）、结（结论）。一般称为五支作法或五支论式。根据《正理经》的主要注释《正理经疏》[⑤]的记述，五支作法的应用实例如下：

---

① 参见宇井伯寿著《印度哲学史》，岩波书店，昭和40年，第244—245页。

② 参见黄心川著《印度哲学史》，商务印书馆，1989年，第366页。

③ 如《梵书》、《摩奴法典》、诗史《摩诃婆罗多》、医书《恰罗迦本集》等中都提到了与印度逻辑思想有关的一些概念（参见黄心川著前引书，第365—367页），但一般未展开论述，或在印度历史上影响不大。

④ “量”（pramāṇa）指获得正确认识的方式或方法。印度古代哲学派别一般都有这方面的内容。正理派和佛教的因明思想家对“量论”较为重视，特别是对其中的“比量”研究更为深入。

⑤ 作者为筏差衍那（Vātsyāyana），约为公元4世纪左右之人。

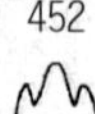

宗：声是非常住的，

因：因为是被造出来的，

同喻：凡是被造出来的都是非常住的，如盘、碟等，

合：声是这样，是被造出来的，

异喻：凡不是被造出来的都是常住的，如阿特曼等，

合：声不是这样，不属于不是被造出来的，

结：所以声是非常住的[①]。

正理派在提出五支作法的推论式时，还对推理中的错误和辩论失败的原因作了极为细致的分析，论述了五种似因、三种曲解、二十四种倒难和二十二种堕负。

五种似因是在推论中提出的会导致推论失败的五种因，包括不定因、矛盾因、问题相似因、未证明因、过时因[②]。

三种曲解是在辩论或推理时对对方使用的言辞或概念所作的三种主要歪曲形式，包括言辞的曲解、类的曲解、譬喻的曲解[③]。

二十四种倒难是在辩论或推理时对对方所进行的错误非难导致己方辩论或推理失败的二十四种情况，包括同法相似、异法相似、增多相似、损减相似、要证相似、不要证相似、分别相似、所立相似、到相似、不到相似、无穷相似、反喻相似、无生相似、疑相似、问题相似、无因相似、义准相似、无异相似、可能相似、可得相似、不可得相似、无常相似、常住相似、果相似[④]。

二十二种堕负是在辩论或推理时因违反规则等而被判定失败的二十二种表现，包括坏宗、异宗、矛盾宗、舍宗、异因、异

① 参见筏蹉衍那：《正理经疏》1，1，33—39。

② 具体内容参见《正理经》1，2，4—9。

③ 具体内容参见《正理经》1，2，10—17。

④ 具体内容参见《正理经》5，1，1—43。

义、无义、不可解义、缺义、不至时、缺减、增加、重言、不能诵、不知、不善巧、避遁、认许他难、忽视可责、责难不可责、离宗义、似因[①]。

正理派的逻辑理论为印度因明学的建立奠定了基础。它提出了这一学说的基本形态、理论框架或讨论的主要问题。后来以佛教逻辑思想为主要内容的较为发达的印度因明学讨论的问题多数是《正理经》中已提出的问题。所不同的是,佛教把印度的逻辑思想大大向前推进,佛教因明学在推论式的研究和推论错误种类的研究方面要比正理派等的逻辑学说更有深度,更具科学性。

二、佛教的古因明学说

正理派提出的较为系统的逻辑理论在印度思想史上产生了重要影响,吸引了不少古代印度思想家关注逻辑问题。在这方面较为突出的是一些佛教思想家。从佛教因明学的主要发展过程来看,小乘佛教和初期大乘佛教对逻辑问题探讨得相对少一些,而大乘佛教中的瑜伽行派则极为关注这方面的问题。佛教因明学的主要著述是瑜伽行派的思想家撰写的。在瑜伽行派的众多思想家中,陈那(Dignāga,约5—6世纪)是在因明学方面作出突出成就的一位论师。在划分因明发展史时,通常把陈那做为一个分界线,在他之前的因明学称为“古因明”,在他之后的因明学称为“新因明”。陈那是新因明学的主要代表人物。

佛教古因明学说的基本特点是主要吸收正理派等的逻辑

① 具体内容参见《正理经》5,2,1—25。

思想，它自身的大的创新不多。佛教的著名论师龙树、弥勒、无著、世亲等人的著作中记述的因明方面的内容均属"古因明"。

记述古因明内容的佛教著作不少，其中主要的有：《方便心论》、《瑜伽师地论》（卷第十五）、《显扬圣教论》（卷第十一）、《大乘阿毗达磨杂集论》（卷第十六）、《如实论》等。

《方便心论》[①]中论及了因明学的许多问题，如关于"四种知见"[②]的论述，关于在推论中使用"因"和"喻"不当而导致自相矛盾或推论失败的事例，等等，有许多内容与正理派的逻辑理论是接近的。

《瑜伽师地论》[③]中有不少论及因明之处，其中的卷第十五中有较为集中的论述，该论中说："能成立法有八种者：一立宗，二辩因，三引喻，四同类，五异类，六现量，七比量，八正教量。"在这里面，前五种涉及的主要是因明的推论式中的内容，后三种则是"量"的几个主要的种类。《瑜伽师地论》对它们都有较详细的解释[④]：

"立宗"相当于正理派五支作法中的"宗"，主要用来确立本派的命题或基本观点。《瑜伽师地论》在解释"立宗"时说："或为成立自宗，或为破坏他宗，或为制伏于他，或为摧屈于他，或为悲愍于他，建立宗义。"

"辩因"相当于正理派五支作法中的"因"。《瑜伽师地论》在解释"辩因"时说："谓为成就所立宗义，依所引喻，同类异类，现量比量，及与正教，建立顺益道理言论。"

---

① 关于《方便心论》的作者为何人的问题存在疑问。宋、元、明三本均说此论为龙树所造，但高丽本和诸经录都未指明作者。

② 实际就是四种"量"。《方便心论》"明造论品"中说："凡欲立义，当依四种知见，何等为四？一者现见，二者比知，三以喻知，四随经书。"

③ 该论相传为弥勒所说。

④ 以下解释中的《瑜伽师地论》的引文均出自该论的卷第十五中。

"引喻"相当于正理派五支作法中的"喻"。《瑜伽师地论》在解释"引喻"时说:"亦为成就所立宗义,引因所依,诸余世间串习共许易了之法,比况言论。"

"同类"指事物间有类似之处。《瑜伽师地论》在解释"同类"时说:"谓随所有法望所余法,其相展转少分相似。此复五种:一相状相似,二自体相似,三业用相似,四法门相似,五因果相似①。"这与正理派五支作法中的"同喻"有某些关涉。

"异类"指事物间无类似之处。《瑜伽师地论》在解释"异类"时说:"谓所有法望所余法,其相展转,少不相似。此亦五种,与上相违,应知其相。"这与正理派五支作法中的"异喻"有某些关涉。

"现量"指通过感官等获得对事物的感知。印度各哲学派别都承认这种"量"。《瑜伽师地论》中说:"现量者,谓有三种:一非不现见,二非已思应思,三非错乱境界。"②《正理经》也有对现量的论述,但具体内容与《瑜伽师地论》不尽相同③。

"比量"主要指推理,实际是因明学的主要内容。《瑜伽师地论》对"比量"有分类。该论说:"比量者,谓与思择俱已思应思所有境思。此复五种:一相比量,二体比量,三业比量,四法比量,五因果比量。"④《正理经》也有对比量的论述,但具体分类的内容与《瑜伽师地论》相差较大⑤。

"正教量"指根据智者或圣人的言教或理论获得知识。《瑜伽师地论》对"正教量"有分类。该论说:"正教量者,谓一切智所说言教,或从彼闻,或随彼法。此复三种:一不违圣言,

---

① 该论接下去还有对这五种相似的详细解释。

② 该论接下去有对这三种现量的详细解释。

③ 参见《正理经》1,1,4。

④ 该论接下去还有对这五种比量的详细解释。

⑤ 参见《正理经》1,1,5。

二能治杂染，三不违法相。”[①]《正理经》也有对正教量（圣教量或声量）的论述，但具体分类的内容与《瑜伽师地论》不完全相同[②]。

《显扬圣教论》[③]卷第十一中对因明的论述与《瑜伽师地论》卷第十五中的论述基本相同。

《大乘阿毗达磨杂集论》[④]卷第十六中对因明也有较详细的论述，该论说："能成立有八种：一立宗，二立因，三立喻，四合，五结，六现量，七比量，八圣教量所成立。”此处虽然与《瑜伽师地论》同样提到了八种“能成立”，但内容有差别。差别主要表现在《瑜伽师地论》中的“同类”和“异类”在《大乘阿毗达磨杂集论》中变成了“合”与“结”。

关于“合”，该论解释说：“合者，为引所余此种类义，令就此法正说理趣，谓由三分成立如前所成义已，复为成立余此种类所成义故，遂引彼义令就此法，正说道理，是名合。”

关于“结”，该论解释说：“结者，谓到究竟趣所有正说，由此道理极善成就，是故此事决定无异，结会究竟，是名结。”

《大乘阿毗达磨杂集论》中的其余六种“能成立”与《瑜伽师地论》的“能成立”的基本内容没有差别，只是有的名称有所不同：“立宗”、“现量”、“比量”两论相同，“立因”相当于“辩因”，“立喻”相当于“引喻”，“圣教量”相当于“正教量”。

《大乘阿毗达磨杂集论》中的前五种“能成立”实际上是推论式，该论举例说明了这种推论式：

---

① 该论接下去还有对这三种正教量的详细解释。

② 参见《正理经》1,1,7—8。

③ 该论为无著所著。

④ 无著曾著《大乘阿毗达磨集论》，其弟子觉师子对此论作了注释，后安慧杂糅无著的论和觉师子的释，制作了《大乘阿毗达磨杂集论》。

立宗:诸法无我,

立因:若于蕴施设四过[①]可得故,

立喻:如于现在施设过去[②],

合:如是遮破我颠倒已,即由此道理常等[③]亦无,

结:是故五蕴皆是无常乃至无我[④]。

显然,这种推论式与《正理经》中的五支作法是相同类型的。

与《正理经》内容更为接近的佛教古因明著作是《如实论》[⑤]。该论中的三品(无道理难品、道理难品、堕负处品)均论及了因明问题。其中的"堕负处品"中的内容与《正理经》的有关内容极为相似。此品中关于因明中推论式和论辩错误的论述与《正理经》中的相关论述基本相同。

关于推论式,《如实论》的"堕负处品"中提出了"五分",该论说:"五分者,一立义言,二因言,三譬如言,四合譬言,五决定言。"该论接下去举了实例,若整理成推论式则为:

立义言:声无常,

因言:依因生故,

譬如言:若有物依因生,是物无常,譬如瓦器依因生故无常,

合譬言:声亦如是,

决定言:是故声无常。

---

① 指如果认为五蕴中有"我"或认为五蕴是"我",将有四种过失,例如若"我"依诸蕴它就将是无常的,如果不依诸蕴,独存的"我"的主要功能就不存在了等。详见原文。

② 指就如同根据现在存在的现象的性质设定过去存在的现象的性质将会有过失一样。详见原文。

③ "常等"指外道设想的永恒的"我"这类东西。

④ 此处的论式是从该论中汇总摘录出来的,相关原文较长。

⑤ 关于《如实论》的作者,也存在疑问。宋、元、明三本均说作者为世亲,但高丽本和诸经录都未指明作者。

不难看出,《如实论》中推论式的“五分”的名称虽与《正理经》及其注释的“五支”有差别,但实际内容是完全相同的,而且二者所举的实例也基本相同。

关于论辩错误,《如实论》的“堕负处品”中说:“论曰:堕负处有二十二种:一坏自立义,二取异义,三因与立义相违,四舍自立义,五立异因义,六异义,七无义,八有义不可解,九无道理义,十不至时,十一不具足分,十二长分,十三重说,十四不能诵,十五不解义,十六不能难,十七立便避难,十八信许他难,十九于堕负处不显堕负,二十非处说堕负,二十一为悉檀多所违,二十二似因。是名二十二种堕负处。”这与《正理经》中的二十二种“堕负”也是一致的。

总之,佛教古因明的学说在主要方面是吸取了印度正理派的逻辑理论,与正理派的理论的差别处虽有,但不多,或不足以将二者的学说严格区分开。

从逻辑推理的严密性或科学性来看,佛教古因明的学说与正理派的学说都存在一些不完善或不严密之处。如五支作法的推论式明显有重复之处,在五支中,无论是去掉前两支还是去掉后两支,剩下的三支仍可完成推理的目的;古因明的推理主要是类比或归纳推理,这种推理得出的结论有时不一定必然正确;再有,古因明对“因”做了大量分析,但在关于如何确定“因”的正确与否方面的探索仍有不足,这使得其逻辑理论存在不严密之处;此外,古因明中的“堕负”等理论既有推论中矛盾或谬误的内容,也有违反特定辩论规则的内容,因而有些成分就不在严格的逻辑推理的范围之内。这些缺陷的出现主要是由于古因明或正理派的逻辑理论大都是在辩论中提出的,并不是纯粹着眼于逻辑推理,一些内容是顺应辩论需要而设定的。当然,这些缺陷的出现也与当时印度思想家的理论思维能力的发展水平有关。

三、佛教的新因明学说

陈那对因明学进行的重要改革标志着佛教新因明学的形成。新因明的主要人物除陈那外，还有商羯罗主（Śaṃkara–svāmin, 约 6 世纪）、护法（Dharmapāla, 约 6 世纪）、戒贤（Śīlabhadra, 约 7 世纪）、胜军（Jayasena, 约 7 世纪）、法称（Dharmakīrti, 约 7 世纪）等人。其中影响最大的是陈那、商羯罗主和法称这三人。

陈那撰有大量著作，但失传的不少，现存著作主要是汉译本和藏译本，如《因明正理门论》、《取因假设论》、《观总相论颂》、《佛母般若波罗蜜多圆集要义论》[1]、《集量论》、《观三世论》[2]、《观所缘缘论》、《掌中论》[3] 等。在这些著作中最重要的因明学著作是《因明正理门论》和《集量论》。

商羯罗主是陈那的弟子，他的主要著作是对陈那《因明正理门论》的注释——《因明入正理论》。

法称是新因明思想家中极有成就者，他的著作很多，有所谓"因明七论"，包括《释量论》、《定量论》、《正理滴论》、《因滴论》、《观相属论》、《成他相续论》、《诤正理论》。这些著作均存藏译本，部分还存梵本[4]，近代一些著作还转译出了汉译本[5]。在这些著作中，《正理滴论》和《释量论》是影响较大的

① 以上四部著作存汉译本。

② 以上两部著作存藏译本。

③ 以上两部著作汉藏译本均有保存。

④ 如《正理滴论》和《诤正理论》。

⑤ 在二十世纪八十年代，法尊依藏文本将《释量论》译为汉文；王森据梵文本，杨化群依藏文本分别将《正理滴论》译为汉文。

著作。

护法、戒贤、胜军的因明思想主要散见于一些包括他们自己论著在内的瑜伽行派著作的记述中。

新因明对古因明的改革主要表现在对推论式的完善和对推论中“因”等要素的正确与否的更精确的判定方面。

在古因明中，佛教大多采用五支作法的推论式，有些佛教著作论述因明方面的内容时，提及与推论有关的三支，如《顺中论》[①]（初品法门卷上）中提到了“宗因喻等”，但文中列举的实例实际上又有“合”等成分，作为三支（三分）并不十分确定；上述《瑜伽师地论》中提到“立宗”、“辩因”、“引喻”等也存在这方面的情况。总之，古因明中提出的三支（三分）作为推论式并不很固定，也不完善。新因明则针对古因明中五支作法推论式的弱点，明确把“合”与“结”去掉，将三支作法作为一种较固定的推论式，并将这种论式中的一些内容进一步完善，使之更具合理性或科学性。关于三支作法，陈那和商羯罗主的著作中都有实例。

若将陈那的《因明正理门论》中的有关实例整理成论式则为：

宗：声无常，
因：勤勇无间所发性故，
同喻：诸勤勇无间所发皆见无常，犹如瓶等，
异喻：诸有常住见非勤勇无间所发，如虚空等。

若将商羯罗主的《因明入正理论》中的有关实例整理成论

① 该论为龙树造，无著释。

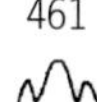

式则为：

宗：声无常，

因：所作性故，

同喻：若是所作，见彼无常，如瓶等，

异喻：若是其常，见非所作，如虚空。

商羯罗主在《因明入正理论》中谈到三支作法（三分）时说："由宗因喻多言，开示诸有问者未了义"，"开悟他时，说名能立，……唯此三分，说名能立。"

新因明与古因明的最重要差别还是表现在二者对"因"的分析方面，因为"因"的正确与否直接关系到推论能否成功的问题。古因明中已经有了不少关于"因"的探索，如提出了关于"似因"的理论，关于何种"因"才正确的理论。但这些理论总起来说还存在不少缺陷，论述不够细致与清晰。新因明对古因明的这方面的理论进行了完善或改造。新因明中关于"因"的理论有不少包含在所谓"因三相"的理论中。"因三相"一词在古因明中就已提出，如《顺中论》（初品法门卷上）中就提到了"因三相"这一词，但未对其做出明确细致的解释。对"因三相"做全面清晰论述的是新因明的思想家。

所谓"因三相"指在推论中的"因"如果正确就必须具有的三项条件。它们是：遍是宗法性、同品定有性、异品遍无性。

"遍是宗法性"指推论式中的"因"的特性必须为"宗"的主词（有法）所具有。以上述《因明入正理论》中的论式为例来说，作为"因"的"所作性"必须为作为"宗"主词的"声"所具有，即"所作性"可为许多东西所具有，但所有的"声"必须具有“所作性”（即“因”的特性必须遍在于“宗”的“有法”中）[①]。

“同品定有性”指推论式中的“同喻”（同品[②]）要有“因”的特性[③]。举例来说，作为“同喻”的“瓶等”要有作为“因”的“所作性”这种特性(即“因”的特性要为“同品”所有)[④]。

“异品遍无性”指推论式中的“异喻”（异品[⑤]）不能有“因”的特性。举例来说，作为“异喻”的“虚空”不能有作为“因”的“所作性”这种特性(即“因”的特性不能为“异品”所有)[⑥]。

新因明思想家的理论创新最为突出之处是他们所提出的“九句因”的学说。“九句因”是在“因三相”理论的基础之上提出的，是对“因三相”理论的进一步完善。

所谓“九句因”是新因明思想家用来具体判定“因”的正确与否的一种理论。符合“因三相”中“遍是宗法性”条件的“因”，与“同品”和“异品”存在着可能有的九种关系，因而有九种因(九句因)。它们是：一、同品有异品有[⑦]，二、同品有异品

---

① 《因明入正理论》中在谈到“遍是宗法性”时说：“所作性或勤勇无间所发性遍是宗法性。”

② 同品指与“宗”的宾词(法)品类相同之物。如“瓶等”有“无常”的性质，是其“同品”(同喻)。

③ 按照新因明的观点，可以作为同品的东西中只要有一个有因即可，不要求所有可作同品的东西均有因。参见下文“九句因”中的第八句因的实例。

④ 《因明入正理论》中在谈到“同品定有性”时说：“喻有二种：一者同法，二者异法。同法者，若于是处显因同品决定有性，谓若所作，见彼无常，譬如瓶等。”

⑤ 异品指与“宗”的宾词(法)品类相异之物。如“虚空”有“常”的性质，是作为宾词的“无常”的“异品”(异喻)。

⑥ 《因明入正理论》中在谈到“异品遍无性”时说：“异法者，若于是处说所立无，因遍非有，谓若是常，见非所作，如虚空等。”

⑦ 如立“声无常“为宗，”“能描述”为因，“瓶”为同品，“虚空”为异品。因在同品中有，在异品中也有，但能描述的东西可以是无常的，也可以是常的，因过宽，无法证明宗的正确。此句违反因三相中的“异品遍无性”。

非有[1],三、同品有异品有非有[2],四、同品非有异品有[3],五、同品非有异品非有[4],六、同品非有异品有非有[5],七、同品有非有异品有[6],八、同品有非有异品非有[7],九、同品有非有异品有非有[8]。陈那等人认为,上述九句因中的第二句因在同品中遍有,在异品中遍无,第八句因在部分同品中有,在所有异品中无,都符合因三相中后两项的要求,因而是正因。其余七句因由于不符合因三相中后两项的要求,因而是似因[9]。

---

① 如立"声无常"为宗,"所作性"为因,"瓶"为同品,"虚空"为异品。因在同品中有,在异品中非有。所作的事物也就是无常的事物,因可以证明宗正确。此句符合因三相中的"同品定有性"和"异品遍无性"。

② 如立"此声是人造的"为宗,"非常住"为因,"瓶"为同品,"虚空、雷电"为异品。因在同品中有,在异品中或有或非有。由于有的非常住的东西(雷电)不是人造的,因而因不能证明宗正确。此句违反因三相中的"异品遍无性"。

③ 如立"声常"为宗,"所作性"为因,"虚空"为同品,"瓶"为异品。因在同品中非有,在异品中有。由于虚空这种常住的东西不是所作的,还由于瓶这种非常住的东西是所作的,因此因不但不能证明宗正确,反而证明其不正确。此句违反因三相中的"同品定有性"和"异品遍无性"。

④ 如立"声无常"为宗,"能听闻"为因,"瓶"为同品,"虚空"为异品。因在同品中非有,在异品中也非有。由于无常的瓶不是能听闻的,因而因不能证明宗正确。此句违反因三相中的"同品定有性"。

⑤ 如立"此声是人造的"为宗,"常住"为因,"瓶"为同品,"虚空、雷电"为异品。因在同品中非有,在异品中或有或非有。由于人造的瓶是非常住的,还由于有的非人造的东西(虚空)是常住的,因而因不能证明宗正确。此句违反因三相中的"同品定有性"和"异品遍无性"。

⑥ 如立"此声是非人造的"为宗,"非常住"为因,"虚空、雷电"为同品,"瓶"为异品。因在同品中或有或非有,在异品中有。由于有的非人造的东西(虚空)是常住的,还由于人造的东西(瓶)是非常住的,因而因不能证明宗正确。此句违反因三相中的"同品定有性"和"异品遍无性"。

⑦ 如立"此声无常"为宗,"人造的"为因,"雷电、瓶"为同品,"虚空"为异品。因在同品中或有或非有,在异品中非有。虽然无常的雷电不是人造的,但无常的瓶却是人造的,仍然可以得出凡是人造的东西就是无常的结论。因可以证明宗正确。此句符合因三相中的"同品定有性"和"异品遍无性"。

⑧ 如立"声无常"为宗,"是物质的"为因,"瓶、快乐"为同品,"极微、虚空"为异品。因在同品中或有或非有,在异品中或有或非有。由于有些物质的东西(极微)是常住的,因而因不能证明宗正确。此句违反因三相中的"异品遍无性"。

⑨ 《因明正理门论》中在论及九句因时说:"又此一一各有三种:谓于一切同品有中,于其异品或有非有及有非有,于其同品非有及俱,各有如是三种差别……如是合成九种宗法。""此中唯有二种名因,谓于同品一切遍有异品遍无,及于同品通有非有,异品遍无。"

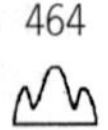

新因明还对古因明中关于在推论中产生错误(过失或倒难等)的理论进行了整理充实,其显著特点是把这些错误(过失或倒难等)与推论式中的三支紧密联系起来,明确区分出“宗过”、“因过”、“喻过”。其中最系统的理论是商羯罗主在《因明入正理论》中提出的“三十三过”的理论[①]。“三十三过”包括九种“宗过”:现量相违、比量相违、自教相违、世间相违、自语相违、能别不极成、所别不极成、俱不极成、相符极成;十四种“因过”:两俱不成、随一不成、犹豫不成、所依不成、共不定、不共不定、同品一分转异品遍转不定、异品一分转同品遍转不定、俱品一分转不定、相违决定不定、法自相相违、法差别相违、有法自相相违、有法差别相违;十种“喻过”:能立法不成、所立法不成、俱不成、无合、倒合、所立法不遣、能立法不遣、俱不遣、不离、倒离[②]。

新因明的学说中除逻辑推理方面的理论外,也和古因明一样包括其他的认识论方面的内容。商羯罗主在《因明入正理论》中提出了被称为“八门两益”(“八门二悟”)的理论。“八门”指:能立、能破、似能立、似能破、现量、比量、似现量、似比量;“两益”指启发他人(悟他)和开悟自己(自悟)[③]。这实际上是指明了新因明所要起的较全面的作用。新因明的这些理论显然比古因明的这方面的理论更为系统和完善。

在陈那和商羯罗主之后,法称又进一步发展了新因明的学说。根据《正理滴论》等著作,法称在推论的形式、正因的判

① 在商羯罗主之前,陈那也曾对正理派或古因明关于推理中过失或倒难等的理论进行过整理,概括出过二十九种过及十四种倒难(似能破)等理论,但在新因明中,较为系统或相对完善的这方面的理论还是商羯罗主的“三十三过”的理论。

② 关于“三十三过”的具体实例可参见丁福保编《佛学大辞典》,文物出版社,1984年,第138—140页。

③ 《因明入正理论》一开始就说:“能立与能破,及似唯悟他,现量与比量,及似唯自悟。”

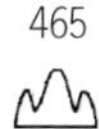

定、推论中的过失等具体问题上提出了一些有别于陈那等人或陈那等人未提到的新的看法。

关于推论的形式，法称对三支作法提出了独到的见解，他认为三支中的“喻”可以合到“因”中，因为“喻体”[①]的含义或作用可以为“因”所包含。这样，“喻依”[②]实际无单独作为一支的必要。但法称并不要求一定去除喻支或废除三支作法，他认为可以调整三支的顺序，把喻体提前，与宗对调位置，成为喻、因、宗[③]。这样的推论式实际与三段论类似，具有演绎推理的性质，更具合理性或科学性。

在正因的判定方面，法称对“因三相”的学说有所发展。他认为具备三相的正因可以有三种，它们是不可得的、自性的和果性的。所谓不可得的因（不可得比量因）指在推论某物不存在时，以在相关条件下未感知到该物为因，如在某处未发现某人存在的表现（声音、形体等），以此未发现为因，推论该人不在；所谓自性的因（自性比量因）指从事物的属性推论其所属的类别，如从某物自己会动并能发出声音等（有动物的属性或属于某种动物）而推知该物为动物；所谓果性的因（果比量因）指在有因果关系的事物中从果推因，如从江中涨水推知江上游下了雨。

关于推论中的过失，法称也提出了一些新见解。他对先前一些因明学家（陈那等）提出的“不共不定”和“相违决定”两种“因过”有不同看法。

---

① 构成喻支的两个部分之一，如因明论式中的“若是所作，见彼无常”。喻体在推论中实际上能起逻辑的大前提的作用。

② 构成喻支的两个部分之一，如因明论式中的“如瓶等”。喻依在推论中能起提供实例的作用。

③ 宗也经常被省略。参考徐东来撰《法称》一文，载巫白慧主编《东方著名哲学家评传》印度卷，山东人民出版社，2001年，第360、361页。

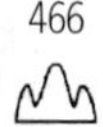

所谓“不共不定”是指在推论式中同品和异品中都无因的性质(不共),使因不能确定地(不定)证明宗正确,如立“声无常”为宗,“能听闻”为因,“瓶”为同品,“虚空”为异品。“瓶”和“虚空”都无“能听闻”的性质,因而因不能证明宗正确。此句实际就是九句因中第五句的情况,违反因三相中的“同品定有性”。

所谓“相违决定”是指在论辩过程中,敌对双方各自立论式,而且所用的因都符合因三相的条件,但各自的结论(或宗)却完全对立(相违),因而无法确定何方所立正确的情况。如一方立论式:声无常,所作性故,如瓶。另一方立论式:声常,能听闻故,如声性。这两个论式在双方各自看来都正确,但无法确定对方错误。

在法称看来,上述两种“因过”的情况实际上是不会出现的,因此应当在推论过失的种类中去除[①]。

法称的上述新见解使新因明的理论更为完善,更趋合理。在他之后,印度历史上仍不断有因明学者出现,他们一般继承了陈那法称等人的新因明学说,使佛教的因明学达到了印度古代逻辑理论的高峰,大大丰富了古代印度的哲学思想宝库。

印度因明学随佛教的其他思想一起传入中国,在中国唐代的唯识宗思想家中得到了发扬光大。另外,因明学说的文献在中国藏族地区有大量翻译,保存了许多印度已失传的珍贵文献。中国汉藏民族对因明学说的研究和发展起了重要作用。

---

① 关于法称对因明学的发展参考吕澂著:《印度佛学源流略讲》,上海人民出版社,1979年,第330、331页;中国大百科全书总编委会《哲学》编委会编:《中国大百科全书》哲学卷,中国大百科全书出版社,1987年,第1110页;巫白慧主编前引书,第338—363页。

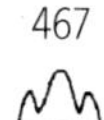

第十七章 伦理思想

佛教的伦理思想是其整个理论体系中的重要组成部分，它最初是在印度古代社会的一些发展形态的基础上形成的，反映了古代印度部分宗教信徒对社会和人生的一种看法。这种伦理思想开始主要是在南亚地区发生着影响。后来，随着佛教传播地域的拓展，它的影响也不断扩大。目前，它在中国等亚洲的大部分地区，甚至在亚洲外的不少地区都有影响。佛教的伦理思想是东方伦理思想的基本形态之一，在世界伦理思想中占有重要地位。以下就这一伦理思想的内容特色及在现代社会中的影响等问题简要地提一些看法。

一、佛教伦理思想的基本观念

佛教伦理思想包含的内容极为丰富，但其基本的原则或可涵盖大部分内容的纲要则也不多，在笔者看来，可主要概括为三条，即：平等观念、克己观念和慈悲利他的观念。

1. 平等观念

佛教在印度不是产生最早的宗教，而且在印度历史上通常也不是占主导地位的宗教。在印度历史上产生较早(早于佛教)的是婆罗门教。婆罗门教及后来由其演变而成的印度教是印度历史上通常占主导地位的宗教。婆罗门教反映了印度社会里四种姓中的婆罗门种姓阶层的意识形态，它主张婆罗门种姓至上。在佛教产生前的相当长的一段时间内，印度的思想界一直为婆罗门教所主宰。印度社会中流行的伦理思想是婆罗门教的伦理思想,它在总体上要维护种姓制度,坚持在诸种姓中婆罗门第一,下等种姓要服从上等种姓。这种状况一直到了佛教产生时才发生了明显的变化。

佛教在产生时主要代表了印度四种姓中属刹帝利和吠舍种姓的一部分人的思想观念,在很大程度上反映了他们的政经利益和主张。佛教(特别是早期佛教)反对婆罗门教的种姓观念,认为人的高低贵贱并不是由人的出身决定的,而是由人的行为决定的,出身卑贱的人一样能成为贤人,如《别译杂阿含经》中说:"不应问生处,宜问其所行,微木能生火,卑贱生贤达。"[①]《长阿含经》中说:"汝今当知,今我弟子,种姓不同,所出各异,于我法中出家修道,若有人问:汝谁种姓? 当答彼言:我是沙门释种子也。"[②] 佛教在这里明显是主张一种平等的观念,即反对婆罗门教的四种姓不平等理论。不过,客观地说,佛教反对种姓间的不平等是有一定限度的,它主要强调无论种姓高低都毫无例外地有权利加入佛教组织,修习佛法。它的种姓平等理论的出发点是为了把佛教的影响扩展到社会的各个阶层中去。佛教并不是从根本上反对种姓制,它不可能真正开展一场消除种姓制度的社会改革运动。然而尽管如此,佛教这种在一定范围内反对种姓不平等的观点在历史上是有积极意义的,它毕竟在一定程度上对印度正统婆罗门教视为神圣的种姓制度有所触动。

早期佛教的这种在一定范围内的平等观念确定后,对佛教总的理论体系的形成和该教在后来的发展有着重要的影响。佛教的许多基本理论及教规与其在伦理思想上的平等观念是一致的。

---

① 《别译杂阿含经》卷第五。

② 见《长阿含经》中的"小缘经"。

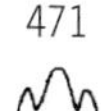

例如，在基本理论方面，佛教（特别是早期佛教）反对在事物中有一最高的实体或主体。这和婆罗门教是完全不同的。婆罗门教认为在一切事物中有一最高的本体或主体——梵，认为万物以梵为根本，梵是不变的，永恒存在的。而佛教（特别是早期佛教）则认为，不存在一个万有的主体，事物是缘起的，是互为因果，互为条件的，不仅一般的事物中没有这种主体，而且在人或人生现象中也没有这种主体。如佛教把人分析为“五蕴”，即色、受、想、行、识。这五种要素在佛教（小乘佛教）中无高低主次之分。佛教的这种无主体或“无我”的理论与其在伦理思想上的平等观念显然是相呼应的：既然万有中没有主体或主宰一切的实体，又怎么可能会在社会中存在一个永远高于其他种姓的最高种姓呢？

再如，在佛教的教规方面，也体现了其在伦理思想中的平等精神。佛教教规中规定了不杀生、不偷盗、不邪淫等。无论是杀生还是偷盗或邪淫都是对他人的侵犯，其行为都是建立在一种别人与自己不平等观念的基础之上的。如婆罗门教中的一些派别虽然也讲不杀生和不任意拿走别人的东西等，但这主要是适用于相同种姓之间，而在上等种姓对待下等种姓时，则不受此限。上等种姓在许多场合可以任意处置下等种姓或其物品，包括伤害下等种姓的生命。佛教对于这种不平等的观念是坚决反对的。

2. 克己观念

这里所谓“克己”即克制自己，特别是克制自己的欲望、自己的行为、自己的意识。“克己”是我们在这里对佛教这方面伦理观念的概括。佛教学说中与克己观念直接相联系（或作为克己观念的直接表现形态）的理论有不少。例如佛教有关“三毒”的理论，有关“三学”的理论等都包含着克己的观念。

佛教认为，人之所以陷入生死轮回的痛苦之中，与人总是为“烦恼”所缠绕有关。烦恼有多种，但其中主要的有三种，即所谓“三毒”。三毒具体指“贪”、“瞋”、“痴”。解释三毒的佛典很多，如《大智度论》中说：“有利益我者生贪欲，违逆我者而生瞋恚，此结使不从智生，从狂惑生，故是名为痴。三毒为一切烦恼根本。”[①] 不难看出，三毒的产生都与对“我”的执着有关。按照佛教的看法，人生现象中是没有“我”的，但人由于无知或无明而认为“有我”。这样，对自认为世俗世界中有益于“我”的事情就贪恋并追求，对自认为世俗世界中不利于“我”或不合自己心意的事情（包括与之相关的他人）就憎恨，贪和瞋的基础则是无知或无明，这也就是所谓“痴”。

三毒是一切烦恼的根本，消除三毒也就是消除烦恼，这也就是要“克己”。在三毒之中，灭除“贪”就是典型的克制自己。佛教要求信徒克制自己对外物的贪欲，克服自己对财富、权利、地位、名声等的贪欲。佛教的根本教义四谛中也涉及了“贪”的问题。如“集谛”是指认识到造成痛苦的原因是爱欲或贪欲，“灭谛”是指认识到应当消除这爱欲或贪欲。三毒之中的“瞋”与“贪”相关。自己的贪欲不能满足，自然就生愤恨之心，对阻碍实现自己欲望的人或事不满或憎恨。在佛教看来，必须克制或消除这种“瞋”。否则是不能摆脱轮回达到解脱的。三毒之中又以“痴”为根本。佛教的不少根本教义中都涉及“痴”。如在“十二因缘”中，最初的环节是“无明”，无明引生其他十一个环节，如果消除了这无明，则人的生死轮转（轮回）也就消灭了。因而消除“痴”对“克己”具有重要的或根本性的意义。

在佛教理论中，关于如何克己的具体方法，直接论及较多

① 《大智度论》卷第三十一。

的是所谓“三学”。三学即“戒、定、慧”。“戒”就是佛教的戒律或戒条,是信徒要遵守的规则,佛教以此来约束信奉者的行为。凡是虔诚的佛教徒都把戒律作为克制自己贪欲,戒除不良行为的准则。佛教的戒有多种或不同阶段,如可以分为五戒、八戒、十戒、具足戒等。佛教的戒一般收在各种“律藏”之中,如《四分律》中规定了比丘戒二百五十条,比丘尼戒三百四十八条。“定”也可以说是一种克己的方法,主要是抑制自己的心作用,使身心安定,止息种种意念或思虑,将精神集中于事物的实相之上。“慧”实际也包含着克己的内容,即克制自己的错误的或无知的观念,学习并达到佛教的特殊智慧。由于佛教中有不同的分支或流派,因而戒、定、慧的具体内容在不同派别中会有所区别。大乘佛教中的“六度”或“十度”中有不少成分涵盖了小乘的“三学”,但具体解释或含义有很大区别,克制自己的方式有不同。

3. 慈悲利他观念

佛教讲“平等”,讲“克己”,就自然也要讲“慈悲利他”。在“慈悲利他”中,“慈悲”是佛教一直讲的,而“利他”则主要是在大乘佛教形成后才大力强调的。

慈悲也可分开讲,“慈”指使众生快乐,给他们幸福,“悲”指去除众生的苦恼,使之摆脱痛苦。《大智度论》中说:“大慈与一切众生乐,大悲拔一切众生苦。”[①]

佛教的“慈悲”不仅指要对自己之外的他人慈悲,而且有时也指要对一切有生命之物慈悲。佛教的不杀生等戒规就具有这方面的含义。

慈悲在佛教教义中也常被包摄在所谓“四无量心”之中。

① 《大智度论》卷第二十七。

四无量心中除了慈和悲之外，还包括喜和舍。“喜”指看见他人快乐而随之欢喜。“舍”指内心保持不偏执的平衡，平等无差别（舍弃亲疏差别）地利益众生。

无论是慈悲，还是四无量心中的喜舍，都包含“利他”的思想。但佛教的利他思想主要是在大乘佛教中才突出起来的。这需要联系早期或小乘佛教的有关学说或观念来论述。

小乘佛教在总体上说是重视所谓“自利”，即主要追求自身的解脱。小乘修行所要达到的最高目的是证得阿罗汉果。阿罗汉果就是求取个人解脱，即所谓“自利”。修习的具体内容就是小乘的“三学”和“三十七道品”。而大乘佛教则一般修以“六度”（布施、持戒、忍、精进、定、智慧）为主要内容的菩萨戒，把成佛、普度众生（利他）作为最高目的。在小乘佛教看来，解脱境界（涅槃）与“世间”是两个不同的、有分别的境界，自己注重自身的修炼，摆脱外界的烦恼，就能达到一种脱离“世间”的解脱境界，至于别人的解脱或别人如何离苦等，则不是小乘佛教关注的重点。大乘佛教在这方面有很大变化，不仅讲“自利”，更强调“利他”。在大多数大乘佛教派别或信徒看来，解脱境界（涅槃）与“世间”不是绝对分离的，它们是“无分别”的。如中观派的主要典籍《中论》中就明确说：“涅槃与世间，无有少分别。世间与涅槃，亦无少分别。”[1] 这样，达到解脱就并不是离开“世间”去追求另一不同的境界。大乘佛教徒要“即世间即涅槃”。作为菩萨或成佛的基本要求之一就是要“利他”，菩萨或佛不是存在于“世间”之外，而是在“世间”中救度众生。为了救度众生，菩萨或佛什么都能舍弃。也就是说，大乘佛教徒要真正成佛，就一定要慈悲利他。仅仅“自利”不是

① 《中论》卷第四。

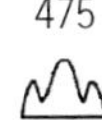

佛教修行的最终目的,并不能真正达到涅槃或成佛。

佛教中的这种转变(由重自利到重利他)对佛教后来的发展极为重要。因为如果佛教仅仅是一个教个人如何修炼,达到个人解脱的宗教,它就没有后来佛教所具有的那种感召力,就不会产生后来那么大的社会影响。只有强调慈悲利他,只有把个人的真正解脱与"世间"的改变(别人的脱苦)联系起来,才能激发大量的佛教徒自觉地在世间利乐有情,造福众生。而这样做的结果则是佛教影响的扩大。因此,慈悲利他的观念后来成为佛教伦理思想的一个最基本的观念。

二、佛教伦理思想在现代社会中的影响或作用

客观地说,佛教伦理思想的主要观念在其经典中已基本展现出来。随着佛教在中国及亚洲其他国家等地的传播,这种伦理思想也逐渐与这些国家或地区的传统文化相结合,继续发挥着影响。这种影响在现代社会中没有消失,而且在某些地区还有所发展。佛教伦理思想在现代社会中的影响或作用至少表现在以下一些方面:

1. 抑制现代社会中的利己主义和享乐主义

包括伦理思想在内的佛教各种理论的影响范围主要是在亚洲的许多国家或地区。在古代是如此。在现代,从总体上看仍是如此。佛教虽在不少亚洲外的国家或地区也有流传,但影响大的区域仍是在亚洲。亚洲受佛教影响较大的国家在古代占主导地位的意识形态或是印度教(婆罗门教)文化系统(如印度等一些南亚国家和部分东南亚国家),或是儒家文化系统(如中国、朝鲜或韩国、日本等国家)。但发展到近现代,这些国家都不同程度地受到了西方文化的巨大影响。而现代西方文

化中确实存在着某种利己主义和享乐主义的成分。如果说这样讲不大准确或不大符合事实的话，至少可以说东方国家（上述国家或地区）对西方国家的文化这样看或这样理解。从总体上说，西方文化在欧洲文艺复兴后，特别重视个人的利益，强调实现个人价值，维护个人尊严，追求个人幸福。但在这种强调或追求的过程中，确实有某些走入极端的情况。近代西方资本主义的发展应当说为这种极端倾向的发展提供了很大的空间。

受西方这种文化的影响或受对这种文化理解的影响，现代的一些东方国家中流行着利己主义和享乐主义的思想或行为。如一事当前，先为自己打算；只要对自己有利，哪怕损害他人利益，也毫无顾忌；一味追求当前的享乐，不考虑别人的利益，甚至也不考虑自己的长远利益。

在有这种利己主义和享乐主义的思想或行为的人中，一部分是文化层次较高的人，他们的利己主义和享乐主义的行为或表现是较为隐秘的或通常不易被发现的。而大多数人是文化层次不太高的人，这部分人的利己主义和享乐主义的行为或表现则较为明显。对于这两部分人来说，儒家文化对他们所起的约束作用有限，因为这种文化显得对他们没有多少惩戒威力。而佛教的情况则不同。如上所述，佛教讲克己，特别强调抑制自己的贪欲；佛教还讲“利他”。即便是小乘佛教的“自利”，与现代社会中的利己主义也有很大不同。现代社会中的享乐主义与佛教的种种戒律或戒规也是完全对立的。对于现代社会中那些文化层次不高的人来说，佛教的教义对其思想和行为有较大的约束力，因为佛教特别强调因果报应，讲善有善报，恶有恶报。这些人在极端化地追求自身利益或享乐时，时常会顾忌到佛教教义中所说的个人行为所招致的结果。

在东方一些国家中，印度教（婆罗门教）的影响在古代根深蒂固（佛教也有一定影响）。但到了近现代，随着西方势力（政治和经济力量）的进入，在民众中，特别是在年轻人之中，西方文化的影响逐步扩大，利己主义和享乐主义也开始流行。佛教的教义在这些国家中对抑制这种利己主义和享乐主义起着重要的作用，特别是在那些印度教曾有重要影响，而后来佛教起主导作用的国家中更是如此。在这些国家中，严格来讲，是佛教的影响和印度教的影响交织在一起，对利己主义和享乐主义起着抑制作用。因为印度教发展到后来吸收了不少佛教的学说，而佛教的许多思想，包括伦理思想，也是在吸收和改造古代婆罗门教思想的基础上形成的。二者（佛教和婆罗门教）在其传统的宗教教义中，对于利己主义和享乐主义都是反对的，而且都主张轮回业报或因果报应的思想。这种思想从某种程度上说，对部分人的利己主义和享乐主义倾向能起到其他一些类型的伦理观念所不能起到的抑制作用。

总之，佛教的伦理思想在现代东方国家发挥着重要的影响。它促使人们自律，反对损人利己，反对奢华。对现代社会中存在的利己主义和享乐主义现象，儒家等文化传统虽然也起着抑制作用，但佛教的独特作用是其他文化形态所不能取代的。

2. 鼓励人们扶危济困，造福社会

佛教的许多伦理思想在现代社会中起着较好的作用。如上述佛教的慈悲利他观念就是如此。首先要指出的是，近现代的不少佛教著名僧侣或居士，自身就严格要求自己，在这方面做出了很好的表率，在社会上产生了良好的影响。如中国近代著名的圆瑛（1873—1953）法师在1917年左右就曾创办了“宁波佛教孤儿院”，收容无依无靠的孤儿。在20世纪20年代初，他还组织成立了佛教赈灾会，救济因华北五省大旱而陷入苦难的灾民。在中国近代，许多佛教组织或佛教僧侣都能较好地借鉴历史上佛教思想家或流派所提出的涅槃与世间关系观念。他们一般不采取一些印度小乘佛教中存在的那种把涅槃与世间绝对化地对立起来的态度，而是吸取了印度佛教中中观派和中国佛教中禅宗（南宗系统）的思想，认识到个人的解脱（涅槃）是离不开世间的，而且应该把个人的解脱与众生的解脱联系起来，不仅要"自利"而且要"利他"，不再一味追求那种离群索居式的远离尘世的修持方式，而是强调以佛教的慈悲精神为怀，积极投身于有益于民众的各种慈善活动，努力利乐有情，造福社会，把作各种这类善事看成修成正果，趋向涅槃的重要途径。

随着佛教影响在民间的深入和扩大，不少人虽然没有出家，甚至居士也不是，但对佛教的这种慈悲利他的精神十分赞赏，自觉或不自觉地按这种精神行事。在这类人中，有一些是知识分子，甚至是高级知识分子，但大多数人是民间文化水准不高的普通百姓。这些百姓谈不上对佛教的深奥教义有多少领悟，甚至连一些佛教的基本常识也不甚了了，但佛教的慈悲利他精神却深入到了他们的心灵之中，但凡遇到自己可能服务于他人，或能给他人带来好处的事情，即便是损害自己的利益也要努力去做。他们之中的一些人在做这些好事时，确实觉得应该去做，觉得做了这种好事对自己是一种享受，或心灵安慰。也有一些人是深信佛教的轮回解脱或因果报应的学说，认为善行一定有善报，恶行一定有恶报。总之，在现代社会中，有相当多的人能依照佛教教义积极从事许多利国利民的善事。

佛教伦理思想在现代社会中的这种影响不仅在中国有，在不少亚洲国家或一些受佛教影响的其他国家或地区中也存在。如在日本和韩国等国的一些民众中,自觉按佛教的慈悲利他精神行事的人的数量不少,他们中有许多人已把按佛教的这种精神行事看成理所当然,许多人在做善事时已不再掺杂多少为自己谋求此世或来世好处的私人利益动机。因此可以说,佛教在现代社会中的这种鼓励人们扶危济困、造福社会民众的作用是显而易见的。

3. 鼓励人们追求理想中的至善境界,维持社会安宁

佛教的伦理思想在古代起着规范教徒行为的作用。在规范他们行为的同时,佛教也向教徒许诺,如果按照这种行为规范去做,将达到一种至善的境界。而在这些教徒从事信教活动的过程中,他们也确实感到有所遵循,并相信遵循这些规范必定能达到一种至善的境界,即起着一种鼓励教徒对宗教理想努力追求的作用。在近代和现代,佛教的伦理思想不仅依然对教徒起着这种作用,而且对不少一般的群众也起一种类似的作用。也就是说,佛教的伦理思想的影响远远不是限于佛教教团的内部,而是对许多民众有影响。这些人的情况不尽相同:有些是虽未出家,但非常信仰佛教(是居士或介于居士和出家人之间)。还有一些人既没有出家,也算不上居士,但对佛教的一些理论,特别是伦理观念十分赞赏。再有一些人,对佛教不明确表示信奉或赞赏,但在潜意识里却多少受一些佛教观念的影响。在上述不同类型的人中,佛教的伦理思想有着不同程度的影响。这些人在从事一些活动或处理某些事情时,会自觉或不自觉地按佛教的伦理观念行事。他们判断是非的标准常常掺有佛教伦理思想的标准。在相当多的人的潜意识中,按照佛教的行为规范行事,是必定会有一种好的或理想的结果的。因此,在现代社会中,佛教的伦理思想也确实起着一种激励人们去追求一种理想中的至善境界的作用。

在当今一些国家中，不少传统意识形态的原有模式被打破，一些传统的伦理道德、行为规范的意义被重新估价，人们的价值取向有很大变化。在这一转变时期，有不少人茫然不知所措，有相当一部分人失去了对理想的追求。而佛教的伦理思想则对这些人中的一部分人产生了较大的影响。在这些人那里，佛教的理想被作为他们的人生理想，佛教的伦理观念成了他们行为的准则。这种情况当然不是也不应是政府部门或教育部门所希望出现的。但在现实生活中，它却就是这样客观存在着。然而，从另一角度看，民众中有人按佛教的行为规范去行事，有时却也能起到某种有利于安定团结的社会作用。这比那种没有任何理想，无道德，无纪律，肆意破坏社会安宁的状况要好得多。

三、佛教伦理思想对现代精神文明建设的意义

人类的精神文明是一个不断发展的过程，不同时期有不同的内容。现代的精神文明建设应当是在古代精神文明的基础之上进行的。现代精神文明建设应当吸收古代精神文明中有价值或有意义的成分。这样的成分有多种多样。佛教的一些伦理思想是其中的重要内容。它对现代精神文明建设的意义至少表现在以下一些方面：

1. 在提倡为人民服务，提倡奉献精神时，佛教的伦理思想有借鉴意义

在20世纪，随着科学技术的迅速发展，人们的物质生活水平有了极大的提高。在物质文明发展的同时，精神文明也有相当的发展。但这种发展在各个地区是不平衡的。而且在一些物质生活水平提高很快的地区，却存在精神文明滑坡的现

象，如上述的利己主义和享乐主义，甚至损人利己等丑恶现象在不少地区抬头。出现这种现象的原因有多种，比较复杂，但其中较重要的一个原因是在伦理方面。究竟如何看待人生，用什么样的行为准则来规范自己，在许多人那里是不明确的。不少人一事当前，先替自己打算，只想别人对自己奉献，不想自己对别人奉献，实际奉行着一种自私自利，一切以我为中心，一心为自己谋利的伦理思想，精神文明受到很大损失。在这种情况下，进一步加强正面的思想品行教育当然是政府或社会教育部门主要的应对之策，但也应当辅以其他的手法，如佛教的一些伦理思想就能起到一些正面的思想品行教育所起不到的作用。有不少人对正面的思想品行教育有逆反心理，但对佛教的教理却很感兴趣，对佛教的伦理观念也很认同，并在日常生活中身体力行。如许多信佛教之人或受佛教影响较大的人能自觉用佛教的克己精神待人，在遇到自己利益与他人利益或民众利益相矛盾时，能本着佛教的"利他"精神先人后己，为他人或为社会牺牲自己的利益。佛教的一些伦理观念所引发的一些人的行为对社会是有正面作用的，所收到的社会效果有些是政府或社会教育部门的正面教育想收到但在现实中难以收到的。这一方面说明佛教的伦理思想确有其独到之处，另一方面也说明在精神文明建设中应当吸收借鉴一些佛教伦理思想中的有益成分。

2. 在提倡自觉遵纪守法、严于律己时，佛教的伦理思想有借鉴意义

无论是在古代还是在现代，都存在人的个人欲望或需要与正常社会秩序或他人利益相冲突的情况，要想正常的社会秩序不被破坏，人们（包括自己）的合法权益受到保护，每一个人都应该对于自己的欲望有所克制，要受一定的社会法纪管束，也要受一定的伦理观念制约。

在当代，尽管人们的文明程度有很大提高，遵纪守法的观念普遍加强，但在这方面的问题仍然很多。扰乱民众安宁，破坏正常社会秩序的人依旧不少。因而精神文明建设的一个重要方面就是加强人们的法制观念。在这方面，佛教的伦理思想也可起一些好的作用，有一定借鉴意义。

与上述情况类似，有些人对政府或一些社会机构的法规制度并不以为然，但却对佛教的教义十分赞赏，对佛教的教规非常尊重，虽然并未出家甚至居士也算不上，但在许多场合却能自觉地遵守佛教的一些教规，用佛教的伦理思想约束自己。这些人从灭除佛教说的“三毒”的立场出发，从克己的观念出发，能够对自己严格要求。而这样做所起的社会作用，应当说有好的方面，它在客观上对缓解社会矛盾，维护社会秩序起了积极的作用。另外，佛教伦理思想中的一些成分（如利他观念、克己观念等）即便在理论上也确实有现代精神文明建设值得吸收的成分，有值得借鉴之处。

3. 在反对现代社会中存在的特权思想、腐败现象时，佛教的伦理思想有借鉴意义

在当今世界，绝大多数国家在法律上都确立了公民的平等地位，人们有分工或职务的不同，但作为公民的基本权利是平等的，人人都平等地享有作为人的尊严，在这方面没有等级的划分。然而，在现实生活中，由于人们在具有财产、职业、职务、种族等方面的差异，因而在社会上所具有的影响力或社会地位是不同的，在社会中实际存在着富人歧视穷人、职位高者歧视或虐待职位低者，一些种族歧视另外一些种族的情况。许多富人凭借财产胡作非为，有些当权者凭借权利鱼肉百姓、横行霸道，有些种族优越感较强的人鄙视其他种族。这些富人、职位高者、种族优越感强者一般都认为自己有一种特权。这种特权思想在当今世界是阻碍人类进步、社会发展的重要障碍，也常常是产生社会腐败的重要原因之一。消除这种特权思想，是当代人类精神文明建设的重要任务，而佛教的伦理思想在这方面能起一些积极的作用。

佛教在产生时就主张某种程度上的平等思想，反对种姓地位的不平等，在后来的发展中又反对歧视和虐待其他众生或生灵。当然，平等只能是相对的，绝对的平等是没有的。佛教僧团或佛教徒自身也不可能做到绝对的平等。但佛教倡导这种观念，从社会作用来看，在总体上是有积极意义的。佛教的这种平等思想对现代社会中的许多信教者都有重要影响。一般来说，受佛教这种思想影响大的人相对来说特权思想就少些，涉及腐败的人也少些。因此，在现代的精神文明建设中，适当地吸收和借鉴佛教的这方面的思想是有益的。

佛教的伦理思想及在现代社会中的影响、作用等当然不止以上所述。此处只是提出一些初步的看法，希望能在这一问题上引起人们进一步的思考。

第十八章 与婆罗门教的理论关涉

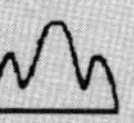

佛教与婆罗门教在古代印度是两个主要的宗教派别。两派的学说不仅对印度而且对世界文化的发展有重大影响。至今佛教和婆罗门教(印度教)思想在世界上仍起着重要作用,是世界宗教文化中的基本组成部分。以下所要讨论的是这两个宗教派别的理论关涉和相互影响问题。这个问题很大,这里所论及的仅是笔者对此问题的一些粗略看法。

一、早期佛教思想的形成与婆罗门教的关联

佛教在古代印度不是产生最早的宗教,通常也不是影响最大的宗教。在古印度产生较早和影响最大的是婆罗门教,而佛教的形成及其最初的基本理论与婆罗门教思想有很大关联。

佛教的创始人或最初的信奉者对婆罗门教的基本思想或观念是熟悉的,如释迦牟尼自幼就受过传统的婆罗门教文化的教育,对于婆罗门教的主要理论是不生疏的,但了解或熟悉并不等于都赞成。早期佛教的许多思想是在佛教的创始人批判和改造婆罗门教思想的基础上形成的,这与古印度当时的社会历史背景有直接的关系。

婆罗门教的思想在印度主要代表了印度四种姓中婆罗门祭司的政治观念和经济利益。此教的基本纲领之一是所谓婆罗门至上,即认为在社会各阶层中,婆罗门种姓的地位最高,他们是社会的主宰者,社会的核心,婆罗门种姓的主宰地位是不

变的,永恒的。与此种观念相对应,此教在理论上提出"梵"为一切事物的最高实体,是一切的根本,梵是不变的,永恒的,一切事物以梵为根本,或仅是梵的显现。婆罗门教哲学的主要特点就是主张所谓有主体和有常观念。

佛教则反对婆罗门教的这种理论。它在产生时代表了印度四种姓中的部分刹帝利和上层吠舍种姓的观念或利益,与婆罗门教在许多方面是对立的。佛教在产生时就反对种姓的不平等,有一定程度的种姓平等观念,认为不能以出身来确定一个人是否为贤达之士,人的社会地位的高低贵贱并不取决于人的出身,而是取决于人的行为,出身卑贱的人一样能成为贤人。如《别译杂阿含经》中说:"不应问生处,宜问其所行,微木能生火,卑贱生贤达。"[①] 这种观念否定了婆罗门教关于婆罗门种姓的最高地位永恒不变的思想,否定了婆罗门教关于世间存在着最高实体和常恒不变之物的观念。

早期佛教和婆罗门教也有相近之处,如二者都追求脱苦的最高精神境界,这种境界在佛教里多称为涅槃,在婆罗门教中则一般称为解脱。

早期佛教的上述观念在其最初形成的理论中都有体现。如被后人称为所谓佛教"三法印"的诸行无常、诸法无我、涅槃寂灭[②] 即是如此。

"诸行无常"强调了事物的变化,反对有常恒不变之物。这是针对婆罗门教的有常恒不变之物的理论提出的。在早期佛教看来,世间没有什么事物是不生不灭的,事物都是由缘而起的:"此有故彼有,此起故彼起"[③],"若有此则有彼,若无此则

① 《别译杂阿含经》卷第五。
② 《杂阿含经》卷第十中说:"一切行无常,一切法无我,涅槃寂灭。"
③ 《杂阿含经》卷第十二。

无彼，若生此则生彼，若灭此则灭彼”[①]。

“诸法无我”强调了事物的无主体性或无最高实体性，即否认世间或事物中有一根本因或主宰者，否定在人的生命现象中有一主体或控制者。这种观点也是反对婆罗门教的基本理论的。婆罗门教认为世间或事物中的根本因是“梵”（大我），在人的生命现象中的主体或控制者是“我”（小我）。而早期佛教则不这样认为，他们用“缘起”来解释事物的变化或结构，说明万有中无我；用“五蕴”来解释人的生命现象，说明在这之中没有主宰者或“我”。

“涅槃寂灭”则是佛教吸收借鉴婆罗门教的“解脱”观念后提出的。两教在这方面的理论是相似的，佛教在产生时对婆罗门教的这方面理论没有实质上的反对。婆罗门教的“解脱”是指人摆脱生死轮回，摆脱了人对世间事物的贪恋或错误观念后所达到的一种精神境界。佛教的“涅槃”也是摆脱了生死轮回的痛苦，摆脱了人对世间事物的贪恋和“无明”后所达到的精神境界。当然，婆罗门教的“解脱”和早期佛教的“涅槃”存在着有无主体的差别，二者并非完全一致，但佛教在这方面对婆罗门教的借鉴和吸收是明显的。

早期佛教的一些理论直接与婆罗门教理论相对立，但佛教并不是在任何理论上都反对婆罗门教的学说，它在各方面所吸收的婆罗门教的观念也是不少的，而且在佛教进一步发展后变得十分突出。

① 《中阿含经》卷第二十一。

二、佛教思想与婆罗门教思想的主要理论异同

佛教与婆罗门教在理论上无论是异的方面还是同的方面都很多，前面所述限于早期佛教，主要提到了两点异的方面，即佛教强调"无常"，强调"无我"，而婆罗门教则强调"常"和"我"（或说"有常"和"有我"）。但在实际上，佛教的"无常"和"无我"立场在其后来的发展中是有变化的，而且两教的这种异的方面中又包含着一些同的成分。

如在佛教的一些大乘经典（如《大般涅槃经》）中就强调"常"和"我"，而且即便在小乘部派佛教中也在实际上提出了"有我"的观念（如犊子部的"补特伽罗"即是变相的"我"）。

佛教和婆罗门教在"常"与"无常"、"有我"与"无我"问题上也有相同的方面，如佛教即便在早期实际上也认为有"常"的东西，如"涅槃"。佛教讲"无我"，但又宣传"轮回"和"涅槃"的观念，而讲"轮回"和"涅槃"在逻辑上就必定要承认有一主体，这是佛教后来又强调"我"的理论根源。而婆罗门教虽然讲"常"，但这主要是指"梵"或"阿特曼"这样的最高实体或生命主体，至于说到世间的一般事物或具体的生命现象，婆罗门教也认为是"无常"的。因此，上述佛教和婆罗门教在"常"与"无常"、"有我"与"无我"问题上的理论差异还要具体分析，不能一概而论或绝对化。

除了以上所述在早期佛教中较突出的"常"与"无常"、"有我"与"无我"问题之外，此处要进一步讨论的两教理论关涉问题主要有三个：思维方式问题、对事物本质的看法问题、轮回与解脱问题 。

佛教与婆罗门教思想家在思维方式上有某些极为相似之处，尤其是在否定形态的思维方式上，表现得较为突出。

否定形态的思维方式较早出现在奥义书中。一些奥义书中的婆罗门教思想家在论述万有最高实体“梵”时,认为它不能用世俗的一般认识方式来把握,而只能用否定形态的思维方式来体悟。在这些思想家看来,最高实体是一种超言绝相的东西,它和一般事物或现象是根本不同的。一般的事物有具体属性,是可描述的,而最高实体则没有具体属性,是不可描述的。如《迦塔奥义书》(Kaṭha Up.)中说:“它(梵或最高我)是不能用言语,不能用思想,不能用视觉来认识的。”[①]那么,不能用世间一般的认识方式来认识的最高实体是否就根本不能认识了呢?当然不是。在奥义书的思想家看来,这种认识方式是有的,即所谓“遮诠法”。具体说,就是要通过不断否定最高实体有具体属性的方式来体悟它。如《广林奥义书》(Bṛhadāraṇyaka Up.)中说:“我(Ātman)不是这样,不是这样。它是非把握的,因为它不能被把握;它是非毁灭的,因为它不能被毁灭;它是非附加的,因为它不能被附加。”[②]《由谁奥义书》(Kena Up.)中说:“那些(说他们)理解它(梵或阿特曼)的人并没有理解它;那些(说他们)没有理解它(梵或阿特曼)的人却理解了它。”[③]奥义书中的这种婆罗门教的否定性的思维方式成为印度思想史上的一种极具特色的思维方式。它对佛教有很大影响。这种方法在佛教发展的不同时期都受到该教思想家的重视,无论是在早期佛教中还是在后来的大乘佛教中都被借鉴和采用。

在早期佛教中,佛教对否定形态的思维方式的使用主要体现在其“中道”或“无记”的理论之中。“中道”的最初形态

---

① 《迦塔奥义书》6,12。
② 《广林奥义书》4,5,15。
③ 《由谁奥义书》2,3。

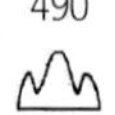

是所谓“苦乐中道”，相传它是释迦牟尼创立佛教时最初传法的具体内容。这种理论认为，无论享乐还是苦行均为极端[①]，只有排除或否定对这两方面的执着，才能达到佛教的所谓“中道”。早期佛教的否定形态的思维方式较典型地表现在其“无记”理论[②]中，在释迦牟尼创立佛教时，印度其他思想派别提出许多哲理性或思辨性问题，所谓“无记”指释迦牟尼对这些问题均不给予明确的答复。佛教史料中对“无记”有多种记述，有“十无记”说，亦有“十四无记”说。如“十无记”涉及的十个问题是：世间常住、世间无常、世间有限、世间无限、我身是一、我身是异、如来死后有、如来死后无、如来死后亦有亦无、如来死后非有非无。在释迦牟尼或早期佛教看来，对这样的问题是无法用世俗一般的方式来解决的，即不能简单地给予肯定或否定的回答，只有不加“记说”，才能保持“中道”。这种“无记”的方法即是否定形态的思维方法。

在大乘佛教中，使用否定形态的思维方式最典型的是般若类经和中观派。如《金刚经》中大量使用的一种句式就表明了这种思维方式。该经（罗什译本）中说：“佛说般若波罗蜜，则非般若波罗蜜，是名般若波罗蜜。”“如来说三十二相，即是非相，是名三十二相。”“是实相者，则是非相，是故如来说名实相。”“如来说第一波罗蜜，即非第一波罗蜜，是名第一波罗蜜。”《金刚经》不长，里面却有大量上述这种“说……，即非……，是名……”的句式。这种句式明显表明了一种从否定到肯定的过程。在经的作者那里，否定并不是一切，并没有走向极端。否定的仅是事物的“相”的实在性，并未否定事物的真实本质，实际上是认为事物的真实本质要通过对其表露的“相”的否定

① 主张享乐的主要代表是顺世论；主张苦行的主要代表是耆那教等派。

② “无记”亦常被称为“无记中道”。

来把握。因而这种否定中就包含着肯定,否定是为了肯定。否定只是手段,把握事物的真实特性才是目的。《金刚经》中提到"筏喻",向人们显示:如同乘筏上岸,达到彼岸后,筏就要抛弃一样,事物的相状,一般的言语、认识,甚至包括佛的"言说"都只是手段,只能借助它们体验事物的真实本质,达到目的后,这些手段要抛弃(否定),不能总是执着。不难看出,《金刚经》中的这种"说……,即非……,是名……"的句式与《由谁奥义书》中的"没有理解……,却理解了……"是极为相似的,二者都表明了要通过否定来达到肯定的意义。

中观派是在般若类经的基础上发展起来的佛教派别,在思维方法上与般若类经基本上是一致的。中观派的主要典籍《中论》强调了著名的"八不":"不生亦不灭,不常亦不断,不一亦不异,不来亦不出。"[①] 在中观派看来,生、灭、常、断、一、异、来、出这些概念被用来说明事物的特性时都不具有完全的正确性。在把握事物的实相时,对这些概念中的每一个都不能肯定,亦不能肯定与其相反的概念,而要在这些概念前无一例外地加上"不"字。中观派的这种"八不"虽然是直接从般若类经中的有关论述改造而来的,但其最初的思想来源显然是奥义书中的"不是这个,不是这个"的一类表述。佛教的"不"与奥义书中婆罗门教思想家的"不"显然都不是简单地否定事物,而是要通过这种否定来达到肯定。

佛教和婆罗门教在对事物本质的看法问题上也有较多的理论关涉。

婆罗门教的主流思想[②] 认为,世间事物是不实在的,世间事物是"梵"的显现。或者说,一切事物在本质上都是"梵",

① 《中论》卷第一。
② 指奥义书和吠檀多派中的主要思想家的观念。

真正存在的唯有“梵”。《歌者奥义书》(Chāndogya Up.)中说:“这整个世界都是梵。”[①]《广林奥义书》中说:“他(阿特曼或梵)位于一切存在物中,没有什么能认识他,他的身体就是一切存在物,他从内部控制一切存在物,他就是你的自我,是内部的控制者,不朽者。”[②] 商羯罗在《梵经注》中说:“梵是常住的,纯净的,……梵的存在可从它是一切的‘我’这一事实中明确地得知。”[③]

佛教中影响较大的大乘佛教中观派则认为,事物是无自性的,是“空”的,因为事物是“缘起”的,缘起则要依他物而存在,自身不能绝对地或无条件地存在。但事物又不是绝对的虚无,同样因为事物是“缘起”的,由于是缘起,因而就不能否定构成事物的条件或假名。因此事物是“性空假有”或“性空妙有”。如《中论》中说:“众因缘生法,我说即是空,亦为是假名,亦是中道义。未曾有一法,不从因缘生,是故一切法,无不是空者。”[④]

佛教和婆罗门教虽然都有否定世间事物实在性的倾向,但二者对事物本质的看法并不完全相同。在婆罗门教那里,说事物不实在,是因为事物或一切现象在本质上是“梵”,无知之人认识不到这一点,把本来是唯一不二的东西看成是多样的,有差别的,这样就导致人们对世间事物的贪恋或追求,使人们陷入各种痛苦,轮转于生死苦海之中。在佛教那里,说事物不实在,主要指事物没有自性,即事物中没有常恒不变的东西,事物由“缘”而起,即具体的事物形态都要依赖于各种条件,如

① 《歌者奥义书》3,14,1。
② 《广林奥义书》3,7,15。
③ 《梵经注》1,1,1。
④ 《中论》卷第四。

果离开了这些条件,事物也就不存在了。佛教不承认有"梵"之类不变的实体[①]。因此,佛教的"空观"与婆罗门教的否定世间事物的实在性或多样性的理论有相似之处,也有不同之处。

轮回与解脱问题也是佛教和婆罗门教在理论上有较大可比性的问题。

在印度,轮回与解脱的观念较早出现在奥义书中。而奥义书中这方面的思想主要反映了婆罗门教的观念。

奥义书中有所谓"五火二道"之说。所谓"五火"是指从人死后到再出生的五个轮回阶段,即人死被火葬后,"我"(灵魂)或某种不朽之物先进入月亮;再变成雨;雨下到地上变成食物;食物被吃后变成精子;最后精子进入母胎出生。所谓"二道"是指"祖道"和"神道"。"祖道"是人死后"我"或某种不朽之物根据"五火"的顺序再回到原来生活的那个世界中来的道路;"神道"是人死后"我"或某种不朽之物进入梵界,不再回到原来生活的那个世界中来的道路[②]。显然,这种理论中的"五火"和"祖道"涉及的是轮回观念,而"神道"则涉及了解脱的观念。

奥义书中的轮回和解脱观念当然并不限于"五火二道"的理论。关于"轮回",有些奥义书具体论述了轮回中生物的不同形态,如《他氏奥义书》(Aitareya Up.)中就提及了所谓"四生",即卵生、胎生、湿生、芽生(或种生)[③]。而且,奥义书的思想家认为生存状态或轮回状态有好坏之分,而决定这种状态好

① 当然,佛教在后来的发展中,也有新的理论出现,与般若中观系统中所显示的佛教主流观念有一些差别。

② 参见《广林奥义书》6,2;《歌者奥义书》5,4—10;金仓圆照著《印度哲学史》,平乐寺书店,1963年,第33页。

③ 参见《他氏奥义书》3,1,3;并参见黄心川著《印度哲学史》,商务印书馆,1989年,第61、62页。

坏的因素又与轮回者自身先前的行为直接相关。如《歌者奥义书》中说:"此(世)行善(者)将得善生:或生为婆罗门,或生为刹帝利,或生为吠舍。而此(世)行恶(者)将得恶生:或生为狗,或生为猪,或生为贱民。"[①]

关于解脱,奥义书中的理论自然也不只是"神道"的观念。最深层含义的解脱与奥义书思想家有关"梵"与"我"关系的理论直接相关。奥义书的大多数思想家都持一种"梵我同一"或"梵我一如"的理论。这些思想家认为,作为宇宙本体的梵(大我)和作为人的主宰体的我(小我)在本质上是同一的。我虽然表现为多种多样,但这些仅是现象,真正实在的只有最高的梵,梵是一切的根本,是我的本质。世俗之人把梵与我看作不同的东西,或仅认为我是人的根本,而不认识梵,这就是无明(无知)。无明将使人产生对不实在的世间事物的欲望,将引发人的相关的行为及其果报,这是产生轮回的根本因。如果认识到了"梵我同一"或"梵我一如",认识到一切即梵,那么人对外物的追求自然就没有意义了。无欲望和行为就无转生,即获得了解脱。

佛教在产生时虽然主要反映了非婆罗门教的思想观念,但它毕竟是一种宗教派别,需要用轮回与解脱理论来吸引信教群众,因而不得不借鉴和吸收奥义书中婆罗门教的轮回与解脱的观念。当然,借鉴及吸收与完全照搬是不同的。佛教的这方面理论也还有其自身的特点。

佛教的轮回理论在不同的佛典和派别中有各种说法。较著名的有所谓"三世轮回"之说、"五道"或"六道"轮回之说。但作为各种理论的基础则是所谓"十二因缘"的理论。十二

① 《歌者奥义书》5,10,7。此处,所谓善和恶的标准自然是婆罗门教的标准。

因缘的理论在早期佛教时期主要是说明人生现象的因果关系的,表明了一种缘起观。后来,这一理论不断丰富发展,从中演变出“三世两重因果”的理论,即在十二因缘中,无明和行是过去的两因,过去的两因产生现在的五果——识、名色、六入、触、受,而十二因缘中的爱、取、有又为现在的三因,它们要产生未来的两果——生与老死。所谓“三世”指过去、现在和未来;所谓“两重因果”指从过去的两因到现在的五果为一重;从现在的三因到未来的两果为另一重。佛教“五道”或“六道”中的“道”又作“趣”,即一种生命结束后依业报规律而出现的新的生命形态的趋向或道路。“五道”指地狱、鬼、傍生(牲畜)、人、天;“六道”是在“五道”之上再加一“阿修罗”。佛教中讲的“五道”或“六道”在该教看来自然有轮回状态的好坏优劣之分,而转生者究竟能进入哪一种“道”则由其所造的“业”来决定。但应注意的是,轮回状态的好坏也是相对的。在一般的佛教派别看来,再好的轮回状态在本质上也是痛苦的,只有达到了涅槃或解脱状态才能脱苦。不过佛教中各派对轮回本质的看法亦有不同,一些小乘佛教把轮回状态看作是与解脱状态完全有“分别”的,而大乘中观派等的看法则完全相反。另外,佛教中诸派对轮回主体的见解也是有差别的。早期佛教一般讲“无我”,不讲轮回主体,而在一些部派佛教中,则提出变相的“我”,以作为轮回主体。

佛教的解脱理论也就是“涅槃”理论,这在上面已作了初步论述。它与佛教的轮回理论是密不可分的。佛教在产生时即把涅槃作为该教一切修行的最终目标。在早期佛教中,涅槃主要指摆脱生死轮回后所达到的一种境界,这种境界与世俗世界(世间)完全不同。世俗世界存在着贪欲、瞋恚、愚痴、烦恼,因而从本质上说是充满痛苦的,而涅槃境界则是:“贪欲永尽,瞋恚永尽，愚痴永尽，一切烦恼永尽。”[①] 因此，涅槃境界是一种摆脱了人的情感、欲望等的与世俗世界有本质差别的境界。在一些小乘佛教的典籍中，涅槃还常被描述为熄灭无物的状态，认为涅槃是：“如灯涅槃，唯灯焰谢，无别有物，如是世尊，心得解脱，唯诸蕴灭，更无所有。”[②] 总之，小乘佛教一般把涅槃描述为“灰身灭智、捐形绝虑”的状态，并经常把涅槃看作是一种彻底死亡的代称，它与世间是完全不同的。

大乘佛教与小乘佛教的涅槃观是不同的。小乘佛教一般认为涅槃境界与世俗世界（轮回世界）是有“分别”的，二者不容混淆。但中观派等大乘佛教则认为诸法实相即是涅槃，反对离开世间去追求超世间的涅槃，认为这样去追涅槃不仅追不上，而且会越追越远，因为涅槃即是认识世间诸法之“实相”，达到涅槃不过就是消除无知，认识诸法的本性是“空”，是不可言状的“妙有”。中观派的这种实相涅槃的理论为大乘佛教深入世俗社会进行宗教活动提供了重要的理论依据，使佛教徒努力“即世间即涅槃”，普度众生。佛教对涅槃还有一些分类，如“有余涅槃”和“无余涅槃”等。这些是其关于达到最终解脱的阶段划分的理论。佛教内部对此的解释也有一定差别。

佛教的轮回与解脱观念与婆罗门教这方面理论的差别之处主要表现在其有无轮回和解脱的主体方面。婆罗门教明确强调轮回或解脱的主体是“阿特曼”（我）或与之类似的东西。而佛教则一般主张“无我”，即便是后来主张有“我”，也多采用变相的方式，或对自己的有我论作出种种限制。

佛教的轮回与解脱观念与婆罗门教这方面理论的相同之处较突出地表现为以下两点：首先，佛教与婆罗门教都认为轮

① 《杂阿含经》卷第十八。
② 《俱舍论》卷第六。

回的性质是苦，而解脱则是脱苦。二者都认为任何轮回状态在本质上都是苦，只有达到解脱才能真正消除痛苦。其次，佛教与婆罗门教所主张的跳出轮回，达到解脱的方法是类似的。这些方法实质上多为“智慧解脱”的方法。佛教一般认为要获得解脱就要消除“无明”，“无明”是十二因缘里的第一支，只有斩断了“无明”才能跳出轮回，才能达到解脱。婆罗门教则认为要摆脱痛苦，跳出轮回，必须消除错误的观念，认识本教的最高智慧，如“梵我同一”的理论等[①]。

三、佛教思想与婆罗门教思想在发展过程中的相互影响

从产生时间上说，婆罗门教形成在先，佛教产生在后。佛教的不少理论是在借鉴婆罗门教学说的基础上产生的，婆罗门教思想对佛教思想有很大影响。但这并不是说，两教之间仅仅是婆罗门教影响佛教。实际情况是，佛教在产生后反过来对婆罗门教也施加了重要影响，这种情况也是很值得我们研究的。此处讨论涉及两教相互影响的三个问题：婆罗门教对佛教在理论上的变化的影响、佛教对婆罗门教思想的影响、两教相互间的批驳或论战。

大乘佛教出现后，佛教在理论上有很大变化。在这种变化中可以看出婆罗门教思想的一些影响。如在早期佛教中，佛教主张“无我”、“无常”，而大乘佛教的一些经典则明确提出“我”和“常”。这当然主要是由于佛教自身发展的需要造成的

① 婆罗门教哲学中的其他派别对最高智慧的理解与吠檀多派或奥义书中的主流思想有不同，如数论派认为“二元二十五谛”的知识是最高智慧，胜论派认为关于“句义”的知识是最高的智慧，等等。

（如上面谈到的轮回与解脱需要一个常恒存在的主体，否则在逻辑上不能自圆其说），但婆罗门教思想的影响也是一个不可忽视的因素。在大乘佛教形成和发展的过程中，婆罗门教也在印度发生着越来越大的影响。在大乘佛教最初形成的公元初，婆罗门教哲学中的所谓"六派哲学"也基本形成，或基本经典[①]在形成过程中。婆罗门教正在系统化的哲学理论对佛教理论不可能没有影响。婆罗门教的有我论和有常论在奥义书中虽已初步提出，但显然论述还有些零乱，而六派哲学出现后，这方面的理论得到系统的论证和展开，更具说服力或逻辑性。这些自然会引起佛教的注意，对佛教调整自身的理论起到一定作用。佛教由强调"无我"、"无常"到变相地提出常存的"我"（补特伽罗等），再到明确地提出"我"与"常"，这多少体现了婆罗门教哲学相应理论影响的不断加强。佛教在这方面的变化反映了佛教在受政经文化历史背景影响和制约时所做出的相应理论调整。在早期佛教时期，佛教为了与婆罗门教相抗衡，提出了"无我"与"无常"观念，但这种观念与轮回解脱理论相矛盾，只是为了要削弱婆罗门种姓的至上地位，佛教才不得不执此主张。在部派佛教时期，一些佛教流派看到了佛教理论中存在的逻辑矛盾，因而提出变相的"我"，这些部派多少还要顾及原始佛说的权威性，而且无我论毕竟还是对付婆罗门教学说的重要理论武器。而到了大乘佛教时期，婆罗门教和佛教都有了很大发展，两派思想家的理论思维水平有了很大提高。这时候的佛教虽然依然有与婆罗门教相抗衡的需要，但在理论上否定"我"的存在已是十分困难了，因而佛教在借鉴婆罗门教的"我"的基础上，明确承认有"我"的存在，只是对这种有我

① 指各派的基础经典。

论做了严格的限定,认为只在"大涅槃"中有"我",而且用"阿赖耶识"等作为轮回的主体。但这时的大乘佛教对婆罗门教中所说的那种无处不在的"我"还是否定的。因此佛教虽然借鉴了婆罗门教的"我"的观念,但也不是完全沿袭,而是保留了相当程度的非婆罗门教的思想成分。大乘佛教中讲的"常"虽然受婆罗门教理论的某些影响,但与后者也是不同的。佛教说的"常"的范围或成分与婆罗门教是有差别的。

除了上述"我"与"常"的问题之外,大乘佛教的不少重要概念也多少是受婆罗门教相关概念的影响而产生的,如大乘瑜伽行派所强调的"识"或"心"在婆罗门教中就早有类似的论述。一些奥义书就把"识"看作万有的根本,如《他氏奥义书》中说:"一切都由识指引,由识确立,世界由识指引,支撑物是识。"① 婆罗门教中的瑜伽派在《瑜伽经》中也详细分析了"心"的作用②。婆罗门教的这些思想对大乘瑜伽行派提出"三界唯心"或"万法唯识"等思想有重要影响。

再看佛教对婆罗门教哲学的影响。

大乘佛教形成后,佛教在印度历史上的影响加大,引起了婆罗门教思想家或哲学流派的重视。如婆罗门教中的瑜伽派就受到了佛教不少理论的影响。现存《瑜伽经》共分四卷,学术界一般都认为其中的第四卷是后来加入的,因为其中收入了一些明显是佛教的观念。如《瑜伽经》第四卷中说:"瑜伽行者的业是非白非黑的,其他人的业则有三种。"③ 这里借鉴了佛教的"四业"(黑黑业、白白业、黑白业、非黑非白业)观念。此外,《瑜伽经》其他部分中也相当多地借用了佛教的概念或术

① 《他氏奥义书》3,3。
② 参见《瑜伽经》1,1—51。
③ 《瑜伽经》4,7。

语，如习气、行、异熟、种子、分别、有寻、无寻、有伺、无伺等[1]。

婆罗门教哲学中的主流派吠檀多派也受到佛教的重要影响。如吠檀多派中"不二论"的较早论述者乔荼波陀在《蛙氏奥义颂》中就大量使用了中观派等大乘佛教派别论著中的内容或论证手法。据一些学者研究，乔荼波陀这一著作中的许多内容与《中边分别论》、《中观心论》、《大乘庄严经论》、《广百论释论》等中的叙述相似或几乎完全相同[2]。

类似的事例在婆罗门教哲学各派中还能找到不少。

佛教与婆罗门教之间的思想论战也是二者间相互影响的重要方面或表现。这方面的材料在佛教文献中和婆罗门教文献中都有大量记述。

在佛教典籍中，无论是早期或小乘佛教还是大乘佛教，都有对婆罗门教哲学的批驳。如阿含经等记述早期佛教内容的典籍提到的"十无记"或"十四无记"中所涉及的一些观念就是婆罗门教的。由于婆罗门教哲学的几个主要流派多在大乘佛教形成后才基本定型(或主要经典基本定型)，因此佛教中对婆罗门教哲学流派的批驳主要集中在大乘佛教的论著中。如中观派破斥外道时就对婆罗门教的主要哲学流派进行了批驳。《中论》的观因缘品及其古代注释中所列种种"邪见"中的"万物从大自在天生"、"从韦纽天生"、"从世性生"、"从微尘生"等就是婆罗门教的观念。所谓"大自在天"和"韦纽天"都是婆罗门教中的神(湿婆神与毗湿努神)，婆罗门教的一些流派认为万物由这类神产生，佛教则反对这种关于"生"的理论。所谓"世性"是婆罗门教中数论派的基本观念，数论派认为由"世

① 参见金仓圆照著《瑜伽经的成立及与佛教的关系》，载《印度学佛教学研究》第1卷，第2号，东京大学，1953年，第3、4、10页。

② 参见黄心川著前引书，第426页。

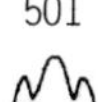

性”可生出世间事物，佛教也反对这种关于“生”的理论。所谓“微尘”主要是婆罗门教中胜论派的观念，胜论派认为万物由“微尘”（极微）结合生成，佛教同样反对这种关于“生”的理论[①]。除了这些观念外，大乘佛教还批驳了婆罗门教哲学流派中的“因中有果论”和“因中无果论”[②]。

婆罗门教哲学流派批驳佛教思想的事例在许多文献中也能看到。除了佛教文献中所记载的外道对佛教指责的应答之外，在婆罗门教哲学流派的一些主要文献中也有这类记述。如《梵经》（及其相应注释）、《数论经》等中的一些内容就很典型。

《梵经》的第二编第二章及相关注释中就有不少批驳佛教的内容，该经具体批驳了佛教的缘起观念（涉及十二因缘和五蕴）、择灭和非择灭观念、无我观念、空观念等。如关于缘起，《梵经》认为十二因缘的各支不能彼此为因，因为各支仅是后一支生成的因[③]。关于择灭和非择灭等，《梵经》认为这类观念是不能成立的，因为组成相续的个体是不能断灭的[④]。关于无我论，《梵经》认为不能成立，因为人们存在着记忆，这与无我论相矛盾[⑤]。关于佛教的空（或无）的观念，《梵经》也不同意，因为事物不能生于无，并且因为外部事物可被感知，因此不是无[⑥]。

《数论经》中也批驳了佛教的一些观点，如佛教的刹那即灭观念、唯识观念、空的观念等。关于刹那即灭观念，《数论经》认为，如果事物是刹那即灭的，那么将会阻碍人们对其进行认识，而且事物将会无法相联系[⑦]。关于唯识观念，《数论经》认

---

① 参见《中论》卷第一。
② 这类批驳在中观派等的许多重要著作（如《十二门论》、《百论》等）中都能见到。
③ 参见《梵经》2,2,18—20。
④ 参见《梵经》2,2,22。
⑤ 参见《梵经》2,2,25。
⑥ 参见《梵经》2,2,26—29。
⑦ 参见《数论经》1,35—39。

为，根据对外部事物的洞察，可知世界并非仅是识[①]。关于空的观念，《数论经》认为，不存在的东西是不能显现出来的[②]。

佛教思想和婆罗门教思想是印度传统文化中最有代表性的两种宗教思想体系。二者基本在相同的历史背景中长期并行发展，其间有相互冲突、对立，也有相互借鉴、吸收。两教的这种互动关系从总体上看有益于它们自身的发展与完善。研究二者间的理论异同和相互影响有助于我们进一步理解佛教和婆罗门教思想形成的深层原因，有助于我们探讨人类思想的发展规律。

① 参见《数论经》1,42。
② 参见《数论经》5,52。

主要参考书目

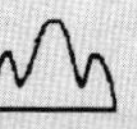

1. 慈怡主编:《佛光大辞典》,佛光文化事业有限公司,1988年。

2. 陈兵编著:《新编佛教辞典》,中国世界语出版社,1994年。

3. 陈垣著:《中国佛教史籍概论》,中华书局,1962年。

4. 杜继文主编:《佛教史》,中国社会科学出版社,1991年。

5. 杜继文、魏道儒著:《中国禅宗通史》,江苏古籍出版社,1995年。

6. 丁福保编:《佛学大辞典》,文物出版社,1984年。

7.Edward Conze:"The Prajñāpāramitā Literature", The Reiyukai, Tokyo, 1978.

8. 方立天著:《佛教哲学》(增订本),中国人民大学出版社,1997年。

9. 宫本正尊著:《中道思想及其发达》,法藏馆刊印,昭和18年。

10. 高楠顺次郎等编:《大正藏》,大正一切经刊行会,昭和5年。

11. 郭朋著:《隋唐佛教》,齐鲁书社,1980年。

12. 郭朋著:《明清佛教》,福建人民出版社,1982年。

13. 郭朋、廖自力、张新鹰著:《中国近代佛学思想史稿》,巴蜀书社,1989年。

14. 侯外庐等著:《中国思想通史》第三卷,人民出版社,1957年。

15. 黄心川著:《印度哲学史》,商务印书馆,1989年。

16. 金仓圆照著:《印度哲学史》,平乐寺书店,昭和 38 年。

17. 宽忍编著:《佛教手册》,中国文史出版社,1991 年。

18. 镰田茂雄著:《简明中国佛教史》(中译本),上海译文出版社,1986 年。

19.Lewis Lancaster:"Prajñāpāramitã and Related Systems", University of California,1977.

20. 刘保金著:《中国佛教通典》,河北教育出版社,1997 年。

21. 蓝吉富主编:《中华佛教百科全书》。中华佛教百科文献基金会,1994 年。

22. 木村清孝著:《中国佛教思想史》,世界圣典刊行协会,1979 年。

23. 木村清孝著:《中国华严思想史》,东大图书公司,1996 年。

24. 吕澂著:《印度佛学源流略讲》,上海人民出版社,1979 年。

25. 吕澂著:《中国佛学源流略讲》,中华书局,1979 年。

26. 欧阳竟无编:《藏要》,上海书店,1995 年。

27. 平川彰著:《印度佛教史》上卷,春秋社,1995 年。

28. 平川彰著:《印度佛教史》下卷,春秋社,1997 年。

29. 前田惠云、中野达慧等编:《续藏经》,京都藏经书院,大正元年。

30. 任继愈主编:《宗教词典》,上海辞书出版社,1981 年。

31. 任继愈主编:《中国佛教史》第一卷,中国社科出版社,1981 年。

32. 任继愈主编:《中国佛教史》第二卷,中国社科出版社,1985 年。

33. 任继愈主编:《中国佛教史》第三卷,中国社科出版社,1988 年。

34.S·Dasgupta:"A History of Indian Philosophy"Volume Ⅰ, Gambridge University Press,1932.

35.S·M·Monier-Williams:"A Sanskrit-English Dictionary", Oxford University Press,1956.

36.Stcherbatsky:"The Conception of Buddhist Nirvāṇa", Publishing Office of the Academy of Sciences of the USSR,1927.

37. 山口益著:《中观佛教论考》,弘文堂书店,昭和19年。

38. 沈剑英著:《因明学研究》,中国大百科全书出版社,1985年。

39.T.W.Rhys Davids and William Stede:"Pali-English Dictionary", Oriental Books Reprint Corporation,1975.

40. 汤用彤著:《汉魏两晋南北朝佛教史》,中华书局,1983年。

41. 汤用彤著:《隋唐佛教史稿》,中华书局,1982年。

42. 汤用彤著:《汤用彤学术论文集》,中华书局,1983年。

43. 吴汝钧编著:《佛教大辞典》,商务印书馆国际有限公司,1995年。

44. 王森著:《西藏佛教发展史略》,中国社会科学出版社,1987年。

45. 渥德尔著:《印度佛教史》(中译本),商务印书馆,1987年。

46. 巫白慧主编:《东方著名哲学家评传》印度卷,山东人民出版社,2001年。

47. 许杭生等着:《魏晋玄学史》,陕西师大出版社,1989年。

48. 徐文明著:《轮回的流转》,北京语言文化大学出版社,2001年。

49. 杨曾文主编:《当代佛教》,东方出版社,1994年。

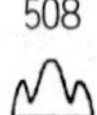

50. 宇井伯寿著:《大乘佛典的研究》,岩波书店,1963 年。

51. 宇井伯寿著:《印度哲学史》,岩波书店,昭和 40 年。

52. 于谷著:《禅宗语言和文献》,江西人民出版社,1995 年。

53. 于凌波著:《中国近现代佛教人物志》,宗教文化出版社,1995 年。

54. 姚卫群著:《佛教般若思想发展源流》,北京大学出版社,1996 年。

55. 姚卫群编著:《印度哲学》,北京大学出版社,1992 年。

56. 约·阿·克雷维列夫著:《宗教史》(中译本)下卷,中国社会科学出版社,1984 年。

57. 佐佐木教悟等著:《佛教史概论·印度篇》(中译本),复旦大学出版社,1989 年。

58. 张曼涛主编:《佛教与中国文化》,上海书店,1987 年。

59. 中国大百科全书总编委会《哲学》编委会编:《中国大百科全书》哲学卷,中国大百科全书出版社,1987 年。

60. 中国大百科全书总编委会《宗教》编委会编:《中国大百科全书》宗教卷,中国大百科全书出版社,1988 年。

61. 中国佛教协会编:《中国佛教》一,知识出版社,1989 年。

62. 中国佛教协会编:《中国佛教》二,知识出版社,1991 年。

63. 中国佛教协会编:《中国佛教》三,知识出版社,1991 年。

64. 中国佛教协会编:《中国佛教》四,知识出版社,1991 年。

65. 中国逻辑史学会因明研究工作小组编:《因明新探》,甘肃人民出版社,1989 年。

再版后记

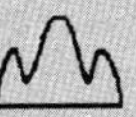

本书的第一版是在2002年面世的。书早已售完。市面上长期不见此书正版。因为出版合同早就过期,第一版出版社一直没有再版或再印。此书初版距今已接近二十年了。期间常有人向我提及对此书的需求,但因日常工作的繁忙等种种原因我一直没有推动书的再版发行。现在我已年迈,教学和其他工作逐渐减少,能腾出一些时间重新审视此书。而且适逢线装书局要出版季羡林先生主编的《东方文化集成》,编委会邀请我将此书列入《集成》丛书之中。我也有意对旧作进行一次修订,因而促成了此书的再版。

在近二十年间,我在使用此书的过程中发现书中的一些提法不准确或有问题。有读者也曾当面向我提出一些不同看法。基于这些,我曾想对此书做出大的调整,而且还想对此书内容加以扩充。但时至今日,情况发生了不少变化。我对佛教的看法在本人后出的其他十余部书中已有新的或更全的叙述。若大量搬入再版的此书中似也不甚恰当。再加上要大幅增补内容则需要打破此书原有结构,前后协调,需要费时费力。而我现在虽有相对的闲暇,但身体却远不如前。思考再三,遂决定仅修改此书中原来有的明显错误,改动不恰当的文句。其他的较多新的见解不在书中加以陈述。有兴趣的读者可参见我后来出的著作。此书尽量保持其原有面貌,显示我当时对佛教的主要理解水平,便于我出版的不同著作各有特色。

再版此书我尽管努力对先前的书稿做了修订,删改了一些不当的说法,但也不敢说已完全去除了种种谬误,达到了令人满意的理想状态。还是欢迎读者批评指正。

姚卫群
2020年5月

《东方文化集成》已出版丛书目录

季羡林主编

书　　名	作　者
《文化交流的轨迹——中华蔗糖史》	季羡林
《东西文化议论集》(上、下册)	季羡林、张光璘
《新诗格律与语言的诗化》	林　庚
《古犹太文化史》	朱维之、韩可胜
《现代伊斯兰主义》	陈嘉厚　等
《阿拉伯史纲》	郭应德
《中阿关系史》	江淳、郭应德
《当代中国伦理与道德》	魏英敏
《阿拉伯伊斯兰文化史纲》	孙承熙
《中国评书艺术论》	汪景寿、曾惠杰　等
《当代中国经济学》	宋光华
《世界四大文化与东南亚文学》	梁立基、李谋
《战后东南亚华人社会变化研究》	梁英明
《日本文学思潮史》	叶渭渠
《伊朗通史》(上、下册)	叶奕良(译)

《印度古代史纲》	林承节
《蒙古国现代文学》	史习成
《佛法与宇宙》	池田大作〔日本〕
《诸神流窜——论日本古事记》	梅原猛〔日本〕
《日本文化论》	加藤周一〔日本〕 叶渭渠　等(译)
《汉代丝绸之路的咽喉——河西路》	王宗维
《中国—朝鲜·韩国关系史》(上、下册)	杨昭全、何彤梅
《东方文学交流史》	孟昭毅
《东方戏剧美学》	孟昭毅
《同根生的民族——壮泰各族渊源与文化》	范宏贵
《中缅关系史》	余定邦
《敦煌文化》	颜廷亮
《亚洲汉文学》	王晓平
《日本天皇制及其精神结构》	王金林
《古代波斯医学与中国》	宋　岘
《印度神话》	孙士海、王镛(译)
《布哈里圣训实录全集》①②③	康有玺(译)
《现代日本政治》	王新生
《中亚五国概论》	赵常庆　等
《简明伊斯兰史》	马明良
《新兴宗教与日本近现代社会》	张大柘
《印度苏非派及其历史作用》	唐孟生

《满汉全席源流考述》	赵荣光
《印度独立后的政治经济社会发展史》	林承节
《中印文学比较研究》	薛克翘
《唐代前期军事史略论稿》	王永兴
《儒释道背景下的唐代诗歌》	陈炎、李红春
《日本文学史》(近代卷、现代卷)	叶渭渠、唐月梅
《印度尼西亚文学史》(上、下册)	梁立基
《五四文学思想主流与基督教文化》	喻天舒
《波斯文学史》	张鸿年
《泰戈尔文学作品研究》	唐仁虎　等
《中国—朝鲜·韩国文化交流史》(1—4卷)	杨昭全
《日本文学史》(古代卷上、下)	叶渭渠、唐月梅
《日本文学史》(近古卷上、下)	叶渭渠、唐月梅
《道安评传》	方广锠
《朝鲜—韩国当代文学史》	金柄珉　等
《文史探真》	汪春泓
《日本起源考》	沈仁安
《阿拉伯现代文学史》	仲跻昆
《中亚五国与中国西部大开发》	赵常庆　等
《易学哲学史》(1—4卷)	朱伯崑
《近代中国与日本——互动与影响》	王晓秋
《吐火罗人起源研究》	徐文堪
《东南亚近现代史》(上、下册)	梁英明、梁志明　等

《印度的罗摩故事与东南亚文学》	张玉安、裴晓睿
《斯里兰卡的民族宗教与文化》	王　兰
《早期道教史》	汤一介
《蒙元驿站交通研究》	党宝海
《佛教与中国文化》	薛克翘
《印象：东方戏剧叙事》	孟昭毅　等
《从唐音到宋调——以北宋前期诗歌为中心》	曾祥波
《唐五代北宋前期词之研究——以诗词互动为中心》	董希平
《汉魏两晋南北朝佛教史》(增订本)	汤用彤
《佛经文学与古代小说母题比较研究》	王　立
《日本近现代经济简史》	周启乾
《赫梯条约研究》	李　政
《"升起来吧！像太阳一样"——解析苏美尔史诗〈恩美卡与阿拉塔之王〉》	拱玉书
《希伯来语圣经——来自考古和文本资料的信息(至公元前586年)》	陈贻绎
《尼泊尔——人民和文化》	王宏纬
《中国印度诗学比较》	郁龙余　等
《阿富汗文化和社会》	张　敏
《波斯拉施特〈史集·中国史〉研究与文本翻译》	王一丹
《新时代的日本经济》	张舒英
《古代东南亚历史与文化研究》	梁志明、李谋　等

书名	作者
《中国知识分子的形与神》	乐黛云
《东方民间文学概论》(1—4卷)	张玉安、陈岗龙　等
《中国楹联学概论》	谷向阳
《中国印度文化交流史》	薛克翘
《陶渊明集译注及研究》	孟二冬
《日本戏剧史》	唐月梅
《梵语诗学论著汇编》(上、下册)	黄宝生
《现代汉语话语情态研究》	徐晶凝
《缅甸语与汉藏语系比较研究》	汪大年
《厨川白村文艺思想研究》	李　强
《中国建筑与城市文化》	吴良镛
《隋唐审计史略》	李锦绣
《中国新诗格律问题》	丁　鲁
《战后日本出版文化研究》	诸葛蔚东
《中国哲学大纲》(上、下卷)	张岱年
《〈聊斋志异〉——中印文学溯源比较研究》	王立、刘卫英
《中世纪印度宗教文学》(上、下卷)	薛克翘、唐孟生　等
《日本近现代佛教史》	杨曾文　等
《马来古典文学史》(上、下卷)	廖裕芳〔新加坡〕 张玉安　等(译)
《中国文学与阿拉伯文学比较研究》	林丰民　等
《海洋文化影响下的中国神话与小说》	王　青
《阿拉伯电影史》	陆孝修、陈冬云

《〈西游补〉校注》	李前程（校著）
《波斯古典诗学研究》	穆宏燕
《中国古代绘画理论要旨》	杨　铸
《东方文学史论》	黎跃进
《大帆船贸易与跨太平洋文化交流》	吴杰伟
《日本古代史》	王海燕
《日本中世史》（上、下卷）	王金林
《中日经济关系史》（上、下卷）	郭蕴静、周启乾
《东方现代民族主义思潮研究》（上、下卷）	黎跃进　等
《波斯帝国史》	张鸿年
《"同文"的现代转换——日语借词中的思想与文学》	董炳月
《中亚五国新论》	赵常庆
《中国东方文学翻译史》（上、下卷）	孟昭毅　等
《日本古代诗学汇译》（上、下卷）	王向远（译）
《华夷译语》研究	黄宗鑑
《中庸与调和——儒家和阿拉伯伊斯兰思想的比较研究》	吴旻燕
《阿拉伯古代文学史》（上、下卷）	仲跻昆
《近代中日文化交流史人物研究》	王晓秋
《世界文明起源研究——历史与现状》	拱玉书　等
《古代近东教谕文学》（上、下卷）	李　政　等
《东方文艺思潮研究》	孟昭毅

《蒙汉目连救母故事比较研究》	陈岗龙
《日本近世史》	李　卓　等
《日本近现代文论》(上、下卷)	李　强　等
《赫梯文明研究》	李　政
《占婆文化史》	刘志强
《一个蕴含史诗美丽的中国民间故事》	刘守华
《三国演义》在东方(上中下)	张玉安　陈岗龙等
《中国与东北亚文化交流志》	严绍璗　刘勃
《东方文艺创作的他者化倾向》	林丰民
《红楼求真录》	陈熙中
《中日人物文化交流研究史》	王晓秋
《日本古典诗学汇译》(上下)	王向远
《日本诗歌史》	唐月梅
《蒙古秘史》文献版本考	白·特木尔巴根
《中国古籍中有关泰国资料汇编》	余定邦　等
《印度近20年的发展历程》	林承节
《印度近现代文学》(上下)	薛克翘　唐孟生
《伊利汗中国科技珍宝书》校注	时光
《喀尔喀历史地理研究》	那顺达来
《蒙古文〈索勒哈尔奈故事〉的文化背景研究》	宝　花
《〈山海经〉在日本的传播和研究》	张西艳
《叙事学视域中的〈平家物语〉研究》	邵艳平
《宫崎市定史学方法论》	王广生

《俄国地理学会的中国边疆史地考察与研究(迄于1917年)》　张艳璐

《印度古典诗学》　黄宝生

《东南亚古代史史料汇编》　李　谋

《印度作家阿格叶耶小说创作研究》　郭　童

《凤凰再生——伊朗现代新诗研究》　穆宏燕

《诺贝尔文学奖东方获奖作家研究》　孟昭毅

《佛学概论》　姚卫群

《东方文化集成》拟出版丛书目录

《东南亚古代文化:整体、多样与发展》	贺圣达
《菲律宾阿拉安芒扬人的神话、巫术和仪式研究》	史阳
《中国典籍中南亚史料汇编》	北京大学南亚研究所
《印度政治发展新格局——从国大党长期执政到联合政府》	林承节
《理想与现实之间——论纳吉布·马哈福兹的〈我们街区的孩子们〉》	蒋和平
《撒哈拉以南非洲文学》	魏丽明
《中华饮食文化》	赵荣光
《南海寄归内法传校注》	王邦维

第一届

《东方文化集成》编辑委员会

总主编　季羡林

名誉总顾问　谢慧如　泰国泰华文化教育基金会主席
北京大学东方文化研究所名誉所长

名誉顾问

纳吉布·迈哈福兹　埃及著名作家　诺贝尔文学奖获得者
柳存仁　澳大利亚国立大学　教授
杜德桥　英国牛津大学汉语研究所所长　教授
韩素音　英籍著名华人女作家
冉云华　加拿大麦克马斯特大学　教授
谢和耐　法国法兰西学院　院士　法国著名汉学家　教授
马汉茂　德国波鸿大学东亚研究系主任　教授
饶宗颐　香港中文大学　教授
郑子瑜　香港中文大学中国文化研究所　高级研究员　北京大学客座教授
夏希迪　伊朗德黑兰大学　教授　伊朗德胡达大百科全书编纂委员会主席
谭　中　印度尼赫鲁大学原汉语系主任　教授
池田大作　日本创价学会名誉会长　北京大学名誉教授
平山郁夫　日本东京艺术大学校长　教授　日中友好协会会长
中村元　日本东京大学名誉教授　日本比较思想学会名誉会长
梁披云　澳门归侨总会会长　福州华侨大学董事长
捷达连科　俄罗斯科学院远东研究所所长　教授

日本文化编

主编 叶渭渠 **编委** 潘金生 王家骅 卞崇道 王新生

朝鲜、韩国、蒙古文化编

主编 陶炳蔚 **编委** 金柄珉 李昌奂 史习成

东南亚文化编

主编 梁立基 **编委** 梁英明 梁志明 李谋 裴晓睿

南亚文化编

主编 黄宝生 **编委** 王邦维 王 镛 刘曙雄 葛维均

伊朗、阿富汗文化编

主编 叶奕良 **编委** 张鸿年 张 敏

西亚、北非文化编

主编 郭应德 赵国忠 **编委** 杨灏城 孙承熙

中亚文化编

主编 赵常庆 **编委** 余太山 穆立立

古代东方文化编

主编 林志纯 **编委** 拱玉书

东方文化研究会编辑部

主任 张殿英 **副主任** 马克承 卢蔚秋 张光璘

编辑 李 强 金景一 姚秉彦 唐孟生 傅增有

《东方文化集成》书籍设计 朱 虹

丛书出版编辑监制 胡子清

第二届

《东方文化集成》编辑委员会

王庚武　新加坡东亚政治经济研究所所长　教授　香港大学前校长
金俊烨　韩国社会科学院院长
吴亨根　韩国东国大学佛学研究院院长
马悦然　瑞典皇家科学院院士　教授　诺贝尔奖瑞典文学院评审委员会委员
杜维明　美国哈佛大学　教授　哈佛燕京学社前主任

特别顾问　韩天石　张学书　麻子英

顾　问（按姓氏笔画为序）

王元化　马　曜(白族)　邓广铭　任继愈
朱维之　汤一介　纳　忠(回族)　启　功(满族)
林志纯　周一良　张广达　张岱年
张岂之　侯仁之　钟敬文　清格尔泰(蒙古族)
袁行霈

《东方文化集成》总编委会

主　编　季羡林

副主编　陈嘉厚　叶奕良　张殿英　王邦维

《东方文化集成》分编委会

东方文化综合编

主编　季羡林　**编委**　陈嘉厚　孟昭毅

中华文化编

主编　吴同瑞　刘　烜　王守常　**编委**　王邦维

日本文化编

主编 叶渭渠 **编委** 潘金生 王家骅 卞崇道 王新生

朝鲜、韩国、蒙古文化编

主编 陶炳蔚 **编委** 金柄珉 金景一 史习成 陈岗龙

东南亚文化编

主编 梁立基 **编委** 梁英明 梁志明 李 谋 裴晓睿

南亚文化编

主编 黄宝生 **编委** 王邦维 王 镛 刘曙雄 葛维均

伊朗、阿富汗文化编

主编 叶奕良 **编委** 张鸿年 张 敏

西亚、北非文化编

主编 郭应德 赵国忠 **编委** 杨灏城 孙承熙

中亚文化编

主编 赵常庆 **编委** 余太山 王小甫

古代东方文化编

主编 林志纯 **编委** 拱玉书

《东方文化集成》编辑部

主任 张殿英 **副主任** 卢蔚秋 张玉安 马克承 张光璘

编辑 李 强 姚秉彦 唐孟生 傅增有

《东方文化集成》书籍设计 朱 虹

丛书编辑出版监制 张良村

第三届
《东方文化集成》编辑委员会

王庚武　新加坡东亚政治经济研究所所长　教授　香港大学前校长
金俊烨　韩国社会科学院院长
吴亨根　韩国东国大学佛学研究院院长
马跃然　瑞典皇家科学院院士　教授　诺贝尔奖瑞典文学院评审委员会委员
杜维明　美国哈佛大学　教授　哈佛燕京学社前主任

顾问（按姓氏笔画为序）

王元化　马曜（白族）　任继愈　汤一介
纳忠（回族）　林志纯　张广达　张岂之
侯仁之　清格尔泰（蒙古族）　袁行霈　麻子英
林建忠　魏维贤（新加坡）

《东方文化集成》总编委会

主编　季羡林

副主编　陈嘉厚　叶奕良　张殿英
王邦维　张玉安　唐孟生

《东方文化集成》分编委会

东方文化综合编

主编　孟昭毅　郁龙余　**编委**　张光璘　黎跃进

中华文化编

主编　吴同瑞　刘烜　**编委**　王邦维　张帆

日本文化编

主编　严绍璗　**副主编**　李强

编委 潘金生　卞崇道　王新生

朝鲜、韩国、蒙古文化编

主编 陶炳蔚　**编委** 金柄珉　金景一　陈岗龙

东南亚文化编

主编 梁立基　**副主编** 裴晓睿

编委 梁英明　梁志明　李　谋

南亚文化编

主编 黄宝生　**副主编** 薛克翘

编委 王　镛　刘曙雄　姜景奎

伊朗、阿富汗文化编

主编 叶奕良　**编委** 张鸿年　张　敏　王一丹

西亚、北非文化编

主编 赵国忠　**编委** 孙承熙　仲跻昆　葛铁鹰　吴冰冰

中亚文化编

主编 赵常庆　**编委** 余太山　王小甫

古代东方文化编

主编 拱玉书　**编委** 李　政

《东方文化集成》编辑部

主任 张殿英　**副主任** 卢蔚秋　张玉安

编辑 李　强　姚秉彦　唐孟生　樊津芳

《东方文化集成》书籍设计 朱　虹

丛书编辑出版监制 张良村

作者简介

姚卫群 北京大学外国哲学研究所研究员、哲学系与宗教学系教授、博士生导师。曾任北京大学佛教研究中心主任、佛教与道教教研室主任。国务院特殊津贴获得者。祖籍江苏启东，1954年4月生于江苏徐州。1970年毕业于北京第八十中学，1977年毕业于北京第二外语学院英语系，1981年毕业于北京大学南亚所，获哲学硕士学位，后在北京大学在职读博士生，1995年获哲学博士学位。曾赴印度、荷兰、奥地利、英国、法国、德国、日本、美国、泰国、越南等国作学术研究或访问演讲。现主要从事佛教、印度哲学、东西方哲学比较的研究工作。1981年开始执教于北京大学，开设过佛教导论、印度佛教史、东方哲学概论、印度古代哲学原著选读、佛教研究专题等课程。出版了《佛教般若思想发展源流》、《佛教基础三十讲》、《印度婆罗门教哲学与佛教哲学比较研究》、《印度古代宗教哲学文献选编》（编译）等十五部著作，发表学术论文二百三十余篇。著作曾获北京市哲学社会科学优秀成果一等奖、教育部高等学校科学研究优秀成果奖等。指导的研究生论文曾被评为全国优秀博士论文。